Romance Espírita

HEREDEROS DEL NUEVO MUNDO

Psicografía de
André Luiz Ruiz

Por el Espíritu
Lucius

Traducción al Español:
J.Thomas Saldias, MSc.
Trujillo, Perú, Enero 2024

Título Original en Portugués:
"HERDEIROS DO NOVO MUNDO"
© André Luiz Ruiz
Revisión:
Sarah Huamaní Villalobos

World Spiritist Institute
Houston, Texas, USA
E-mail: contact@worldspiritistinstitute.org

Del Médium

André Luiz de Andrade Ruiz

Se inició en el conocimiento espírita a través de los ejemplos recibidos de sus padres, Miguel D. D. Ruiz y Odete de Andrade Ruiz, igualmente admiradores de la doctrina codificada por Kardec.

Nacido en la ciudad de Bauru, Estado de São Paulo, Brasil el 11 de Agosto de 1962, desde la infancia estableció residencia en Birigui, en el mismo Estado, de donde se transfirió para Campinas en el año de 1977.

En 1979 pasó a frecuentar la *Sociedad Beneficente Bezerra de Menezes*, donde se encuentra hasta la actualidad, desarrollando, al lado de muchos compañeros dedicados al ideal cristiano, la labor fraterna de atención a los hermanos en la caminata evolutiva.

Del Traductor

Jesus Thomas Saldias, MSc., nació en Trujillo, Perú.

Desde los años 80's conoció la doctrina espírita gracias a su estadía en Brazil donde tuvo oportunidad de interactuar a través de médiums con el Dr. Napoleón Rodriguez Laureano, quien se convirtió en su mentor y guía espiritual.

Posteriormente se mudó al Estado de Texas, en los Estados Unidos y se graduó en la carrera de Zootecnia en la Universidad de Texas A&M. Obtuvo también su Maestría en Ciencias de Fauna Silvestre siguiendo sus estudios de Doctorado en la misma universidad.

Terminada su carrera académica, estableció la empresa *Global Specialized Consultants LLC* a través de la cual promovió el Uso Sustentable de Recursos Naturales a través de Latino América y luego fue partícipe de la formación del **World Spiritist Institute**, registrado en el Estado de Texas como una ONG sin fines de lucro con la finalidad de promover la divulgación de la doctrina espírita.

Actualmente se encuentra trabajando desde Perú en la traducción de libros de varios médiums y espíritus del portugués al español, habiendo traducido más de 290 títulos, así como conduciendo el programa "La Hora de los Espíritus."

Índice

1.- ALERTAS E INFORMACIÓN 7
2.- ALBERTO, EL MÉDIUM 16
3.- LOS DOLORES MORALES DE ALBERTO 23
4.- EL SUSTO DE LEDA 32
5.- EN EL CENTRO ESPÍRITA 39
6.- LOS TRABAJADORES DE LA CASA ESPÍRITA 49
7.- PROBLEMAS EN EL TRABAJO 58
8.- PLANES INFERIORES 70
9.- NUEVAS OBSERVACIONES 80
10.- PEIXOTO, EL MATERIALISTA 85
11.- GERALDA 94
12.- DUDAS Y ORIENTACIONES 104
13.- PREPARANDO LA EXCURSION 114
14.- EXCURSIÓN REVELADORA 124
15.- EL TRANSPORTADOR 135
16.- LOS AMBIENTES INTERNOS 145
17.- EL FIN DE LA VISITA 152
18.- COSECHANDO LAS ESPINAS SEMBRADAS 160
19.- LAS ACTITUDES RENOVADAS DE ALBERTO 167
20.- CONVENIENCIAS E INCONVENIENTES (I) 176
21.- CONVENIENCIAS E INCONVENIENTES (II) 186
22.- CONSEJOS Y ADVERTENCIAS 200
23.- ALCEU 212
24.- MOACIR Y SU FAMILIA POCO EJEMPLAR 227
25.- RAFAEL, ALICE E HIJOS 236
26.- SEPARANDO LO QUE SIEMPRE ESTUVO SEPARADO 249
27.- LA ETAPA PREPARATORIA 257
28.- RESUMIENDO 263

29.- CORNELIA APOYANDO A MARCELO A LAS PUERTAS
DE LA MUERTE..272

30.- ACTITUDES LIBRES Y DESTINOS ELEGIDOS.........................286

31.- HAY MUCHAS MORADAS EN LA CASA DEL PADRE.........293

32.- EN BUSCA DE LOS ELEGIDOS...300

33.- ENFERMOS DE CUERPO Y DEL ALMA...................................309

34.- BUSCANDO LA AGUJA EN EL PAJAR.....................................325

35.- EL CASO LORENA 339

36.- JUZGADOS POR EL DÍA A DÍA..353

37.- FUERA DE LA CARIDAD NO HAY SALVACIÓN....................367

38.- LA CARIDAD QUE NO SALVA 378

39.- LA CARIDAD SALVADORA...392

40.- DIFERENCIA ENTRE DAR COSAS Y DARSE EN ....
LAS COSAS 406

41.- REVELACIONES FINALES 416

42.- HEREDEROS DEL NUEVO MUNDO..428

43.- ¿QUÉ HACER PARA SALVARSE? 443

44.- HEREDEROS DEL NUEVO MUNDO..461

1.-
ALERTAS E INFORMACIÓN

PROFECÍA DEL PRINCIPIO DE LOS DOLORES

Mateo, 24:3-14

3 Y estando Jesús sentado en el monte de los Olivos, se le acercaron sus discípulos en privado, diciendo: Dinos, ¿cuándo sucederán estas cosas y cuál será la señal de tu llegada y del fin del mundo?

4 Y respondiendo Jesús, les dijo: Cuidaos que nadie os engañe;

5 Porque muchos vendrán en mi nombre, diciendo: Yo soy el Cristo; y engañarán a muchos.

6 Y oiréis de guerras y rumores de guerras; mirad, no os asustéis, porque es necesario que todo esto suceda, pero aun no es el final.

7 Porque se levantará nación contra nación, y reino contra reino, y en varios lugares habrá hambre, pestes y terremotos..

8 Pero todas estas cosas son el comienzo de los dolores.

9 Entonces os entregarán para ser atormentados y os matarán; y seréis aborrecidos de todas las naciones a causa de mi nombre.

10 En ese tiempo muchos se escandalizarán, se traicionarán unos a otros y se odiarán unos a otros.

11 Y muchos falsos profetas se levantarán y engañarán a muchos.

12 Y a medida que se multiplica la maldad, el amor de muchos se enfriará.

13 Pero el que persevere hasta el fin, será salvo.

14 Y este evangelio del reino se predicará en todo el mundo, en testimonio a todas las naciones, y entonces vendrá el fin.

El encuentro mediúmnico proseguía con normalidad y contó con la asistencia de innumerables entidades afligidas, cargadas de angustia y dolor sembradas por conductas inapropiadas en la vieja fila de errores, propios de la inmadurez.

Los Trabajadores del Bien se multiplicaban en el entorno, desplegándose para el servicio vibratorio, buscando sintonizar las necesidades invisibles con los diferentes médiums presentes, en el afán de brindar la mejor sintonía con el vehículo mediúmnico disponible para el trabajo de la noche.

Los minutos transcurrían, rápidamente, mientras las entidades que dirigían la obra se empeñaban discretamente en consolidar las actitudes más adecuadas para el desarrollo de las variadas tareas que imponía el encuentro mediúmnico, en las distintas áreas que demandaba el soporte vibratorio.

Con su habitual simpatía, el espíritu de Bezerra de Menezes observó, sereno:

- Esta noche, Ribeiro, estamos logrando una mejor integración para favorecer la protección de emergencia de nuestros desafortunados hermanitos. Los dolores se han multiplicado y, no siempre, los encarnados son conscientes del tamaño y de la inmensidad del servicio.

Al escuchar sus suaves palabras, Ribeiro, líder espiritual de la institución y coordinador directo de la obra, respondió con atención:

- Es verdad, querido doctor. Nuestros mayores esfuerzos han estado en la maduración de los compañeros encarnados, para que sus vidas personales, fuera del centro, mantengan coherencia con lo que aprenden y experimentan aquí, permitiendo que las fuerzas luminosas los protejan de los ataques inferiores tanto como para abastecerlos con equilibrio, para ser fuentes de protección y luz para los perdidos y los infelices. Por tanto, cuando el grupo de los encarnados es consciente que los planos físico y espiritual están asociados entre sí como una única expresión de la Verdad, se empieza a contar con un mayor equilibrio de sus integrantes, y la tarea de auxilio se vuelve más eficaz.

- En efecto, Ribeiro, cuando el encarnado deja de ser solo el cumplidor del horario, el instrumento mecánico para "recibir" espíritus, hay una integración más profunda con la obra del Bien y nuestros esfuerzos rinden más y mejor, en su propio beneficio. Poco saben nuestros hermanos que, entre las más de quinientas entidades que hoy se encuentran aquí, para el intercambio mediúmnico directo o para ser esclarecidas en grupos comunes, aproximadamente una tercera parte está vinculada directamente a los propios trabajadores o a sus familias. Y cuando están dispuestos a trabajar con devoción y sin artificialidad, cuando son sinceros y auténticos consigo mismos y con los ideales que han abrazado, amplifican los beneficios y se ven beneficiados también.

Al ver que las horas transcurrían, Ribeiro observó respetuosamente:

- Querido doctor, de acuerdo a su plan de trabajo, ya hemos involucrado a la mediumnidad de Alberto para que sus palabras puedan ser escuchadas por los integrantes del grupo, según sus deseos.

- Gracias, amigo mío. Creo que será importante que nuestros hermanos escuchen "con los oídos de la carne" algunas advertencias importantes para esta hora.

La reunión, como de costumbre, iba a terminar, después que las últimas entidades hubieran sido recogidas por los abnegados sirvientes del mundo invisible que allí se dedicaban al trabajo sacrificado y desinteresado.

En el momento destinado a la última palabra de Ribeiro, el mentor de las obras se acercó al médium elegido y, tocando sus centros de sensibilidad, recibió la habitual reacción favorable del mediador en servicio, quien fácilmente identificó el tono vibratorio ya conocido por él.

Así rodeado por la atmósfera fluídica de Ribeiro, Alberto se entregó al trance con la serenidad habitual, dejando que el campo energético del espíritu lo envolviera y, de forma suave y natural, ocupara sus terminales nerviosas en un injerto positivo de ideas que acabarían actuando sobre la epiglotis y se convertirían en palabras claras:

- Buenas noches, queridos hermanos - dijo lentamente, controlando las emociones del médium, que se entregaba por completo a su impulso mental -. Nuestra presencia habitual al final de cada obra tiene como finalidad comentar los hechos de la noche y, al mismo tiempo, abrazarlos con las orientaciones que son esenciales para la obra del Señor.

Sin embargo, asumo las facultades de Alberto como un simple organizador de sus fluidos, preparando el aparato mediúmnico para que otro hermano pueda usar sus facultades.

Por eso, les pido a todos que agudicen el oído y abran la mente y el corazón para que las orientaciones de nuestro amoroso Bezerra puedan llegar a lo más profundo de sus almas, con claridad y comprensión en las palabras de advertencia y afecto que les dirigirá, en cuanto me aparte de nuestro hermano Alberto

Que la bondad de Jesús nos ampare a todos.

Dicho esto, sin más, Ribeiro se alejó llevando en su campo de influencia el periespíritu de Alberto que, ensimismado, se dejaba vibrar en la atmósfera de dulzura y encanto que caracterizaba las emanaciones de Bezerra de Menezes.

Ribeiro mantendría el control de las fuerzas vitales del cuerpo físico del médium, creando una especie de ambiente elevado para que las conexiones espirituales del Médico de los Pobres con el aparato mediúmnico se mantuvieran preservadas y firmes, facilitando la transmisión del mensaje sin la interferencia del médium o nacidas de la curiosidad de los oyentes.

"- Que la paz esté en todos los corazones, queridos hijos.

Observando el compromiso de cada uno con el trabajo de todos, estamos aquí para felicitarlos por sus esfuerzos ya que, gracias a ellos, la eficiencia de la asistencia espiritual va ganando en calidad, lo cual era necesario hace mucho tiempo.

Las horas difíciles se multiplican cada día, en el horizonte de las criaturas dormidas.

Cuando Jesús aconsejó al hombre convocado para proclamar el Reino de Dios que dejara a los muertos para enterrar el cuerpo de su difunto padre, Jesús nos animó a pensar con claridad sobre la condición de los muertos vivientes que presenta la gran mayoría de hermanos que están ocupando cuerpos carnales, ahora mismo, en la Tierra.

No dispuestos a despertar al son de las generosas cornetas que convocan el idealismo al servicio del Bien, los muertos vivientes serán llamados a la vida, a la conciencia, a la lucidez por medios diferentes, pero igualmente dolorosos.

Sin embargo falta de una base firme, de un cimiento en la roca; hará que estos seres inmaduros, frecuentadores de religiones y ceremonias, no sepan actuar ante las agonías que tendrán que afrontar.

Por eso, queridos hijos, es que estamos aquí. Es necesario estar alerta y vigilantes para que las angustias de los demás no sean asumidas como propias. Están llamados a servir como enfermeros con la chusma de los enfermos, recordando que necesitan mantener los cuidados para no contaminarse con la epidemia.

Y entre los hombres, el miedo, la rebelión, y la agresión se extenderán a medida que el dolor asuma la tarea de producir un el despertar masivo.

No serán solo las crisis financieras las que nublarán el alma de los indiferentes con su manto de preocupaciones y angustias. Las enfermedades físicas, los accidentes geológicos y atmosféricos, los conflictos sociales se multiplicarán, por lo que todos serán evaluados por su reacción a los diferentes desafíos.

Serán bendecidos si mantienen la serenidad en los momentos difíciles y, sin desesperación ni entumecimiento, se embarcan en la obra de la Esperanza, señalando el camino a los perdidos de la ruta.

Sus ejemplificaciones serán un tesoro en medio de la tormenta y, gracias a ellos, quienes tengan algún entendimiento podrán encontrar la fuerza para no colapsar en la angustia colectiva ni enloquecer con conductas desesperadas.

En ambos lados de la vida hay una gran transformación, que lleva muchos años en marcha, pero que se acelera en estos tiempos, pues es necesaria para que todo se realice.

Esta advertencia también está destinada a sus vidas personales, porque sus hogares también tendrán repercusiones por los males que afectarán a todos. Sin privilegios especiales ni protecciones injustificables, especialmente para quienes ya saben cómo protegerse.

No sería lógico cuidar más a los enfermeros- quien ya está calificado por el aprendizaje de enfermería - que al paciente que no sabe nada.

Es como enfermeros titulados en la escuela de la vida todos aquellos que, como ustedes, participan en los banquetes de la Verdad del Espíritu. Por tanto, sabrán velar por el dolor ajeno sin olvidar la higiene espiritual que los protegerá, la asepsia de pensamientos y sentimientos, la esterilización de palabras y actitudes para matar todos los gérmenes que los contaminan con el mal.

Cuando Noé accedió a construir el arca para evitar que se ahogaran los que querían entrar en ella, asumió un inmenso y arduo trabajo para sí mismo. Sin embargo, gracias al anciano devoto, pudo encontrar para él y su familia la protección y seguridad que los demás no quisieron, cuando llegó el duro momento de la tormenta fatal.

También lo son los invitados del Señor. Los propios trabajadores de la última hora no están libres del sudor, fatiga, desgaste y testimonios de la fe.

Sin embargo, el momento de la serenidad llegará si han honrado con empeño la Obra de Dios.

Los encarnados y desencarnados ya están siendo separados según sus vibraciones específicas para que el ambiente humano no quede a merced de los ataques de la vasta horda de ignorancia que se opone a los nobles principios representados por el Cordero de Dios.

Esfuércense por entrar por la puerta estrecha y no descansen hasta lograrlo. Por fuera, les puedo decir, que ya hay llanto y crujir de dientes.

Que la paz de Jesús os provea en todo momento de la vida, especialmente en el momento difícil de los testimonios que son el presagio del Amanecer de la Esperanza.

Buenas noches, queridos hijos."

El silencio del ambiente era la marca de la emoción que penetraba en las fibras más profundas de esas almas, ya que esas advertencias no solo eran útiles para los encarnados, sino para todos los desencarnados que allí se congregaban, curiosos y sufrientes, afligidos o rebeldes.

Ribeiro llevó a Alberto de regreso al cuerpo físico que, con un rostro sereno y emocionado, recuperó el control total de sus facultades orgánicas, sin ocultar el impacto profundo y beneficioso que las energías de Bezerra infundían en su propio entorno vibratorio.

La oración de agradecimiento fue dirigida por uno de los trabajadores encarnados e, inmediatamente después, la luz se restableció en el entorno.

Jurandir, el líder encarnado del encuentro, tomó la palabra y concluyó, todavía bajo la inspiración de Ribeiro:

- Fuimos beneficiados con avisos sublimes que merecen ser meditados y recordados por nuestra parte, para que sean debidamente apreciados y aprovechados. Por lo tanto, dejemos los comentarios habituales para nuestro próximo encuentro y vayamos a nuestros hogares rápidamente, sin perder las dulces vibraciones que nos rodean, ni la profundidad de las advertencias que nos llegaron, por el añadido de la Divina Misericordia y la bondad de tan noble representante de ese Cristo de Dios entre nosotros.

En la próxima reunión, podremos comentar con más libertad, como de costumbre.

Servidos con agua magnetizada, los compañeros del servicio vespertino se abrazaron, con el respeto y el cariño que ya se habían forjado entre ellos y, sin ningún problema, llevaron las preciosas palabras de Bezerra a sus hogares.

Sin embargo, en la institución espírita en la que se encontraban, no había lugar para el descanso. Agradecido por la generosa cooperación de Ribeiro, el Dr. Bezerra, acompañado de los espíritus Jerónimo y Adelino, abandonó el entorno para realizar las tareas de asistencia.

- La gente en la Tierra generalmente no tiene idea de lo que sucede a su alrededor. La mayoría resume su vida en momentos de abastecimiento del cuerpo carnal, de descanso de la estructura física, de ganancia material a través de la lucha por el pan de cada día y del goce de ciertos placeres, originalmente vividos sin ninguna expresión de superioridad.

Entonces, amigos míos, no se extrañen si encuentran a estos mismos hermanos que acabamos de advertir, en actitudes inapropiadas en cuanto abandonen el entorno de la casa espirita. El camino del aprendizaje es largo y, tanto como nosotros mismos, son candidatos al Bien, pero que, de alguna manera, engancharon sus hábitos al contacto de los placeres fáciles que el Mal les ha proporcionado durante muchos siglos.

Tendré que encargarme de algunos compromisos que me esperan y, por tanto, los libero para una excursión de aprendizaje con nuestros queridos amigos y, en unos días, nos volveremos a encontrar en el campo de las obras espirituales que acabamos de dejar.

Se abrazaron fraternalmente y, en breves instantes, Jerónimo y Adelino se encontraron solos, con el campo de observaciones abierto para el enriquecimiento de sus vivencias.

- Vaya, Adelino, nuestro querido Bezerra fue bastante conciso en alertar a los compañeros encarnados, ¿no crees?

- Bueno, amigo mío, en vista de su habitual suavidad en la consejería, siempre velada por la impersonalidad y la generalidad, que utilizas como herramienta para orientar mejor, parece que, realmente, nuestros hermanos encarnados pudieron escuchar advertencias directas, de modo que, si tienen oídos para oír y ojos para ver, comprenderán que el momento es de crucial importancia en sus vidas. Incluso diría, de una gravedad decisiva.

- Es verdad. A mí me parecía lo mismo. Si tenemos la oportunidad de comprender el alma humana, esperemos que nuestros hermanos encarnados también aprovechen las noticias alentadoras y sepan elegir la puerta estrecha.

- Eso espero, amigo mío... eso espero.

- ¿Qué tal si empezamos observando a Alberto? Después de todo, fue a través de él que nuestro querido médico pudo traer las advertencias precisas, ¿no es así?

- Buena sugerencia, Jerónimo. Creo que será de mucha utilidad nuestra investigación junto al médium que nos brindó el espacio para el mensaje del amigo generoso.

Se dirigieron juntos a la residencia del trabajador mencionado, donde partirían las observaciones generales.

2.-
ALBERTO, EL MÉDIUM

Alberto tenía un nivel de vida muy cómodo. Era un empleado categorizado de una gran empresa, que ejercía las funciones de jefe del área contable, lo que le impuso grandes responsabilidades y problemas intrincados. Espírita durante algunos años, desarrolló la mediumnidad siguiendo un proyecto concebido en el mundo espiritual, antes de su encarnación. Comprometido con los errores del pasado en el área de gestión patrimonial que tenía, despilfarraba un bien preciado en lugar de hacerlo circular o transformarlo en oportunidades de crecimiento para otros, Alberto entendió la necesidad de trabajar duro en la construcción de su propio balance ya no como titular de riqueza ilimitada, sino como administrador de la riqueza ajena, cuando podía además de aprender a corregir sus inclinaciones hacia la prodigalidad, podía aprender a vivir con menos, a la sombra de los excesos de sus propios jefes.

Esto se debe a que aquellos a quienes Alberto debía obediencia eran criaturas inescrupulosas y frívolas, abusadores de la suerte, gastadores empedernidos, a quienes él, como gerente financiero, debía contener para garantizar el bienestar de la empresa.

Obviamente, al inicio de su empresa, los dueños del negocio tenían una postura fuerte y una visión comercial más amplia, porque luchaban por consolidar sus sueños y ganar el dinero para hacerlos realidad. Pero después que lograron construir la empresa y obtener importantes éxitos económicos, en su mayoría inmaduros, empezaron a querer divertirse sin tomar precauciones siempre contando con que la temporada de vacas gordas no acabaría nunca.

Por mucho que Alberto les advirtiera, ellos veían tales advertencias como excesivamente cuidadosas, rayana en la inconveniencia por parte del empleado que, a estas alturas, había asumido la desafortunada y difícil tarea de defender la propiedad ajena contra la locura de los dueños y sus familias, tratando de posponer lo mayor posible, el colapso de la empresa.

Es que, acostumbrados a los fríos balances contables, observando las oportunidades comerciales, el avance de los competidores, la escasez de clientes, el aumento de la crisis mundial, la disminución de los márgenes de ganancia, el aumento de los impuestos, todo esto sumado para componer el trágico escenario de acontecimientos nefastos.

Al observar la frivolidad de sus superiores, Alberto se irritaba.

Viendo cómo gastaban en viajes, autos, lanchas, fiestas, el contador se preguntaba por qué se quedaba allí, apoyando a ese montón de irresponsables con el esfuerzo de su inteligencia, de su competencia, que no siempre era reconocida por ellos.

Es cierto que su salario compensaba tales sacrificios y de ahí derivaba los beneficios para su propia familia.

Sin embargo, se imaginaba como el "dueño de la empresa." Cómo podría hacerla crecer, corregir su rumbo, modificar las estrategias, mejorar el rendimiento y la productividad. Él, con el talento natural de una inteligencia brillante y una voluntad disciplinada, debería ser el dueño de la empresa.

No pocas veces resonaba en sus oídos la seductora voz de la tentación, aconsejándole actuar de forma ilegal y, poco a poco, apoderarse de la empresa de sus verdaderos dueños.

Eran los ecos del pasado, cuando él mismo había ejercido autoridad sobre vastas propiedades que, en ese momento, había dilapidado de la misma forma que ahora lo hacían sus jefes actuales.

Los conflictos emocionales y espirituales surgieron como pruebas en su nuevo viaje de reencarnación, lo que le permitía evaluar sus nuevos valores. Sin embargo, frente a estos desafíos morales, la mediumnidad le fue dada como un faro de sensibilidad para ayudarlo a comprender sus importantes tareas, además de convertirse en un instrumento de apoyo para los innumerables espíritus sufrientes que no lo habían perdonado por haber sido sus víctimas, padeciendo hambre, privaciones y vergüenza como resultado del estilo de vida que había elegido en esas experiencias de reencarnación pasadas.

Ejerciendo la mediumnidad durante más de diez años, luchaba entre los problemas del oficio, la insensatez de sus superiores y las realidades espirituales que sentía en carne propia, afrontando con valentía y devoción las múltiples responsabilidades.

Gracias a tales conductas, el proceso mediúmnico se fue consolidando sobre bases más seguras, convirtiéndose, con el paso de los años, en un médium digno de la confianza de los mentores espirituales que lo acompañaban y le servían de puente para ayudar a muchos otros, encarnados y desencarnados.

Su comportamiento disciplinado y firme, sin dejarse caer en el reino del fanatismo y la dureza, se había ganado la simpatía de varios espíritus que conocían sus luchas y compromisos, tanto como sabían de los problemas familiares que tenía que afrontar.

Sí, esto se debe a que, comprometido con los desajustes del pasado en el ámbito de los excesos, Alberto retomó el atuendo terrenal en la vida presente, comprometido en ayudar a su antigua compañera, Leda, en la elevación moral, llevándola de regreso al camino de la rectitud y del equilibrio.

De esta manera, desde su juventud, ambos se reencontraron para las experiencias de transformación de vicios y, atraídos por las viejas inclinaciones e identidades de gustos, se unieron. Llenos de planes y deseos de felicidad para el futuro, vieron nacer a dos hijos, que no eran más que dos adversarios vinculados a ellos por los antiguos lazos de un rico pasado. Sin embargo, a pesar de las carencias y dificultades naturales del inicio de su relación, Leda nunca dejó de ser la mujer ambiciosa de siempre, albergando en su alma las viejas tendencias inferiores cultivadoras de excesos, apuntando al lujo y la grandeza para que, tan pronto como su marido tuviera mejores condiciones económicas, las volvería a experimentar como si regresara a la antigua tierra de los placeres.

Con el crecimiento económico de su esposo, Leda fue dejando emerger la tendencia por las frivolidades ya experimentadas, comenzando a exigir mejor ropa, mejores autos, mejores casas, fiestas, entretenimiento, siempre presionando a su esposo, para que tales caprichos fueran atendidos.

Y cuando Alberto conseguía más y mejores ventajas, como toda buena "entrenadora", honraba a su esposo con caricias y elogios que tenían como objetivo alimentar el ego masculino, indicando que cuanto más cumpliera con sus pedidos, más subiría en sus conceptos ganaría en afecto.

Envuelto en tantos problemas y sintiendo las ventajas que le otorgaba el cariño físico de su esposa, se dejó llevar por tal juego de intereses, multiplicando sus esfuerzos por encantar a quien, luego de sus conquistas, lo honraba con estimulantes intercambios sexuales y entusiasta admiración que tan bien le sentaban..

Con eso, Alberto cooperaba en alimentar a su esposa con los peores sentimientos, los valores más superficiales y las raíces más peligrosas, precisamente aquellas que se habían comprometido a combatir en su existencia actual.

Leda, tras su estabilidad financiera, había asumido definitivamente la posición que caracterizaba su espíritu inmaduro: una derrochadora.

Ya no se preocupaba tanto por las necesidades de su marido, ni se empeñaba mucho en brindarle afecto. Prefería la chequera y pasear por las tiendas. Las conversaciones inútiles con amigas de su mismo nivel, desperdiciando horas comentando tonterías y chismes, marcando de manera indeleble el vertiginoso camino que estaba construyendo hacia el abismo.

Alberto se consideraba víctima de su propia negligencia. Su labor profesional era el penoso esfuerzo por salvar del naufragio el barco de los negocios, y su hogar, que podría haber sido un puerto de paz y seguridad, era otro barco que navegaba sin rumbo.

Sus dos hijos, herencia de los desmanes de su otra vida eran dos fuentes de problemas incesantes.

Robson tenía el alma comprometida con las facilidades vividas en el pasado, cuando enganchó su voluntad a una vida rica y rentable. Su carácter defectuoso había sido moldeado por las facilidades de dinero con las que su antiguo padre, al igual que ahora, le facilitaba sin ninguna responsabilidad. Así, se volvió exigente e irresponsable, tiranizando a la gente y comprándola para cumplir sus deseos.

Esto se reflejó en la nueva oportunidad terrestre, aliándolo con el carácter similar de su madre. Por eso, Robson y Leda eran compañeros de aventuras y despilfarros, cada uno en su ámbito de conducta.

Estaban muy en sintonía y se apoyaban mutuamente, convirtiéndose en verdaderos cómplices.

El hijo menor, Romeo, también había sido un antiguo miembro de la misma familia, reencarnado como una oveja perdida y que debería ser reconducida al redil de la virtud por quienes facilitaron su caída moral.

Renació, por tanto, bajo la protección y el cuidado de los mayores culpables de los propios desvíos, Alberto y Leda.

Pero su problema era bastante diferente de cómo era el carácter de su hermano. Romeo se había vuelto adicto al centro de la sexualidad por los excesos de su ejercicio en el pasado. Gracias a las facilidades financieras de entonces, se había entregado a todo tipo de placeres físicos que el dinero podía comprar y se había vuelto dependiente a su práctica. Gestionando pobremente sus emociones, que podrían darle una inmensa felicidad si se canalizaran hacia las verdaderas construcciones del sentimiento, Romeo dejó tras de sí un camino regado de víctimas. Mujeres maltratadas, niños abandonados a su suerte, otros muertos en el útero materno, chicas abandonadas y entregadas a la miseria, chicos guapos que también servían para satisfacer sus ansiedades físicas, desajustes morales de todo tipo habían sido generados por él. Innumerables verdugos invisibles comenzaron a perseguirlo incluso antes que su viejo cuerpo bajara a la tumba. Su razonamiento se había visto perturbado por las visiones desconcertantes y horribles, comprometiendo su equilibrio y, finalmente, necesitando ser separado de su familia e internado en una institución que, de hecho, aislaba al alucinado, sin hacer nada en su beneficio, liberando a sus familiares del malestar que causaba su presencia.

Leda y Alberto también tenían profundos compromisos con su espíritu que, naturalmente, renacería con los pliegues de los viejos males morales, llevando en su psique la tendencia a la sexualidad exacerbada.

Desde la adolescencia, Romeo se había convertido en una fuente de sufrimiento para sus padres. Su conducta fuera del hogar los avergonzaba y sus relaciones debían ser estrictamente vigiladas para que no resultaran en tragedias.

Sin los fundamentos seguros de la fe, sin los conceptos claros de espiritualidad, Leda y Alberto, aun jóvenes, no podían imaginar la magnitud de los dolores que tendrían que afrontar como consecuencia de sus elecciones pasadas. Ni Robson ni Romeo serían fuentes de felicidad para los padres que sueñan con una descendencia equilibrada y armoniosa.

Así, en este panorama de confusión, la sensibilidad de Alberto emergería, a su debido tiempo, como el faro espiritual que, soportando el peso de sus errores, podría iluminar a todos sus seres queridos:

Leda, como frívola compañera, para pedirle paciencia y aclaración sobre las realidades superiores del espíritu;

Robson, como un hijo irresponsable, carente de medidas cariñosas y disciplinarias que lo llevaran al camino del trabajo, y Romeo, como el más desafortunado de todos, necesitado de más amor, paciencia, energía y amistad, visto más como un enfermo del espíritu que como un desvergonzado o libertino. Así, los desafíos de Alberto no fueron pequeños, si no hubiera tenido la posibilidad del intercambio mediúmnico y la protección generosa de los amigos que lo rodeaban, sus propios dolores morales seguramente se habrían incrementado ante tal desafío. Porque, en verdad, ninguno de sus compañeros de errores del pasado estaban dispuestos a modificar su hoy para preparar su mañana.

A pesar de haber organizado el regreso al cuerpo carnal para una reencarnación de desafíos y reformas, con la excepción de Alberto, todos volvieron a los viejos vicios, que preferían, en lugar de escuchar las advertencias y consejos del esposo y padre.

Era ese, en resumen, el drama que conocerían mejor Jerónimo y Adelino al entrar en esa propiedad de excelente apariencia, de vastas proporciones y, en verdad, de un gran y lujoso vacío.

3.-
LOS DOLORES MORALES DE ALBERTO

Cuando llegaron a la residencia del médium, lo encontraron sentado a la mesa de la cocina comiendo un breve refrigerio en compañía de sus propios pensamientos.

Nadie lo esperaba ni compartía su presencia.

Leda ya se había ido a la cama, después de un día de paseos y gastos.

Robson tampoco estaba en casa, ausencia que se justificaba por ir a la universidad, que, de hecho, era la excusa para su entretenimiento nocturno, en compañía de amigos locos. Romeo, el hijo menor, también despreocupado de la indispensable formación profesional e intelectual, consumía los recursos de su padre en repetidas aventuras nocturnas, considerándose lo suficientemente adulto como para elegir la forma en que pasaba su juventud.

Alberto, todavía embelesado por las dulces vibraciones de Bezerra de Menezes, no tenía con quien compartir las noticias, advertencias y enseñanzas recibidas en el encuentro espiritual del que acababa de llegar.

- Vaya - pensó el solitario -, cuántas cosas bonitas e importantes para nuestro crecimiento y, ya ves, no hay nadie por aquí con quien compartir todo esto. Quizás Leda todavía esté despierta.

Pensando en intercambiar unas palabras con su esposa durante tanto tiempo, salió de la cocina y se dirigió al dormitorio, donde la mujer, aburrida por las cosas inútiles que hacía, se perdía en algún tipo de programa de la televisión, una u otra revista de moda y pensamientos sin rumbo.

Al escuchar el ruido de Alberto llegando, fingió estar dormida para que su esposo no se animar tanto en hablarle de asuntos espirituales, como siempre era su esfuerzo en las noches cuando llegaba del Centro.

Entró con cuidado a la habitación, para no asustar a su distraída esposa y observó que roncaba, sin imaginar que eso era puro teatro.

Fue al baño, hizo su higiene nocturna dándose una ducha rápida, se vistió para dormir y se recostó junto a su indiferente esposa.

A su llegada, Leda practicó algunos movimientos como indicando su despertar.

- Ah, querido... ¿eres tú? Me quedé dormida mientras veía una película... ni siquiera me di cuenta que llegaste...

- Sí, Leda, soy yo. ¿Qué tal tu día? - Preguntó Alberto, deseando mostrar interés por ella, para sacar tema de conversación.

- ¡Ah! Sin novedades... todo como siempre...

- Sí, querida, eso significa paseos por el shopping, ir de compras y reunirse con amigas, ¿verdad?

- Bueno, Alberto, ¿qué tiene de malo?

- Nada, querida. No hay nada de malo. Sin embargo, tampoco es nada bueno para ti. El tiempo es un instrumento precioso en nuestras manos y, a través de su administración, producirá frutos que darán fe de la calidad de quienes lo manipulan.

- Aquí viene tu sermón habitual... - repitió su esposa, fingiendo cansancio.

- Sabes, Leda, cada día que pasa es un día menos en la vida.

¿Alguna vez has pensado que, para nosotros, la muerte está cada vez más cerca?

- Cariño, es demasiado tarde para que hablemos de eso. ¿Qué tal mañana?

- No hay problema, Leda. Mañana también podemos hablar de esto y de otras cosas. Sin embargo, creo que has contado mucho con el mañana y no siempre estará garantizado para nosotros. La vida significa un compromiso con el crecimiento y no una temporada de descanso y placer. Y su existencia ha sido una completa pérdida de tiempo en la construcción de algo nuevo y mejor para tu propia alma. ¿Crees que habrá centros comerciales en el mundo espiritual? ¿Crees que habrá lugar para la pretensión de esos encuentros de esnobismo y mentiras que tanto te atraen? ¿Sabes cuál será la posición que les espera a quienes no construyen nada en el mundo para sí mismos mientras pueden hacer el bien y no lo practican?

- Alberto, eres muy sombrío para alguien que se está preparando para dormir, querido.

- Nuestra vida, Leda, se está convirtiendo en una carga muy pesada sin que tú y nuestros hijos se den cuenta. Hemos tenido grandes recursos que nos garantizan una relativa comodidad, pero ¿cómo los hemos administrado? Nuestros dos hijos se están perdiendo sin que tú te des cuenta y sin que yo pueda ayudarlos de alguna manera. He intentado hablar con los dos, pero, se han escudado en tu complicidad, Robson se ríe de mis advertencias y Romeo, que las escucha, parece hipnotizado, víctima de fuerzas terribles. Sé que el primero pretende estudiar y consume la cuota de la universidad en fiestas y viajes. Mientras tanto, Romeo, de quien eres muy consciente de los problemas sexuales que acarrea, se escapa de aquí y se desgasta en malas compañías. Sin embargo, nunca oí alguna palabra tuya para ayudarlo a salir de este enredo.

Al verse acusada de frente, Leda se enderezó y se lanzó al ataque.

- Alberto, pasando todo el tiempo fuera como lo haces, ¿cómo puedes juzgar mi conducta hacia los chicos? ¿No aprendiste en tu religión que no debemos juzgar a los demás?

-Esto no es un juicio, Leda. Hablo de hechos. Entonces, dime ¿cuáles son las calificaciones de Robson? ¿Dónde está Romeo ahora mismo?

Sin saber qué decir, Leda enrojeció de fastidio, guardando silencio para no estallar, como acostumbraba.

- Tu silencio es un verdadero testimonio de tu conducta.

- Tú tampoco lo sabes, Alberto - respondió finalmente, acusándolo, a falta de otra defensa mejor.

- Sí, Leda, reconozco que tampoco puedo responder afirmativamente a estas preguntas. Y si te las planteo en este momento, no es para acusarte, sino, al contrario, para reflexionar juntos sobre nuestro estilo de vida. También me he estado preguntando sobre esto y, lamentablemente, me culpo porno orientar a cada uno de ellos. Sin embargo, nuestros gastos han sido tan grandes y teniendo en cuenta que soy la única fuente de recursos que nos abastece, no tengo otra forma de hacer que las cosas mejoren, ya que el trabajo me consume por completo.

- Sí, pero tienes tiempo para ir al Centro Espírita... - comentó su esposa, irónica.

- Mis tareas espirituales están ligadas a los compromisos que pesan sobre mí y, ciertamente, sobre nosotros, ya que no es casualidad que estemos juntos y recibamos estos dos espíritus como hijos. Además, ¿te has olvidado de las innumerables crisis que me afligieron hace años? Gritos nocturnos, dolores diversos, alucinaciones...

- Dios no lo quiera, Alberto, ni lo digas... cada noche era una película de horror.

- Entonces, Leda. Desde que comencé el tratamiento espiritual, todo se calmó, ¿no?

- Sí, mirándolo de esta manera, es cierto.

- Entonces, el Centro Espírita, en mi caso, es como una ayuda, una quimioterapia moral que mi alma necesita para mantener la calma. Y si voy solo es porque tú nunca quisiste acompañarme. Siempre te invité, tanto como a los chicos.

- Me aterroriza ir "a esos lugares."

- ¿Crees que te llevaría a algún lugar que no fuera adecuado? Si te invito a una fiesta, no te preguntas dónde será. Si te digo para ir de compras, no dudas en aceptar, incluso sin saber dónde. Si te digo que unos iremos de viaje eres la primera en estar lista, sin cuestionar el destino. Entonces, Leda. ¿No deberías confiar en que tu esposo no te llevaría a ambientes inapropiados?

- Es más una cuestión de miedo, Alberto. Tengo mucho miedo de este asunto de "espíritus."

- Entiendo cariño. Sin embargo, no te asusta el hecho que estén por aquí, actuando sobre todos nosotros, ¿verdad? No te asusta el hecho que hagan de cada uno de nosotros un juguete que llevan de un lado a otro, sin que ninguno de nosotros se oponga, ¿verdad?

- ¿Cómo así? - Preguntó la esposa, perpleja.

- Bueno, Leda, cada persona en la Tierra es un ser que influye y es influenciado por todo lo que le rodea. Aceptamos las buenas o malas compañías que estén en sintonía con nosotros. Y si nuestros actos y pensamientos no son elevados ni útiles en el Bien que realicemos, atraeremos solo espíritus ociosos e inferiores para que estén con nosotros.

En este punto, Alberto recibía tal inspiración del espíritu Jerónimo que, aunque no se encontraba en un trance mediúmnico como sucedía en el Centro Espírita, estaba plenamente controlado por el pensamiento firme de su compañero invisible, para que pudiera transmitir la llamada a su hermana, que volvió a desempeñar el papel de su esposa, con el propósito que ella, convocada a la razón, al sentido común, de manera fraterna y sin exigencias, saliera de la muerte y volviera a la vida.

- Los espíritus lo saben todo, Leda. Incluso saben que te haces la dormida todas las noches cuando llego porque no quieres escuchar noticias del mundo espiritual, como sucedió hoy.

La mujer se sobresaltó y sintió que un escalofrío le recorría todo el cuerpo, tal fue el impacto de las firmes palabras de Alberto / Jerónimo que, al ser pronunciadas, fueron verdaderos chorros luminosos dirigidos a sus centros energéticos. Al tocar estos puntos sensibles, penetraron profundamente en su estructura espiritual, quemando miasmas deletéreos que se unían en exceso en sus vibraciones produciendo esa sensación de escalofríos generalizados.

- Saben que hoy saliste con esa frívola, peligrosa y calumniadora mujer de la que ya te advertí. Saben que ustedes dos han estado en un salón de belleza lleno de mujeres de igual inclinación, todas muy bien vestidas por fuera, pero verdaderas brujas espirituales. Hablaron mal de la pobre Clotilde, que abandonó el círculo de amistades tras la enfermedad de su marido. Dijeron que ya no sería aceptada en el grupo después que su esposo "pasó de esta vida a la peor" porque la consideraban una traidora porque privilegiaba a su pareja, ahora en fase terminal de su enfermedad, en lugar de las reuniones de su grupito...

Leda abría los ojos y se sentaba en la cama, asustada.

- ¿Me estás siguiendo, Alberto? Qué cosa tan baja...

– No, Leda, trabajo todo el día para garantizar que vivas en este pantano moral en compañía de la infortunada Moira, una mujer sin escrúpulos, a pesar de ser la más admirada entre los que se igualan en los círculos de frivolidad de los que participas. Si hablo así, con tanta convicción, ten por seguro que es porque los espíritus amigos saben dónde has estado y qué has estado haciendo. Y si eso no es cierto, protesta, dime que no es así.

Leda estaba a punto de decir algo cuando escuchó el complemento:

- Y si insistes en negarlo, el mundo espiritual puede seguir contando con claridad todos los detalles de la conversación que tuvo lugar en el sauna del club. El tema masculino, las observaciones sobre los cuerpos de los chicos...

Fulminada por su propia conciencia, que reconocía la veracidad de todos esos hechos, Leda se controló y, muy alterada, prefirió indignarse en silencio.

- Todo el tiempo perdido, Leda. En nuestra reunión de hoy, el Dr. Bezerra nos alertó sobre el momento difícil que todos atravesamos. Tiempo para la selección, tiempo para el cambio, para la armonía moral que definirá la dirección que tomaremos. Nos alertó de los dolores que se avecinan, tanto colectivos como individuales, para que estuviéramos preparados para soportar los golpes y no hundirnos en la desesperación. ¿Crees que no te quiero como solía hacerlo? Te equivocas. Te quiero como antes. Sin embargo, me entristece ver tu desprecio por las cosas superiores, contigo misma, y la de los chicos con su destino, como si sus vidas se redujeran a aventuras radicales y orgías de la peor especie. No nos queda mucho tiempo para superar nuestras deficiencias. La Tierra está experimentando una reforma, querida, y aquellos que no se ajusten a los nuevos estándares sufrirán mucho y probablemente no podrán permanecer aquí. Nada de lo que digamos evitará que el evento renovador nos atrape en el camino. Por tanto, es mejor que nos preparemos para ello. ¿Te imaginas si lo perdiéramos todo? ¿Si nos viéramos enfermos? ¿Si estuviéramos como el marido de Clotilde o como ella, abrumada por el dolor de su marido y, además, ridiculizada por sus falsas amigas? ¿Cuándo han ido a visitar a Moira para darle una mano solidaria y para ver si necesitaba algo?

...

¡Nunca!

...

Todo esto demuestra tu falta de preparación para comprender lo que significa el dolor de los demás y señala la escala de la tragedia que ocurrirá cuando el sufrimiento suceda dentro de los límites de nuestra propia familia.

Alejándose de Alberto, Jerónimo puso fin a la influencia directa que ejercía sobre el médium para que, ahora libre de los pensamientos planteados, pudiera restablecer sus vibraciones cerebrales con vista al descanso nocturno.

Sin embargo, todas las palabras que pronunciaba el médium, estuvieron teñidas por las emociones de un esposo infeliz, un padre fracasado y un hombre asustado por las consecuencias de sus actitudes. También se castigaba por haber elegido ese nivel de vida, tratando de asegurarse que sus seres queridos no tuvieran que enfrentar los problemas de una vida de penurias y trabajo. Se reconocía igualmente culpable por el nuevo fracaso de sus tutelados carnales. Sin embargo, estaba tratando de ayudar tanto como podía, alertando a los que amaba que, de hecho, se parecían más a zombis que usaban cuerpos de carne solo para privarse de los placeres del mundo.

- Leda - dijo, finalmente -, lamento molestarte con estos asuntos, pero la verdad es que lo hago considerando que el mayor culpable de todo esto soy yo. Mi conducta como esposo y como padre, buscando protegerlos de las dificultades, los empujó a la ociosidad y superficialidad donde yo también estaba y estaría, si no fuera por la mediumnidad que me convocó a otra realidad espiritual. Y si me atrevo a decirte todo esto, lejos de querer recriminar en ti lo que veo abundante en mí. Lo hago por amor sincero, ya que tu felicidad, que siempre busqué construir, significará la mía y nunca sería dichoso, aunque Dios me reservara un lugar en el Paraíso, viéndote a ti y a los muchachos en atroces aflicciones...

El tono de voz de Alberto era tan sincero y las lágrimas que corrían por su rostro eran tan emotivas que Leda también se puso a llorar. Sin embargo, había poca sinceridad en sus lágrimas. Lloraba por ser mujer y, por tanto, estar más acostumbrada a liberar emociones, impulsada por la emoción del arrebato de su marido. Sin embargo, en su interior, todo lo que había dicho Alberto se atribuía al lavado de cerebro que estaría recibiendo en el Centro Espírita donde trabajaba. Ella lo dejaría hablar, pero, en el fondo, la vida que más le agradaba era la que llevaba, y su amiga Moira era el modelo que había elegido para servir de referencia.

Nada cambiaría eso dentro de ella.

Alberto se había acomodado a dormir, sintiéndose como una uva seca y arrugada, infeliz y decepcionado de sí mismo. Sin embargo, agradecía a Dios por la oportunidad de hablar con su compañera y, quién sabe, plantar una semilla en su corazón que germinaría algún día, incluso ante la inclemencia de la angustia moral, la carencia material o la cruel enfermedad.

Sin embargo, con sus hijos, todo era mucho más difícil para él.

Jerónimo y Adelino se conmovieron con el testimonio de Alberto, con la humildad de sus palabras al reconocer sus propias faltas, y con su comprensión de que, aunque inadecuadas y dañinas, las elecciones de su esposa e hijos deberían ser respetadas.

Rodeado de las manos amigas de Adelino, Alberto se durmió, luego de secarse las copiosas lágrimas que mojaron su rostro esa noche. Al mismo tiempo, Jerónimo puso su mano derecha sobre la conciencia enardecida de Leda, quien, presionada por todo lo que había escuchado, era ahora la que tenía dificultad para dormir.

Sin embargo, bajo el influjo constante del Espíritu amigo, poco después Leda se encontró fuera del cuerpo para una nueva conversación con la noble entidad que acompañaba el esfuerzo de Alberto por construir un nuevo destino.

4.-
EL SUSTO DE LEDA

La salida del cuerpo, de la esposa de Alberto, fue muy interesante. Acostumbrada a cultivar frivolidades y a perder las oportunidades del momento, Leda se había unido con un gran grupo de entidades infelices que la esperaban todas las noches para las fiestas sociales, por los inútiles encuentros que se reproducían al otro lado de la vida, en la continuidad nocturna de los vaivenes desarrollados por las personas en sus rutinas cotidianas.

Jerónimo, que la atendía directamente sin ser identificado por ella, veía su triste estado vibratorio, sin ningún sentido de disgusto o reprimenda.

Acostumbrado a las complejidades del alma humana, el amigo espiritual estaba capacitado para sacar del pantano a las criaturas que se inclinaran hacia él, utilizando, como medio de persuasión, la conciencia de la malignidad de las marismas donde se encontraban.

Así, tan pronto como Leda dejó la envoltura carnal, fue recibida por los miembros de la insensatez.

- Vaya, señora, creíamos que iba a pasar más tiempo escuchando esas tonterías que le decía su marido, desperdiciando una noche tan prometedora como la que nos espera - le habló, sagazmente, un astuto espíritu juguetón de la peor especie, astuto en la técnica de lograr el control de las emociones de los encarnados a través de la hipnosis sutil.

- También me sentí incómoda con esa conversación. Pero el tonto estaba tan carente, necesitando atención, que no quise interrumpirlo. Pero estoy lista según lo acordado para nuestro compromiso, Filomeno.

- Bien, porque a la baronesa no le gusta esperar y está impaciente con tu retraso.

- ¿Moira estará allí también?

- ¿Cómo no? Ella es una de las primeras en llegar y la última en irse.

- Vaya, bien... entonces, vámonos.

Jerónimo tomando la dirección del encuentro en el plano espiritual inferior, la siguió, dejando a Alberto al cuidado de Adelino, quien lo enviaría de regreso al Centro Espírita donde continuaría el trabajo de la noche con la asistencia de una multitud de almas afligidas.

Gracias a la acción magnética de la entidad amiga que los acompañaba invisiblemente, Leda había recibido un estímulo vibratorio para identificar mejor el entorno al que se dirigía y el tipo de compañía a la que se unía.

Así, tras unos minutos de trayecto, llegaron a un gran almacén que, a los ojos de los entes inferiores que allí se encontraban, era la expresión del máximo lujo que podía construir un terrible y exagerado gusto por las extravagancias.

Por toda la sala se podían ver grupos de todo tipo, con trajes extravagantes y ridículos que resaltaban sus defectos morales.

Esa era la continuidad de las reuniones sociales de la casa humana, a diferencia de que, en la vida física, la ropa y los perfumes podían disfrazar las horrendas apariencias del alma, allí las cosas eran bastante diferentes.

A los ojos de cualquier entidad más evolucionada, ese era el verdadero circo de los horrores, una especie de sanatorio donde los enfermos vivían como, sus personajes imaginarios, cada uno tratando de vestirse para igualar o imitar a quienes admiraban o pensaban que eran.

Hasta entonces, víctima de la hipnosis de las entidades negativas que la controlaban, Leda no había notado nada inusual. Sin embargo, en esta excursión nocturna actual, la lucidez marcaría la diferencia.

Cuando llegaron, la esposa de Alberto le preguntó a Filomeno:

- Pero... amigo mío... ¿qué es esta pocilga a la que me has traído hoy?

- ¿A qué te refieres? Hemos venido aquí todas las noches y la siempre se divertía hasta cansarse.

- Pero, al parecer, hoy dejaron entrar a la chusma...

- No, señora. Hoy estamos todos los de siempre.

- No me digas... - dijo Leda, horrorizada -. ¿Es así todas las noches?

- ¿Y por qué sería diferente? Mire... ahí está la baronesa... ¿no es hermosa?

Al hablar, Filomeno señaló para el otro lado de la habitación donde una entidad grande se destacaba a los ojos de quienes la rodeaban. Vayamos para allá... - dijo el conductor, tirando del brazo de Leda.

- Baronesa, baronesa – dijo -, por fin ha llegado la que faltaba.

- Ya era hora, querida - respondió Moira, cuya apariencia se asemejaba a las muñecas de porcelana, con un maquillaje aterrador y horroroso, y su cuerpo se mezclaba con el de un espantapájaros atado a su cintura.

Leda no sabía qué decir. La acción magnética de Jerónimo sobre su mente, le permitía ahora vislumbrar el verdadero y grotesco espectáculo del que formaba parte todas las noches, en respuesta a las llamadas de los espíritus con los que estaba en sintonía.

Allí estaban las amigas del círculo social, los amantes de la moda, los críticos de la vida ajena, las muñecas y muñecos del mundo, preocupados por las apariencias y los últimos chismes, ciegos a su propia condición. Allí se retorcían, en una rara coreografía, los miembros de una sociedad corrompida por la futilidad y los placeres, las mediocres criaturas que se dejaron arrastrar por los placeres de la materia y que, durante la emancipación del alma, siguieron atraídas por los mismos estándares, discutir las tendencias de la moda, hablar de las influencias del cuerpo esbelto y escultural, aprovechar la compañía de otros libertinos para involucrarse en el juego de las seducciones.

Jerónimo acompañaba a Leda, quien, aterrorizada, ya no sabía qué hacer.

- Pero, Filomeno... – insistió ella -, debe haber algo mal aquí hoy.

- Por supuesto que no, señora... siempre estamos aquí reunidos.

¿Por qué el susto?

- Es... es que... parece que esta es la primera vez que vengo a este lugar - respondió la mujer, vacilante.

- Estás tristemente equivocada. Además, siempre has disfrutado de nuestro baile y es reconocida aquí como una de las bailarinas más destacadas. Mira cuántos están esperando el honor de tenerte en sus brazos.

Leda vio, entonces, una procesión de entidades masculinas sonriendo, desdentadas, merodeadoras, repugnantes, haciendo poses varoniles con sus huesos, mostrando músculos inexistentes, empeñados en verse elegidos por la que era conocida como la reina de la noche.

- ¿Yyyyyooooo?

-Bueno, señora, no sea modesta... eso no va con su "atuendo..." - dijo Filomeno dándole un leve codazo.

- ¿Qué atuendo? - preguntó Leda, cada vez más desesperada.

- El que llevas puesto, por qué. ¿Cómo ser modesto con un atuendo que contradice tu discurso de humildad y discreción? Ustedes mujeres, difuntas o no difuntas, siempre actuando como si no entendieran…

Leda ni siquiera sospechaba cómo iba vestida.

Filomeno la arrastró entonces hasta una de las paredes de la habitación en la que había colgado un gran espejo donde pudo mirarse asustada.

Su figura era impresionante. La ropa era una mezcla de morados aterciopelados y dorados brillantes, pero que, ante la lucidez de esos momentos, con los ojos más abiertos a la verdad, parecían harapos de las vestimentas de la nobleza. Al mismo tiempo, algunas partes del cuerpo quedaron al descubierto, facilitando la exteriorización de partes que se insinuaban a la atención de quienes la veían al girar en el baile, provocando codicia y lujuria.

Su figura; sin embargo, era la de una cortesana de siglos pasados que bailaba como un fantasma, disfrazada de nobleza corroída.

Al ver su estado real, Leda lanzó un grito de horror, asustada por su propia forma, interrumpiendo las conversaciones en el salón y causando sorpresa en sus propias alucinaciones amigas.

Sin saber qué pasaba, abandonó la compañía de Filomeno y corrió por la habitación en busca de la puerta de salida, causando furor en todos los que, sin entender lo que estaba pasando, intentaron contenerla o de alguna manera retenerla.

Leda, en agonía, trató desesperadamente de volver a su cuerpo carnal y su compañero no tuvo forma de evitar esta fuga.

Jerónimo, que la mantuvo bajo su influencia directa, la envolvió con sus fuerzas y la sacó de ese entorno, pero sin evitar que las imágenes que habían herido su retina espiritual desaparecieran.

Necesitaba que Leda se horrorizara de sí misma, con el objetivo de alertarla de las cosas malas que estaba haciendo, y de la vida desperdiciada que se alzó ante ella como el incumplimiento de los compromisos asumidos con el Bien e, igualmente, con la repetición del Mal.

Unos minutos más y la esposa de Alberto pudo despertar en la cama, rodeada de los jadeos y asfixia típicos de quienes experimentan pesadillas y no pueden despertarse fácilmente.

Agitada, permaneció unos instantes sin poder articular la voz. Su cuerpo sudaba abundantemente, mojando su ropa de dormir. Su tez blanquecina indicaba la alteración circulatoria en respuesta a la producción hormonal descontrolada resultante del inmenso susto soportado.

Miró a Alberto, que, al otro lado, dormía sin darse cuenta de nada.

No sabía qué hacer.

Tenía miedo de despertarlo y contarle lo que le había sucedido, porque temía que eso fortaleciera las razones de su esposo por su conducta irreflexiva.

Sin embargo, no podía olvidar la apariencia de Moira, aquella cuya figura más le impresionaba y a quien se esforzó tanto en imitar.

Leda entonces trató de levantarse de la cama lentamente, porque su cuerpo temblaba de estremecimientos incontrolables. Fue al baño apoyada en las paredes y se sentó en un cómodo sillón para no caerse, tratando de encender las luces ambientales para que la oscuridad no viniera a atormentarla más.

Todo estaba confuso en su mente y la influencia de Jerónimo seguía haciéndose sentir, destinada a hacer que ella, en lo más profundo de su ser, escuchara la alerta, antes que fuera demasiado tarde.

Decidió darse un baño tibio en una cómoda bañera. Después de unos cuarenta minutos, se recuperó físicamente, pero su conciencia despierta le decía que la experiencia había sido muy intrigante.

- Esto debe ser cosa de Alberto con esos asuntos del Espiritismo antes de irse a dormir. Por supuesto, me sigue atormentando con malas noticias, problemas de sufrimiento, dolor, etc., lo que termina atrayendo esas mismas cosas a nuestro lado. Y míralo, ¡duerme como un bebé! Él es el que debería soportar todo esto. Mañana se lo contaré para que ya no me produzca pesadillas. No quiero estos asuntos antes de irme a dormir. Si quiere ir a estos lugares, que no traiga estos fantasmas a casa.

El pensamiento de Leda no cedió a los buenos consejos y, en lugar de ponerse el sombrero, buscó una forma de escapar, culpando a su marido o a los espíritus de la pesadilla.

Sin embargo, en su conciencia, no podría decir que no había sido ayudada a recordar sus propias realidades.

El destino podría sorprenderla con verdaderas pesadillas, que no le dejarían ninguna duda ni le permitirían atribuir a su esposo o espíritus las responsabilidades que eran únicamente suyas.

5. - EN EL CENTRO ESPÍRITA

Acompañado de Adelino, Alberto regresó a la institución espírita de la que era miembro activo, en cuanto se encontró desconectado de la ropa carnal.

Quien, desde un punto de vista espiritual, pudiera vislumbrar el edificio donde se realizaron las obras asistenciales a la luz de la doctrina cristiana codificada por Allan Kardec, sin duda quedaría admirado por la intensidad de las tareas allí desarrolladas.

Si durante el trabajo rutinario de atender las necesidades de los encarnados, la institución era pequeña en comparación con las iglesias de otras religiones, en el plan del mundo invisible era un verdadero hervidero de servicios variados.

Un núcleo luminoso, que mantuvo el recurso de la esperanza a través de la vivencia y difusión de la Buena Nueva, fue allí donde innumerables entidades espirituales encontraron el consuelo de comprender sus nuevas realidades al regresar de la vida física al mundo de la verdad.

El ambiente de intensa vibración en el Bien atrajo, como un foco luminoso buscado por seres nocturnos, una verdadera peregrinación de espíritus confusos, desanimados, cansados de luchar en una dimensión tan extraña, para la que no estaban preparados. Llevaban las marcas periespirituales de una vida disoluta, de gasto energético en actitudes de bajo nivel, de ideas fijas de carácter obsidiana.

Era la triste procesión de los engañados de la Tierra, ahora enfrentados a una realidad imparable, la que no solo estaba frente a sus ojos, sino que representaba el mismo aire que respiraban.

Por otro lado, había entidades violentas, que veían a la institución como un enclave peligroso en el reino de las sombras. Junto a los hombres, tales espíritus lucharon por mantener y gobernar, lo que provocaba constantes ataques directos o disfrazados, exigiendo de los líderes espirituales el celo vigilante, las actitudes defensivas con las que garantizaban la integralidad vibratoria de la institución.

Por ser una casa religiosa seria, con sus objetivos basados en el bien desinteresado de todos los que allí llegaban, había construido a lo largo de los años un ambiente protector que, como un escudo de fuerzas ennoblecidas, la envolvía por completo, tanto como a quienes trabajaban en él, durante los períodos de actividad que realiza en su interior.

Así, muchas entidades perseguidoras dejaron el contacto directo con sus perseguidos por negarse a acompañarlos a las obras benévolas que, devota y decidida, realizaban a favor de los afligidos. Por lo que no tuvieron más remedio que permanecer en los límites vibrantes externos, esperando el regreso de sus víctimas encarnadas.

Además, varias caravanas de espíritus ennoblecidos en el Bien partieron de ese núcleo y se dirigieron a todos lados, llevando ayuda a varios hogares y a innumerables personas cuyos pensamientos o peticiones fueron captadas, remitiendo sus casos y los tratamientos realizados por los servidores invisibles del Bien más cercanos a sus necesidades.

Un gran centro de comunicaciones conectó la institución religiosa terrenal con los niveles espirituales superiores a los que estaba vinculada de tal manera que, partiendo de la Tierra, se recibió una oración sincera que llegaba hasta los páramos astrales, evaluada por el servicio de selección específico, y, muchas veces, enviada a veces a ese Centro Espírita para que sus dirigentes atendiesen las quejas o dolores de su emisor, si se encontraba ubicado en la región que le correspondía atender.

De esta manera, el servicio de comunicaciones espirituales fue una verdadera potencia de trabajo, conectando los planos superiores e inferiores en una red de mensajería instantánea, documentos complejos, archivos de servicio y méritos, dando lugar a los diversos tipos de servicios que se derivan y, por lo tanto, la formación de diferentes equipos para llevar los recursos a los muchos que necesitaban aliento.

Todo esto sin mencionar a quienes, reuniendo coraje y devoción, se adentraron más, recorriendo las regiones más densas en busca de los afligidos y rebeldes, los vengadores obstinados, las entidades que habían cristalizado en el odio contra quienes los poseían en el pasado, tratando de traerles gotas de compasión, cariño y amistad para ver si lograban diluir en ellos el mal o el odio arraigado.

Tales caravaneros eran mensajeros de paz que se dirigían a los campos de conflicto, verdaderos camilleros que se arrastraban por los petardos mentales del odio para encender un rayo de luz en el corazón de las víctimas y agresores, mezclado en una gran masa de alucinaciones y crímenes.

El núcleo central de todas estas tareas estaba ubicado en la institución física, en la que los trabajadores encarnados eran la pequeña parte visible, como si una inmensa pirámide invisible colocada boca abajo tuviese solo su vértice principal tocando la Tierra materialmente, soportando los bordes invisibles que se abrían hacia el cielo como un gigantesco paraguas invertido.

Un pequeño punto materializado en el mundo físico para servir de soporte a toda la inmensa estructura invisible que se elevaba hacia la verdadera vida.

Las lecciones del Evangelio, en los estudios de rutina o en las conferencias públicas, se convirtieron en majestuosos sermones, en los que no solo se escuchaban las enseñanzas que salían de la boca de un orador o expositor de buena voluntad. Junto a él, los mentores espirituales dirigieron enseñanzas a los distintos grupos de trabajo que mantuvieron vínculos específicos para ayudar, según las necesidades colectivas más llamativas, en el desempeño de sus tareas específicas.

Asimismo, los grupos de apoyo a la mediumnidad constructiva eran similares a la poderosa central eléctrica en la que los elementos magnéticos, activados en los cuerpos físico y espiritual, favorecerían la ocurrencia de sinnúmero de fenómenos importantes para el esclarecimiento de las entidades sufrientes, todavía casi tan materializadas en el pensamiento como el momento en que lucían un cuerpo carnal.

Un gran número de entidades desencarnadas no tenían idea de su condición o las condiciones de su cuerpo periespiritual. Por ello, exigieron a sus tutores y enfermeras intensos esfuerzos para recuperar su lucidez o para comprender un poco las nuevas realidades, en las que fueron muy ayudados por los procesos de mediumnidad.

Varios pensaron que se habían vuelto locos o creían estar bajo algún tipo de alucinación. Otros negaron la evidencia del declive orgánico, aferrándose a la esperanza que todavía pertenecían al mundo material, diciéndose a sí mismos que estaban en medio de una pesadilla de la que eventualmente despertarían en cualquier momento, sin mencionar a los que quedaron impregnados de ideas fijas, creando escenarios mentales en los que fueron aprisionados, reviviendo las escenas del pasado con tal vivacidad que, para ellos, todo seguía como antes.

La presencia de tales entidades en ese núcleo de fuerzas avanzadas facilitaría mucho el adecuado despertar de sus sensibilidades, gracias al contacto directo con los fluidos vitales de los mismos encarnados como médiums en el trabajo de la psicofonía, la psicografía, la donación de fluidos magnéticos, todos los servidores dedicados a los diversos tipos de trabajo allí existentes.

Muchos se sintieron reconfortados por el mensaje evangélico que escucharon en la conferencia. Aquellos que no pudieron hacerlo fueron atendidos en las diversas actividades mediúmnicas, a veces por un acercamiento personal a algún médium disponible, en ocasiones por la participación en grupos identificados por las necesidades comunes que escucharían la conversación de uno de sus integrantes a través de uno de los mediadores, en un proceso de aclaración colectiva. Otros necesitaban enfermería fluidica y los trabajadores del mundo invisible utilizaban los efluvios corporales de los encarnados presentes para dar forma a medicamentos y las visualizaciones adecuadas a cada caso.

Mentores de diferentes jerarquías sirvieron en las diversas áreas de necesidades específicas.

Espíritus de diversas religiones también trabajaron en los frentes de servicio allí reunidos, tanto en la asistencia a entidades que compartían la misma fe que ellos, como en el apoyo a los hogares de sus antiguos correligionarios encarnados, buscando reducir sus agonías y, quién sabe, remitirlos, al descubrimiento de las leyes espirituales, entendidas de manera noble y elevada.

Se observó una perfecta unión de objetivos entre todos ellos, ya que eran espíritus que estaban unidos en base a los principios universales que regulan todas las manifestaciones religiosas existentes en el mundo de los hombres y que, alojados en ese gran hospital, hicieron todo lo posible por ayudar a los espíritus quienes permanecieron arraigados en prejuicios religiosos o comportamientos estáticos y ritualistas, tratando de ayudarlos a abrirse a la verdadera esencia de las cosas.

Por ello, estaban trabajando en armonía, además de las entidades que ya habían abrazado la fe espírita, innumerables sacerdotes y monjas católicas, varios miembros de las iglesias reformadas, pastores, diáconos, miembros evangélicos transformados por la luz de la Verdadera Hermandad, monjes budistas, sintoístas, miembros de varias corrientes esotéricas, todos sometidos a la disciplina amorosa del gobierno espiritual de la institución, a la que se unieron por su propio y sincero deseo, después de haber comprendido la irracionalidad de todo partidismo en materia religiosa. Muchos de ellos, como espíritus desencarnados, habían recuperado la lucidez allí mismo, ayudados por otros hermanos que los llevaron de la necedad a la comprensión bajo ese techo.

Equipos de médicos espirituales escucharon a los encarnados y los medicaron eficazmente durante las conferencias evangélicas a las que asistieron, muchas veces con el descuido de los que permanecieron allí solo con el cuerpo, dirigiendo su pensamiento hacia las bajezas del mundo o hacia las competencias y disputas materiales en las cuales se involucraron.

Los enfermeros medicaban según las prescripciones médicas además de atender las heridas y lesiones periespirituales que los encarnados traían en su atmósfera magnética, resultantes de pensamientos negativos, obsesiones de largo plazo o propias de la remoción de entidades afligidas, cuyos tentáculos energéticos habían sido cuidadosamente retirados de los centros nerviosos y otros plexos orgánicos. Los espíritus farmacéuticos manipulaban los principios de la naturaleza en un intrincado laboratorio, de donde se extraían las energías reequilibrantes para aplicarlas sobre los núcleos físicos buscando la rápida respuesta del cosmos orgánico, en tratamientos urgentes. Los cirujanos especializados atendieron los distintos problemas específicos de la medicina espiritual que practicaban, basados en el amor y respeto por las necesidades de cada paciente, garantizando, siempre que fuera posible, la acción de la Misericordia sobre los imperativos de la Justicia.

Los técnicos manipuladores de energías sutiles trasladaron recursos medicinales al líquido cristalino disponible en el lugar para el uso de quienes así lo desearan, así como esparcirlos sobre las innumerables botellas de agua que se encontraban en una mesa reservada para tal fin, de acuerdo con las necesidades particulares de la población de cada uno de sus portadores.

Entidades femeninas, dulces y generosas como madonnas de cuadros clásicos, atendían con cariño los espíritus de los niños necesitados de madres improvisadas, atendiendo sus necesidades y sirviendo temporalmente de madres amorosas, consolándolos por la falta de padres aun retenidos en los ambientes terrenales.

Y en este efervescente torbellino de trabajo amoroso, Alberto y otros médiums de la casa, durante las horas de descanso del cuerpo, tenían tareas garantizadas, en el ejercicio de la mediumnidad, sirviendo de puentes entre las entidades poco conscientes de sus estados de desequilibrio y la guía amorosa de espíritus amigos, verdaderos psicólogos del alma, para ayudarlos en el descubrimiento de nuevos rumbos, modificando sus propias inclinaciones inferiores, saliendo del triste círculo vicioso que les garantizaba incesantes penurias y angustias.

De esta manera Alberto sirvió tanto de canal de ayuda para entidades de muy poca lucidez que yuxtaponían a su organización periespiritual, como de altavoz abierto a la manifestación ennoblecedora de varios mentores espirituales que no serían escuchados ni vistos por la mayoría de esas almas, excepto por el uso de los médiums allí disponibles, evitando el gasto innecesario de energía en el trabajo de condensación ectoplásmica.

Una vasta organización hospitalaria de urgencias se elevó sobre el núcleo físico de la institución, con pasillos y salas muy amplias donde se atendieron los dolores variados de una infinidad de entidades rescatadas por los diversos servicios allí realizados. Organizados en niveles específicos, cada uno de ellos estaba destinado a un patrón de espíritus sufrientes, mantenidos en los entornos que mejor se adaptaban a sus necesidades. Algunos necesitaban estar en habitaciones sin mucha luz, más parecidas a las cuevas o madrigueras de las que habían sido sacados, por lo que no encontraron extraño el nuevo alojamiento ni se opusieron a la ayuda que recibían.

Sin embargo, con tal miríada de responsabilidades, tal institución era solo una pequeña sala de emergencias al nivel del dolor humano, recogiendo como una aspiradora gigantesca a las entidades enfermas que así lo deseaban, lo merecían o hubiesen sido encaminadas hacia allá por la Corte Suprema para recibir los cuidados de enfermería de emergencia y la derivación de cada uno de ellos a los destinos evolutivos de los que carecían.

No era, por tanto, una posada definitiva.

Fue una posada en el largo camino de la evolución, garantizando el paso a otros niveles donde continuarían los tratamientos adecuados para cada caso.

Por ello, el Centro Espírita fue también un gran núcleo de transporte, como si fuera una terminal de pasajeros para enviar y recibir a los viajeros, garantizándoles serenidad y las mejores condiciones de acceso para llegar a sus destinos específicos.

Así, inmensos vehículos espirituales se alinearon en un punto específico, en la actividad de desplazar a los necesitados, agrupados según sus necesidades y objetivos, en un incesante ida y vuelta durante las veinticuatro horas del día. Tales servicios fueron tan intensos, que se organizó un área específica de la institución espiritual para atender todas las especificidades, considerando que cada paciente a ser trasladado estaba identificado, que tenían un expediente que definía su posición espiritual, una conexión con un cierto núcleo del mundo superior invisible, que lo tutelaba espiritualmente, que habían sido los mentores garantes de la última encarnación, qué necesidades urgentes presentaban, a qué destino se dirigían y qué grupo o autoridad espiritual directa debía entregarse para ser atendido en el nueva fase de la recuperación.

Los vehículos de transporte eran de diferentes tipos y tamaños, operados por técnicos capacitados para manejarlos con precisión y por una cuadrilla de trabajadores, especializados en las necesidades de sus pasajeros, contando con los distintos servidores en el campo médico, así como con otro tipo de trabajadores, que se esmeraban en traer calma y comodidad a los ocupantes. Para muchos, la alta vibración del ambiente interno de tales vehículos produjo un apacible letargo, que garantizó un transporte fluido, especialmente para los menos preparados espiritualmente, mientras que los más lúcidos y serenos pudieron observar todo el proceso aprendiendo de las novedades que, en adelante, ellos testificarían.

En todo, la disciplina y el orden marcan la pauta de la tarea a realizar, haciendo eficiente cada detalle, y que todo funcione según las indispensables determinaciones superiores, coordinadas por la mano generosa de Bezerra de Menezes quien, en ese núcleo como en muchos otros, operó como supervisor de los Testamentos de Cristo.

Naturalmente, no todas las instituciones espíritas existentes en la superficie de la Tierra habían logrado alcanzar tal grado de eficiencia en las tareas realizadas. Sin embargo, si esto no sucedió, no fue por la falta de apoyo de los espíritus amigos que hicieron todo lo posible para mejorar las condiciones del servicio. Invariablemente, cada vez que no se logra la mayor eficiencia de los servicios, se debe a las deficiencias de la cuadrilla encarnada, obreros perezosos o indómitos, inmaduros, vanidosos, discutiendo y argumentando, atormentados por actitudes, orgullosas y falsas, dificultando la armonía vibratoria del ambiente y, por ello, convirtiéndose en escollos para la mejor eficiencia de los servicios.

Las entidades amigas se esfuerzan por corregirlas extendiendo el apoyo de los consejos durante el descanso del cuerpo carnal, con explicaciones, orientaciones y estímulos para la superación de complejos, todo ello para despertar a las voluminosas responsabilidades de servicio a las que están vinculadas. Y cuando todas estas medidas no son suficientes para cambiar el panorama interno de la institución, cuya tasa de conflictos mentales perjudicaría la calidad de los servicios espirituales debido a la rebelión o invigilancia mental de algunos de sus trabajadores, los espíritus amigos se ocupan de apartarlos de la obra, de manera sutil y espontánea, para que, removiendo su descontento, también retiren la fuente de los desequilibrios, dejando de ser torpedos humanos al servicio de entidades inferiores que pretenden dañar la obra del Cristo que allí se realiza.

Solo después de la remoción de los rebeldes, los insinceros, los viciosos y perniciosos elementos para el avance de la tarea, los dirigentes espirituales pueden promover la aceleración de las actividades dentro de las direcciones previstas.

Hasta que se logre tal reforma, la institución patina en la miseria y la falta de idealismo vivo, estancándose y dejando de ser la herramienta para la que se había hecho realidad entre los hombres.

Esta es, queridos lectores, la explicación de por qué muchas casas espíritas no han logrado salir del mismo nivel en el que se encuentran desde hace años, atrapadas por el inmovilismo y la falta de riqueza espiritual, envueltas siempre en disputas internas de vanidad y poder, lo que las acerca mucho a las organizaciones políticas terrenales, alejadas del idealismo cristiano.

Allí, por tanto, los primeros necesitados y sufrientes a los que deberá atender la institución son sus propios trabajadores y gestores que, indiferentes a las Verdades del Espíritu, se comparan con los ciegos que guían a los ciegos.

6.-
LOS TRABAJADORES DE LA CASA ESPÍRITA

PARÁBOLA DE LOS TALENTOS

Mateo, 25, 14-30

14 Porque éste es como un hombre que, al emprender un viaje, llamó a sus siervos y les encomendó sus bienes.

15 Y a uno le dio cinco talentos, a otro dos, y a otro uno, a cada uno conforme a su capacidad, y luego se fue.

16 Y cuando él se marchó, el que había recibido cinco talentos negoció con ellos y ganó otros cinco talentos.

17 Asimismo, el que había recibido dos también ganó otros dos.

18 Pero el que había recibido uno se fue, cavó en la tierra y escondió el dinero de su señor.

19 Y mucho tiempo después, vino el señor de aquellos siervos e hizo cuentas con ellos.

20 Entonces se acercó el que había recibido cinco talentos y le trajo otros cinco talentos, diciendo: Señor, me entregaste cinco talentos; he aquí otros cinco talentos que obtuve de ellos.

21 Y su señor le dijo: Bien, buen siervo y fiel. Has sido fiel sobre poco, té pondré sobre mucho; entra en el gozo de tu señor.

22 Y acercándose el que había recibido dos talentos, dijo: Señor, me entregaste dos talentos; he aquí, otros dos más que obtuve con ellos.

23 Su señor le dijo: Bien, buen siervo y fiel. Has sido fiel sobre poco, te pondré sobre mucho; entra en el gozo de tu señor.

24 Pero acercándose también el que había recibido un talento, dijo: Señor, te conocía, que eres hombre duro, que siegas donde no sembraste y recoges donde no esparciste;

25 Y atemorizado, escondí tu talento en la tierra; he aquí lo que es suyo.

26 Y respondiendo su Señor le dijo: Siervo malo y negligente; ¿Sabías que cosecho donde no sembré y recojo donde no esparcí?

27 Entonces debiste haberle dado mi dinero a los banqueros y, cuando yo llegara, recibiría el mío con los intereses.

28 Quítenle, pues, su talento y dénselo al que tiene diez talentos.

29 Porque al que tiene, se le dará, y tendrá en abundancia; pero el que no tiene hasta lo que tiene le será quitado.

30 Echad, pues, al siervo inútil a las tinieblas de afuera; allí habrá llanto y crujir de dientes.

✶ ✶ ✶

Tras presentarse para las labores nocturnas que se desarrollaban en la institución, Alberto fue enviado al núcleo que reunía a los trabajadores encarnados que, tanto como él, estaban allí con tareas definidas. Escucharían las pautas del líder espiritual a quien se subordinaban las actividades que se les asignaban.

Acompañado de Adelino, el médium, desplegado durante el sueño del cuerpo, se encontró en una pequeña habitación, rodeado de otros ocho trabajadores encarnados que ya habían llegado.

Todos ellos tenían la conexión fluídica plateada que los mantenía conectados al marco físico.

Fueron: Jurandir, el líder encarnado de la Institución, Dalva, Meire y Lorena, médiums psicofónicos como Alberto, además de Horácio y Plínio, cooperadores en el diálogo y el trabajo de los pases magnéticos, y Alfredo, el servicial cuidador de la institución, que residía en ella para garantizar su seguridad material.

Al dirigirse a Jurandir, Alberto exclamó:

- ¡Vaya, señor Jurandir, de nuevo tan pocos estamos aquí para las tareas tan intensas que nos esperan...!

- Sí, amigo - respondió el cuestionado, con una sonrisa de tristeza -, no todos nuestros hermanos están disponibles como se esperaba. De los sesenta y dos trabajadores, solo ocho se han mostrado comprometidos y dispuestos a las disciplinas mentales y emocionales adecuadas para el continuo servicio de la mediumnidad. Otros dieciséis están cumpliendo diversas funciones aquí en nuestros otros centros de trabajo. Sin embargo, a excepción de estos veinticuatro, los otros treinta y ocho están dormidos para las experiencias constructivas del espíritu durante el descanso del cuerpo.

- ¿No estarían ellos, por casualidad, ignorando nuestras tareas? - Preguntó la Sra. Dalva, una médium de gran bondad, humildemente.

- Lamentablemente no, querida hermana. Todos recibimos alertas durante nuestras tareas físicas aquí en el Centro y, además, somos apoyados para regresar a nuestros hogares y conducidos al sueño físico. Sin embargo, en cuanto la mayoría se encuentra fuera de la carne, parecen olvidar las alertas y los compromisos, y cada uno sale en busca de emociones e intereses que reflejen sus sentimientos o necesidades.

Observando el diálogo constructivo entre los presentes, y para hacerlo aun más interesante y rico, Ribeiro, el espíritu que había estado con Bezerra la noche anterior cuando las advertencias a través del médium Alberto, asumió el diálogo con la autoridad de quién conoce y ama profundamente a cada uno de sus tutelados, en esa casa de servicio en el Bien.

- Es verdad, queridos hijos. Cada uno de ellos recibe de nosotros, sus sinceros hermanos, el acompañamiento y protección para el momento del sueño y el despertar inmediato en el plano invisible de la vida. Sin embargo, el pensamiento genera los caminos y no en vano el Divino Maestro nos ha enseñado la lección de que, donde esté nuestro tesoro, allí también estará nuestro corazón. Entonces, en cuanto se proyectan al otro lado de la vida, eligen el rumbo que más les agrada, escuchando poco o nada nuestras palabras amorosas que los convocan al trabajo de la institución.

Peixoto, con serios problemas económicos, abandonó el cuerpo en busca de una solución a sus deudas, buscando reunirse con banqueros o amigos adinerados, con el fin de tocar sus corazones para que se viera favorecido en el préstamo que pretende solicitarles pronto.

Cornelia, preocupada por la salud de su hijo lejano, en cuanto se encontró liviana en su cuerpo espiritual, impulsada por el pensamiento, tomó el rumbo de la casa del hijo, presionada por la angustia exagerada tan común en las madres desequilibradas, olvidándose de la comprensión espiritual inflexible y justa, además de hacer la vista gorda ante las fechorías de Marcelo, quien, entre drogas, aventuras y excesos, ha ido consumiendo sus propias fuerzas por el placer.

Cássio dejó su cuerpo en la cama y, indisciplinado para su deber, aceptó la invitación de las frívolas entidades que lo esperaban para festejar en los ambientes inferiores, olvidando que, como médium, su sensibilidad será sacudida por vibraciones agresivas del lugar donde pasará la noche, cuando regrese al cuerpo carnal. Al día siguiente llegará aquí, quejándose de dolores de cabeza, indisposición y desánimo, exigiendo la ayuda de los espíritus para solucionar su desarmonía.

Geralda es incapaz de dejar su cuerpo de manera serena porque es perseguida por cobradores que la acusan de actitudes inferiores en la existencia actual en el ámbito de la afectividad. Al verse descubierta por los agresivos verdugos, antes de recurrir a la oración sincera con la que se protegería con serenidad y firmeza, huye a la carne, imaginando que el esqueleto es, la única fortaleza que la salva.

Moreira, un hijo pobre, dominado por las sensaciones del sexo, no se conforma con la convivencia íntima que le brinda su esposa. Con su mente impregnada de imágenes eróticas, atrae a su propia alcoba la compañía de entidades peligrosas y astutas, que se alimentan de sus energías sexuales exacerbadas por la fijación mental, hipnotizándolo cada vez más con imágenes excitantes, para mantener la llama del deseo encendida e intenso, impidiendo o dificultando que el pobre se desconecte de este abanico de ideas para sintonizar con nosotros. Esto se vuelve aun más grave porque, fuera del hogar, nuestro amigo tiene encuentros clandestinos con prostitutas que lo envuelven en emociones inferiores, viciando su sensibilidad espiritual ye volviéndolo inútil para los más sencillos servicios de nuestra institución. Piensa que, gracias a su discreción, nadie conoce la doble vida que lleva. Y así, los otros treinta y tres trabajadores que se esperarían aquí para ayudarnos en la vasta tarea del Bien, dotados de talentos para ser agentes de esperanza en la vida de los demás, alegan otras inquietudes como tesoros que demandan su presencia inmediata y un alto precio por el tiempo perdido. Para todos, estas fijaciones mentales parecen estar justificadas como preocupaciones importantes y emergentes. Sin embargo, a la vista de los motivos reales, mirando estos temas desde la perspectiva de la vida real, todas ellas no son más que puerilidades infantiles, deseos voluntariosos, inmadurez emocional que, tarde o temprano, serán superados por las decepciones que se deriven de ellos, naturalmente.

Asustada por los detalles casuísticos de los problemas de cada uno, Lorena exclamó sorprendida:

- Pero, hermano Ribeiro, ¿conoce tan bien la vida de todos los que trabajan aquí?

Sonriendo por la entonación que utilizó Lorena al preguntar, Ribeiro intentó calmarla:

- Bueno, Lorena, la conciencia tranquila puede ser un lago transparente y generoso donde las estrellas del cielo nocturno vienen a bailar sin ningún problema. Por eso, entre los hijos que guardan responsabilidad y sinceridad con el ideal, nos resulta fácil movernos y observar sus verdaderos esfuerzos en la transformación, lo que nos garantiza una relación directa y fraterna, donde no tenemos secretos, no nos engañamos o ni pretendemos engañarnos unos a otros. En cuanto a los demás, los que tienen la conciencia manchada por conductas íntimas inapropiadas, imaginándose bien ocultos por el velo de la invisibilidad, también tenemos sus registros individuales, no con el fin de husmear, sino, más bien, como una forma de supervisar sus pasos, buscando evitar caídas más graves o comprometedoras, así como comprender las razones que los unen a tales tragedias morales o necesidades específicas.

No nos alegraría descubrir a este o aquel en una situación difícil que podría haberse evitado antes, pero que acabó sucediendo porque les faltó nuestra cooperación. Entonces, como los amamos tanto, nos cuidamos de observar con discreción sus comportamientos, los cuales, de hecho, están estampados en la misma atmósfera vibrante que tenemos y que nos delata con las coloridas imágenes de nuestros pensamientos y sentimientos, muy bien moldeados a nuestro alrededor. Sin embargo, nuestra tarea está lejos de ser invasiva o tener la intención de escudriñarlos más mínimos detalles de todo lo que hacen. Cuando acompañamos a un hermano que va a los burdeles espirituales, sabemos lo que busca y, por tanto, no necesitamos seguirlo en las orgías en las que se verá envuelto. Cuando seguimos a un hermano que busca un negocio inferior, tenemos la medida exacta de sus verdaderas intenciones, por lo que no necesitamos detenernos en los detalles de sus contratos indiscretos o perniciosos.

No creas que ignoramos los momentos de intimidad, las necesidades de placer físico a las que todavía están sometidos sus cuerpos, o que esto sea considerado por nosotros como algo inapropiado. Sabemos en qué mundo vivimos, y nosotros mismos hemos tenido que enfrentarnos a todas estas formas de vida y, tarde o temprano, también tendremos que retomar el cuerpo físico para continuar nuestro viaje evolutivo. Por lo tanto, no se preocupe imaginando que su privacidad está siendo invadida por la vista de sus amigos espirituales. Respetamos cada elección que tome, por mala que sea.

Sin embargo, no se puede decir lo mismo de las entidades inferiores que conviven directa e incisivamente con los encarnados, aceptados como huéspedes, como invitados o como compañeros y cómplices. Estos espíritus inferiores no solo se colocan como partidarios y estimuladores de las más viles debilidades del encarnado, sino que también los justifican en todos los momentos de goce y disfrute que aceptan tener, en las diferentes experiencias físicas. Paulo de Tarso solía decir que nos acompañaba una "nube de testigos." Y en el caso de los vigilantes, además de testigos, estas entidades invisibles también son copartícipes, socios en la aventura, penetrando en los departamentos más íntimos de la vida de los encarnados. Si los espíritus que los protegen saben, por ejemplo, respetar el momento del baño físico de sus protegidos, de las actividades afectivas que comparten con los elegidos de su corazón, incluido el establecimiento de la protección fluídica del médium o donde se relacionan, la menor de las entidades con las que el encarnado abraza por identidad de placeres o defectos son las primeras en invadir el espacio mental y emocional de sus anfitriones, al igual que los parásitos que extienden sus tentáculos en el cuerpo de sus víctimas, chupando los más ricos principios de ellos y alimentándose de tales fuerzas, al mismo tiempo que las estimulan para que no se detengan, para que profundicen aun más en prácticas eufóricas.

Las explicaciones eran demasiado ricas para iluminar a todos; sin embargo, las tareas no podían esperar más. La multitud de los desafortunados no podía quedar relegada a un segundo plano.

- Bueno, queridos, no es importante resaltar la falta de los otros treinta y ocho trabajadores. La presencia de los ocho aquí y los dieciséis en el resto de actividades de la institución nos llena de alegría y fortalece nuestro ideal de servir más y mejor. Y si hay un consuelo para todos, es que, al faltar muchas otras manos, hay mucho más trabajo para cada uno, correspondiendo así, en el reparto de los Dones Celestiales, a mayores beneficios para el siervo fiel. ¿Recuerdan la parábola de los talentos? Cuando el Señor regresa de su viaje y se da cuenta que los dos primeros se han multiplicado, pero que el último enterró lo que había recibido, toma la moneda de este holgazán y se la da al hombre que tenía más talentos. Este es el significado de la expresión: Siervo bueno y fiel. "Has sido fiel sobre poco, sobre mucho te pondré. Entra en el gozo de tu Señor."

Posteriormente, comenzó a orientar a cada uno de ellos a trabajos específicos en el vasto campo de luchas que caracterizaba a la institución amorosa.

Durante casi ocho horas de descanso físico, todos ejercieron sus respectivas tareas, incluido el humilde servidor que apareció allí casi como un pez fuera del agua, ya que Alfredo no tenía ninguna sensibilidad especial ni pertenecía a ningún equipo de servicio en la Casa Espírita

Él era solo un simple empleado de limpieza y cuidador de la seguridad de la Casa de Dios.

Aun así, aunque pensaba que no tenía mayores recursos ni posibilidades, Alfredo era, en realidad, un servidor disciplinado de la institución, plenamente capacitado para ejercer la enfermería amorosa de la acogida de hermanos invisibles, con quienes dialogaba de manera fraterna y natural, dirigiendo una multitud de entidades confusas a recuperar su propia lucidez.

Esto es porque, presentándose con la humildad de siempre, con la sencillez de un portero era más fácil entrar en contacto con los espíritus que, sufrientes o andrajosos, infelices o desesperados, aceptaban su simple ayuda sin imaginar que, debajo de su insignificante apariencia, yacía un invaluable diamante.

Alfredo, al igual que en la Tierra, recibió a los que llegaban con una franca sonrisa y, por cada alma a la que tenía que atender, le dedicaba lo mejor de su espontánea amabilidad, sirviéndola sin ningún deseo de intimidar, de convertir, de juzgar o censurar.

Tan sencillo era él en sus actitudes de espíritu emancipado por el sueño del cuerpo, que no veía la admiración con que lo observaban todos los trabajadores del mundo invisible. Probablemente era uno de los pocos que, habiendo recibido cinco monedas, lograba multiplicarlas por otras cinco.

Sin embargo, las horas pasaron rápido y la llegada de los primeros rayos de la madrugada determinaron el final del ciclo de trabajo nocturno para los valientes servidores que, sometidos a operaciones de reabastecimiento de energía magnética a cargo de otros servidores espirituales, vieron recuperadas sus fuerzas y abastecidas sus almas con una satisfacción inefable, una alegría profunda y un sentimiento de especial ligereza, como privándose de la alegría que Jesús podía sentir por lo poco que cada uno había hecho a favor del dolor de los demás.

El despertar en el cuerpo, asistido por entidades especialmente destacadas para acompañar a cada uno en su regreso, fue sereno y envuelto en esta atmósfera de éxtasis indefinible que cada uno guardaría en su corazón a su manera, ya sea como un muy buen sueño, un encuentro bastante estimulante, un viaje a la dimensión espiritual superior, una conversación con un emisario sublime, la alegría de participar en una gran fiesta espiritual o de ser enfermeros en un hospital grande y concurrido. Aunque ninguno de ellos llevaba al despertar la plena y exacta convicción de lo que les había sucedido durante la noche, todas las interpretaciones que darían al hecho no dejaron de corresponder, de alguna manera, a lo que realmente habían vivido.

7.-
PROBLEMAS EN EL TRABAJO

Temprano en la mañana, Alberto se dirigió a sus actividades profesionales en la oficina de la gran empresa cuyas finanzas trataba de controlar con lo mejor de su inteligencia.

La rutina era la de un día normal, donde los problemas superaban con creces las soluciones, sobre todo si se consideraba la poca cooperación de los propietarios y sus hijos, que se abolían en la estructura como pesos inútiles, engordados con las ganancias de los buenos tiempos y apaciguados ante las responsabilidades que ponían a un colectivo de empleados y familias bajo su dependencia.

Moacir y Rafael eran los dos socios principales, los iniciadores de la empresa que, casados con Valda y Alice, dos hermanas, parecían componer el ideal de sociedad, mezclando la confianza de la familia con los intereses de ganancia material inherentes al negocio, una combinación de la cual se debería esperar la prosperidad de todos.

Moacir estaba a cargo del área administrativa, mientras que Rafael se ocupaba de los asuntos técnicos, de producción y las cuestiones relacionadas con la calidad del producto.

Aprovechando las facilidades económicas en épocas favorables, la prosperidad les sonrió en los primeros años, llevándoles la ilusión de riqueza para contaminar sus cuidados y disciplinas. Con el paso del tiempo, las adversidades naturales del mercado empezaron a cobrar el precio justo por el descuido que ambos demostraron.

Competencia creciente, disputas comerciales que requerían mayores descuentos, reducción de la calidad de los productos por bienes más baratos y mantenimiento de utilidades, impuestos sobre impuestos, gastos de personal, exigencias laborales, todo esto se acumulaba en la estructura de funcionamiento de la empresa. Al mismo tiempo, impulsados por el éxito y la facilidad de los primeros tiempos, Moacir y Rafael incorporaron a sus respectivos hijos e hijas al ámbito laboral común, con una justificación aparentemente plausible que sería bueno conocer la estructura organizativa y las rutinas para empezar a ganarse la vida a través del trabajo desde una edad temprana.

Si la justificación parecía plausible, de hecho, lo que menos querían los hijos de los propietarios era un compromiso de trabajo. Cada uno de ellos veía a la empresa como la fuente de una generosa mesada, a la que llamaban impropiamente salario.

Como eran hijos de los propietarios, no se sentían obligados a producir nada ni se consideraban sujetos a ninguna disciplina de horarios o deberes, encontrando siempre en sus padres la sonrisa de tolerancia con los que trataban a sus excesos.

Los propios empleados categorizados de la empresa se sintieron intimidados por las posiciones privilegiadas que exhibían los hijos de los propietarios, sin que se les animara a corregir sus actitudes sueltas e inapropiadas. Alberto sabía cómo todos eran muy susceptibles a cualquier crítica porque, en innumerables ocasiones, tuvo que despedir a empleados que, con razón, intentaron defender los intereses de la empresa frente a los caprichos de los "muchachos" - como se les conocía por dentro.

Y, como responsable de las cuentas de la empresa, Alberto era muy consciente del desorbitado valor de los lujos de cada uno de ellos, llevando siempre la cuenta de placeres y gastos al núcleo del negocio, confundiendo el esfuerzo empresarial con una inmensa e irresponsable avaricia de goces diversos. No les alcanzaba el salario mensual que recibían sin hacer nada. La empresa también les pagó autos nuevos, viajes de aventura y entretenimiento, fiestas de cumpleaños, indemnizaciones por gastos y condenas legales derivadas de sus excesos, siempre con el complaciente acuerdo de Moacir y Rafael quienes, para mantener una relación familiar amistosa, optaron por no oponerse a que los hijos y sobrinos fueran beneficiados, garantizando para todos los mismos derechos y la expectativa de las mismas facilidades.

Por no hablar de los excesos de Valda y Alice, las dos hermanas y socias de la empresa.

Acostumbradas a las facilidades, no se diferenciaban mucho de la esposa de Alberto, Leda. En compañía de sus maridos, aprendieron a gozar de los beneficios de una vida sin deberes, ejerciendo sus caprichos como si obedecieran las determinaciones de la propia naturaleza. Pensaban que la vida les debía todo en facilidades y prestaciones, de las que disfrutaban como si fueran princesas que, ahogadas en manjares y ponches, terciopelos y joyas, nunca piensan en el hambre de los súbditos, a quienes tratan como miserables trastes o como predestinados. a la miseria por una fuerza superior.

De nada le sirvió a Alberto, que tenía cierta libertad con los propietarios, emitir varias alertas para quitarles la venda de la ilusión.

- De ninguna manera, viejo amigo, todo va muy bien. Confiamos en su diligencia y sabemos que sabrá cómo equilibrar las cosas. Haremos nuevos préstamos, le pediremos dinero al gobierno. Hablaremos con ese amigo nuestro, el diputado que financió la campaña y que sin duda nos ayudará. Después de todo, lo que ha ganado con los sobornos que recibe justifican ayudarnos a su vez.

Estas frases eran habituales en boca de los dos propietarios, cuando el diligente empleado se preocupaba por decirles la gravedad de las cosas. Esto se debe a que, después de las primeras y prósperas fases, Moacir fue dejando la parte administrativa en manos de un equipo de empleados que creía capaces de hacer contactos comerciales, vender productos, ajustar descuentos y hacer promociones, mientras que, siguiendo la postura de su cuñado, Rafael cedió el área de producción a otros técnicos, dejando solo la eventual inspección a cargo.

Esa mañana; sin embargo, las dificultades alcanzarían un clímax nunca antes visto.

Un intrincado problema legal que implica cuestiones fiscales, cuyo cobro se cuestionaba, terminó siendo definitivo e irrevocablemente resuelto en detrimento de los intereses de la empresa, que, notificada periódicamente de la decisión, dispondría de un plazo de algunas semanas para realizar el pago del monto total. Se le imputó una verdadera fortuna, bajo pena de ejecución legal, con el embargo de todos sus bienes, los de sus dueños y los de sus responsables directos.

Naturalmente, nada de esto habría sucedido si los dos cuñados hubieran escuchado el consejo de Alberto, en el sentido que debían realizar los depósitos cautelares por cualquier sorpresa adversa.

Sin embargo, estaban tan seguros del apoyo político que tenían con las autoridades gubernamentales y legislativas, que prefirieron aprovechar estos valores para continuar sus aventuras, confiando en que todo el proceso resultaría en una decisión favorable y sería no se verían obligados a pagar ninguno de los atrasos.

El documento que tenía ante sus ojos era inconfundible.

Alberto sabía que esto correspondía al final de la loca aventura de quienes, habiendo poseído todas las oportunidades de la fortuna, perdieron la gran oportunidad de seguir adelante.

Él mismo estaría en pésimas condiciones porque carecería de los recursos necesarios para mantener su propio nivel de vida.

Sin embargo, no pudo dejar de comunicar esta circunstancia a los verdaderos responsables.

Obedeciendo la rutina de los dueños, esperó a que llegaran a la empresa para plantearles el problema.

Reunidos unas horas después, presentó el documento correspondiente y esperó sus reacciones.

- Bueno, Alberto, ¿qué es eso? ¿Un papel más con malas noticias? Vamos, viejo, arréglalo, eres el mago de las finanzas - dijo Rafael tratando de ser gracioso.

Alberto, admirando la magnitud de la irresponsabilidad, negó con la cabeza y respondió taciturnamente:

- Desafortunadamente, Sr. Rafael, esta magia está por encima de mi talento.

Al observar la reacción del director contable, Moacir exclamó, preguntando:

- ¿Qué quieres decir amigo? Todo tiene solución en esta vida.

- Estoy de acuerdo contigo, pero, en este caso, será necesario que pagues, en treinta días, un valor correspondiente a veinte empresas como ésta, porque, por los cálculos realizados, más las multas, intereses legales costas judiciales, correcciones monetarias, entre otras sumas, esta será la cantidad que tendremos que pagar a las arcas públicas.

La siniestra predicción de Alberto era demasiado seria para que ambos se animaran a bromear.

- Ma... mamá... pero - balbuceó Moacir - ¿cómo dejaste que las cosas llegaran a este punto, Alberto?

Atravesado por la primera puñalada, el empleado no perdió el control y respondió:

- Ciertamente, hace tiempo que les advierto a ambos que las cosas no van bien y que era necesario aportar recursos para imprevistos.

- Sí - respondió Rafael, mostrando irritación en sus palabras -. Pero eras tú quien debía organizar todo esto y guardarlo para esa circunstancia. ¿Dónde está su competencia como contador?

Alberto abrió entonces una carpeta que trajo consigo precisamente para este momento difícil, en la que estaban las copias de los documentos internos de sus reuniones administrativas y de los memorandos que el contable envió a los dos propietarios, durante los últimos años.

Dirigiendo una copia de cada documento a cada uno de ellos, manifestó:

- Como puede ver en estas cartas debidamente rubricadas por ambos, tales advertencias fueron, de hecho, realizadas por escrito, sin mencionar las innumerables conversaciones que mantuvimos durante las cuales mis preocupaciones fueron sistemáticamente vistas como exageración o miedo. Y si se fijan en leer hasta el final, resalto el riesgo de quiebra que llevamos corriendo desde hace más de diez años. A pesar de todo esto, en el mismo período, la empresa les transfirió, en concepto de retiros y otros ingresos, un monto superior a las deudas originales, monto suficiente para, en su momento, haber pagado los impuestos cuestionados.

Cuando el proceso judicial surgió como una oportunidad para no cobrar el impuesto, les alerté de la necesidad de depositar judicialmente los montos en un fondo que, suplido mensualmente con el monto del impuesto cuestionado, nos protegería del abrupto embargo en caso de pérdida de la demanda, medida que ambos consideraron inadecuada porque perjudicaría profundamente la asignación mensual, tanto para cada uno como para sus propios hijos. Entonces, creo que estos documentos hablan por sí mismos de las responsabilidades mediatas e inmediatas que pesan sobre algunos hombros y que llevaron a estos tristes acontecimientos.

- Estos papeles no dicen nada - dijo Moacir, dejando todo a un lado, en un ataque de ira.

Y Rafael, igualmente inmaduro para el fracaso, miraba a Alberto como la víctima que odia al verdugo, como si el viejo empleado fuera realmente el culpable de su desgracia.

Sin embargo, sabiendo que Alberto era el empleado de mayor rango de la empresa y que no debían convertirlo de inmediato en el principal culpable ya que, en sus manos, estaban todos los documentos, Moacir trató de controlarse y fingiendo disculparse, agregó:

- Perdón por mi falta de control, Alberto. Estaba muy desconcertado por tal situación que, por lo que supongo, nos llevará a todos al hoyo.

Al ver un poco de lucidez en las palabras del socio, Alberto corrigió:

- No, señor Moacir. Con el debido respeto, este problema solo taponará el agujero financiero, donde llevábamos mucho tiempo intentando respirar un poco antes de ser enterrados.

- ¿Puede decirnos si disponemos de recursos a corto plazo?

- Bien, señor, tenemos unos pocos, que están reservados para la nómina de los empleados. Al evaluar los activos físicos, podemos considerar que hay recursos para pagar solo una porción insignificante de la deuda principal, quedando el resto y todas las demás adiciones restantes. Sin embargo, siempre existe la posibilidad de acudir a los amigos importantes que tienen para solicitar préstamos. Además, hice un estudio del patrimonio personal de ambos y, por lo que pude comprobar, incluso vendiendo todo lo que poseen, todavía no se alcanzará ni un tercio de la deuda global. Dadas las peculiaridades de la deuda, quisiera recordarles que sus bienes personales serán utilizados para cubrir el monto de las deudas para saldar los compromisos de la empresa. ¡Ah! Olvidaba que también pesan las deudas previsionales que corresponden al pago de los montos de los empleados, adeudadas por ley y que también serán incorporadas en el monto principal a pagar de manera preferencial.

- Está bien, Alberto. Puedes retirarte, que Rafael y yo tenemos mucho de qué hablar. Cualquier cosa te llamaremos. Pero antes de tomar cualquier decisión, no mencione nada a los empleados sobre nuestro estado para que no se convierta en una bola de nieve. Tal vez podamos hacer el milagro que tú dices no puedes hacer.

- Que Dios los ayude. En cuanto a mi discreción, pueden contar con ella.

Dicho esto, Alberto salió de la habitación, cargando con el pecho oprimido por la menor carga vibratoria que había venido de los socios irresponsables.

A su lado; sin embargo, estaban Jerónimo y Adelino, reafirmando su amistosa presencia en el difícil momento del destino.

Ambos socios no sabían cómo empezar.

Se miraron el uno al otro como si un gran depósito de cosas apestosas estuviera a punto de explotar ante la menor agitación.

Y es que tanto Moacir como Rafael estaban en desacuerdo con la forma en que cada uno llevaba su vida, confundiendo necesidades y placeres, lujos y excesos con la propia empresa. Cuando uno se excedía y cargaba el costo de sus aventuras en el patrimonio de la empresa, el otro se sentía autorizado a hacer lo mismo para no estar en desventaja.

Las hermanas, dentro de sus casas, fueron las primeras en presionar a sus maridos para que no se quedaran atrás de los excesos del otro.

Cuando uno estaba ausente en viajes de placer, la esposa del otro aumentaba la preocupación de su esposo sobre las ganancias y las instalaciones que estaban patrocinando tal excursión, exigiendo un viaje igual o más caro.

Cuando uno de los sobrinos aparecía con un coche nuevo, todos los demás también se sentían con el derecho a cambiar de vehículos, cargando esos lujos a las arcas de la empresa.

A lo largo de los años, todos eran supervisores de todos y nadie podría decir quién era el responsable de la vida ostentosa e inútil que se había convertido en algo cotidiano de ambas familias.

Así que cada uno de los socios tuvo sus razones para elevar la tormenta que faltaba para el colapso de la isla de fantasía en la que vivían.

- ¿Cree que el doctor Gustavo ya no puede administrar este negocio? - Preguntó Rafael al cuñado desolado, recordando al viejo zorro legal que, abastecido por las arcas de la empresa, se encargaba del sector de procesos y demandas.

- Pero si ya ha perdido este proceso, ¿crees que tiene la competencia para posponer nuestro ahorcamiento?

- Recuerdo - repitió Rafael nuevamente - que nos había advertido diciendo que difícilmente ganaríamos este proceso y que se haría todo lo posible para retrasar los pagos. Ahora, ya tenemos doce años de tramitación. En esto demostró ser muy competente. Quién sabe, ante todo esto, puede que no tenga un conejo en el sombrero y ganemos tiempo para alejarnos de este robo del gobierno.

- Sí, puede ser - fue la respuesta de Moacir.

- ¿Crees que podré mantener el viaje que le prometí a Alice como regalo de cumpleaños? - Preguntó Rafael.

- ¿Se ha pagado, amigo mío?

- No, todo ya está reservado con la agencia e iría a las cuentas el próximo mes. De hecho, por eso vine hoy a la empresa, para recordarle a Alberto el compromiso que ya había pactado contigo.

- Entonces, cancela el viaje, porque no lo podremos pagar.

- Pero, tu hijo Juliano, acaba de comprarse un auto y está en la tercera cuota de la financiación - respondió Rafael molesto.

Al poner la pólvora en el fuego, Moacir explotó:

- ¿Quién te crees que eres para pretender echarme en cara los gastos de mi hijo? En lo que a él respecta, tus hijos también han sido dos sanguijuelas aquí. Juliano devolverá el auto o tendrá que pagar el financiamiento con sus propios recursos, cosas que también tendrán que hacer tus hijos, porque no habrá más salario ni cobertura para sus gastos hasta que solucionemos esto.

- Cálmate, amigo mío - dijo Rafael, irónico -, si algo aquí te puede estar acusando es tu conciencia porque, al fin y al cabo, eras y eres el director administrativo. Tú eras quien debía encargarse de todo, mientras que mis deberes siempre han sido con la producción.

- Así es, junto con la producción que ha ido cayendo sucesivamente, con una disminución en la calidad de los productos...

- Por supuesto, amigo mío, todo esto para cumplir con los requisitos administrativos de ganancias y más ganancias, debido a tu incompetencia para llegar a nuevos mercados y penetrar en otros segmentos. Necesitamos adaptarnos a materias primas inferiores, abaratar la producción disminuyendo la calidad, para que se mantengan las ganancias.

- Todo esto porque tú y tu esposa - dijo Moacir, hasta el punto de agredir físicamente a su socio- son agujeros sin fondo, además de necesitar suplir a la familia de tu amante en la playa, esa desvergonzada que está registrada en nuestra empresa como empleada, pero que nunca apareció por aquí ni siquiera para recibir el salario...

Al darse cuenta que iban a perder los estribos por sus tonos de voz, Alberto, que se encontraba en las inmediaciones de la oficina, intervino, abriendo la puerta de la sala e interrumpiendo el acalorado debate, que, de hecho, casi se convertía en bofetadas..

- Señores, cálmense, por favor. Mantengo en secreto todos los problemas que nos aquejan, pero, de esta forma, toda la fábrica conocerá no solo las dificultades económicas que atravesamos, sino, igualmente, todas las cosas malas que se han escondido en la nómina de la empresa...

Al decir esto, ambos recordaron que tenían mucha culpa y errores escondidos gracias al respeto con el que Alberto los trataba y su capacidad para sortear la adversidad, tratando de ajustar las cosas de la mejor manera y preservar a la familia de sus jefes de las tragedias derivadas de un comportamiento frívolo. Relaciones ilícitas, extravagantes aventuras sexuales, entre otras debilidades de carácter de los dos socios los igualaron en tendencias viciosas, provocando que se toleraran por identificarse en el mismo bajo proceder. Innumerables veces, mujeres de vida dudosa pasaron de las manos de uno al otro, sin tener que salir de la misma habitación del motel, ya que las aventuras con cada una estaban programadas en horarios sucesivos. Y la cuenta siempre acababa en el sector financiero, gestionada por Alberto.

De repente, la intervención de este último, logró inhibir las exaltaciones musculares, como si se tratara de un baño salvador helado.

- Gracias, Alberto - exclamó Moacir con aspereza -. Si no aparecías, no sé qué hubiéramos hecho.

Rafael estaba agitado por dentro, pero se mantenía aparentemente equilibrado, a pesar de las referencias de su cuñado a su vida ligera y la familia paralela que mantenía a distancia.

Una tormenta de terribles consecuencias había comenzado a barrer las llanuras de las instalaciones en las que las dos familias habían construido el castillo de arena de sus vidas.

- Alberto, llama al doctor Gustavo y organiza una reunión mañana a primera hora- ordenó Moacir.

- Sí, señor. A las diez, ¿está bien?

- En absoluto - respondió, agitado -, tiene que ser a las ocho.

- Está bien. Haré una cita a esa hora, si el doctor está disponible.

- Bueno, cuéntele de qué se trata y que lo hemos convocamos a esta reunión de emergencia, porque el caso es grave.

Alberto asintió con la cabeza y fue a concertar la cita con el abogado de la empresa, mientras pensaba cuántos años habían pasado desde que ni Moacir ni Rafael llegaban a la empresa tan temprano como tenían previsto hacerlo al día siguiente.

Calmados por las palabras de Alberto, los dos se enfriaron un poco y empezaron a pensar en otras salidas.

- Nos comunicaremos con el diputado y pediremos su ayuda. Además, podemos ver con Gustavo, cómo eludir la ley, cómo obtener nuevos préstamos y deshacernos de todo en lo posible. Necesitaremos asesoramiento especial de algunos de nuestros conocidos para que podamos borrar los registros legales, eliminando información de las computadoras para que no rastreen nuestros activos o los de nuestros hijos. Tendremos que encontrar una manera de eliminar de nuestro patrimonio todo lo que esté disponible, sin fanfarrias, sin despertar sospechas. Tengo un amigo en una oficina de registro, que me debe muchos favores, incluso me debe dinero. Cobraré el pago ya sea en moneda o en "servicios."

Los planes de Rafael fueron aceptados por Moacir como una verdadera y oportuna estrategia bélica que, caída de las nubes de la ilusión de la riqueza, se imaginaba, ahora, en la difícil tarea de manejar a su loca esposa y a sus codiciosos y desprevenidos hijos.

El propio Rafael tampoco escaparía de eso.

Valda, esposa del primero y Alice, esposa del segundo, serían la dolorosa espina que ambos llevarían en la garganta, fruto de sus experiencias vacías y sin sentido, estimuladas por los vanidosos y arrogantes maridos.

Era el fruto amargo de una siembra peligrosa que tendrían que cosechar de ahora en adelante.

8.-
PLANES INFERIORES

Luego de una larga serie de abusos e infracciones morales, Moacir, Rafael y sus respectivas familias quedaron perfectamente envueltos por una oscura red de dolorosos compromisos con entidades espirituales muy necesitadas, quienes habían trasladado su centro de influencias a la residencia de ambos, desde donde coordinaban la red de interferencias perjudiciales, con el objetivo de derrocar a sus miembros.

El éxito material en la apertura de las amplias puertas de las instalaciones había sido el camino por el que tales espíritus podían inmiscuirse en las defensas de las familias.

Se repitió la vieja y conocida historia de los pobres, quienes mejoraron sus vidas y, después de enriquecerse, las empeoraron porque intercambiaron las cosas del espíritu por las cosas del mundo.

Esto no quiso decir que sus integrantes no tuvieran una religión definida, pues no fue difícil encontrar a Moacir y Valda, Rafael y Alice yendo al Centro Espírita para recibir pases magnéticos. No es que se hubieran integrado a la filosofía de la reencarnación con la adopción de sus principios en la rutina de sus hábitos. Sin embargo, los cultivadores de la buena vida, sabían que había mucha gente con "mal de ojo " - enviándoles malos fluidos. Por eso, en sus conversaciones habituales con amigos o incluso viendo telenovelas o programas de televisión de temática similar, acababan entrando en contacto con ciertos conceptos espirituales, que utilizaban solo cuando les convenía. No quisieron otros compromisos que no fueran con la vida fácil. No escuchaban conferencias, leían buenos libros, ni profundizaban sobre los conceptos superiores del mundo espiritual. Pero siempre era bueno poder contar con un "pasesito" de vez en cuando, como una forma de deshacerse de las cosas malas. Querían fluidoterapia rápida, gratuita y sin ninguna cobranza. Y así como se dirigían al Centro Espírita, los miembros de las dos familias no desdeñaban visitar otros caminos religiosos, siempre y cuando esto les garantizara alguna ventaja en los asuntos materiales. Bendiciones de sacerdotes considerados poderosos en la fe, visitas a terreiros de umbanda en busca de favores espirituales para conquistas inmediatas, se mezclaban hasta los excesos en baladas, en los impulsos de frivolidad irresponsable donde intoxicaban los sentidos del alma.

No pasó mucho tiempo antes que Rafael se viera envuelto en las fluidas redes de un joven y entusiasta empleada de la empresa, que cultivaba ciertas prácticas religiosas menos dignas y hacía uso de sus contactos con médiums al servicio de las fuerzas inferiores, la que consiguió atrapar al hombre rico e importante. en sus astutas redes.

Una mezcla de ingenuidad y seducción, Lia llevaba mucho tiempo intentando encontrar un buen partido. Sin la cultura y la inteligencia preparadas, sabía que sus posibilidades de éxito en la vida se verían reducidas, lo que la impulsó a explorar otro sector en el horizonte de la existencia: las posibles ventajas de un cuerpo bien formado.

Ciertamente no se entregaría por placer físico. Esto solo se otorgaría al hombre que pudiera pagar por la ventaja de tenerla. Pero no un pago por los servicios prestados, no. No tenía ninguna inclinación hacia la prostitución. Sus planes eran más altos. Creía en su derecho a tener un estilo de vida que le garantizara bienes y comodidades de los que nunca había podido disfrutar, desde el pobre lugar de nacimiento que abandonó, en cuanto fue capaz de sobrevivir sola.

Se alejó de sus familiares a una edad muy temprana, y se fue a vivir a la residencia de una familia que le había prometido cuidados y manutención a cambio de sus servicios domésticos.

Al principio todo parecía ir muy bien, hasta que, con el paso del tiempo y la maduración de su cuerpo, comenzó a recibir acoso indiscreto por parte del jefe de casa, un hombre austero y aparentemente íntegro que, aprovechándose del horario de trabajo de su esposa, trató de insinuarse a la joven recién salida de su adolescencia, a quien había prometido ayudar.

Al comienzo de los ataques, Lia pensó en huir, pero la dificultad de encontrar un refugio la hizo desistir de la idea. Luego consideró contárselo a la dueña de la casa, pero al final concluyó que esto sería aun más peligroso, porque sería su palabra contra la de su aparentemente correcto marido. Entonces, como la fragilidad de su condición no le dejaba otra opción y, acalorada por los estimulantes descubrimientos sexuales, aceptó el juego del gato y el ratón y, en pocos meses, se había convertido en la amante del jefe, dentro de la propia casa de la familia, la cual no sospechaba nada. Naturalmente, había llegado a ejercer el control sobre el hombre hasta tal punto que, enamorándolo, comenzó a tener poderes sobre él, descubriendo así la fragilidad del alma humana cuando se expone a la poderosa excitación de las emociones. El jefe, ahora un amante, se había convertido casi en un esclavo de sus deseos. Regalos, dinero, facilidades para sus caprichos de joven se obtenían a cambio de suplir las necesidades de ese chico disfrazado de cabeza de familia.

La relación de la pareja legítima se estaba viendo afectada de tal manera que, después de unos cuantos meses, marido y mujer apenas se hablaban. Su pasión se había convertido en una dependencia tan malsana de las caricias de Lia que, viendo que las cosas se ponían cada vez más serias y habiendo ahorrado ya el dinero de la espuria relación, pensó que era oportuno dejar el servicio de la casa y buscar de antemano otro camino, antes de tener que afrontar las desgracias de una dolorosa y cruel ruptura.

Entonces esperó a que los jefes y los niños se fueran y, recogiendo sus cosas, dejó una lacónica nota de despedida y se fue de allí para no volver jamás.

Había aprendido con gran dificultad que la afectividad era un tablero ventajoso en el que siempre se podía ganar, si el jugador tenía la sabiduría de dejar el juego en el momento en que estaba ganando.

Y, además, sabiendo dónde trabajaba quien se convirtió en esclavo de sus pasiones, nada le impediría ir a buscarlo, lejos de casa, para retomar sus encuentros clandestinos y, con ello, conseguir los favores de la fortuna, fuera de la vista de la esposa.

Sin embargo, en sus pensamientos más secretos, Lia quería algo más sólido, un hombre mejor posicionado, una relación más segura, incluso si estaba en la condición inapropiada de una amante.

Fue entonces cuando la "suerte" la llevó a una oferta de trabajo en la compañía de los dos cuñados.

Trabajaría en el área de producción, un área coordinada y supervisada por Rafael, el entonces joven, atractivo y adinerado propietario.

Allí Lia vio su gran oportunidad. Conociendo las inclinaciones de la mayoría de los hombres por las provocativas curvas del cuerpo femenino y conociendo sus atributos estéticos en beneficio de sus avances, se propuso utilizarlos para lograr el tan soñado equilibrio financiero.

Entonces buscó los encuentros de intercambio mediúmnico realizadas por un grupo de personas sin escrúpulos que, con la excusa de querer crecer en la vida, pensaron que podían comprar el apoyo de entidades espirituales para que, con su ayuda, pudieran lograr sus metas de la manera más fácil, sacando por la fuerza a sus competidores profesionales o afectivos, satisfaciendo sus necesidades afectivas mediante la destrucción de matrimonios sólidos, logrando la victoria en las disputas sociales promoviendo enfermedades en quienes se les oponen.

Así que, como ya conocía los mecanismos de tales obras desde que residía con su familia en la costa de su estado, Lia retomó las viejas prácticas, en las que depositó todas sus fuerzas y sus mejores deseos. Quería a Rafael para ella y lo lograría, incluso si le costara tiempo y recursos. Las primeras visitas y contactos con entidades que pedían bienes materiales, bebidas, cigarrillos y velas fueron suficientes para establecer una sociedad perfecta para la práctica del mal.

De la misma manera que ella sirvió a los intereses de estos espíritus de muy bajo nivel evolutivo, se comprometieron a facilitar el acercamiento, despertando el interés del hombre por la joven empleada.

Los líderes de ese grupo vigilante habían elegido a un espíritu astuto e inteligente para acompañar al muchacho. Y se dio cuenta que el muchacho no tenía restricciones morales y que, en su casa, ninguna protección se interpondría en su camino.

Aprovechando la falta de vigilancia y oración, fue muy fácil para esta entidad acercarse a Rafael e iniciar los procesos de influencia hipnótica, implantando en su red neuronal los terminales que reforzarían las necesidades primitivas de su subconsciente, emergiendo como deseos y emociones para ya no ser reprimidos.

Además, en su centro cerebral inadaptado, se implantó un pequeño transmisor magnético que reproducía imágenes mentales de la ambiciosa joven, destacando sus formas exuberantes y sus contoneos de mujer provocadora. Rafael no vio nada de esto, pero, dentro de él, su mente recibió toda la carga de imágenes provocativas, que no fueron combatidas por ninguna actividad de oposición, nacidas de las virtudes y nobleza del alma, que fácilmente podrían repudiarlas. Y el efecto de esto fue que, a las pocas semanas, el socio responsable del área de producción empezó a notar a la nueva empleada de la línea de montaje. Él ya parecía conocerla de algún lado porque sus formas le eran muy familiares.

Así, contrariamente a sus rutinas, el socio comenzó a visitar los sectores de la fábrica en persona, siempre intentando detenerse en aquellos que le permitían tener un mayor contacto visual con Lia.

Ingeniosa y astuta, la joven había comenzado a notar que sus esfuerzos de seducción espiritual estaban dando el resultado esperado. Entonces aprovechó la oportunidad para hacer una parada en la instalación, solicitando autorización para trabajar horas extras por la noche. La solicitud, que a primera vista no tenía nada de extraño, era en realidad la contraseña que indicaba su presencia en la empresa por la noche, facilitando el contacto con su jefe, si ese también era su deseo. Además, Lia comenzó a mejorar su apariencia, lo suficiente como para atraer las miradas masculinas, alimentándolos de la codicia, pero manteniéndose firme ante cualquier acercamiento.

No pasó mucho tiempo para que ella fuera vista como la empleada linda y difícil.

Rafael, que ya estaba interesado en la joven, por lo tanto, inspeccionaba todos los detalles de su ficha de registro y su capacidad en la empresa, por lo que tuvo conocimiento de su solicitud del turno de noche extraordinario. La acción espiritual inferior en su mente sobreexcitada le proporcionó nuevas imágenes. Parecía que la suerte le sonreía, con la posibilidad de estar más cerca de la deseada hembra.

Era una doncella - pensó Rafael. ¡Pero qué mujer tan deseable era! En ese momento, las entidades asociadas a Lia comenzaron a jugar un papel importante en la provocación sexual en la mente del muchacho, provocando que se produjeran hormonas específicas como resultado de la estimulación subliminal de los centros mentales correspondientes, acosando a las células genéticas para la producción de los elementos - fuerzas masculinas con las que se obtendría el tan deseado vínculo entre los dos.

La presencia obsesiva en torno a Rafael se intensificó. Espíritus de mujeres pervertidas lo envolvieron en el aliento venenoso del placer prohibido, y su cuerpo respondió favorablemente recordando las viejas emociones que ya no podía experimentar en la relación estable de su matrimonio. Alice sirvió como compañera, ama de casa, madre de sus hijos, pero, después de su nacimiento, algo del fascinante encanto de la relación física entre ellos había perdido su brillo. De modo que Rafael ya se había acostumbrado a recuperar viejas emociones en contactos fugaces y rápidos con mujeres pagadas para brindar tales servicios. Sin embargo, todo sin emoción, sin pasión, sin cariño. Con Lia; sin embargo, sintió algo mágico, diferente, como si hubiera regresado a los primeros días de la juventud.

Y así, para resumir la historia, no fue difícil que los dos terminaran intercambiando acaloradas intimidades, estableciendo un vínculo afectivo y entregando al muchacho a los encantos afectivos de esa mujer experimentada en las artes de la seducción.

Meses después, Lia estaba embarazada, como estaba previsto. Entonces, el plan comenzó a funcionar:

Rafael se sorprende por el hecho. No quiere un escándalo familiar. Sabe que no puede; sin embargo, descartar a la chica que, en verdad, es la que lo abastece de afecto físico. Así que se pone de acuerdo con ella para volver a la antigua ciudad de la playa. Allí adquiere un apartamento discreto pero cómodo, donde construye un cálido abrigo para que, bajo la protección de ese techo, Lia pueda dar vida a esa criatura a la que insiste en no abortar.

El hijo era el arma de Lia contra Rafael. La garantía de su bienestar futuro en esta vida.

Mientras contara con la comodidad y el patrocinio de Rafael, la joven estaría muy feliz de poder estar lejos de él unos días a la semana, garantizándole también su libertad y la posibilidad de desarrollar su vida según sus propios deseos.

Podía salir con otros hombres, podía actuar como quisiera, siempre que estuviera disponible para Rafael los días en que prometiera ir a verla.

Una vez establecido un monto fijo para los gastos, Lia siguió siendo asalariada de la empresa, con la connivencia de Moacir, quien, consciente de las dificultades de Rafael, ayudó al cuñado para que todo el problema se resolviera sin causar ningún daño al matrimonio oficial. Con el paso de los meses y años, Rafael prefirió alejarse físicamente de Lia para que su relación adúltera no perjudicara sus intereses económicos en la empresa y, además, porque había encontrado mejores aventuras en contacto con otras mujeres.

Después de todo - pensó Moacir al meditar sobre la mala suerte de Rafael -, los dos habían sido compañeros en los placeres durante mucho tiempo. No hay nada más justo que apoyarse mutuamente en tiempos difíciles como estos.

Rafael estaba en manos de las entidades inferiores que lo dominaban a través de tales sensaciones, arruinando lentamente su fuerza, y aprovechando al mismo tiempo todas las energías que producía en la vida frívola que cultivaba.

Su hogar era un reflejo de tal presión magnética y, desde entonces, Alice también se rindió ante las frustraciones de la mujer menos importante en la preocupación y el cuidado de su marido.

Usando la empresa como excusa así como la necesidad de viajar varias veces al mes para inspeccionar la "oficina" de la misma empresa que se había abierto en la costa, Rafael se alejó más de Alice, a quien no buscaba como mujer porque no tenía más interés en sus caricias. Aprovechando esto, las mismas entidades astutas, ahora vinculadas a la familia de Rafael, comenzaron a ampliar las necesidades de su esposa y a satisfacer deseo de aventura.

Por tanto, encontrar candidatos fue un paso.

Las emociones renovadas, los placeres revividos nuevamente y el sabor de la vida volviendo a sus emociones, parecían justificaciones adecuadas para mantener estas fugaces aventuras, con las que se sentía recuperada emocionalmente. Aunque siempre estaban en feroz competencia cuando se trataba de demostraciones de lujo, Alice compartía con su hermana Valda las revelaciones íntimas y naturales entre mujeres que confían entre sí, hablando de nuevas emociones y aventuras sexuales, además de justificarlas gracias a las sospechas que su esposo ya no la deseaba, supuestamente porque se había involucrado con otras.

Tal sospecha no se basaba solo en la indiferencia de su pareja, sino también en las intuiciones que obtenía del acoso de las entidades perversas, quienes le decían que Rafael ya no le pertenecía, haciéndole presenciar, durante el sueño, las relaciones íntimas entre su propio marido y la joven empleada.

Valda se había interesado en las experiencias de Alice y había sugerido la separación. Sin embargo, la hermana se negó a seguir su consejo porque no tenía la intención de renunciar a la comodidad y las facilidades materiales, habiendo elegido la forma de usar el dinero de su esposo para serle infiel, pagando aventuras con otros hombres con los recursos que su esposo le proporcionaba. Sin perder su posición, recuperando la autoestima y vengándose de su marido indiferente, todo eso al mismo tiempo, Alice pensó que esa era la mejor solución.

Al darse cuenta de la astucia de su hermana, Valda dejó de defender la separación de la pareja, y se interesó por los casos y aventuras que relataba. La emoción de Alice, las historias picantes que había estado experimentando en la compañía masculina de jóvenes musculosos y agradables, cayeron en la mente de su hermana como una luz en la oscuridad.

Las necesidades de Valda también estaban azotando su alma y las facilidades del dinero solo hicieron que el recipiente de su corazón se vaciara más. Su marido Moacir también se había vuelto distante e indiferente, reclamando siempre los problemas de la empresa, las dificultades del servicio, las exigencias del deber como razones para dejar de entusiasmarse con su compañía.

- Ahora bien, si Alice está experimentando esto y se siente bien, ¿qué daño puede haber si yo también disfruto y experimento? ¡Nadie lo sabrá jamás...!

Con ese pensamiento en mente, Valda comenzó a cultivar las ideas mentales que la predisponían a las mismas aventuras atrevidas de su hermana y, con eso, también en su casa, las mismas entidades que actuaron sobre Rafael, que se vinculaban a Moacir por los intereses comunes de los dos hombres, que impulsaban a Alicia a embarcarse en la moral pícara, llegaron a Valda, por la aceptada y alimentada sugerencia, en forma de curiosidad estimulada por la tentación de lo "prohibido."

Con este mecanismo sutil e imperceptible, paso a paso, el equipo de entidades burlonas y vampirizadoras se apoderaron de ambas casas, sin necesidad de violencia alguna, utilizando no solo la riqueza material y los placeres y necesidades de sus integrantes como vía fácil. Las entidades inferiores, sobre todo, contaron con la invigilancia y la ausencia de una verdadera fe entre sus miembros, favoreciendo su influencia y neutralizando todos los esfuerzos de los buenos espíritus para ayudar a cada uno de los participantes a no aceptar este enredo negativo.

Desafortunadamente, tanto como sus padres, los hijos de Moacir y Rafael recorrían los mismos caminos peligrosos. Usaban drogas, pasaban el rato con amigos iguales o peores que ellos, y no hacían nada bueno que pudiera ser útil o servir de base para que el Bien los apoyara en tiempos difíciles.

9.-
NUEVAS OBSERVACIONES

Después de dejar el caso de Alberto, Jerónimo y Adelino regresaron al centro del trabajo espiritual para continuar con sus instructivas observaciones, en particular con respecto a las advertencias de Bezerra de Menezes.

Recibido por el cordial abrazo de Ribeiro, Jerónimo tocó el tema de la continuidad de sus observaciones, diciendo:

- El seguimiento del caso Alberto ha sido muy instructivo para nosotros. A pesar de esto, como las cosas con el amigo médium se están desarrollando con un resultado previsto para el futuro, nos gustaría someter a su aprobación como líder nuestro deseo de acompañar a algunos otros compañeros que no se han mostrado fieles a las disciplinas del trabajo.

- ¿Se refiere a algunos de los que no han asistido a la faena nocturna de la institución?

- Exactamente. Hemos estado observando a Alberto que, entre los voluntarios, está comprometido con responsabilidad y disciplina en las obligaciones fraternales del núcleo espírita. Sin embargo, quisiéramos observar a algunos que no se han comportado con las mismas actitudes, a pesar de contarse como trabajadores espíritas.

- Bueno, en este caso me parece muy interesante la valoración de Peixoto y Geralda, que dará lugar a un aprendizaje significativo en el área de conexiones materiales no coincidentes y afectividad incontrolada. Entonces, no veo obstáculo en seguir sus pasos y, de la manera que sea posible, cooperar con el apoyo de sus necesidades, dentro de los límites naturales que nos impiden hacer por ellos lo que ellos tienen que hacer por sí mismos. Ambos serán una excelente compañía para estos dos invigilantes hermanitos a quienes nuestras advertencias les han servido de poco.

- Te agradecemos tu cariño y ten por seguro, Ribeiro, que no interferiremos en nada que comprometa las lecciones necesarias que tienen que afrontar solos. Solo interferiremos en alguna emergencia.

La conversación continuó por unos minutos más y, como otros deberes requerían la presencia del líder espiritual de la casa, los dos trabajadores se despidieron ya que, al involucrarse en las rutinas de los encarnados, recolectaron información importante para su posterior análisis y comprensión de sus consecuencias.

De hecho, Jerónimo y Adelino continuaron ligados a la obra de Bezerra de Menezes, colaborando con el generoso médico en las tareas indispensables que pretendían esclarecer a los encarnados sobre los delicados momentos evolutivos que envuelven a la humanidad en los períodos de transición que viene atravesando.

***

- Ayuda, ayuda... - sonaban gritos atroces, a los que se unieron los gemidos de una multitud verdaderamente enloquecida. Vamos a huir. Satanás viene con sus rayos ardientes para quemarnos. ¡Corramos rápido!

- Para nada, no tenemos que hacerlo, aguantemos un poco más, que pase. De nada sirve huir... como estaba escrito en el Libro Sagrado, el infierno es una llama eterna que no se apaga...

- ¿Dónde está el pastor que nos había asegurado que dormiríamos hasta el día del Juicio?

- Lo acabo de ver corriendo con un grupo en busca de refugio en alguna cueva, huyendo del insoportable calor.

Todos estos diálogos tuvieron lugar entre los innumerables invitados de esos sitios de Dante, transformados en un área de encuentro para entidades inferiores. Gritos desesperados, desplazamientos masivos, huidas en busca de sombra, sufrimiento multiplicado, seres desfigurados sin parangón en el lenguaje humano estaban allí, en agonía, clamando contra los elementos que los acosaban, agitándose contra los dolores colectivos.

Entre sus miembros se encontraban aquellos que, en la Tierra, habían sido responsables de las caídas morales de muchos, aquellos que se habían beneficiado del dolor y sufrimiento de sus semejantes, gente deshonesta e interesada, indiferente y cínica, que nunca - se dejaron tocar por las nociones espiritualizadoras que mejorarían sus vidas a través de la práctica del Bien.

Seres que ridiculizaban todos los consejos sobre el cambio de la conducta, la mejora moral, el olvido de los males y el cultivo del perdón.

Allí se quedaron gastadores empedernidos, cultivadores del lujo y de las modas sin fin, los derrochadores de la riqueza con los caprichos del mundo moderno, sin haberle dado ningún sentido de utilidad a su propia vida.

También estaban rodeados de habladores de la vida ajena, calumniadores, mentirosos, almas belicosas y agresivas, malhechores impenitentes, gobernantes y autoridades corruptas, religiosos fanáticos y venales, adictos desafortunados de todo tipo de, placeres, ya fueran los químicos o de conducta depravada.

De los ricos libertinos y los pobres rebeldes, de los burlones sanos y de los enfermos irreverentes y rebeldes.

Los diversos convoyes espirituales continuaron trayendo a las entidades más difíciles, endurecidas, en sintonía con las mallas de ignorancia, para las cuales la más simple advertencia sobre sus transformaciones morales nunca había tenido sentido.

Espíritus que llevaban en ellos las huellas de sus propios errores, y las características fluidicas de quienes ya no pudieron permanecer con los encarnados, en los procesos de renovación de la humanidad.

De todas las formas y maneras, caminos y medios, la palabra esclarecedora que convocaba trabajo de última hora se cantó y se seguía cantando. Sin embargo, en lugar de tomárselo como algo serio, la mayoría lo ridiculiza, descreyendo de las cosas elevadas del espíritu por el entumecimiento de sus almas, acostumbradas al intenso goce de las cosas materiales. Escuchando las palabras de sacerdotes, pastores, monjes, religiosos de todo tipo, un buen número de ellos más interesados en los bienes materiales de sus fieles, los diversos seguidores de las religiones se dejaron apartar de la esencia de los contenidos profundos que se encuentran en las palabras de Jesús, reduciendo la religión a un formalismo social y a una práctica interesada en la solución de problemas materiales.

Sin mayor profundidad de análisis, la mayoría simplemente la describía o practicaba de manera superficial o mística, buscando soluciones a los problemas que ellos mismos habían engendrado.

Las puertas del Arca ya estaban en una etapa avanzada de cierre, por lo que muchos no podrían entrar en ella. Y a diferencia de lo que decían las escrituras antiguas, ya no era un barco de madera. Ahora, el Arca real era el Planeta mismo, y aquellos que solicitaran permanecer en él, deberían demostrar su voluntad cambiando sus vibraciones cambiando sus intereses inmediatos y renovando conductas.

Dolores y dificultades en una avalancha aterradora sorprenderían a los burlones y perezosos que luego correrían a todas las iglesias con promesas de última hora y oraciones desesperadas, todas ellas poco sinceras y motivadas solo por el miedo.

Sin embargo, se darían cuenta que las puertas del gran Arca Terrenal ya no estarían abiertas a este arrepentimiento improvisado, sin fundamento en la modificación sincera y en la adhesión del espíritu a nuevos valores.

Atrapados por las circunstancias, millones de almas han sido retiradas de las zonas umbralinas y del seno de los mismos encarnados, aquellos en cuya frente está la huella de la indiferencia, el atraso, la inadecuación para el nuevo orden.

Y fue triste ver el océano humano moviéndose en masa de un lado a otro, a veces huyendo del calor, a veces del congelamiento, pidiendo un poco de agua o aferrándose para mantenerse calientes.

Nada de esto; sin embargo, alteraba el estado mental de cada uno, ya que sus vibraciones, hipnotizadas por la constante indiferencia ante la elevación y mejora de los sentimientos, los convertían en verdugos de unos a otros. Verdaderas bestias que mordían, violentaban, establecían dominios por la agresividad con la que defendían sus límites, demostrando que, sin importar dónde estuvieran, siempre serían los mismos.

Sin arrepentimientos, sin humillaciones frente a sus propias faltas. Solo la revuelta, la blasfemia y el mal se extendieron por todo el lugar.

Jerónimo y Adelino, enviados por Bezerra de Menezes, continuarían aprendiendo y evaluando algunos casos, para que tales enseñanzas pudieran alertar a los vivos sobre lo que les espera en los testimonios de existencia, preparándolos para el proceso de selección que viene desde hace muchas décadas y que acelera aun más en el presente.

10.-
PEIXOTO, EL MATERIALISTA

Lucas, 16: 1-13

1 Y también dijo a sus discípulos: Había un hombre rico que tenía un mayordomo; y este fue acusado ante él como disipador sus bienes.

2 Y él, llamándolo, le dijo: ¿Qué es esto que oigo de ti? Da cuenta de tu mayordomía, porque ya no podrás ser más mi mayordomo.

3 Y el mayordomo se dijo a sí mismo: ¿Qué haré, ya que mi señor me ha quitado la mayordomía? cavar, no puedo; mendigar, me da vergüenza.

4 Sé lo que tengo que hacer para que, cuando esté exento de la mayordomía, me reciban en sus hogares.

5 Y llamando a cada uno de los deudores de su Señor, le dijo al primero: ¿Cuánto le debes a mi señor?

6 Y él respondió: Cien medidas de aceite. Y él le dijo: Toma tu cuenta, siéntate ahora y escribe cincuenta.

7 Luego dijo a otro: "¿Y tú cuánto debes?" Y él respondió: Cien fanegas de trigo. Y él le dijo: Toma tu cuenta y escribe ochenta.

8 Y ese señor alabó al mayordomo injusto por haber procedido con prudencia, porque los hijos de este mundo son más prudentes en su generación que los hijos de la luz.

9 Y yo os digo: Ganad amistades con las riquezas de la injusticia; para que cuando estas les falten, os reciban en los tabernáculos eternos.

10 El que es fiel en lo mínimo, también es fiel en lo mucho; y quien es injusto en lo mínimo, también es injusto en lo mucho.

11 *Porque si no fuisteis fieles en las riquezas injustas, ¿quién os confiará las verdaderas?*

12 *Y sien lo ajeno no fuisteis fieles, ¿quién os dará lo que es vuestro?*

13 *Ningún siervo puede servir a dos señores; porque u odiarás a uno y amarás al otro, o estimarás a uno y despreciarás al otro. No puedes servir a Dios y a Mammón.*

Quien viera a ese hombre de apariencia respetable, acercándose a los sesenta años, lo tomaría como la expresión del sentido común y del equilibrio espiritual. Conocedor de la Doctrina Espírita desde hace más de tres décadas, trabajó en el grupo religioso que dirigía Ribeiro, como médium, durante casi el mismo tiempo. Su postura confiada, su hablar pausado y su semblante austero impresionaban a su entorno, quienes, más que nadie, prestaban especial atención a sus palabras y opiniones.

Peixoto; sin embargo, no se correspondía íntimamente con lo que indicaba la superficie de las apariencias.

Nunca se había integrado completamente con los planos espirituales superiores en la ejecución de la Voluntad Divina a través del vehículo mediúmnico.

Era de esas personas, como miles de otras ahí afuera, quienes pensaban que la vida era un conjunto de compartimentos aislados entre sí, de cuya unión se componía el conjunto, como un pequeño juego de piezas para ensamblar.

Por ello, no veía la obra de elevación espiritual como algo que debía ejercerse a todas horas del día, en los lugares donde se encontraba y con todas las personas con las que convivía.

Interesado en las ganancias materiales y adicto a la satisfacción de la comodidad que buscaba, inicialmente para él mismo y luego para su descendencia, Peixoto creía que el tiempo para ser médium era el que se especificaba en las previsiones del trabajo espiritual de la institución que dirigían Ribeiro y Jurandir.

Fuera del Centro, basaba su comportamiento de acuerdo con sus intereses inmediatos, ligados a las ganancias y conquistas que tanto lo envanecían como un hombre exitoso.

Se presentaba con esmero y precisión, cuidando su apariencia porque sabía que el mundo valoraba el exterior por encima de todo y, con una buena figura, lograría buenas relaciones.

En las actividades comerciales y empresariales en las que se desenvolvía, Peixoto destacó por su astuta inteligencia, sabiendo calcular las pérdidas y ganancias de la transacción con la velocidad de una máquina moderna, logrando sacar de su negocio una gran tajada de beneficios que no solo corresponderían, a la parte justa que sería suya.

Peixoto; sin embargo, no tenía ninguna preocupación en la conciencia, ya que, a pesar del cristianismo espírita en cuyo barco había estado tantos años, compartía la convicción que el Centro Espírita era el centro y el mundo era el mundo.

- No nacimos en el Centro Espírita. Vamos allí para ayudar a los espíritus, para recibirlos como médiums, para hacer nuestra parte de caridad, cumpliendo con nuestra obligación. Sin embargo, luego, tenemos que volver a casa, donde nos esperan las tareas de abastecimiento, las necesidades de vestuario, la factura del agua, la luz, el teléfono, las fugas de la plomería, el gas, la gasolina del auto, los bancos que cobran, todo esto hay que enfrentarlo y no serán los espíritus los que pagarán nuestras facturas - argumentaba consigo mismo, repitiendo estos conceptos en voz baja siempre que se le acercaba alguien interesado en la aclaración, llevando la discusión religiosa al terreno de la supervivencia, en el eterno conflicto entre las enseñanzas del Evangelio y las ambiciones en la vida personal.

El mentor espiritual de la institución, Ribeiro, conocía bien las extrañas maneras de Peixoto, pero, sin querer presionar al viejo compañero, observaba el poco desarrollo de sus facultades mediúmnicas, siempre predispuestas a un solo tipo de uso, el que favorecía la comunicación de entidades infelices, espíritus agresivos, entidades desencarnadas todavía muy apegadas a la materia y los bienes del mundo.

Parecía que los líderes invisibles intentaban ayudar a Peixoto a despertar a las responsabilidades más profundas de la vida, colocando a su alrededor entidades en sintonía con intereses iguales a los suyos o, como solía ser el caso, permitiendo que los espíritus que se unían al médium durante sus trabajos diarios trajeran su palabra a través del mismo individuo al que obsesionaban.

Sin embargo, nada parecía hacer que Peixoto cambiara su carácter infantil para las cosas del espíritu.

Asistía a las reuniones de mediumnidad con un sincero deseo de entregarse a la obra del bien, orando, pidiendo a Dios y a sus mentores espirituales que lo utilizaran para el apoyo de los hermanos invisibles más necesitados. Sin embargo, no podía aumentar el nivel de sus vibraciones porque era mental y emocionalmente adicto a los compromisos inferiores de ganancias e intereses personales.

Muchas veces, sus oraciones más secretas fueron súplicas a los espíritus para que sus negocios tuvieran éxito o para que los planes de inversión que realizaba, lograran el éxito deseado

Así que, tan pronto como se acercaron a Peixoto para el inicio de la evaluación, Jerónimo y Adelino lo encontraron en su oficina de trabajo en medio de contratos y títulos, quemándose las neuronas para solucionar la difícil situación económica en la que estaba envuelto.

Necesitaba lidiar con un problema financiero derivado de una inversión fallida. Como Peixoto no estaba atento todo el tiempo, las protecciones espirituales de sus amigos mentores no podían ser efectivas fuera de los estrechos límites de las horas de trabajo espiritual en la institución espírita a la que asistía.

Fuera del Centro, le esperaban las entidades inferiores en sintonía con sus lucrativas voluptuosidades, tanto como sus oponentes, quienes, conociendo su carácter tibio e interesado, conspiraron para llevarlo a la miseria, recogiendo el doloroso efecto de las innumerables ganancias ilícitas. conseguidas debido al ingenio o la más mínima astucia de otros hombres, perjudicados en sus intereses económicos y empobrecidos por las pérdidas sufridas.

Espíritus que se indignaron por la conducta de Peixoto al herir o tomar el patrimonio y las esperanzas de otros se unieron para hacerle perder todo lo que había logrado ganar con esta peligrosa estrategia de negociación.

Y como Peixoto era fácil de estimular a vuelos ambiciosos, tales entidades se habían unido para crear en sus pensamientos las ventajosas ilusiones de ganancias exorbitantes en un negocio aparentemente sin riesgos, pero que, en verdad, correspondería a un golpe profundo a sus finanzas, llevándolo a la ruina definitiva.

Los cambios en el escenario económico, las modificaciones en el escenario favorable, la supresión de facilidades financieras a efectos de incentivos oficiales, de repente se combinaron para que el empresario se encontrara, de la noche a la mañana, transformado en un deudor con dificultades para saldar el monto. de las pérdidas.

Peixoto conocía todo ese oscuro escenario y, por ello, estaba envuelto en papeles, intentando organizar una nueva estrategia para salir del apuro.

"No puedo parecer desesperado - pensó para sí mismo -. Nada puede demostrar que estoy en esta situación porque, si se descubre, nadie podrá prestarme dinero. Necesito recaudar fondos con urgencia, sin los cuales la bancarrota será inexorable."

Acompañando sus pensamientos, Jerónimo y Adelino observaron, como aprendices de la escuela de la vida, el mecanismo de comportamiento que utilizan los hombres para, con la excusa de la necesidad, hundirse cada vez más en el pantano de los compromisos morales.

- Hablaré con Vieira. Está muy bien conectado y me debe algunos favores. Después de todo, lo llevé al Centro Espírita cuando estaba en problemas. Después que se mejoró, el bastardo nunca volvió, pero, como siempre me dice, me debe una. Quién sabe, tal vez sea hora de honrarme pagándome el favor que te hice. Así es... lo voy a visitar. Seguro que sabrá dirigirme a las fuentes de dinero que tanto necesito, si él mismo no está dispuesto a ayudarme, devolviéndome la amabilidad. ¡Ah! También tengo a Alceu. Sé que está experimentando problemas familiares con la inminente separación de su esposa. Lleno de dinero y sin ningún otro lugar donde guardarlo, se encuentra en una disputa financiera con su esposa, quien quiere verlo infeliz con la pérdida de la mitad de sus bienes en un proceso de separación judicial. Me había pedido consejo y, en esa circunstancia, será muy interesante que lo lleve personalmente a las obras en el Centro Espírita. De esta manera, recibirá el apoyo de los amigos invisibles que atenderán sus necesidades, estará en deuda conmigo y, agradecido por haberle brindado solidaridad, seguro estarás dispuesto a ayudarme en este trance difícil.

En ningún momento se observó en él la percepción de la conciencia que le hablara de la impropiedad de negociar con las cosas de Dios. Incluso lo que había aprendido en el cristianismo espírita no fue suficiente para detener sus impulsos mercantilistas de mezclar a Jesús con las ventajas del mundo. Al ver su estado de desequilibrio, Jerónimo, apoyado por su amigo Adelino, se acercó al médium invigilante y, poniéndole las manos en la frente, le transmitió una carga de energías calmantes al mismo tiempo que Adelino le hablaba, en voz baja, a su agudo oído espiritual:

- Peixoto, ¿por qué no oras, hijo mío?

La energía de Jerónimo sumada a la intuición de Adelino cayeron sobre el pobre hombre como una luz que se proyecta en el abismo. Rodeado de tales efluvios, Peixoto se reclinó en su silla, como tocado por una idea diferente, que le vino desde dentro. Parecía que él mismo lo estaba pensando.

- Ora... ora... - repitiéndose la intuición recibida, sin imaginar que era, en realidad, la sugerencia nacida de amigos invisibles, que intentaron alertarlo amorosamente para que buscara otras formas de actuar.

Al mismo tiempo, entidades inferiores que se adhirieron a su psique, envolviéndolo, y que no percibían la intercesión superior, notando los diferentes pensamientos que surgían de su cerebro, se alborotaron para desacreditar la sugestión del Bien.

- Qué oración ni que nada. Si la oración resolviera algo, no estarías en esa situación. Después de todo, ¿no eres tú quien va al Centro Espírita dos veces por semana a orar? ¿Y dónde estaban tus ángeles que no te advirtieron sobre los peligros del negocio ni te impidieron hacer inversiones tan absurdas? Déjate de tonterías, hombre. Tú mismo dices que la oración está en el Centro Espírita y no en los negocios en el mundo. Dios no va a hacer llover dinero en tu cuenta como el maná que hizo caer del cielo a los hebreos en el desierto...

Eran piedras vibrantes que resonaban en la acústica de Peixoto, luchando en su mente invigilante a las sugestiones amorosas del Bien.

- Dios es el más rico de todos los banqueros, Peixoto - continuó hablando Adelino. ¿Por qué no recurrir a su ayuda, a sus sabios consejos? No es que el dinero que necesitas aparezca delante de ti. Sin embargo, la ayuda divina vendrá de otras formas.

Dándote fuerza para no cometer más errores, apoyando tus esfuerzos para reducir las pérdidas, ayudándote a sanar tus finanzas sin causar más daño a los demás...

Las advertencias espirituales lo llevaron a la noción de responsabilidad de quienes manejan una herencia divina y que, por lo tanto, necesitan despertar al mundo de la verdad. Siempre llega el día en que se acaban las ilusiones, los sueños rompen los espejos de la mentira y cada uno debe aprender a crecer por su cuenta. Y esa era la intención de los dos amigos espirituales, sobre todo porque conocían las leyes espirituales y eran conscientes de los compromisos negativos que el mal uso de bienes y recursos produce en la vida de quien así se permite vivir.

Sin embargo, nada de lo que sugirió Adelino era lo que Peixoto estaba tratando de encontrar.

- Realmente necesitas un amigo que te ayude con el dinero. Y si esta mediumnidad sirve para algo, amigo mío, es para que aproveches la marea favorable y ayudes a quienes puedan ayudarte. Esa es la ley de la vida. Después de todo, ¿no fue un santo quien dijo que SE DABA PARA RECIBIR

Las acciones de las entidades inferiores reforzaron los hábitos de comerciante en Peixoto, que llevaba en su espíritu el interés constante por sacar algún provecho de todo lo que hacía. Incluso sus amistades espíritas y sus conversaciones sobre la doctrina con ciertas personas fueron impulsadas por las posibles ganancias y las conexiones favorables que él mismo construiría.

- Después de todo, nadie sabe lo del mañana, ¿verdad? Y siempre hay un amigo rico que puede quedar impresionado con mi habilidad mediúmnica y, por lo tanto, facilitarme un enfoque positivo. De hecho, ya logré vender muchas casas a personas que llevé al Centro Espírita y, desde entonces, llegué a creer en los buenos fluidos que me rodean y la protección que ciertamente tengo - esta fue la respuesta mental que Peixoto dio a ese conflicto ideas que, entre el Bien y el Mal, buscaban salvarlo de mayores desgracias o, por el contrario, intentaban acelerar su caída y perdición definitivas.

Jerónimo y Adelino se alejaron, resignados a la falta de afinidad entre el médium y los buenos consejos y, así, retomaron la observación de un Peixoto que, dando espacio a sus viejos métodos, incorporó la mediumnidad a sus planes estratégicos utilizándola para volverse importante ante gente rica, en busca de ventajas en el círculo de los intereses materiales.

El médium haría todo de una manera muy sutil, delicada y sin apariencia de negocios. Se ganaría la confianza de Alceu, mostrándole solidaridad y preocupación para que, pronto, pudiera contar con la solidaridad de su rico amigo. Nadie podría acusarlo de nada. Todo sería un intercambio interesante para ambos.

El pobre hombre, no se daba cuenta que la responsabilidad mediúmnica dependía que otros hombres conocieran o no sus verdaderas intenciones.

Espíritus de todo tipo estaban al tanto de sus planes, tanto para empeorar su situación como para tratar de ayudarlo a no caer en estos niveles inferiores, se esforzaron para influir en él.

Finalmente, colocando una piedra sobre las virtuosas erupciones que se levantaban para intentar despertarlo, se decía a sí mismo:

- Eso es, sí. No son los espíritus los que pagan mis cuentas. Soy yo. Además, ¿qué hay de malo en hacer amigos? ¿Y que estos amigos sean ricos? Sí, haré la caridad de dirigir a Alceu al Centro Espírita, para que reciba unos pases, unas palabras de iluminación y se fortalezca moralmente. ¿No es eso lo que aprendemos del Evangelio? Y en cuanto a Vieira, ya está engordado. Sin duda me ayudará con un gran cheque. Después de solucionar mi problema depositándolo en mi cuenta, le pagaré al amigo en algún "agosto" a gusto de Dios... después de todo, el sinvergüenza fue ayudado por los espíritus y nunca devolvió la ayuda que recibió. Ahora ha llegado el momento de devolver algo de lo mucho que se ha beneficiado... ¡Ja! ¡Ja! ¡Ja!

Pobre Peixoto, que no sabía a quién servir... si a Dios o a Mammón, ni recordaba que tendría que rendir cuentas al Señor cuando regresara. Ni siquiera se veía a sí mismo como un mayordomo al que se le pedirían las cuentas. Olvidó que el dueño de la casa volvería y lo sorprendería en ese estado de ánimo comprometedor.

Dejando al médium solo, rodeado de la chusma de las entidades vengativas, Jerónimo y Adelino exigieron visitar a la otra hermana con la que debían reunirse para los estudios que realizaban.

11.-
GERALDA

Luego de ser sorprendidos por las vibraciones de Peixoto, quien les brindó amplio material para estudios y meditaciones, fue el turno de los dos visitantes espirituales de acercarse a Geralda, una trabajadora de la Casa Espírita que, en verdad, tenía poco sentido espiritual y afectivo de los deberes ante las cosas de Dios.

No era una ostensiva trabajadora de mediumnidad, pero se desempeñaba en varias áreas de la institución como voluntaria para trabajos generales y para algunas reuniones de mediumnidad como donante de energía. Joven y de buena disposición, portaba las emociones bien escondidas.

A diferencia de Peixoto, Geralda no se preocupaba por el dinero, las inversiones y las influencias materiales sobre sus amigos.

Engañada con el mundo, creía que podía conciliar los dos estilos de vida, viviendo con los pies en dos canoas.

Dentro del Centro Espírita, su conducta parecía la de una persona normal, desempeñando las tareas que le correspondían. Sin embargo, en un simple análisis de su patrón mental y vibratorio, los trabajadores del mundo invisible identificaron muy fácilmente sus verdaderas preocupaciones, totalmente vinculadas a las apariencias del mundo. Sus pensamientos mostraban su apego a la belleza física, a la ropa y las chucherías que le servían de adornos provocativos, siempre enfocándose en "su figura" - como le gustaba describirse-, imaginando que el mundo era un escenario en el que todas las personas mostraban la mejor apariencia con la que lograrían hacerse notar y ser admiradas por los demás, lo que la hizo elegir ropa y posturas adecuadas para resaltar sus cualidades físicas de una manera más llamativa.

Geralda se esmeraba en combinaciones de vestimenta, en movimientos estudiados, a observar a otras personas y hacer juicios fulminantes sobre sus potenciales competidoras, ya que veía a otras mujeres como sus oponentes.

Disciplinada en las apariencias, nunca comentaba estas ideas personales dentro de la institución, a pesar de traer su alma contaminada, como la de Peixoto, por su conexión con las cosas de Mammón, prefiriéndolas en lugar de estar ligada a las formas sencillas que enseña el Evangelio de Jesús.

Al visitar su casa, Jerónimo y Adelino pudieron seguir sus rutinas y visualizar sus pensamientos más secretos.

- Hoy es día de reunión. ¿Aloísio estará allí? ¡Ah! Qué pedazo de chico. Dijeron que está comprometido - seguía pensando Geralda para sí, sin imaginar que estaba siendo estudiada por amigos espirituales - ¿Qué me importa eso? ¿Cuántas personas no han cambiado de opinión en el último minuto, verdad, Geralda? No puedo dejar pasar la oportunidad de mostrarme un poquito ante la mirada curiosa del pretendido. El hombre es siempre hombre...

Jerónimo y Adelino se miraron, comprendiendo de un vistazo cuáles eran las intenciones más profundas de la "obrera de Jesús."

Buscando ayudarla a modificar sus pensamientos, Adelino se acercó y susurró en sus oídos espirituales:

- Geralda, necesitamos elevar nuestro pensamiento y purificar nuestras intenciones. Aloísio es un trabajador dedicado que lucha con sus propias debilidades y emociones inadecuadas. No es apropiado que te conviertas en un obstáculo en el camino de nuestro hermano.

Recibiendo el impacto de esas palabras de advertencia, en lugar de asimilarlas como debiera o sería apropiado suponer, Geralda inmediatamente corrigió:

- Sí, solo tengo que tener cuidado con el Sr. Jurandir. El hombre no deja de observarme y ya me ha llamado la atención dos veces, señalando que mi ropa no es apta para el trabajo. Me está marcando y, por tanto, no puedo ser fácil. El hombre es viejo, pero tiene un ojo que supervisa todo. Tengo que seguir tejiendo mi pequeña telaraña para atraer la "pieza." Sé que a Aloísio le gustan las piernas... lo he visto mirando, con sus ojos alargados, a varias chicas que llegaban para el encuentro... hoy, encontraré la manera de comprobar su interés en las mías. Voy a llevar un vestido largo, pero lo levantaré un poco para ver hasta dónde se controla. Solo tengo que tener cuidado con el Sr. Jurandir.

Las advertencias de los amigos invisibles que deseaban renovar sus pensamientos fueron inútiles, infundiendo un poco de respeto y responsabilidad en su loca conciencia.

Geralda no asimiló nada que contradijera su intención de encontrar pareja, ya que su dolor más agudo era que todas sus amigas habían logrado formar una familia junto a compañeros mientras que ella, soltera, tenía el título de "varada" - estando en el último lugar en la fila del altar, lo que hería su orgullo de mujer, además de aumentar la envidia por la felicidad afectiva de los demás.

No imaginaba que su situación fuera vigilada de cerca, no solo por Jerónimo y Adelino, sino también por diferentes espíritus que, en otra existencia, habían sido afectivamente engañados por la conducta traicionera y falsa de la joven.

Astuta cultivadora del placer, la ahora obrera espírita había sido una perversa comerciante de emociones al servicio de una antigua corte española en el siglo XVIII, arrebatando hombres para obtener información importante o, simplemente, para prodigar su belleza sobre la de otras mujeres, lo que le garantizaría la victoria en la competencia por los mejores partidos de su época, así como el odio de las mujeres en su entorno social.

Sembrando su trayectoria de espinas y lágrimas, odio y destrucción, se ganó un número incalculable de perseguidores y, presionada por el gran volumen de deudas, pidió una nueva oportunidad para regresar al mundo a través del renacimiento en condiciones de redimir sus viejos errores. Necesitaba la nueva experiencia para que fuera golpeada por la belleza física y resistir las tentaciones de sumergirse en los mismos comportamientos peligrosos del pasado. Ahora sería llamada a la disciplina afectiva a través de la renuncia a la vida familiar, la misma que no supo respetar y proteger a raíz de los innumerables matrimonios que arruinó en el pasado.

Había renacido con el compromiso del aislamiento afectivo, pero, sin recordar las verdaderas razones, se revelaba por no encontrar un compañero sincero, teniendo que defenderse de los muchos que deseaban usarla sexualmente, aprovechándose de su buen cuerpo.

Su soledad tenía sus raíces en el pasado, pero también sufría el acoso psicológico de las almas que habían sido dañadas por ella, que se esforzaban por alejar a los posibles candidatos al matrimonio.

Por la misma razón, estas entidades buscaron estimular los intereses masculinos, tocando la clave del placer y el deseo, insinuando en sus pensamientos la idea de aprovecharse de la belleza física de la joven, frustrando su sueño de unión.

Había candidatos a amantes por todas partes. Pero voluntarios para el matrimonio, ninguno.

Cuando se enteró que Aloísio estaba comprometido, su interés se encendió, pues eso indicaba que era un joven dispuesto a asumir la relación con el deseo de casarse.

Pero lo peor de Geralda, a juicio de los amigos espirituales, fue el hecho que no estaba aprovechando las lecciones espirituales que escuchó, para superarse o perfeccionar la calidad de su donación en la obra del Bien, a través de la cual ayudaría a los perseguidores con sus buenos ejemplos y los evangelizaría para que abdicaran del deseo de venganza.

Se transformaría a sí misma y ayudaría a sus enemigos a modificar sus intenciones vengadoras.

A pesar de estas condiciones favorables, la joven desaprovechaba sucesivas oportunidades, perdida en pensamientos inadecuados que hicieron aun más fuerte el antagonismo y el deseo de contraatacar de sus perseguidores.

Geralda no fue cambiada por los estándares del Evangelio. Salía con amigas frívolas a quienes criticaba a sus espaldas justo después de verlas, con la intención de denigrar a todas y cada una de las mujeres a las que seguía viendo como oponentes. Odiaba la competencia y veía en cada una un peligro potencial.

Su alma, lamentablemente, era un pozo de pensamientos y sentimientos en decadencia, totalmente alejada de las sinceras realidades de la obra del Bien.

A pesar de ello, se imaginó muy bien escondida y camuflada en la conducta aparentemente seria que mantenía durante las horas dedicadas a la obra de Cristo dentro de la institución religiosa.

Fuera de ella, continuó golpeando a sus semejantes, creyendo que el jefe nunca llegaría y nunca le pediría cuentas.

Jerónimo y Adelino permanecieron con ella durante todas las horas previas a su llegada al Centro Espírita.

Geralda pensaba, como muchos obreros desprevenidos, que realmente estaría al servicio del Bien solo cuando llegara al Centro Espírita para la reunión vespertina. Por eso, ninguna oración, ninguna preparación previa para las tareas que le esperaban, ningún esfuerzo por sintonizar con los amigos espirituales que sin duda se acercarían a ella, como donadora de fluidos, mucho antes del inicio de la tarea.

Debido a su invigilancia, no fue posible que los amigos espirituales la protegieran del acoso masivo de las entidades inferiores que la rodeaban, manipulando sus ilusiones e infundiéndole aun más fuego en la emoción de la conquista del chico comprometido.

Sus pensamientos vagaban libremente, siempre al gusto de las imágenes mentales que proyectaban las entidades perseguidoras, acosando su necesidad emocional con las promesas de dicha conyugal.

Geralda viajaba con la esperanza de ser feliz junto a un príncipe, sin prestar atención a las responsabilidades del equilibrio y la perseverancia en el Bien.

Llegó al Centro Espírita como una obsesionada común, sin saber que estaba tanto o más necesitada que las personas que recurrían a las oraciones de la institución, o que las entidades que la acompañaban y, incluso allí, serían ayudadas.

Ribeiro conocía sus problemas personales a raíz de su historia de vida y las características de su personalidad agitada y soñadora y, como líder espiritual, entendió sus motivos y trató de ayudarla. Sin embargo, no había forma más eficaz de despertarla que permitirle escuchar a esos mismos espíritus que la perseguían, quienes, valiéndose de la boca de otros médiums, podían dar testimonios vivos para su aprendizaje personal.

Sentir las sensaciones desagradables que la acompañaban, así como escuchar las acusaciones directas y saber que tales espíritus estaban en sintonía con su comportamiento podría ser la vacuna que promovería su mejora.

Ribeiro también sabía que, en su grado de desequilibrio, Geralda caminaba peligrosamente hacia la inadaptación y el escape del deber, lo que derivaría en su abandono natural del trabajo espiritual, a menos que aceptara permanecer como paciente en tratamiento; alejada de las tareas directas de la institución hasta encontrarse nuevamente, cambiando el patrón de sus pensamientos e intenciones.

Ribeiro se jugaba sus últimas cartas en el "caso Geralda" - tratando de traer a la pobre chica a la realidad para ayudarla a recuperar su discernimiento. Quién sabe, si más adelante, con el apoyo del mundo espiritual y una vez eliminadas las entidades perseguidoras, empleando humilde renuncia y resignación, podría obtener el mérito adecuado para la constitución de una familia junto a un verdadero amor.

Por el momento, ese derecho aun no se había ganado, porque la Geralda de hoy era muy poco diferente a la Izabel que había sido en España en el siglo XVIII.

Geralda llegó al Centro Espírita sin imaginar que todos los espíritus amigos sabían de sus astutos planes encaminados a las metas destructivas de la felicidad de los demás, habiendo intentado disimular sus intenciones bajo ropa discreta.

Estaba lista para el juego, esperando el momento de repartir las cartas.

No pasó mucho tiempo antes que el horario fuera el adecuado para el inicio de las advertencias, mientras la pobre chica estaba preocupada por la ausencia del buen partido que aun no había llegado.

Las advertencias continuaron y no aparecía Aloísio.

Excusándose con la necesidad de ir al baño, Geralda dejó su asiento para ver mejor a los que estaban sentados en el salón público de la institución.

Después de la conferencia vespertina, los trabajadores se dirigían a sus diferentes tareas, dispersándose el público, cada uno hacia las clases de estudio o al servicio del pase magnético.

- ¿Dónde está mi querido? - pensó ella, angustiada -. No puede hacerme esto. Me vestí bien para él. No puedo irme sin encontrarlo hoy. Dios mío, ayúdame... Tráeme a Aloísio...

Sin embargo, pasó el tiempo y el muchacho no apareció. Geralda estaba irritada por dentro, pero sin perder su buena postura por fuera. Regresó a su lugar habitual y trató de calmarse, a pesar de estar siempre atenta a la puerta de entrada del salón, inspeccionando a todos los que llegaban.

Unos momentos antes de cerrar la puerta de entrada, como solía suceder en las noches de trabajo público, la angustia de Geralda se disipó y un brillo estelar brotó de sus ojos.

A la puerta del salón, finalmente, llegó el objeto de su ardiente deseo.

Aloísio se había posicionado en la entrada para deleite de la emocionada pretendiente.

Geralda tuvo un sobresalto que, con esfuerzo, logró contener.

Su corazón se aceleró, sus manos empezaron a sudar, su respiración se volvió más agitada y todo su organismo reaccionó como una máquina lista para entrar en acción.

Los espíritus amigos que la acompañaban en todo, estaban allí para ayudar con su equilibrio emocional y vibratorio, ya que estas emociones descontroladas podían ser muy perjudiciales para el tratamiento fluidico que se le daba.

Adelino y Jerónimo se unieron al equipo de trabajadores espirituales esa noche, acomodando al gran contingente de espíritus infelices y enfurecidos que acompañaban a la joven.

Geralda; sin embargo, estaba lejos de soñar con el trabajo que les estaba dando a sus protectores y a los servidores de la casa. Solo pensaba en su deseo de conquista, hábilmente oculto a los ojos de los vivos, pero impreso cinematográficamente a los ojos de los "muertos."

Ribeiro se acercó a los otros sirvientes invisibles de la casa que la cuidaban y les dijo:

- Hermanos, estén atentos, porque la mayor conmoción sucederá en unos momentos. Estén atentos para que el desequilibrio de Geralda se pueda contener de manera eficiente y sin mayores daños nerviosos.

Adelino y Jerónimo intercambiaron miradas inquisitivas, advertidos por la prudente palabra del director espiritual del grupo y se levantaron en oración para que sus energías se fusionaran también con las de los otros devotos servidores de la Casa Espírita.

Geralda, hasta ese momento, estaba cautivada por la emoción del encuentro con el ser codiciado, la ilusión de conquistarlo, el anhelo reprimido, el deseo de mujer.

Poco sabía; sin embargo, que Ribeiro, buscando el tratamiento de choque tan indispensable en casos como este y procurando su recuperación a través del dolor moral que despierta el alma, había obrado para que, esa noche, Aloísio acudiera al Centro Espírita. acompañado, por primera vez, de su prometida Márcia, una chica de gran belleza y simpatía, una rival muy superior a la propia Geralda.

Aloísio se quedó en la puerta, esperando la llegada de su prometida, quien se había retrasado en hacer los arreglos para apagar el celular que normalmente llevaba en su bolso.

Solo entonces, abriendo la puerta como un gesto de caballero, Aloísio permitió que Márcia entrara al salón, dirigiéndose ambos a unas sillas vacías que estaban al fondo, desde donde podían escuchar la conferencia de la noche.

En un instante, Geralda se sintió abrumada por la realidad.

Sus esperanzas estaban en shock, golpeadas por el duro golpe y transformadas en una mezcla de odio y envidia, llevando todo su potencial destructivo en un aluvión de malos pensamientos, impropiedades mentales, exhortaciones vulgares, promesas de venganza, en un terrible descontrol de quien, viviendo en la superficie de sí misma, aun no estaba capacitada para las luchas reales del nuevo mundo contra el viejo.

Tormentas vibrantes reverberaban a su alrededor como una tormenta eléctrica que las entidades amigas, con gran dificultad, lograban neutralizar, tratando de reducir el daño a la médium y a la delicada textura de su sensibilidad.

Geralda no sabía si odiaba al muchacho o a la joven, o ambos al mismo tiempo. Si abandonaba la aventura de la conquista por el balde de agua fría que había recibido o si, estimulada por ella, ser aun más persistente en la lucha, como un desafío a su ego femenino. Destruir a la prometida, quitarle al muchacho, difamarla de forma anónima, inventar mentiras sobre ella, hacerse pasar como una amiga para penetrar en su intimidad y recabar información para planificar mejor sus futuros pasos, todo esto pasó por la cabeza de la infeliz mujer.

Se sabía que estaba en desventaja frente a Márcia. Pero eso solo aumentaba el desafío de poder frustrar esa relación, provocando el interés de Aloísio, incluso si para ello tuviera que utilizar los instrumentos de seducción que ella conocía tan bien, porque ya eran parte de su personalidad de otras vidas.

Todas estas ideas fueron la materia prima de sus pensamientos desesperados.

En una mezcla de enfado y decepción, frustración y tristeza, humillación y cansancio, Geralda rompió a llorar mientras el orador hablaba sobre el tema de la noche.

Lloró en silencio durante gran parte de la exhortación de la Buena Nueva.

Terminada la reunión, Aloísio, la novia y los demás asistentes salieron en silencio, permaneciendo en el recinto, solo los trabajadores del servicio mediúmnico.

Al observar su estado alterado, Jurandir, el líder encarnado de la institución, se acercó a ella preguntándole si estaba en condiciones de ser útil esa noche.

Fue entonces que, mostrando toda la falta de preparación para enfrentarse a sí misma ante las indispensables transformaciones, sin dejar de preocuparse solo por las apariencias, salió con esto:

- No se preocupe por mí, Sr. Jurandir. ¡Me conmovieron mucho las palabras del orador de la noche, que conmovieron profundamente mi alma!

El líder no imaginaba, que Geralda ni siquiera podía decir de qué se había tratado la conferencia.

12.-
DUDAS Y ORIENTACIONES

Volviendo a los trabajos espirituales que se realizaban en la Casa Espírita, horas después que todos sus miembros encarnados se retiraran, se encontraban reunidos Ribeiro, los veinticuatro encarnados temporalmente removidos de sus cuerpos, entre los cuales estaban Jurandir, los médiums conscientes del trabajo de apoyo a los innumerables necesitados del alma, así como Jerónimo y Adelino. Estos últimos, en respuesta a la solicitud de Ribeiro, hicieron observaciones sobre el aprendizaje obtenido al convivir con quienes habían sido visitados.

Tocando el tema directamente, Ribeiro preguntó, amistoso:

- Y entonces, amigos míos, ¿han podido, en estas visitas rápidas, hacerse una vaga idea de los problemas generales que tenemos que enfrentar cada día?

- Sí, Ribeiro, las sorpresas fueron muy educativas - respondió Adelino, hablando en nombre de su amigo y compañero de visita, Jerónimo.

- Muchos pueden pensar que la mayor carga de trabajo en cualquier iglesia está en el cuidado de los inadaptados que buscan apoyo, los hambrientos que llaman a la puerta, los enfermos física o moralmente que llegan desesperados, los hombres sin fe a los que quieren resolver sus problemas con favores divinos. Todo esto es materia prima de la casa de Dios, naturalmente abierta para servir como almacén de esperanza y escuela del espíritu, enseñando cómo superar los problemas originados en las tristes redes de la ilusión de los sentidos, de ambiciones irracionales, de vanidades desmedidas, de diversos excesos. En esta tarea, las casas religiosas tienen el objetivo directo de, servir como puerto para que los barcos averiados realicen reparaciones, repostajes y reciban nuevos cargamentos para ser transportados a otros destinos.

Para que esto suceda, las diferentes asociaciones doctrinales necesitan establecer un organigrama de actividades, desarrollando departamentos formales o informales, creando áreas de servicio específicas, con el objetivo de dar una dinámica más efectiva en las tareas que se proponen.

Entonces, suponiendo que estemos en una iglesia católica, es necesario que quien esté dentro del templo escuche y comprenda la palabra del celebrante para que la ceremonia no se vea entorpecida en sus objetivos de consolar a los desesperados por la fuerza de la palabra evangelizadora.

Suponiendo que la misma iglesia mantenga un servicio de apoyo a los pobres y hambrientos, necesitará tener un lugar adecuado donde los trabajadores recibirán las solicitudes de alimentos, ropa, medicinas y brinden la solución adecuada a cada necesidad. Será necesario que exista un lugar de almacenamiento de alimentos, medicinas y ropa, organizado de acuerdo a números, necesidades alimentarias y principales enfermedades, facilitando una atención rápida y eficaz a toda persona necesitada que llame a la puerta de la institución.

Sin embargo, si este trabajo puede consumir mucho tiempo y esfuerzo de los trabajadores voluntarios de esa iglesia, en el idealismo que da vida a las exhortaciones evangélicas recomendadas en los sermones, ¿qué pensarían si entre los voluntarios que allí prestan servicios, entre los propios trabajadores del culto, encontráramos ladrones robando comida para los hambrientos de la calle? ¿Qué pensarían si, entre los servidores bien posicionados en la vida, que pueden pagar las consultas y comprar medicamentos, encontráramos a quienes malversan los medicamentos previstos a los enfermos, llevándolos a sus casas o estableciendo un mercado negro, sin el conocimiento del sacerdote que confía en sus ayudantes encarnados?

¿Qué pensaríamos de las actitudes mezquinas de los trabajadores voluntarios que, ocultos del principal responsable de la iglesia, transformaran el taller de costura para los humildes en una tienda para abastecer sus guardarropas privados, seleccionando y llevándose las mejores piezas a sus hogares, dejando a los pobres solo con los restos más harapientos ? Eso sería muy triste y descorazonador, ¿no?

Bueno, tengan por seguro que, en el caso que citó como ejemplo, el problema más grave del pobre cura bienintencionado no son las personas hambrientas que buscan alivio en su regazo de padre. El problema más grave es que hay una falta de idealismo sincero entre quienes solicitan el servicio del Bien. Acostumbrados a los intercambios y negocios mundanos, la mayoría de las criaturas se han perdido en el laberinto de los intereses, sin pesar en su conciencia el hecho de quitarles la comida de la boca a los miserables hambrientos, la ropa a los mendigos harapientos y la medicina a los enfermos infortunados.

Este es uno de los problemas más graves del cristianismo en la Tierra. Permanecer cristiano en medio de criaturas que, en su mayor parte, no aman a Cristo, que pronuncian bellos discursos sobre el idealismo y el amor al prójimo, pero que, lamentablemente, solo piensan en sí mismas.

Entonces, Jerónimo, Adelino, también aquí, como en cualquier Casa Espírita del mundo, casa de Dios como cualquier otra, estamos ante la misma realidad, aunque aquí podemos contar con un número importante de voluntarios sinceros, devotos por Amor a Jesús gracias a la fe razonada y al conocimiento de los mecanismos de la Justicia Divina. Esto no nos exime; sin embargo, de los casos difíciles que intentamos gestionar con el objetivo, en primer lugar, de mejorar al indiferente. Cuando esto no sea posible, entonces debemos proteger al grupo al que pertenecemos de los males que pueden ser producidos por la permanencia de ese trabajador equivocado hasta que, sin mostrar ningún deseo de enmienda, termine siendo removido por medios naturales, evitando daños al conjunto. Como ejercicio de verdadera caridad, nos corresponde convivir con hermanos insinceros, aprovechadores de las cosas divinas, acaparadores del Pan Celestial, negociadores del templo de la vida, agentes de los favores de Dios, siempre con la intención de reformar sus intenciones y acercarlos a la grandeza de los valores espirituales.

Y eso sucede en las filas de todas las religiones. En todas encontramos personas que quieren servir a dos amos.

Al escuchar las observaciones prudentes y precisas del líder espiritual, Jerónimo aprovechó una pausa espontánea y comentó:

- De verdad, sus consideraciones son muy justas. Sorprende observar la magnitud de la falta de preparación no solo de las personas que llegan a la casa de Dios, sino, lo que es más grave aun, de quienes postulan para ser sus servidores calificados, trabajando en las instalaciones de las instituciones bajo la confianza de sus líderes encarnados y desencarnados. Me atrevo a decir que, entre los problemas que se evidenciaron en nuestra rápida visita, casi todos estaban relacionados con desajustes en el ámbito del sexo o la ambición. Este hallazgo me sorprendió porque, en realidad, siempre hemos aprendido que el sexo es una de las manifestaciones más nobles y hermosas de las fuerzas superiores. No es de extrañar suponer que criaturas sin cuna y sin pautas hayan elegido el tortuoso camino de los placeres desenfrenados o el cultivo de la posesión. Pero imaginar que personas ilustradas, educadas, de buen nivel intelectual e, incluso, que dominan ciertos conceptos religiosos importantes, se hayan entregado a tales desequilibrios mentales, es espantoso.

- Si, mi amigo. Los desajustes de afectividad inducidos por la perniciosa proliferación de llamados eróticos es un recurso hábilmente manipulado por las fuerzas inferiores, para mantener al ser atrapado bajo el pesado yugo de las emociones animalizadas de los placeres. Por supuesto, no se puede culpar al sexo por tal locura, tanto como no se puede culpar al agradable sabor de ciertos alimentos por la obesidad de quienes abusan de ellos.

Sin embargo, porque saben de la falta de seres, de sus conexiones que aun son tan fuertes y resistentes a las cosas fáciles, estas fuerzas inferiores, que libran las últimas batallas por mantener su dominio sobre este planeta, invierten fuertemente en la proliferación de tales llamados a la conciencia animalizada de los hombres y mujeres de hoy, suavizada por el ejercicio del placer fácil o por el ejercicio del egoísmo que siempre quiere tener más. Para permitirse actuar de esta manera, se excusan con las alegaciones que si Dios le dio al hombre estos derechos, no hay delito en disfrutarlos. Entonces, lo que observamos en la actualidad, es la acción de estos espíritus en la hipnosis de los incautos, inoculándolos con la peor de todas las enfermedades: LA ENFERMEDAD DE LA VOLUNTAD.

No ignoran que la humanidad está luchando contra la innumerable gama de enfermedades que lastiman desde la piel hasta lo más profundo del esqueleto calcáreo.

Sin embargo, el hombre aun no se ha dado cuenta que la voluntad enferma es la puerta de entrada a la mayoría de las enfermedades del cuerpo y del espíritu. Y la sociedad actual, sometida a conceptos tan inmediatos, cultiva la ley del mínimo esfuerzo, de la debilidad de la voluntad, de explorar todo lo que es más fácil y placentero, sin preocuparse por los efectos negativos que esto produce a medio o largo plazo en la vida de quienes se comportan de esta manera.

Por estos motivos, se ha subestimado el ejercicio de esta poderosa palanca del espíritu, dando lugar a la vida social en una búsqueda constante de no hacer nada o de hacer cada vez menos, aspirando a una retribución material cada vez mayor por el ocio. Los bribones que se jubilan cinco veces son vistos como héroes de la astucia que deben ser imitados. Los inescrupulosos que se enriquecen de la noche a la mañana gracias a estafas millonarias sirven de inspiración a mentes débiles en virtud, que los envidian y sueñan con lograr el mismo éxito. Resaltando las facilidades del "dolce far niente o lo dulce de no hacer nada" - la sociedad ha capacitado a sus miembros para mantenerse a expensas delos estimulantes químicos, a descubrir nuevas emociones a través de las bebidas, a fantasear con la ropa y el equipo de vanidad, a desarrollar bien las apariencias, como si un buen vestido espantapájaros pudiera imitar a un hombre de verdad.

Para ser alguien que tiene conciencia, que sabe lo que quiere y lo que debe hacer para que se construyan sus valores, no basta con tener un atuendo bien cortado con colores a juego, ni mucho menos llevar joyas y perfumes al gusto de la conveniencia y la moda.

Como el ejercicio de la voluntad se ha utilizado solo para garantizar facilidades inmediatas y el sacrificio es visto como una locura o insanidad por parte de quien lo vive, hemos desarrollado esta sociedad que alaba el golpismo, la falta de carácter, el aprovechamiento de las oportunidades y la necesidad de obtener ventajas. Entonces, para dirigirse a los vivos, basta con que los muertos manipulen su floja voluntad para encaminarlos hacia la experiencia de los placeres más bajos, que son más placenteros y requieren menos esfuerzo para contenerlos.

La técnica es muy sencilla: Primero suavizan su voluntad, haciendo que no se preocupen por disciplinas desagradables, por contener sus impulsos. Luego exploran sus debilidades, que ya no son combatidas por los centinelas de la virtud y una conciencia despierta. Entonces, asienten a la antigua animalidad como el cazador ofrece el queso al ratón en la trampa que lo atrapará, ofreciéndoles el cultivo de poseer y disfrutar. Vean que, en primer lugar, estas entidades inteligentes atacan la trinchera de la conciencia, neutralizando una voluntad virtuosa a favor de enaltecer una voluntad adicta e instintiva. Luego, les ofrecen lo que más desea el primitivismo animal, basado en la satisfacción de los antiguos instintos de animalidad.

Produciendo placer y generando emociones intensas, la sexualidad y la posesión son dos palancas muy importantes para el perfeccionamiento del espíritu que, con ellas, podrán construir relaciones importantes para la maduración de sus nociones sobre la vida. Gracias a ellas, los hombres formarán familias y desarrollarán inteligencia para obtener ganancias materiales, mejorando la Tierra misma. Sin embargo, es la forma que utilizan las entidades negativas para mantener al candidato a HOMBRE / ESPÍRITU atrapado en las esposas del HOMBRE / CARNE.

Por eso, aquí en nuestro centro, no trabajamos solo con encarnados en desequilibrio material o moral, ni solo con los espíritus que llegan en estado de perturbación e ignorancia que ustedes tan bien conocen.

También necesitamos modelar la frágil arcilla de nuestros amigos encarnados que se presentan como herramientas del Bien, que a veces nos dan más trabajo que otros, perdidos y desanimados.

- Pero, ¿conocen los trabajadores la doctrina del Amor y la existencia del mundo espiritual? - Comentó enfáticamente Adelino.

- Y serán más responsables de ello, en caso de fallar ellos mismos. A pesar de todo, siguen siendo los arquitectos de sus propias vidas. El éxito que logren o el fracaso que presenten serán los demostradores de su carácter. Muchos trabajadores espíritas se imaginan a las puertas del paraíso, acreedores de todos los favores del mundo espiritual porque asisten a las reuniones una o dos veces por semana. Se creen con derecho a esperar de nosotros lo que les corresponde, tienen que construir. Se ponen en presunción de santidad solo porque reciben media docena de entidades que les son referidas para que, hablando a través de sí mismos, puedan alertarlos de los errores que, como médiums, ya no deberían cometer. Entonces, para educar a Peixoto de manera sutil e indirecta, hemos hecho que entidades avariciosas, materialistas e interesadas se manifiesten a través de él con mayor predominio, incluso para sintonizar con sus propias inclinaciones, tanto como hemos tratado de hacer que Geralda escuche las advertencias de entidades vinculadas a ella, que comentan, hablan de comportamientos celosos, que hablan del odio que sienten por las mujeres fingidas y astutas en la afectividad inadaptada. Ninguno de ellos podrá decir que no ha recibido ayuda del mundo espiritual. Por eso, nuestro trabajo se multiplica aun más, ya que tenemos que apoyar con medicación a los que, como enfermeros, deberían estar cuidando a los enfermos.

Recordando una triste experiencia que había enfrentado, como líder de ese grupo de trabajadores también en tratamiento, Ribeiro relató sucintamente:

- Cansados de escuchar las exhortaciones del Evangelio sobre Amar al prójimo como a uno mismo, hasta el más incondicional Amor a los enemigos, parecían tener doctorados en este tema religioso que involucra el sentimiento por excelencia. Así fue hasta el día en que uno de los trabajadores de la institución, viudo hace unos meses por una hermana que también trabajaba allí, decidió rehacer su vida afectiva en compañía de una mujer más joven, buena y respetable, trabajadora y digna, pero que fue recibida con puñales mentales de envidia, crítica y condena solo porque había aceptado el cortejo de quien, solo, se sentía incapaz de permanecer en el camino desierto del afecto. Habiendo optado por acercarse a la joven que, económicamente necesitada, sin apoyo ni un hombro amigo, que tenía solo sus propias fuerzas para sostenerse a sí misma y a sus padres ancianos, terminó produciendo una situación de conflicto mental en medio de los hermanos de convicción religiosa, dentro de la institución espírita a la que servía con audacia y sinceridad. La situación abrió peligrosas brechas mentales en numerosos "doctores del amor" que hablaban de este tema en las conferencias evangélicas, sin mencionar a las llamadas damas, que dispararon contra la infortunada candidata al segundo matrimonio, quien tuvo que abandonar las reuniones públicas debido a la hostilidad silenciosa y maliciosa que la gente de ese mismo lugar le dirigía, tras la falsedad de sonrisas y apretones de manos poco sinceros. Durante este período, el hostigamiento de las fuerzas inferiores se hizo mayor entre los trabajadores y asistentes del hogar, imponiéndonos un refuerzo significativo de las defensas vibratorias para compensar los desajustes en las tareas de rescate de los enfermos. Este hecho fue visto por las inteligencias inferiores como una oportunidad única para asaltar la institución, con el objetivo de arruinar sus esfuerzos por llevar la iluminación a seres debilitados por caídas morales.

Es interesante notar, amigos míos, que quienes más criticaban la actitud de la pareja, tenían registrado en sus archivos anteriores, grandes deudas, errores mucho peores que aquellos de los que acusaban a sus compañeros ideales. Habían generado desgracias familiares, poseían burdeles, atraían jóvenes, vendían cuerpos, destrozaban hogares, negociaban mujeres, alquilaban prostíbulos y difundían diversas adicciones. Precisamente esos, que hoy estaban en el camino del Evangelio para redimir sus pecados, se levantaron como jueces severos e inflexibles de los dos compañeros de la institución que no hacían nada clandestino ni oculto.

Terminando el diálogo fraterno con el buen humor que lo caracterizaba, Ribeiro concluyó:

- ¿Qué pensarían los "espíritas" si observaran estos comportamientos hipócritas con los que creen poder ascender al cielo? Pero como también necesito superar mis muchas y serias carencias, todavía no me he ganado el poder trabajar en una mejor empresa. Por eso, estos hermanos son la bendición que necesito de la mejor manera que puedo hacer por ellos. Entonces, sigo admirando a mis amigos de la carne, como un humilde maestro de barrio, que ama a sus alumnos desnutridos y sucios, no tanto por lo que son en ese momento, barrigudos, con los pies en el piso, con la ropa rasgada y los ojos hundidos. Los amaré con la compasión de quienes quisieran que su suerte fuera diferente, pero también con la certeza de que, algún día, serán los Siervos de Dios para los gloriosos logros de la Nueva Humanidad.

Tengan la seguridad de que, a lo largo de los milenios, seguiremos estando muy orgullosos de todos ellos.

Las aclaraciones nos hicieron pensar en conceptos muy diferentes a los que la mayoría de la gente está acostumbrada a considerar.

Sin violencia ni folleto moralista para prohibir o juzgar o condenar.

Ya no se trataba de cambiar el todo para cambiar al individuo. La lucha del presente es la del individuo por cambiarse a sí mismo para ayudar al cambio del todo. Las entidades indeseables tenían la intención de mantener al mayor número de miembros de la humanidad en el mismo patrón de vibraciones, mediante el ejercicio irracional y desordenado de sus impulsos inferiores. El entendimiento espiritual iluminó las conciencias y, por tanto, emergió como el peor enemigo del Mal, que obstinaba esas inteligencias oscuras en la lucha contra todos los miembros del colegio apostólico que se dedicaban a la práctica de las virtudes ennoblecedoras del Espíritu.

Ridiculizar los ejemplos de nobleza, negarles espacio en los medios de comunicación, favorecer la exhibición de lo grotesco a través del elogio del ARTE-BASURA, reduciendo la armonía musical a gruñidos y gemidos, a ruidos tribales, transformando la pintura en una mezcla grotesca y desarmónica de colores, valorando el mensaje deprimente, estimulando la corrupción y facilitando los escándalos políticos, menospreciando a los representantes del pueblo ante los propios electores, atacando a los líderes religiosos cuyas virtudes morales de resistencia eran fortalezas peligrosas que luchaban contra la ignorancia y el mal, todos estos eran mecanismos de acción directamente orquestados por los líderes oscuros que, así, intentaron garantizar un espacio en las mentes y sentimientos de los hombres, sin perder el control que ejercían sobre ellos.

Esa sería la prueba final para todos. Quienes cultivaban el mal y quienes se oponían a él podían ocupar sus puestos, porque tendrían la oportunidad de mostrar en qué trinchera se encontraban.

13.-
PREPARANDO LA EXCURSION

PARÁBOLA DE FIGUERA

Mateo, 24, 32-44

32 *Aprended, pues, esta parábola de la higuera: cuando sus ramas ya estén tiernas y las hojas broten, sabéis que el verano está cerca.*

33 *Asimismo, cuando veáis todas estas cosas, sabed que está cerca, a las puertas.*

34 *De cierto os digo que esta generación no pasará hasta que sucedan todas estas cosas.*

35 *El cielo y la tierra pasarán, pero mis palabras no pasarán.*

36 *Pero del día y la hora nadie sabe, ni siquiera los ángeles en el cielo, sino solo mi Padre.*

37 *Y como fue en los días de Noé, así será la venida del Hijo del Hombre.*

38 *Porque, así como en los días antes del diluvio comieron, bebieron, se casaron y dieron en casamiento, hasta el día en que Noé entró en el arca,*

39 *Y no se dieron cuenta hasta que vino el diluvio y se los llevó a todos, así será también la venida del Hijo del Hombre.*

40 *Entonces, cuando dos hombres estén en el campo, uno será tomado y el otro dejado;*

41 *Cuando dos mujeres estén moliendo en el molino, una será tomada y la otra será dejada.*

42 *Velad, pues, porque no sabéis a qué hora ha de venir vuestro Señor.*

43 *Pero considerad esto: si el padre de la familia supiera a que hora de la noche vendrá el ladrón, velaría y no dejaría minar su casa.*

44 *Por tanto, también vosotros estad preparados; porque el Hijo del Hombre vendrá a la hora que no penséis.*

Mientras se esforzaban por atender las innumerables actividades que aguardaban a los dedicados trabajadores espirituales en los diferentes sectores de la institución espírita, a cierta hora de la mañana fueron sorprendidos por la llegada del ilustre Médico de los Pobres, el bondadoso Bezerra de Menezes.

La presencia del amoroso benefactor llenó la habitación de vigor balsámico, infundiendo entusiasmo, esperanza, alegría, meditación, reverencia, emoción en cada corazón que se unía para vivir los postulados del Cristo Viviente.

El magnetismo de esa alma se impuso sin necesidad de palabras ni gestos. Incluso entre los espíritus necesitados, allí alojados esperando ayuda, la llegada del apóstol del amor verdadero fue igual a la llegada de una estrella resplandeciente al abismo de dolor moral en el que cada uno vivía. Los más lúcidos se postraron ante la visión luminiscente que ellos mismos no pudieron enfocar con claridad, pero imaginaron que era un emisario de Dios.

Los más violentos y rebeldes sintieron apagado su impulso al contacto de esa suave e intensa vibración, disminuyendo su agresividad.

Acostumbrado a tan favorable cambio, Ribeiro se acercó al querido doctor preguntándole humildemente:

- Querido padrecito, las bendiciones de tu presencia entre nosotros corresponden a la generosa concesión del Justo a nuestras almas afligidas. Mientras nos esforzamos con lo mejor de nuestro corazón obstinado, logramos efectos regulares en los espíritus que están aquí. Sin embargo, su presencia en nuestro entorno por sí sola tiene la capacidad de ser calmante, anestésico, alimento y luz para todos. Vea cómo se aquietan las conciencias y hasta los más difíciles se intimidan. Por eso, padrecito, le ruego a su corazón que les dirija la palabra generosa e instructiva para que podamos disfrutar su charla como una medicación activa y eficaz en la terapia colectiva.

Comprendiendo el pedido de Ribeiro, Bezerra lo abrazó, acercándolo a su lado y subió a la pequeña elevación desde donde podía ser visto por la mayoría de los que estaban temporalmente refugiados allí esperando el transporte a sus destinos o tratamiento para sus problemas.

Como si los dos espíritus luminosos se fusionaran en una sola aura brillante, mezclando los matices de rosa, oro, verde y azul, la pequeña galería se convirtió en un sol iridiscente, silenciando todo el ambiente y atrayendo todas las miradas.

- Amados hijos de Dios, hermanos del sufrimiento. Les traigo la palabra de esperanza alojada en las alas de la fe razonada. Se les prometió el paraíso de la dicha o el infierno de tormento. Y si miramos en nuestro interior, ciertamente no podremos encontrar el camino hacia las estrellas. Entonces, pensaremos que nos quedamos sumergidos en las oxidantes penurias de los lugares satánicos. Sin embargo, Jesús nos llama a otros viajes. No podían suponer que Dios se alegraría de ver el tormento de los niños que crio en el más acentuado amor. La misericordia nos llama a cambiar nuestros sentimientos, aliviando la pesada carga del resentimiento, el deseo de venganza, el odio de un hermano que está más enfermo que nosotros. El mundo mejor no tiene lugar para este sentimiento de Amor perturbado, descontrolado y sin fundamento. Podríamos pensar que, de esta manera, se estaría eludiendo la Justicia, pero en realidad, la Grandeza de Dios no necesita nuestro odio por su Justicia para funcionar perfectamente, ya que no se hace por venganza. Aunque odiamos a nuestro acosador, somos como él. Sin embargo, cuando superamos nuestras propias laceraciones y nuestro corazón se vuelve bálsamo con el sentimiento de compasión por los propios oponentes, la Justicia se mueve para sacarnos de la prisión de dolores que ya no mereceremos. Si están aquí es porque ya han dado los primeros pasos a favor de un nuevo futuro. Afuera, las multitudes deambulan entre lágrimas e insultos. Quejándose del mal, se convierten en agentes del mal porque imaginan que Dios necesita los brazos de su vengador para traer sufrimiento a quienes les han hecho daño. Necia ignorancia, que los convierte en víctimas y enemigos a la vez, cerrando su corazón a la comprensión de la Justicia bañada por la Misericordia del Padre.

No pierdan el tiempo, pues la selección ya está avanzada, y los castillos de la ilusión serán derretidos por el sol de la verdad. Aprovecha esta oportunidad y recibe el mensaje alentador del Divino Cordero, pidiendo paz en el corazón, perdón en las actitudes y confianza en el futuro para que podamos participar en el banquete real. Sin esto, no huiremos del duro camino del exilio al que ya están siendo conducidas miles de millones de almas por las propias deliberaciones desafortunadas. Este es el momento, hijos míos. No desperdicien la hora preciosa, porque, así como el Universo no juega, las Leyes Divinas no se equivocan. Cambien las vibraciones para que no se vean obligado a cambiar de mundo.

La última frase había producido un choque de alto voltaje en el alma de los oyentes, ya que la energía irradiada de Bezerra y Ribeiro se había transformado en miles de rayos llegando al centro cerebral y, como una magnífica explosion, había llegado núcleo de todos los espíritus sufrientes, sin dejar de lado a los mismos trabajadores que, también necesitados, estaban en el camino de su propio refinamiento a través de la obra del bien y el amor que transmitían a los afligidos e invigilantes.

Al salir de la plataforma, se dirigieron a los trabajadores que, ansiosos deseaban ofrecerse como voluntarios para las tareas que requerían brazos devotas.

- Gracias padrecito. Con la energía amorosa de tu palabra, nuestros medicamentos ganarán en poder y profundidad a medida que se administren a los hermanos, ahora más abiertos a los cambios indispensables.

- Ribeiro, tu amor y el cariño de todos los hermanos devotos de esta casa son la mejor medicina que puede haber, porque son la sincera expresión del mismo Jesús en acción en esta casa. Puede que no lo imagines, pero nosotros, que estamos al servicio en varias partes de la Tierra en este momento, nos movemos por la atmósfera en todas direcciones, somos testigos vivos de la presencia de Cristo, conectados directamente con las instituciones donde el Verdadero Sentimiento Fraterno encuentra cobijo a través de la donación espontánea y desinteresada y el cariño de sus miembros.

Observamos puntos de luz esparcidos por las tinieblas de los continentes y en cada uno de ellos sabemos que es un pesebre en el que Jesús enlazó su corazón confiado. Cada foco incrustado en el mundo físico, como una estrella perdida en la roca terrestre, es alimentado e iluminado por un rayo de energía que viene directamente del corazón del Divino Maestro, a través del cual Su sentimiento inspira a los heroicos trabajadores del Amor a continuar en servicio, sin decaer, sin disminuir el ánimo y sin perder la sintonía con el Bien. Tales instituciones no son muy abundantes, como se puede suponer, a causa de la falta de preparación de la mayoría de los dirigentes y trabajadores por falta de resignación personal, de abnegación por el trabajo de sacrificio, por no ejercer los altos principios del Perdón y el olvido del Mal, en la entrega incondicional. A pesar de esto, en muchas partes de la Tierra hay casas de Dios que viven el Evangelio del Amor, difundiendo esperanzas sobre los desheredados del mundo, no porque den ropa, pan, medicinas, sino porque difunden cariño y humanidad en todo lo que hacen. Les puedo decir que sobre esta institución brilla un vínculo sublime que sostiene el esfuerzo de todos por mejorar la Tierra, aunque aquí y en todas partes hay encarnados interesados, indiferentes, oportunistas y explotadores que quieren robar el maná celestial, como lo han estado haciendo durante milenios.

Los trabajadores espirituales que escuchaban a Bezerra no podían ocultar su emoción ante lo que oían. Nunca habían pensado que, sobre ellos, directamente del noble corazón de Cristo, un rayo luminoso los uniera al sentimiento del Divino Amigo. Algunos no contuvieron las lágrimas, que fluyeron en silencio.

Para no perder la oportunidad de profundizar la enseñanza, Bezerra continuó:

- Existen iglesias, en todas partes, que reciben de las fuerzas espirituales la parte que les corresponde en el esfuerzo espiritual de la verdadera transformación. Muchos están perdidos en los cúmulos de materia, ignorando los sublimes dones y aferrándose ferozmente al oro del mundo. Otros, entre los que se encuentran muchas instituciones espíritas, se topan con las disputas verbosas, los concursos de la vanidad doctrinal, la disputa entre puntos de vista o interpretaciones sobre detalles inofensivos, perdiéndose en polémicas y, sin cuidarse del peligro de las seducciones humanas en el corazón de la Obra del Padre, como aconsejaba Jesús, avanzan por el terreno de la hostilidad y la calumnia entre sus miembros. Varios de ellos incluso brindan servicios de caridad, matan el hambre de los desafortunados, llenándose la barriga de caldos y bocadillos, pero siguen hambrientos del alma alimentando el hambre del cuerpo. Mientras disputan la primacía doctrinal, olvidan las advertencias evangélicas sobre la levadura de los fariseos, que suscitan controversias, discuten y quieren probar sus tesis en largas disputas doctrinales. Leemos en Mateo:

1 vinieron los fariseos y saduceos para tentarlo, y le pidieron que les mostrara alguna señal del cielo.

2 Más él respondiendo les dijo: Cuando llegue la tarde, diréis: Habrá buen tiempo, porque el cielo está rojo.

3 Y por la mañana: Hoy habrá tormenta, porque el cielo es de un rojo oscuro. Hipócritas, ¿sabéis discernir la faz del cielo y no conocéis las señales de los tiempos?

4 Una generación mala y adúltera pide una señal, y no se le dará más señal que la del profeta Jonás. Y, dejándolos, se retiró.

5 Y, pasando sus discípulos para el otro lado, se habían olvidado de traer pan.

6 Jesús les dijo: Tened cuidado con la levadura de los fariseos y saduceos.

7 Y razonaron entre sí, diciendo: Es porque no hemos traído pan.

8 Y Jesús, dándose cuenta de esto, dijo: ¿Por qué estáis razonando entre vosotros, hombres de poca fe, por no traer pan?

9 ¿No entendéis todavía, ni os acordáis de los cinco panes para cinco mil hombres, y cuántas canastas recogisteis?

10 ¿Ni de los siete panes para cuatro mil, y de ¿cuántas canastas te recogisteis?

11 ¿Cómo no habéis de comprender que no os hablé del pan, sino que debéis guardaros de la levadura de los fariseos y saduceos?

12 Entonces se dieron cuenta que no les había dicho que se guardasen de la levadura del pan, sino de la doctrina de los fariseos.

(Mateo, 16:1-12)

Después de una breve pausa, continuó explicando:

- Observamos que la preocupación de los fariseos y saduceos era pedir pruebas, una señal del cielo. Encontramos, entonces, al Divino Amigo hablándoles de cosas obvias, que estaban a la luz para que cualquiera pudiera verlas y comprenderlas, y; sin embargo, tales "autoridades en la fe" no pudieron percibir. Distinguieron fenómenos atmosféricos, pero no observaron con la misma agudeza las señales de los momentos importantes y decisivos para la humanidad. Así, hijos, muchos religiosos de la época moderna, antiguos fariseos y saduceos reencarnados, difunden la confusión y la disputa entre los llamados en la última hora. Tocados por la vanidad intelectual y el orgullo de los "puntos de vista" son la verdadera levadura de los fariseos de las que todos debemos cuidarnos para no perder nuestro escaso tiempo en discusiones estériles y destructivas de armonía y paz. Los que sufren esperan el alivio que les devolverá la fe y la confianza en Dios. No llaman a la puerta buscando debatientes o conflictos estériles. Los religiosos que desgastan sus esfuerzos en las fastuosas e interminables discusiones de esta naturaleza, se han dejado contaminar por la levadura de los fariseos, inmovilizando sus ideales y confundiendo sus razonamientos. Gastan en palabras el tiempo y la energía que, si se consumieran a través de la práctica del Bien con los demás, demostraría mejor el valor de las tesis que defienden, gracias a los efectos prácticos de las actitudes, transformando otras vidas. Ciertamente, aquí no hay censura para quienes razonan buscando comprensión, para quienes comentan con ganas de aprender, para quienes intercambian información con el propósito de enriquecimiento espiritual. Ellos no polemizan, no atacan a quienes no piensan como ellos, no forman partidos ni sectas, no se organizan en grupos en detrimento de la obra de Amor que pide el silencio de sus propias vanidades y la superación de sus diferencias. Si todos aprendiéramos de las enseñanzas espíritas, veríamos este velo ilusorio disiparse por la palabra guía y amiga con la que EL ESPÍRITU DE LA VERDAD, el mismo Jesús, alerta a los verdaderos trabajadores de la Obra del Padre, que se encuentra bajo el título:

"Los obreros del Señor:

"Se acerca el momento en que se cumplirán las cosas anunciadas para la transformación de la Humanidad. ¡Felices serán los que han trabajado en el campo del Señor, con desinterés y sin otro motivo que la caridad! Sus jornadas laborales serán devueltas cien veces más de lo que esperaban. Felices los que han dicho a sus hermanos: "Trabajemos juntos y unamos nuestros esfuerzos, para que el Señor encuentre terminada la obra cuando llegue - porque el Señor les dirá: "Venid a mí, vosotros que sois buenos servidores, los que supieron imponer silencio a sus celos y discordias, para que no se dañara la obra!" Pero, ¡ay de aquellos que, debido a sus disensiones, han retrasado el tiempo de la cosecha, porque vendrá la tormenta y serán arrastrados por el torbellino! Clamarán: "¡Piedad! ¡Piedad!" Pero el Señor les dirá: "¿Cómo imploras piedad, tú que no has tenido misericordia de tus hermanos y que te has negado a darles la mano, que has aplastado al débil en lugar de apoyarlo? ¿Cómo puedes suplicar piedad, tú que buscaste tu recompensa en las alegrías de la Tierra y en la satisfacción de tu orgullo? Ya has recibido su recompensa, tal como la querías. No tienes nada más que pedir; las recompensas celestiales son para aquellos que no han buscado las recompensas de la Tierra. Dios procede, en este momento, al censo de sus siervos fieles y ya ha marcado con su dedo a aquellos cuya devoción es solo aparente, para que no usurpen el salario de los siervos alegres, porque es a los que no se retiran ante sus tareas es a los que él confiará los puestos más difíciles en la gran obra de regeneración del Espiritismo. Estas palabras se cumplirán: "Los primeros serán los últimos y los últimos serán los primeros en el reino de los cielos." - El Espíritu de la Verdad. (París, 1862.)

Entonces, queridos hijos, las recomendaciones de todos nosotros para las diferentes casas de Dios se resumen en el pedido de tolerancia recíproca, respeto por los demás, cariño por todos, trabajo incesante en el Bien y en la vigilancia de uno mismo. Tal esfuerzo no es solo de mi parte. Todos los espíritus que trabajan por el Bien están comprometidos en esta batalla cuya bandera también podemos empuñar, uniéndonos en un mismo objetivo, encarnados y desencarnados. En los tiempos difíciles de separar la paja y el trigo, no habrá afortunados, ni privilegios de ningún tipo. Muchos gritarán, como dice el Evangelio: "¡Piedad! ¡Piedad!" Y escucharán la respuesta: "¿Por qué pides piedad, tú que no has tenido misericordia de tus hermanos, y que te has negado a darles la mano, tú que has aplastado al débil en lugar de apoyarlo? ¿Por qué pides piedad, tú que buscaste tu recompensa en las alegrías de la Tierra y en la satisfacción de tu orgullo?

Bezerra sonrió, demostrando que había terminado con la orientación colectiva, dando la oportunidad a los trabajadores, bajo la dirección de Ribeiro, de volver a las tareas específicas en los diferentes sectores de ese taller del Bien. Despidiéndose con reverencia y agradecimiento, solo quedaron al lado del médico bondadoso el líder espiritual Ribeiro, Jerónimo, Adelino y Alfredo, el que, durante el día, ejercía las sencillas funciones de cuidador del Centro Espírita, que había sido especialmente invitado a quedarse un poco más con el grupo.

Explicando los objetivos de la velada, Ribeiro continuó la conversación:

- En respuesta a la solicitud de nuestro querido médico, le pedí que se quedara para un entendimiento más amplio que nuestro benefactor desea tener con usted.

- Pero ¿yo también? - Preguntó sorprendido el pobre Alfredo, asombrado por la inusual convocatoria.

- ¿Por qué el asombro, hijo mío? Eres uno de los trabajadores más asiduos y fieles de esta casa. No veo motivo para sorpresas - respondió Ribeiro sonriendo.

- Es que mi trabajo aquí no está a la altura con el de los médicos. Solo soy un cuidador... - el espíritu humilde trató de justificarse, asumiendo que era un trabajador no cualificado.

- Para Dios, Alfredo, todo trabajo es fundamental y el tuyo representa uno de los más importantes en el momento en que nos encontramos.

Poco después, transfirió a Bezerra a la palabra por las recomendaciones que faltaban.

- Como dijo Ribeiro, hijos de mi corazón, estamos en vísperas de importantes transformaciones colectivas que traerán profundos cambios en la faz planetaria. Nuestro trabajo es intenso y hay muchas exigencias que pesan sobre los siervos de Cristo, que tienen que sacrificarse hasta el límite de sus fuerzas para compensar con idealismo y amor lo que parece que les falta en fuerza y conocimiento. Por tal motivo, me gustaría invitarlos a un recorrido de aprendizaje y formación que los ayudará a comprender mejor las medidas que deben implementarse en esta institución, ya sea en relación con las entidades que llegan, o en relación con los trabajadores encarnados verdaderamente dispuestos a servir.

Ribeiro no podrá dejar la dirección de la tarea por ahora, pero los otros tres están invitados, si pueden ausentarse unas horas.

Después de despedirse de Ribeiro, al que estaban unidos por los lazos del deber espiritual en esa institución, abandonaron la habitación impulsados por la vigorosa voluntad de Bezerra y tomaron la dirección del espacio terrestre para comprender mejor la tarea que les esperaba.

14.-
EXCURSIÓN REVELADORA

Liderados por Bezerra, el grupo se dirigió hacia la cima, aprovechando la oscuridad de la noche sobre Brasil.

En un rápido viaje ascendente, alcanzaron un nivel en el que podían ver toda la patria del Cruzeiro y, también, el contorno de las otras naciones hermanas, igualmente envueltas por la noche que cubría el continente y parte de los océanos.

- Desde aquí, hijos, podemos observar algunos detalles interesantes que solo el ojo espiritual puede ver. Observen la superficie oscura del país que nos recibe con sus generosas concesiones.

Mirando el suelo oscuro envuelto por el velo nocturno, la visión espiritual fue capaz de identificar no solo la luz de las ciudades que titilaban como pequeñas luciérnagas al gusto de las emanaciones de la atmósfera; Adelino y Jerónimo, con mayor agudeza espiritual, observaron espesas nubes oscuras deslizándose sobre vastas regiones del continente, concentraciones que se mantuvieron más densas sobre los mayores centros urbanos, donde parecían ser un denso hollín producido por las incesantes emisiones contaminantes.

Alfredo, todavía unido al cuerpo físico por el vínculo energético, no observaba la escena con la misma riqueza de detalles, aunque podía ver la inmensidad de manchas oscuras esparcidas por todas las grandes ciudades del continente sudamericano.

Apoyado por la poderosa acción de Bezerra, Alfredo vio ampliarse sus capacidades perceptivas para poder observar con la eficacia deseada.

- Dios mío, ¿qué es eso, doctor? ¿Parece humo de aceite quemado? - Preguntó, asombrado, por su falta de familiaridad con fenómenos de ese tipo.

- No hijo mío. Si fueran incendios de refinerías, aun así, el daño a los encarnados sería menor, porque los esfuerzos de los bomberos, tarde o temprano, podrían apagarlos - explicó Bezerra - . Estamos ante la constante creación de la mente de los propios hombres, Alfredo. Gracias a ellos, la masa oscura, similar al hollín bituminoso, se eleva constantemente, originándose en la impropiedad de pensamientos y sentimientos. Luego, se vuelve contra los propios encarnados, proporcionándoles los miasmas que crean. Si fuera humo tóxico del campo atmosférico, el viento lo disiparía y los fenómenos de la naturaleza minimizarían su impacto. Sin embargo, dotados de características especiales, entre ellas la de la magnetización magnética, sus densas estructuras permanecen en los centros que las exhalan, en la multiplicación de ansiedades, en la falta de disciplina en las conductas, en menores gastos de fluidos. Los comportamientos mentales y emocionales de las personas son la matriz de esas imperfecciones colectivas que pesan sobre los núcleos de población que los fomentan.

Al observar otras áreas menos afectadas, Alfredo se arriesgó:

- ¿Quiere decir entonces, doctor, que en estas otras partes menos ennegrecidas hay gente que piensa o practica menos el mal?

Sonriendo ante la ingenua pero sincera observación, Bezerra respondió:

- Bueno, Alfredo, podríamos decir que, en estas otras áreas, hay "menos gente." Y como hay menos habitantes suministrando emisiones negativas, quienes viven en centros menos poblados tienen la bendición de ser menos atacados por todas las energías inferiores.

También hay pensamientos inadecuados, pero las fuerzas inferiores, menos concentradas por tener menos fuentes de emisión, terminan siendo neutralizadas más rápidamente por las fuerzas reequilibrantes del propio magnetismo de la naturaleza. Además, estos centros más pequeños tienen menos trampas para sus habitantes, menos opciones de ocio dilacerante, destructores del equilibrio del espíritu. Si observamos las rutinas nocturnas de las grandes ciudades, nos daremos cuenta que el avance de la noche es la contraseña para el desenvolvimiento de todo tipo de desenfreno, bajo la justificación de distraerse o reducir el estrés diario.

Esto ya no se ve con tanta intensidad en las ciudades más pequeñas donde, salvo en alguna festividad ocasional, la gente se retira antes a la intimidad de sus hogares, manteniendo una rutina menos exaltada, favoreciendo el equilibrio emocional de sus habitantes.

- Pero ¿qué pasa con la buena gente que vive en ese océano de hollín?

¿Terminan siendo perjudicados por tales vibraciones de la misma manera?

- Bueno, amigo mío, todos sabemos que estamos en el entorno con el que estamos en sintonía y que cada uno es responsable de construir sus propios límites fluidicas. Entonces, sea por idealismo, por necesidades evolutivas, o por ambos, innumerables criaturas encarnadas se encuentran en estas condiciones, viviendo y trabajando en medio de este grupo de conflictos vibratorios, necesitando mantener el testimonio del Bien. Y, si son tan atentos, se construirán esos "capullos" protectores que repelerán la acción inferior de esta masa viscosa y deletérea, además de estar en sintonía con las fuerzas sublimes de la Vida Superior que sostienen a sus partidarios con los recursos energéticos indispensables para el abastecimiento del soldado en medio del campo de batalla de la existencia. Entonces observemos, que en las diferentes regiones de una ciudad, habrá concentraciones de energía positiva, sobre las cuales la densidad oscura no es capaz de cernirse. Como poderosos vórtices, en estas áreas se encuentran instituciones amorosas dedicadas a la construcción de una nueva conciencia, atrayendo a los espíritus superiores que se concentran allí para difundir cada vez más la semilla del Bien y las pautas para los tiempos difíciles.

Los tres compañeros continuaron observando las ciudades humanas cubiertas por el hollín mental, notando que, en el corazón oscuro y demacrado de ese monstruo en forma de nube, brotaban pequeños fulcros luminosos, algo parecidos a tiernos brotes que emergían del suelo fangoso debido a la ruptura de la corteza bajo tierra. Eran semillas de fuerza que, aquí y allá, conectaban la realidad humana con emisiones superiores, según la descripción que Bezerra seguía dando de la escena bajo sus ojos:

- Estas pequeñas perlas de luz que ven emerger, a pesar de la densa nube que cubre la Tierra, son centros religiosos, hospitalarios, educativos que aun mantienen una fuerte vivencia en el ideal superior del espíritu y en la defensa de los valores de Bien, Paz, Esperanza o de la Fe. Por eso, son apoyados por las fuerzas superiores como graneros que reciben siempre la carga de granos sublimes para que puedan continuar en la difícil tarea de mantener la luz de la virtud en el medio de la tormenta. Entonces, fíjense que, viniendo de lo Alto, tales semillitas conectan con las emisiones de luz de las que les había hablado antes de comenzar nuestro recorrido, reconociendo el valioso esfuerzo por superar las adversidades fluidicas del entorno donde se arraigan, superando la oscuridad de las nubes turbulentas y los pensamientos inferiores para llegar a un puerto seguro o a un refugio salvador.

Refiriéndose específicamente a ellos, Bezerra continuó:

- Los hospitales son centros donde el dolor físico lleva al espíritu del enfermo a reflexiones más elevadas, ajustándolo a nuevos estándares. Así, la transformación para el Bien que no se logró en décadas de salud se puede concretarse en unas semanas de dolor que, junto con la inspiración de amigos invisibles, posibilitarán la cirugía moral del enfermo a través de la renovación de conceptos y la modificación de proyectos. Ciertamente muchos se permiten mejorar solo por unos días, mientras siguen siendo víctimas del dolor. Sin embargo, el hogar hospitalario en la Tierra ha sido el jardín de infancia de la elevación del espíritu. Si este no desea convertirse en un buen estudiante, no podrá, más tarde, acusar a la Providencia de no haberlo ayudado. Además, es en el hospital terrestre donde la mayoría de los enfermos encuentran su última posada antes de regresar a la vida real en la que viven sus últimos momentos en el cuerpo denso. Este también es un factor beneficioso que permite que el mundo espiritual colaborar en la preparación adecuada de dichas transiciones, naturalmente teniendo en cuenta las peculiaridades de cada caso y el merecimiento del paciente por el tipo de ayuda que se encuentra disponible en el momento de la muerte. Por eso, estos hogares de dolor educativo reciben los efluvios del Amor directamente del corazón de Cristo. Los centros educativos que buscan inculcar conceptos elevados en las conciencias, son las herramientas de Dios que utiliza la Providencia para tratar de corregir el mal antes que sea necesario activar el parque hospitalario. A través de la enseñanza, las lecciones que son compartidas por las inteligencias en crecimiento, la Bondad del Padre apoya a quienes podrán evitar errores gracias a las aclaraciones que reciben. Maestros abnegados, hombres y mujeres poco reconocidos por la sociedad de las apariencias son considerados por Dios como los embajadores de la Nueva Era, escultores del hombre nuevo, fomentadores de nuevos horizontes de donde podemos considerar, sin exagerar, que un único y devoto maestro es considerado por los espíritus superiores como un verdadero CENTRO DE PROFILAXIS, un centro de difusión de medicinas muy poderosas para la cauterización de pequeñas heridas nacidas de la ignorancia. Difundiendo no solo el conocimiento formal de las distintas áreas del saber, sino también el buen ejemplo a una juventud cada vez más desprovista de parámetros de nobleza y de límites en sus comportamientos, enseñando buenos modales, cultivando el cariño que los hogares han sido incapaces de transmitir, cada maestro de escuela es un enviado de Dios al campo de batalla de la vida humana. Por lo tanto, las escuelas de todos los niveles donde los ideales persisten en el corazón de sus líderes y trabajadores son tan importantes como los hospitales, mereciendo el sublime apoyo de las fuerzas superiores para seguir instigando el bien a todos los que soliciten la renovación interior, transformándose en mejores seres humanos.

Al escuchar tales revelaciones, los compañeros de Bezerra se sorprendieron ante los conceptos tan superiores expresados en frases sencillas.

Nunca habían imaginado que los hospitales y las escuelas recibieran una catalogación tan elevada de lo Alto, aunque la existencia de entidades luminosas en tales ambientes no era nueva para ellos, brindando servicios de salvación relevantes.

Pero aun faltaba el último punto por abordar:

- Sí, hijos míos, están esperando que les aclare sobre las iglesias, ¿no?

Ellos sonrieron, indicando que eran unánimes en esa expectativa.

- Pues bien. Toda iglesia enfocada sinceramente en la transformación moral de sus miembros, comenzando por sus propios líderes, también se erige sobre un pilar de salvación que recibe la misma luz, directamente del noble Corazón del Divino Maestro. Para ello, como dije antes, no basta con que sean instituciones formales, con edificios construidos, con religiones definidas por cultos o ceremonias, ritos o predicaciones y un Evangelio en papel. Para el Amigo Divino, el hogar construido sobre las bases de la bondad y la fe es una iglesia que igualmente merece el beneficio de su atención directa. Entonces, en la cuestión de la llamada división de la luz superior, encontraremos casas de Dios en las que sus líderes y sus integrantes fueron incapaces de establecer el vínculo con esta claridad sublime por estar enredados en los intereses mundanos y el emprendimiento de fe comercial, mientras que, en innumerables núcleos familiares, casas humildes de gente sencilla, encontraremos la chispa luminosa que cae de arriba y el otro foco que brota de su interior, uniéndose en un armónico consorcio, porque existe la vivencia de las virtudes cristianas entre sus miembros, marcados por una atmósfera espiritual elevada, por la vigilancia en el Bien y el cariño entre sus habitantes.

Sin tener en cuenta estas asociaciones políticas o sociales que se autodenominan iglesias, existen otras que ciertamente cuentan con el apoyo superior porque son núcleos en los que quienes asisten a ellas están unidos en un idealismo superior, que es una dínamo que transforma el comportamiento. Además, aquellos en los que el mensaje de Jesús llega directamente a los corazones hambrientos son graneros benditos, que satisfacen el hambre de afecto, cariño y comprensión de todos los que allí permanecen. Todas las casas religiosas que se esfuerzan por transformar a los hombres con la buena palabra y el buen ejemplo, son vórtices luminosos en contacto directo con el Corazón del Señor. Dentro de este criterio inicial, las casas espíritas están especialmente dotadas de herramientas que liberan la conciencia por su fácil comprensión de las Leyes del Universo y su aplicación en los problemas de la vida, lo que genera una mejora en la convivencia gracias a la fe razonada que se transforma en práctica diaria de los postulados del Evangelio Viviente. Sin embargo, incluso entre los que dicen ser espíritas, son muchos los que no han conseguido construir este puente luminoso, por la deficiencia de sus líderes, la falta de sinceridad de sus miembros, la invigilancia de quienes acuden a ellos interesados en resolver los problemas de la Tierra utilizando los recursos del Cielo. No piensen; sin embargo, que no hay espíritus generosos que apoyen las necesidades de los encarnados que buscan la protección de las iglesias en general, simplemente porque no están directamente conectadas con las energías superiores. Mentores espirituales, trabajadores del Bien, agentes de la esperanza se internan en ellos de la misma manera, con la doble función de apoyar las necesidades emergentes y, en el menor tiempo, ayudar a los responsables y trabajadores a levantarse también, superando sus diferencias, silenciando los conflictos, mediante el perdón y el DESINTERÉS REAL. A través de intuiciones, mensajes, sueños, instrucciones escritas, buscan inspirar a los miembros de todas las casas de Dios para que comprendan mejor su misión y se esfuercen por llevarla a cabo eficazmente con corrección y dinamismo cristiano.

Por lo tanto, hijos míos, cuando se trata de iglesias, no todas tienen una conexión con este foco luminoso. En lugar de muchos de ellos, se iluminan casitas humildes, pequeñas habitaciones alquiladas, hogares de personas que se convierten en escudos luminosos sostenidos por lo Alto en la hercúlea tarea de ayudar a Jesús a través de la experiencia del verdadero Bien. Por esta razón, muchos logran sobrevivir en un ambiente tan hostil y vibrantemente degenerado que se está instalando entre los hombres, uniéndose magnéticamente a esos amigos superiores que los apoyan sin contaminarse con los miasmas pestilentes y desequilibrantes del entorno. Quienes son conscientes de la necesidad de superarse a través del servicio sincero en el Bien, pueden sostener sus luchas en un ambiente tan adverso, sin tener que respirar estos patrones fluidicos densos y corrosivos porque, el magnetismo de la indiferencia y la materialidad solo se atrae por quienes se identifican en el mismo nivel de energía. Aquellos que se elevan a través de la sintonización positiva, por otro lado, no son encontrados por la nube ni se dejan envolver por sus vibraciones.

Admirados por la explicación que tan bien demostraba la preocupación espiritual por garantizar a los encarnados lo "mejor con Dios" aun cuando preferían lo "peor con los hombres", Jerónimo aprovechó el silencio del Doctor amigo y consideró:

- Querido padrecito, ¿sería posible que los encarnados pudieran neutralizar estas densas nubes que estamos viendo?

- Por supuesto, hijo mío. Y esto sucederá cuando el hombre transforme sus preocupaciones y dirija la planta de energía que su voluntad manda a niveles superiores. La experiencia social, por el momento, es una tormenta energética, impulsada por intereses, disputas, competencias y crímenes, en su mayoría perpetrados por criaturas que dicen tener algún tipo de religión, considerándose así porque asisten a algún templo formal de la fe. Sin embargo, caerán víctimas de la locura en la que viven, porque ya no pueden estar en esta doble vida: virtuosos a la luz del día y pecadores de noche.

Todos los que no esté cambiando efectivamente el patrón de vibraciones serán sorprendidos por las transformaciones energéticas a las que está sometida la Tierra y, sin excepción, abandonarán la cuna cálida y amorosa para permanecer en otros ambientes menos amigables. Cuando una mente menos utilitaria y calculadora prevalezca entre los hombres, el entorno comenzará a cambiar. Hasta entonces, las criaturas tendrán que convivir con violencia social y personal, alimentada por las densas fuerzas que flotan alrededor de las conciencias vigilantes. Constantes epidemias surgirán como reflejo de este estado de cosas, ya que, al alimentarse de tales pestilencias mentales, los encarnados irán asimilando vibraciones psíquicas que encontrarán un campo favorable en el campo energético de los hombres y, con ello, harán aparecer las más diversas enfermedades orgánicas, que obligarán a los necios a concertar una cita con la misericordia transformadora que ofrece la religión en las diferentes casas de Dios o con la justicia soberana que representa la enfermedad en los innumerables hospitales del cuerpo. Los hospitales funcionarán, pues, como antesala de la morgue física para quienes se despiden de la vida sin haber creído en la supervivencia y antesala de la verdadera vida para quienes tendrán que afrontar la continuidad de las vivencias, asumiendo sus propios errores. La remoción de los peores modificará el panorama de quienes permanezcan en el mundo, reduciendo las presiones psíquicas sobre quienes perseveraron en el Bien hasta el final. Estos ya no serán los llamados elegidos de Dios. Serán aquellos que eligieron otro tipo de vibración y, por tanto, merecieron permanecer en un mundo mejor. En los llamados países desarrollados, las masas oscuras que flotan sobre sus núcleos civilizadores son aun más densas. Allí, en realidad, las tormentas serán incluso peores que las que estaremos viendo aquí. En ellos, el apego material es aun más profundo, y entre los ricos de la Tierra se librará la peor de todas las batallas. Serán ellos los que producirán los mayores males que afectarán sus propias almas. En el mundo dorado, la religión es aun más superficial que con los desdichados y afligidos. Estos, al menos, se acercan a Dios con humildad y arrepentimiento, mientras que los demás, hablando en términos mayoritarios y sin generalizaciones inadecuadas, serán los que ya hayan conquistado los tesoros que querían. Querrán comprar el cielo en la hora decisiva, pero luego se darán cuenta que ya han recibido la recompensa que buscaban, en las facilidades de la vida que disfrutaron sin conciencia alguna, con la indiferencia de los tigres que devoran a sus víctimas vivas, sin inmutarse por sus lamentos.

Señalando una determinada región europea, puso en marcha el motor por su propia voluntad y condujo al pequeño grupo en un rápido movimiento hacia esa zona de la Tierra.

El día ya bañaba con sus rayos de sol las distintas capitales del viejo mundo y, a pesar de ello, las grandes concentraciones oscuras iban ganando dimensión y dejando una impresión aun más desagradable.

Ni siquiera la luz del sol podía modificar la esencia vibratoria de ese pestilente océano de emanación.

- Estamos observando aquí no solo las construcciones mentales de los miembros de esta parte de la humanidad. Además de estos, el peso de sus errores colectivos en el liderazgo de los movimientos humanos ha recaído sobre estos pueblos. Cada individuo, así como cada nación, lleva el peso de sus errores y la corona luminosa de sus éxitos. Por lo tanto, al vivir en un mundo favorecido por la riqueza y los logros materiales, la mayoría de ellos basados en el saqueo, la esclavitud y el sufrimiento de sus semejantes durante tantos siglos, estas naciones deberían asumir el papel efectivo de liderazgo moral de la humanidad, compartiendo sus riquezas y no solo con un goteo de acciones caritativas aquí o allá. Revertirían su destino si promovieran activamente el progreso, de los diversos pueblos que explotaron, mientras crecían en el liderazgo moral de la humanidad, defendiendo valores perennes en lugar de basarse únicamente en los intereses transitorios de los intercambios negocios comerciales y los negocios bancarios. Lo que vemos; sin embargo, es la voluptuosidad del egoísmo que impide que todos se beneficien. Acostumbrados a milenios de explotación de sus semejantes, no están maduros para cuando llegue el momento de devolver los beneficios. Cierran sus fronteras, persiguen a quienes desean beneficiarse de sus riquezas, crean feudos autoprotectores para encarecer los productos que son la base del sustento de naciones miserables o en vías de desarrollo, garantizando siempre privilegios materiales, como si pudieran seguir siendo indefinidamente los piratas de la humanidad. Estas nubes más densas y las vibraciones más bajas son el resultado de elecciones colectivas que pesarán sobre los miembros de tales comunidades, llamados a rendir cuentas y a responsabilizarse por el hambre en el mundo, por el mar de miserias morales, por la proliferación de violencia, por la industria del consumismo desenfrenado gracias a la creación de ilusiones, favoreciendo el predominio de la ignorancia entre los hermanos de la humanidad.

Esto está sucediendo ahora mismo, hijos míos, ante la mirada serena y firme del gobierno de la vida, encargado de encaminar los pasos de la humanidad hacia mejores caminos.

Este es el momento decisivo para los destinos y, como ven, ya sea aquí en Europa, Asia y Norteamérica, los dolores se multiplicarán de forma abrumadora, ya que la Justicia sabe revisar las cuentas sin dejarse engañar por las apariencias.

En toda la Tierra, los seres humanos se identificarán con los estándares que defienden y en los que vibran espiritualmente. Y la transformación profetizada por Cristo cuando pasó por el mundo ya está teniendo lugar. Vengan conmigo y lo verán.

15.-
EL TRANSPORTADOR

Moviéndose rápidamente por el espacio bajo el liderazgo de Bezerra, el grupo llegó a un punto aislado en medio del bosque, en una región remota de suelo brasileño.

La noche intensa y silenciosa se volvía aun más imponente a los ojos espirituales porque la oscuridad acentuaba la belleza de la colcha estrellada que se imponía sobre los inmensos árboles en ese rincón aislado de la Patria del Cruzeiro. Sin embargo, si en la esfera física la mirada humana se limitaba al mar verde de las cubiertas vegetales de la inmensidad intacta, en la esfera espiritual el entorno era absolutamente diferente.

Una actividad indescriptible transformó la atmósfera espiritual en un gran muelle. De todas partes llegaron vehículos espirituales de diferentes formas y tamaños, llevando contingentes de entidades necesitadas, provenientes de diferentes climas terrenales y astrales.

Al observar la sorpresa de sus compañeros, Bezerra comenzó a aclarar las silenciosas indagaciones de todos:

- Como saben, en todas las regiones de la Tierra se organiza la ejecución de los Planes Divinos para el mejoramiento de la escuela humana. Así, en varias partes del planeta nos encontramos con lugares como este, a donde son llevadas las entidades que, ya no pueden permanecer en un planeta que no respetaban, ni en un patrón de conducta mental y emocional compatible con el nuevo orden vibratorio que se instala en la Tierra, ya están siendo recogidos por trabajadores espirituales activos con la misión de organizar el retiro de los "incompatibles" así como su transporte al centro de espera donde se adaptarán a los nuevos destinos que les aguardan. Puede parecerles sorprendente que haya tantos dispositivos y vehículos yendo y viniendo, pero en realidad, estamos ante entidades que no tienen las condiciones mentales de equilibrio o comprensión para actuar por sí mismas, acompañando desplazamientos dirigidos por espíritus de evolución superior. No olvidemos que, en cada caravana, las limitaciones de los más débiles tienden a definir las condiciones de desplazamiento del grupo. Por tanto, la bondad divina se encarga de producir medios menos laboriosos y difíciles para que la obra del Bien tenga la continuidad necesaria dentro del plazo establecido. Tales transportadores espirituales existen a lo largo de esta zona vibratoria, sirviendo al mismo tiempo como ambulancia que atiende las necesidades de cada espíritu y como transporte al área de encuentro para guiarlos.

Jerónimo, Adelino y Alfredo, que miraban el campo hasta donde alcanzaba la vista, quedaron impresionados.

- Ya había visto varios tipos de vehículos, incluso en apoyo ofrecido al trabajo de las diversas instituciones religiosas en la Tierra, en particular casas espíritas, para el beneficio y el enrutamiento de grandes cantidades de almas a niveles vibratorios menos densos - dijo Jerónimo, aprovechando la pausa de Bezerra - . Sin embargo, nunca he presenciado un trabajo a una escala tan gigantesca como esta.

- Yo tampoco - agregó Adelino.

- Sí, hijos míos. El tamaño de la empresa siempre está condicionado por el tamaño de los objetivos. Cuando hablamos de términos de asistencia espiritual para grupos de entidades que son iluminadas o apoyadas en reuniones espirituales, ciertamente se necesita una forma más apropiada para su transporte, especialmente para aquellos que están dormidos o inconscientes que ya están calificados a recibir ayuda en otra esfera vibratoria.

Así, los vehículos de transporte colectivo se utilizan en abundancia con fines colimados, en nombre del Amor Mayor.

Sin embargo, lo que estamos presenciando en este momento no es solo el desplazamiento de entidades de un plano magnético denso a uno menos denso. Estamos viendo los preparativos para el cambio de planeta. Imaginen que los cambios vibratorios son sumamente más graves que en el primer caso.

Al notar que sus amigos aun no se habían dado cuenta del alcance total de esa actividad, Bezerra continuó explicando:

- Estamos visualizando el aeródromo donde se congregan los transportes espirituales de diferentes regiones del continente sudamericano con el propósito de entregar entidades cuyo contenido vibratorio se ha vuelto incompatible con las nuevas exigencias espirituales y morales de la humanidad terrenal. Estos espíritus fueron sacados de innumerables centros religiosos, de instituciones públicas, de casas de encarnados, de hornos oscuros, cada uno de ellos en un estado vibratorio y evolutivo muy deficiente y con niveles de energía muy diferentes.

Equipos de espíritus especializados en visitar todos los centros de la civilización terrenal son los encargados de recolectar tales criaturas, utilizando la energía necesaria para que no frustren las Leyes Soberanas, pero sin la violencia incompatible con la Bondad.

Las instituciones religiosas, en las que se concentran energías inferiores debido a la elevación de sentimientos y pensamientos, encontramos un contingente más voluminoso de espíritus afligidos que busca el entendimiento y la verdadera reforma. Como Dios no desea el sufrimiento de los culpables, sino su modificación, tales núcleos de fe representan la última oportunidad para un cambio real a través del arrepentimiento sincero y el impulso de transformación que se demuestra. Sin embargo, como ya se les ha explicado, no serán arrepentimientos ocasionales, motivados por el miedo al futuro, que los espíritus podrán impedir que el destino se imponga con su fuerza sobre ellos. Podrán despertar a la comprensión y, de esta manera, ser guiados a las lecciones que se ajusten a su caso personal, ya sea en los pueblos de la tierra menos avanzados, o en el nuevo mundo que aguarda espíritus menos desarrollados que los pueblos primitivos que allí habitan.

Fuera de tales ambientes, donde la oración y los conceptos espirituales pueden facilitar la meditación de los rebeldes y los indiferentes, a través de la acción del Bien como criterio de selección según el grado de afinidad y armonía, en otras partes del continente en foco, en las ciudades, en las calles, en las casas, en los lugares públicos, los espíritus ejecutores de la Justicia también promueven la selección directa y la organización de la retirada.

Es un trabajo lento pero constante. Alfredo, impresionado, aprovechó para preguntar:

- Pero, padrecito, ¿y si alguno de ellos no acepta la invitación y desea seguir actuando en el Mal o, si es el caso, intenta escapar de la presencia de tales espíritus?

- Nada se improvisa, Alfredo, y la inteligencia del universo sabe encontrar a todos los que serán pasajeros del último viaje, pero no nos imaginemos a los buenos espíritus transformados en una milicia cazadora de fugitivos, como una brigada policial. Las cualidades espirituales superiores prescinden de las escenas grotescas de persecución típicas de las películas de acción. El proceso es dirigido por los llamados espíritus ejecutores cuyas fuerzas, proyectándose sobre los réprobos, los involucran de tal manera que la mayoría de ellos se rinden pacíficamente porque la conciencia que se despierta súbitamente en ellos identifica sus propias faltas y comprende que ha llegado el momento del ajuste indispensable. La llegada de estos espíritus ejecutores es interpretada por quienes se condenaron a sí mismos como el encuentro con el Ángel de la Verdad, el que no puede ser engañado y que, dócil y benévolo, viene a liberar al infortunado de la acumulación del mal que lo esclavizó por muchos siglos. Luego, en su corazón, el espíritu recuerda los compromisos no afrontados, los errores y crímenes cometidos, identificando la situación real de su alma y el desperdicio de la última oportunidad de renovación en el sentido de salvación de sí mismo. Bajo la vibración extremadamente cariñosa e imponente de los ejecutores de la justicia celestial, se dejan llevar sin oposición violenta, dirigidos a los vehículos de transporte donde, gracias al ambiente preparado por los fluidos calmantes, se ven invadidos por un agradable letargo y se duermen para el viaje que les espera.

Durante este sueño, se les da la oportunidad de recuperar de sus inconscientes los recuerdos vívidos de sus crímenes, promesas incumplidas, la inmensa gama de errores ya cometidos y que necesitan corrección.

Cuando despiertan a los nuevos destinos, traen consigo un sentido muy claro de las razones por las que necesitan aprovechar la nueva oportunidad con nuevos proyectos.

Sin embargo, Alfredo, hay entidades menos maduras, espíritus de un primitivismo atroz y que, en tales casos, necesitan ser sometidos por fuerzas imperativas que los inmovilizan en la inconsciencia temporal, favoreciendo su incorporación a la caravana de los marginados de la Tierra.

Para aquellos que huyen, como quieres saber, tales espíritus ejecutores saben que, ahora o más tarde, serán encontrados y rescatados en peores condiciones. Por lo tanto, los dejan un tiempo hasta que el rescate los encuentre, lo que sucederá sin que lugar a equivocaciones.

Y eso es porque estamos hablando de magnetismo. Mezcla las limaduras de hierro con un montón de harina. Al principio, parecerá muy difícil rescatar todo el hierro perdido en ese medio. Sin embargo, acerque un imán a este agregado y podrá separar fácilmente el hierro de la harina, hasta la última chispa, porque la atracción es irresistible. Por lo tanto, siempre se encontrarán tales espíritus.

- Pero, Dr. Bezerra, cada uno de ellos tiene un nivel de energía y comprensión diferente. Debe haber un cuidado específico para el transporte sin perjudicar el nivel vibratorio de cada uno, ¿verdad? - preguntó Adelino, deseando saber más.

- Bueno, este hecho es tomado en cuenta por las inteligencias encargadas de organizar el traslado. Así, el sueño ya es un factor que facilita la tarea, ya que, dormidos, a cada uno le impide asustarse por el estado repugnante en el que se encuentra el otro. Además, en cada transportador hay sectores aptos para espíritus de distintos niveles, lo que; por supuesto, los preserva de mayores choques. Es también por ello que tal esfuerzo se realiza en un entorno salvaje y virgen, en el corazón del bosque, para que las densas vibraciones de las aglomeraciones humanas no agraven aun más este proceso. Aquí tenemos espíritus que provienen de varias esferas inferiores, ubicadas dentro de la corteza, además de los que orbitan el nivel de los propios encarnados. Cuando llegan aquí, son seleccionados por los estándares que muestran en sí mismos y enviados al gran navío.

- ¿Cómo así? - Preguntó Alfredo. Ya estoy sorprendido por el tamaño de toda esta operación. ¿Hay algo más grande?

Ante los inocentes comentarios del humilde cuidador, Bezerra lo agarró del brazo y le señaló un punto más alejado dentro del bosque.

La región donde se ubicaban los atracaderos de todos estos vehículos de transporte espiritual, en ese centro de clasificación, yacía iluminada por una luz clara, cuyo propósito era iluminar sin producir conmociones desagradables e intensas en los que llegaban. Un poco más lejos; sin embargo, como si flotara en el vasto cuerpo líquido que fluía sobre las tierras brasileñas, una inmensa nave de dimensiones nunca vistas por el ojo humano se erguía serena.

Los tres compañeros de Bezerra aun no se habían dado cuenta de la silueta de tan gigantesco vehículo que servía de destino a todas las entidades que llegaban a ese lugar. Solo cuando el venerable Doctor de los Pobres señaló en su dirección, pudieron identificar con la mirada, la enorme embarcación.

- Pero ¿es un navío? - exclamó Alfredo, entre intrigado e indagador.

— Sí hijo mío. Es una especie de navío, pero se rige por principios energéticos diferentes a los que guían a las embarcaciones humanas a través de los océanos. Todos los que llegan son enviados allí y, como cada uno tiene sus peculiaridades, en cada nivel de este transportador espiritual encontramos un ambiente adecuado para las vibraciones de sus ocupantes.

Los niveles y subniveles se utilizan para la separación de fluidos, en función del contenido energético, protegiendo y preservando a sus ocupantes de golpes innecesarios, hasta que lleguen al destino provisional que les espera.

Cada embarcación de este tipo es capaz de recibir alrededor de dos millones de espíritus. Una vez completada su ocupación, se moverá, dejando libre el puerto para que otro lo sustituya en la misma tarea.

Recordando las enseñanzas de las religiones tradicionales, Alfredo exclamó:

— ¡Es una especie de Arca de Noé!

— Solo ocupado por espíritus humanos, dormidos o no, y dirigidos a la evolución en otro nivel. Sin embargo, la similitud es grande. ¿Les gustaría adentrarse en su interior para observar cómo está organizado?

— Eso era exactamente lo que le iba a pedir, Dr. Bezerra - dijo Adelino.

— Vamos para allá. Debemos obedecer las disciplinas propias del entorno para armonizarnos con las rutinas internas en la ejecución de tareas tan complejas. Con eso, no crearemos obstáculos para los hermanos que trabajan allí.

Entendiendo las advertencias, acompañaron a su amigo e instructor a investigar el interior de la vasta nave de transporte espiritual.

Al llegar al nivel principal, Bezerra se dirigió al espíritu que tenía las funciones de mando, y que parecía conocerlo desde hace mucho tiempo, tal era la respetuosa familiaridad con la que se saludaban.

- Querido Alírio, agradecería tu permiso para entrar al transportador con un grupo de hermanos en tareas instruccionales.

- Su presencia entre nosotros, querido doctor, siempre será motivo de satisfacción y alegría, sobre todo cuando esté acompañado de otros colegas dedicados a la adquisición de conocimientos. Para ello, pondré a disposición de todos a nuestro hermano Lucas, que podrá llevarlos a cualquier parte del transportador para que observen lo que quieran. Solo del nivel 25 al 28, el más bajo, recomendaría que se visitara con una escolta ya que, incluso cuando este tipo de entidades están contenidas en sus salas de disciplina, pueden volverse violentas cuando perciben la presencia de alguien en sus dominios, como todavía creen que son. No se dejen impresionar por los gritos o el olor del ambiente porque, por el nivel de conciencia y evolución en el que se encuentran, su descontrol les impide presentarse en otro estado de densidad u organización de su propia forma.

- Gracias, Alírio, y ten por seguro que seguiremos al pie de la letra tus recomendaciones.

En cuanto salieron del puesto de mando, aprovechando la oportunidad de entendimiento directo, Bezerra le pidió al asistente que los acompañaba que les explicara a los amigos novatos cómo estaba estructurado el vehículo.

Sin perder tiempo, Lucas inició un breve informe:

- Nuestro propósito es el transporte colectivo de espíritus fuera de la zona de influencia inmediata del magnetismo terrestre. Por ello, hasta que estemos en la zona de destino final de este desplazamiento, esta embarcación está dotada de aclimatadores fluídicos para los diferentes grados evolutivos de las entidades alojadas en ella. Para causarles el menor impacto posible, tenemos los niveles inferiores, donde la oscuridad y densidad de los elementos son similares a los ambientes donde algunos se internaban. En los niveles superiores, ya se puede respirar otra atmósfera, incluso si todavía estamos en la fase oscura. Allí, la incidencia magnética específica mantiene a sus pasajeros en reposo terapéutico, apuntando al trabajo de conciencia. Y así sucesivamente, cada nivel tiene sus peculiaridades y necesidades. Tampoco es difícil comprender el panorama en el que se presenta cada uno de ellos. Los niveles menos densos disponen de camas individuales en un vasto entorno colectivo, provistas por personal de enfermería específico para las reacciones derivadas del tratamiento al que se están sometiendo. En niveles un poco más densos, dicha organización no es necesaria porque estas entidades solo están aclimatadas en estados de puro primitivismo, asemejándose al lugar a los de sus antiguas viviendas, como cuevas o madrigueras, para garantizarles mejor la serenidad, ya que muchos de ellos no se benefician del entumecimiento de conciencia. Son los que llegan aquí inmovilizados debido a los chorros de energía de contención. Además, al estar reunidos en sus viejos rebaños, con entidades del mismo nivel evolutivo, esto coopera para su tranquilidad y les provoca una sensación de seguridad. Más abajo, dirigiéndonos a niveles aun más bajos, están aquellos que necesitan mantenerse en mazmorras, para su propio beneficio y para el equilibrio general porque son incapaces de salir del primitivismo animal en el que aun se encuentran.

Después de esta rápida descripción general de las organizaciones internas, Lucas pasó a explicar las rutinas de la inmensa nave de transporte.

- Permanecemos aquí hasta que se alcance nuestro tope límite y, luego, partimos hacia el destino que nos espera para entregar a nuestros infortunados hermanos a otros trabajadores de la Justicia, para que continúen con la ejecución de los Decretos Divinos.

- ¿Y cuánto tarda este transportador en llenarse? - Preguntó Jerónimo.

- Bueno, depende mucho de la rutina de los encarnados que, en ocasiones, cooperan mucho para que el volumen de espíritus se complete más rápido. Sin embargo, los vehículos que llegan de diferentes países del continente sudamericano han abastecido últimamente a cada transportador en un período que va de uno a dos meses en promedio.

La conversación seguía a este ritmo cuando, descendiendo por un mecanismo que se asemejaba a un elevador terrestre con un aclimatador vibratorio para cada nivel de destino, los integrantes del grupo comenzaron a sentir un intenso malestar.

Lucas, notando el malestar de los visitantes que acompañaban a Bezerra, se disculpó e informó:

- ¡Ah! Se sienten enfermos, ¿no? Olvidé avisarles de los cambios en cada nivel. Aquí, en este transporte, se concentran en un pequeño espacio, diversos tipos de campos magnéticos que, en la Tierra, ocupan inmensidades. Por ello, las extensiones que separan los diferentes niveles vibratorios nos impiden percibir los cambios bruscos. En este entorno; sin embargo, el cambio de campo es muy rápido y, por tanto, es necesario activar nuestro potencial de concentración para la adaptabilidad a los niveles que visitaremos, requiriendo que nuestra vigilancia esté en sintonía con cada entorno en el que ingresaremos. Para facilitar la velocidad de nuestra adaptación, esta cámara de desplazamiento interno está equipada con mecanismos que favorecen el cambio brusco de nivel, sin los contratiempos que normalmente se derivan de ello. Pero como ustedes son novatos por aquí, es natural que sufran un mayor impacto cuando nuestros ambientes personales se igualen al ambiente externo al que entraremos cuando estemos adecuadamente aclimatados.

Con la excepción de Jerónimo y Bezerra, experimentados manipuladores de los diversos campos magnéticos, Adelino y Alfredo necesitaban ejercitar su voluntad a través de la oración y la asimilación de diferentes magnetismos a medida que descendían.

Al llegar al primer destino, en cuanto los sensores internos identificaron el equilibrio vibratorio de sus ocupantes en relación a lo que les esperaba en el exterior, las puertas se abrieron automáticamente.

16.-
LOS AMBIENTES INTERNOS

Incluso después de ingresar al ambiente que correspondía al nivel de recepción de entidades en condición media de densidad fluídica, los más novatos tardaron unos momentos en adaptarse a los campos de energía específicos.

Acompañándolos con ingenio y generosa atención, Lucas explicó:

- Estamos en el nivel 12, en la zona de los espíritus endurecidos que utilizaron su inteligencia para explorar la buena fe de sus semejantes. La conciencia tigrina se identifica fácilmente por la marca que tienen en a nivel de la mente espiritual, corrompida por el uso astuto e intenso en la proliferación de los dolores y desengaños a sus hermanos de humanidad. En cada nivel, hay subdivisiones específicas para una mejor agrupación. Así, en el nivel 12 al que entramos, tenemos el ala de quienes se han comprometido con las caídas del intelecto, separados, en lo posible, por sus inclinaciones religiosas específicas. Gracias a los recursos terapéuticos espirituales que los rodean, pueden permanecer dormidos, pero tienen un sueño lleno de visiones educativas de sus viles comportamientos, como si estuvieran viendo una película de terror, en la que ellos eran los directores y los actores principales. Esto les resulta sumamente doloroso, pero les sirve para activar las profundidades de la conciencia para que, al despertar, decidan seguir otros caminos evolutivos.

Para enriquecer aun más la oportunidad, Lucas interrumpió la descripción y dijo, sonriendo:

- ¿Preguntas?

Como si se hubiera roto el sello de un volcán, comenzaron a brotar en las bocas de los integrantes más inexpertos del grupo.

- ¿Quieres decir entonces - Adelino tomó la iniciativa -, que el estado de sueño es en realidad una especie de regresión al pasado? ¿No sería más apropiado que fuera un reposo para el alma que sufre?

Al comprender el alcance de la pregunta del inteligente compañero, Lucas comentó:

- Bueno, Adelino, la etapa de ensayo y error ha pasado para todos. Aquí no estamos ante espíritus cuyo propósito es corregir sus errores para que, después de todo un año de descuido, puedan sacar una buena nota en los exámenes finales y aprobar el año. Nos encontramos frente a quienes ya han sido reprendidos por su desdén, por haber sido malos estudiantes. Es cierto que esta también es una etapa educativa. Sin embargo, los maestros ya no son la paciencia, la tolerancia, la nueva oportunidad. Aquí, los maestros son los efectos de las elecciones de cada uno. Así, una vez seleccionados por tener un contenido vibratorio incompatible con las modificaciones reales que azotan las fuerzas magnéticas del orbe terrestre en sus estructuras físicas y espirituales, estos hermanos no se están preparando para volver al campo de las vivencias carnales en la misma humanidad. Las lecciones que necesitan recapitular son las que les conduzcan a un futuro que siempre será más feliz cuanto más distantes se mantengan de estos actos malvados ya practicados hasta el agotamiento. Así, cuando sueñen con sus errores de ayer, podrán grabar en sus mentes los comportamientos a evitar, en una especie de vacuna a largo plazo, gracias a la cual, cuando recuperen el control de su conciencia, estarán dispuestos a no volver a cometer los principales errores. No están aquí como rescatados de guerras humanas traídos a la retaguardia para el tratamiento de sus heridas y un justo descanso. Eran máquinas para lastimar y están aquí porque siempre han estado dormidos a la verdad, postergando la hora del Bien en sus almas. Ahora, necesitan despertar a las responsabilidades de la vida.

Entendiendo las lecciones claras, Alfredo agregó, ante la pausa de Lucas:

- ¿Quiere decir que, además de este inmenso alojamiento, hay otras salas donde se congregan las entidades por sus creencias religiosas?

- Así es - dijo Lucas.

- Pero ¿por qué tal medida? - respondió el diligente cuidador del Centro Espírita.

- Es por razones prácticas de organización, Alfredo. No olvides que, mientras permanezcan aquí, son objeto de la solicitud del Bien que, si no les permite volver al antiguo hogar terrenal, no desea para ninguno de ellos el Mal. Así, incluso aquí, reciben alimento para el espíritu y, aunque inconscientes, son ayudados por las fuerzas espirituales que les eran familiares cuando estuvieron en la Tierra, por la expresión de las oraciones a las que estaban apegados. No olvidemos que nuestras rutinas se arraigan en nosotros mismos y, por tanto, cuanto más nos sintamos insertos en las viejas formas de vivir, más fácilmente nos abriremos a nuestras realidades inamovibles. Por eso, servimos a los que sufren, a los exiliados, sin privarlos de ninguno de los recursos del Universo en beneficio de sus modificaciones. Entidades devotas, vinculadas a las más variadas religiones humanas, prestan servicios aquí también, llevando a sus fieles la materia espiritual para la siembra de nuevas ideas frente a los desafíos que les aguardan, reavivando la llama de la fe para que, en el laberinto de los desencantos, no vuelvan a perder el rumbo, recordando que, dondequiera que estén, también hay una morada divina, esperando que demuestren sus nuevas disposiciones. Entonces, tenemos áreas para cristianos, que se subdividen en algunas denominaciones específicas, áreas para musulmanes, para seguidores de religiones orientales, para religiosos de otras denominaciones, sin olvidar el ambiente destinado a quienes no asumieron ningún tipo de conducta religiosa en la Tierra. Por supuesto, para todos ellos, la religión no era más que una etiqueta, sin profundidad ni compromiso con los cambios internos. Dijeron que creían en algo o tenían una u otra religión, pero su comportamiento no dejaba de ser el del lobo voraz acechando a su presa, el de la leona hambrienta lista para abalanzarse, lo que los mantiene en este patrón que observamos. Para los amorosos servicios de enfermería, es más fácil tratar a todos aquellos que comparten una misma creencia, porque portan clichés mentales muy similares, facilitando la comprensión de sus necesidades. En los servicios de espiritualidad, la especificación significa eficiencia.

Observando el interés de su tutela, pero tratando de aprovechar al máximo el tiempo del que disponían, Bezerra sugirió cortésmente:

- Queridos hijos, hagamos un caso de estudio, llevando a uno de estos desafortunados hermanos a comprender sus problemas.

Diciendo esto, se acercó a uno de ellos, que estaba casi totalmente inconsciente y, colocando su mano sobre su frente sudorosa, creó condiciones vibratorias alrededor de la cabeza del paciente para que sus ideas oníricas fueran visibles, facilitando que sus amigos entendieran las enseñanzas.

- Miren los sentimientos de nuestro hermano - dijo Bezerra.

- Sí, padrecito, está llevando a unos niños a los semáforos de una gran ciudad, amenazándolos con golpizas si no le dan el dinero que espera ganar - dijo Alfredo, apenado.

Un poco más de observación y la imagen mental cambió. Ahora, había robos cometidos en medio de la multitud, robos premeditados, sin medir las consecuencias sobre sus víctimas. Homicidios perpetrados con la frialdad de quienes piensan que nunca serán alcanzados por la Justicia Divina. Tales imágenes eran una película que abarcaba varias etapas de la misma vida, al mismo tiempo que penetraba también en los arcanos del inconsciente de otras existencias, para la constatación de la interminable repetición de los mismos crímenes.

Bezerra quitó la mano de la frente del desafortunado malhechor moral y la trasladó a la de la cama vecina.

El mecanismo era el mismo que el anterior, pero la escena vista, absolutamente diferente.

- Parece ser un representante del gobierno. Sí, sí... - dijo Adelino, ahora - es un hombre importante, con responsabilidad social, parece ser un alcalde, o algo así. Está extorsionando a una empresa con la excusa de favorecerla con concesiones fiscales, dañando el patrimonio del pueblo. Ahora parece estar ordenando cierta persecución política de un oponente, utilizando calumnias o difamaciones astutamente elaboradas. Dios mío... ahora está usando dinero público para embellecer la entrada de su propiedad rural, alegando que es una necesidad pública, cuando no quiere nada más que valorizar la propiedad en sí.

Todos vieron las escenas, mientras Adelino las describía.

Entonces, todo parecía volver al pasado, mezclando las imágenes del ahora con las de otra época muy lejana.

- Mira... ahora está en medio del Coliseo. Parece la antigua Roma. Está viendo un espectáculo de muerte, a la espera del resultado de sus fuertes apuestas. El dinero robado, nuevamente, se usó para financiar su juego desenfrenado. Pertenece a una tradicional y rica familia romana, que sostiene sus vicios a través del saqueo indiscriminado que hace en las arcas de César, que es generoso con tales excesos porque necesita su apoyo político para mantenerse en el poder sin mayor oposición. Ahora miren, es mayor, decrépito, parece enfermo de lepra. Perdió sus títulos y su riqueza, por lo que amenaza a sus compañeros con las heridas y pústulas que porta, con el fin de obtener algunos recursos a base de chantajes o amenazas. Sus adversarios de antaño traman su muerte, pagando a otro leproso para que entierre un puñal en la garganta del desdichado. Odio y más odio. Rico o pobre, este hermano nunca se apartó de las inclinaciones mezquinas, ni siquiera cuando recibió la dulce y amorosa cuna de unos padres que intentaron construir otros principios en él. Él mismo ejecutó a más de dieciocho padres, a lo largo de innumerables existencias, con la intención de heredar sus bienes o vengar justas reprimendas, o bien, si no mataba, enviaba a innumerables benefactores a los valles de los afligidos, a varios asilos, a hospitales para locos.

La emoción de las palabras de Adelino contagió los corazones de sus amigos que, igualmente, se maravillaron por la inmensidad del daño producido por uno solo de los espíritus allí internados.

Volviendo a la lección, Bezerra afirmó:

- Como ven, en estos entornos, no hemos encontrado ningún hermano al que se le haya negado la mano de la Misericordia.

Todos los que aquí se congregan padecen el mismo tipo de enfermedad, arraigada en el orgullo y el egoísmo, cargada de intereses personales, cosechando los dolores sembrados. Son acusados por sus propias decisiones. Aun así, se encuentran en una cama limpia y al cuidado de la enfermería amorosa y consoladora, aunque su destino es el exilio lejano en el que se encontrarán ellos mismos y las Leyes del Universo, en el sentido que deben aprender a nutrirse para las cosas de Dios. Aprovechando la lección, Jerónimo preguntó, ciertamente para alentar el aprendizaje de sus compañeros:

- En el caso de los que se encuentran en este nivel, en ambientes destinados a quienes han tenido algún tipo de religión declarada, ¿encontraremos solo sacerdotes de diversos cultos?

Entonces, Bezerra aclaró:

- Lejos de eso, hijo mío. Allí encontraremos tanto sacerdotes como predicadores de todo tipo de cultos, así como los fieles vinculados a ellos, socavados por la misma enfermedad de intereses mezquinos, de prácticas inhumanas, de argumentos religiosos para justificar sus locuras y abusos. Todo tipo de daño moral producido por el interés, el orgullo y el egoísmo se refleja no solo en aquellos que eran miembros de religiones oficiales, sino, como no podía ser de otra manera, en aquellos que, religiosos y conocedores de las enseñanzas del Bien, se hicieron sordos a ellos con el objetivo de conquistar los tesoros del mundo. Como puedes comprender ahora, aquí están aquellos que Jesús advertía que no esperaran la recompensa del Cielo porque ya la habían recibido en la Tierra.

La enseñanza era rica e interesante, pero era necesario aprovechar los minutos. Así que Bezerra sugirió que terminaran las observaciones y pasaran a un nivel más bajo, donde terminarían el aprendizaje de esa noche.

Acatando su siempre cordial y sabia sugerencia, se dejaron llevar por Lucas, quien, conociendo el interés del Doctor de los Pobres por los más desafortunados, se comunicó a través de un diminuto dispositivo, solicitando la presencia de los espíritus de la escolta protectora en la puerta del ascensor, que los llevaría al nivel 27. Entonces, esperaron la llegada del vehículo que se movía internamente por la vasta nave y que los llevaría al objetivo previsto, quince pisos más abajo.

17.-
EL FIN DE LA VISITA

El grupo fue recibido en la puerta del ascensor por el encargado de seguridad de turno, quien informó a los visitantes de los procedimientos estándar que debían observar durante su estancia allí.

El nivel 27 estaba destinado a albergar entidades de evolución primaria, extremadamente vinculadas a los niveles de vida más bajos, por lo que debían mantenerse en cámaras especiales, cuidadosamente construidas para reproducir el hábitat primitivo al que estaban acostumbradas. Aunque ya tenían la condición hominal, traían el raciocinio poco ejercitado, y en el caso de quienes lograron organizar su pensamiento de una manera más completa, se encontraron dominados por la fuerza del instinto del que no se habían liberado adecuadamente, lo que los convertía en criaturas muy agresivas y dominantes, incapaces de medir el efecto de sus acciones.

Al observar las advertencias del centinela responsable, Bezerra agregó:

- No olvidemos que nos encontramos en un nivel vibratorio muy inferior a nuestra condición evolutiva, circunstancia que dificultaría nuestra defensa ante el ataque de tales entidades. Aquí estamos en su "territorio fluidico", -aunque bajo la supervisión de los responsables del orden. Por esta razón, se parecen a los tigres en plena vida salvaje, listos para atacar a cualquiera que se les presente como una amenaza o una fuente de alimento. Para comprender las dificultades que enfrentan los bienhechores que los apoyan, la cuestión de la alimentación requiere que se les proporcione una ración diaria compatible con sus hábitos. Se elaboran formas fluidicas similares a las que eran más agradables a sus apetitos voraces y animales, plasmadas en elementos de fuerza superiores a la carne sangrienta, pero que se asemejan a ella. Tales cuidados les permitirán abastecerse de energías más sutiles, mejorando indirectamente su condición animal para que, con el tiempo, salgan de esta situación por efecto de una alimentación adecuada, que se verá reflejada en su estructura espiritual.

Entendiendo las explicaciones y tratando de hacer la enseñanza más pedagógica para todos, Jerónimo preguntó:

- ¿Sería como decir, querido doctor, que somos lo que comemos?

Tras de un gesto significativo, Bezerra respondió:

- Ciertamente, esta frase no se puede tomarse literalmente, porque sería la negación de la libertad y el control que el espíritu puede ejercer sobre el cuerpo. Sin embargo, hijos míos, la afirmación de muchas escuelas de pensamiento terrenal sobre la importancia de la alimentación como productora de estados vibratorios más o menos adecuados está muy cerca de la realidad. La acción reequilibradora energética se encuentra en la estructura de los vegetales y minerales, además de estar igualmente plasmada en los tejidos. La diferencia que se observa es que, como estos últimos están sumamente ligados a la acción mental y a los imperativos del ser espiritual que maneja cada organismo, no podemos dejar de reconocer que, utilizada como alimento, la carne, representada por vísceras y músculos, está compuesta no solo de proteínas y grasas, aminoácidos y vitaminas tan conocidas por la humanidad. Impregnada por las vibraciones del ser inteligente en proceso de desarrollo activo, toda su estructura física está bombardeada por los elementos hormonales desencadenados por el miedo, la agresividad, además de las repercusiones en su estructura energética, actitudes mentales o emocionales que originaron las respuestas metabólicas. Al igual que el nerviosismo en el ser humano puede producir, entre otras cosas, hipertensión arterial, gastritis, ulceración del estómago o esófago, disfunción del tracto gastrointestinal, rotura de arterias e incluso la aparición de insuficiencia cardíaca o neuronal, se observan reacciones similares en el cuerpo de los animales en desarrollo cuando son sacrificados para satisfacer las necesidades alimentarias de los seres humanos. El miedo, el estrés previo al sacrificio, la angustia y las reacciones agresivas producen descargas deletéreas que impregnan la carne y se transfieren a todos los que la consumen. Esta circunstancia se debe a la estructura fluida que tienen, porque haber alcanzado ya el nivel evolutivo al que nos referimos. Ciertamente, tales toxinas, ya sean físicas o vibratorias, no causarán la muerte de quienes consuman sus vísceras. Sin embargo, quienes se alimentan de ellas, solo después de un gran esfuerzo por reequilibrar su propio organismo, podrán liberarse de sus efectos, cuando deban ser drenadas al exterior a través de los procesos excretores del cuerpo y del periespíritu. No nos referimos, todavía, a los daños provocados por los métodos de tratamiento artificial, utilizados para anticipar las etapas de crecimiento mediante la aplicación de hormonas artificiales como mecanismo de producción en masa. Este es otro grave problema que, afectando a las formas modernas de crianza y cultivo, también está presente en el área de los alimentos vegetales, en forma de fertilizantes químicos, pesticidas y técnicas que no respetan la naturaleza en sus principios básicos.

Haciendo hincapié en sus propias palabras, agregó:

- Si observan detenidamente los diferentes casos que atendemos en nuestras rutinas de asistencia, siempre encontrarán un patrón típico. Los seres más agresivos se alimentan de una forma más grotesca, abusando de todo lo que es dañino para su propio organismo, tóxico para los tejidos y sistemas, apreciando las sustancias que más se asemejan a su estado íntimo. De la misma forma, los espíritus más agresivos se vinculan a tales encarnados, utilizándolos como proveedores de carne fresca, fluidos densos, emociones fuertes y placeres dilatados, en todos los ámbitos de la vida. No pretendemos condenar a aquellos que todavía echan de menos el filete poco cocido en sus comidas diarias. Son hermanos que hacen uso de lo disponible para la supervivencia diaria, sin pretensiones violentas ni deseos insaciables. Hablamos aquí de encarnados y desencarnados cuya "hambre fluidica" solo se satisface cuando es abastecida por energías pesadas. Las necesidades del espíritu se reflejan tanto en la búsqueda del tenedor como en la búsqueda de placeres que les proporcionen emociones. Recordemos la antigua Roma. El Circo y el Coliseo siempre estuvieron llenos de espectadores ávidos de sangre y emociones fuertes. Hoy en día, aunque hay un público que busca este tipo de sensaciones grotescas, los grandes estadios han cambiado los espectáculos de muerte y laceración por competencias deportivas. Todos apoyan a sus partidos expresando emociones, pero gracias a los esfuerzos espirituales dirigidos al desarrollo colectivo, ya no al precio de la matanza indiscriminada de animales y personas. También es importante recordar que hay personas santificadas en el Bien que disfrutan de la alimentación animal. Sin embargo, lo hacen con moderación, con mesura, comiendo para vivir y no viviendo para comer. Todo lo que hacemos en nuestras rutinas interfiere con el patrón de nuestro viaje hacia la evolución. La alimentación también se encuentra entre los instrumentos más importantes que revelan el nivel evolutivo de nuestro espíritu, aunque, de forma aislada, no define nuestro destino cuando volvemos al plano espiritual. No olvidemos que Divino Amigo afirmó que no era lo que entraba en la boca del hombre lo que lo manchaba. Sigue siendo lo que sale de su boca lo que demuestra su nobleza o su imperfección. Sin embargo, el espíritu menos elevado busca, en todo, la cantidad más que la calidad, el abuso más que el equilibrio, el exceso más que la contención.

 El tiempo pasaba rápido y Bezerra quería poner a sus amigos en contacto directo con los invitados de ese nivel. Hizo una señal al anfitrión de centinelas para que los guiara. Una iluminación discreta en el suelo indicaba a los caminantes el camino seguro, evitando que se expusieran a los ataques de aquellos espíritus poco conscientes de su condición humana.

 En cada compartimento, una entidad grotesca y monstruosa se acomodaba como podía, en un ligero estado de somnolencia, en un ambiente oscuro y claustrofóbico, del gusto de tales espíritus. Se escucharon diferentes gruñidos aquí y allá, por lo que se podía entender el motivo de las recomendaciones de absoluto silencio por parte de los visitantes. Las celdas no estaban amuebladas, hasta ese nivel, con rejas en sus entradas. Sin embargo, desde la parte superior de cada uno, los agujeros eran visibles desde donde se proyectarían de inmediato, a la primera señal de peligro o ataque, aislando al espíritu demente antes que lograra alcanzar su objetivo. La demarcación luminosa en el piso orientaba la zona segura para que el visitante quedara fuera del alcance del ataque, en casos de descontrol de la entidad mientras que las barras se activaban automáticamente para contener el espíritu agresor.

Alfredo fue el que más sufrió para guardar silencio, impresionado por cada cuadro y, menos preparado para tales excursiones, fue apoyado y controlado por las generosas fuerzas de Bezerra, que lo involucraron en mantener la calma y el coraje.

Recorrieron todo el entorno sin detenerse específicamente en ningún caso, obedeciendo los consejos del centinela.

Sin embargo, llegando a cierto punto de la visita, Lucas pidió al encargado de seguridad que activara el mecanismo que bajaba la rejilla vibratoria que cerraba la entrada a todas las cámaras de ese sector.

- No sería instructivo pasar por aquí sin tomarle un examen a uno de nuestros hermanitos tutelados - dijo el representante del comandante Alírio. Así que, pueden acercarse para una observación adecuada, ya que todas las cámaras de este sector están aisladas.

Las palabras de Lucas provocaron un alboroto de rugidos, gruñidos y aullidos provenientes de todas las celdas. Al identificar las voces a su alrededor, esos seres despertaron de su letargo dispuestos a atacar contra alguna amenaza imaginaria, según las actitudes mecanizadas del instinto.

Se acercaron a la puerta para ver mejor el interior de la cámara, transformada en una verdadera jaula para la contención de la entidad deforme, en una mezcla de hombre y animal. Ya sea por el gentil magnetismo de Bezerra o por la contención energética dentro de la propia cámara, lo cierto es que la entidad no pudo alcanzar las rejillas protectoras, manteniéndose a una distancia significativa desde donde rugía y gesticulaba amenazadoramente.

Luego, pudieron ver una pequeña pantalla fijada en la pared externa, encargada de monitorear a su huésped, en la que se visualizaban las vivencias evolutivas de esa entidad, en una especie de película detallada que mostraba las etapas vividas por ella. Allí se podía medir el grado de violencia, hambre o diversas necesidades espirituales, inconsciencia o lucidez, con el fin de dar una buena orientación a las enfermeras que los cuidaban.

Una vez más, Lucas recalcó que, a pesar de las tristes condiciones en las que se encontraban, no fueron tratados como encarcelados ni malhechores. Eran considerados invitados especiales, cuyas costumbres se respetaban, aunque fueran extrañas, y sus deseos, aunque fueran exóticos, apoyándolos de la mejor manera para que pudieran dirigirse a sus destinos específicos. Necesitaban someterse a las disciplinas educativas de ese lugar, pero esas reglas se llevaban a cabo de manera amorosa y discreta, teniendo en cuenta el bien colectivo.

Tras examinar a fondo la pantalla cristalina, donde abundaban los detalles, Bezerra dio por cerrada la experiencia e invitó a todos a volver a la oficina del capitán del navío, para agradecerle y despedirse.

Alírio los recibió sonriente y feliz por haber sido posible que los planes de su viejo amigo Bezerra se hicieran realidad.

- Esperamos que el viaje sea tranquilo, Alírio, ya que la preciada carga que lleva este transportador, a pesar del triste destino de sus ocupantes, está conformada por futuros embajadores celestiales, dormidos en forma de espíritus inmaduros - dijo Bezerra al comandante.

- Hacemos todo lo posible para que no se produzcan alteraciones, aunque se produzcan turbulencias vibratorias cada vez que tenemos que cruzar largas distancias entre fronteras vibratorias tan dispares. Sin embargo, una vez que salimos de la zona de mayor influencia terrestre, nuestros pasajeros se calman y, en general, pierden su impulso agresivo, cayendo en un característico estado de postración. El mayor problema, Bezerra, es cuando llegan a su destino.

- Sí, amigo mío, me imagino cómo deben ser las cosas allí. Recibe nuestro abrazo y la gratitud de los hermanos que siempre están más en deuda con tu bondad, querido Alírio.

- Siempre estaremos disponibles aquí, amable doctor. Que Jesús te ilumine siempre.

Abrazaron a Lucas y, liderados por el venerable Médico de los Pobres, dejaron atrás la gran embarcación, una entre muchas que se dedicaban al desplazamiento de entidades que ya no podían permanecer en la atmósfera terrestre.

Sin embargo, era necesario volver al núcleo de obras espirituales del que habían partido horas atrás, ya que se acercaba el día y aun eran necesarios ciertos entendimientos finales sobre la continuidad de la asistencia tanto de los encarnados como de los espíritus.

✳ ✳ ✳

Allí, en el Centro Espírita, bajo la dirección espiritual de Ribeiro, la obra tuvo un curso normal e intenso, caracterizado por la responsabilidad de la Obra Divina en un escenario de gran necesidad. Las multitudes esperaban ser atendidas y remitidas. Algunos trabajadores encarnados, separados del cuerpo por el sueño físico, cooperaron activamente, a veces como donantes de energías vitales, o como médiums de otros espíritus, ayudando, atendiendo, hablando y sirviendo. Sin embargo, algunos estaban en el servicio extremadamente abatidos, como si estuvieran en un terrible calvario.

Este fue el caso específico de nuestro hermano Alberto, el Gerente de Contabilidad, quien, bajo presión de sus jefes, se había negado a realizar las estafas que pretendían llevar a cabo en un intento por librarse de las responsabilidades derivadas de su conducta ilícita.

Desprovistos de seriedad de carácter, los dos socios, Moacir y Rafael, acusaron a Alberto de ser el responsable del crimen, agrediendo al honesto y dedicado empleado de tantos años. Alberto sabía que los errores del pasado se podían descubrir algún día, pero luego de entender los compromisos asumidos por haber estado confabulando con la irresponsabilidad de sus jefes, fue consciente que respondería por ellos, aunque fuera en la condición de cumplir órdenes. Sin embargo, nunca se le había pasado por la cabeza que los dos, acobardados por el peligro de los castigos fiscales y penales, buscaran liberarse de su propia responsabilidad ofreciendo sus cabezas a las bestias. Había recibido la notificación de despido por causa justificada y había visto su reputación profesional se hundía en el barro de la noche a la mañana. Además, en el cargo de Gerente Financiero, tenía todos sus bienes personales bloqueados, impidiéndole utilizar sus recursos ganados a lo largo del tiempo, lo que provocó una verdadera revolución dentro de su hogar, como se verá a continuación.

18.- COSECHANDO LAS ESPINAS SEMBRADAS

Como se explicó anteriormente, el comportamiento de Alberto había dado lugar a todas las tristes consecuencias que ahora enfrentaba.

En la empresa, acostumbrado a los inadecuados trámites económicos que le garantizaban un elevado sueldo mensual, había permitido que se cumplieran las órdenes de sus superiores, aunque correspondiera a una peligrosa falta. Tomó precauciones, documentando las órdenes recibidas de sus jefes, guardando copias de informes detallados sobre las actividades financieras y los posibles riesgos legales que se derivarían de ello. Sin embargo, a pesar de todos estos papeles, no se podía negar que, intimidado por la conveniencia y las falsas ilusiones de una vida cómoda, fue cómplice con el estado de cosas, actuando de tal manera que, si no por acción, al menos por omisión no podía dejar de ser considerado responsable.

Herido por la indiferencia de sus jefes, esperaba refugiarse en el cariño de su familia, pero, al buscarlo, se sintió profundamente frustrado. A pesar de todo esto, no se podía negar su responsabilidad personal por el problema. Por tanto, no estaba resentido con sus jefes ni con sus familiares. La culpa estaba relacionada con su postura tibia, nada más que ella.

A pesar de haber sido apartado de las actividades de la empresa, seguía vinculado a las investigaciones policiales organizadas por las autoridades competentes, con efectos negativos en su vida personal. Alberto se vio en la necesidad de comunicar su delicada situación a su esposa e hijos, organizando una reunión familiar en la que expondría las consecuencias de esa situación en la vida de la familia.

Su esperanza era que, al menos por parte de sus más allegados, le llegara una palabra de afecto, cariño o aliento que lo sostuviera en tan doloroso trance, pues ya había sido atacado sin piedad por todos lados.

Sin embargo, ni la esposa ni los hijos le hicieron tal demostración. La reacción inicial de todos fue quedar devastados por la noticia. Sin embargo, cuando comenzaron a procesar la nueva información evaluando daños personales, pasaron a una posición agresiva, indignada, incluso ofensiva, acusándolo de la irresponsabilidad.

Cuando supieron que terminarían perdiendo todo lo que habían logrado, la explosión alcanzó un clímax en cada corazón.

Los hijos, niños crecidos en la sombra de la comodidad y la ausencia de problemas, se rebelaron, lanzando lo más bajos insultos a su padre, como si se enfrentaran a un malhechor sorprendido en el acto de cometer un delito.

- ¿Quieres decir, entonces, que voy a perder mi coche? - Gritó Robson, alterado.

Y sin esperar la respuesta de su padre, agregó:

- Eso no... No voy a entregar mi coche por nada del mundo. ¿Y mi universidad?

La acusación era extremadamente cínica.

Alberto, tratando de mantener el equilibrio porque entendía que ninguno de ellos estaba preparado para la derrota o la dificultad, exclamó con firmeza:

- ¿Qué universidad, hijo mío? ¿La que me cuesta caro, pero que nunca honraste con la menor frecuencia o dedicación? ¿Crees que no sé de tus constantes ausencias, tus viajes y aventuras bajo el pretexto de trabajos y más trabajos universitarios?

Robson se avergonzó de inmediato. No imaginaba que su padre pudiera estar al tanto de sus frívolas actividades.

- Un curso que debería haber terminado hace casi tres años y que se ha prolongado hasta el día de hoy es la principal prueba de tu falta de dedicación, hijo mío. Y si todo sale como preveo que sucederá, trabajarás para mantener tu coche y tus estudios o tendrás que ganarte la lotería para mantener tus juergas semanales.

Romeo, el hermano que seguía la escena con la misma inclinación de rebeldía e irritación, tomó la delantera y desafió agresivamente las firmes palabras de Alberto:

- ¿Crees que nos merecemos esta vergüenza? ¿Crees que tenemos que aceptar esta noticia sin revelarnos? Pasamos toda la vida con comodidades gracias a tus propias actitudes ¿y, ahora, tenemos que saltar del lujoso barco y contentarnos con flotar con salvavidas?

Al escuchar las palabras entrecortadas de dolor y decepción que salían de la boca de aquel hijo irresponsable y problemático, Alberto asintió, informando:

- Así es, Romeo, me alegro que alguien esté razonando lúcidamente, entendiendo lo que estoy diciendo. Sí, todos vamos a tener que dejar el lujoso barco y cambiar nuestras rutinas. Y no sirve de nada rebelarse ahora. Disfrutaron de todo lo que quisieron, hicieron todo lo que capricho les aconsejó. Como la cigarra de la fábula, cantaban a voluntad mientras el verano era favorable. Ahora, hijos míos, estamos entrando en el invierno y antes que el hambre nos agote, les advierto que se preparen para los tiempos difíciles.

- Pero tengo muchos compromisos con mis amigos. ¿Cómo los voy a cumplir?

- O te excusas diciendo que no vas a poder, o te buscas un trabajo para mantener honorable tu nombre, si tu verdadera preocupación es, efectivamente, tu honor - respondió su padre.

Los chicos estaban devastados por la calma intransigente y el horizonte brumoso que hería definitivamente sus caprichos.

Leda se quedó sentada en un rincón, esperando que terminaran los arrebatos de sus hijos antes de tomar la palabra.

Cuando le tocó decir algo, la esperanza de Alberto se desvaneció al contacto con los afilados puñales que representaban las propias frases de su esposa.

- Siempre supe que eras un inútil, Alberto. Sin embargo, nunca imaginé que tu competencia en inutilidad sería tan grande. Lograste hundir a toda la familia, sin darnos tiempo ni salida para escapar con dignidad. ¡Cómo pude engañarme estando al lado de un perdedor durante tantos años, Dios mío!

Observando cómo los dos hijos estaban de su lado en esa explosión de injustas acusaciones que le dirigían, el infortunado Alberto elevó sus pensamientos al Alto, recordando el cariño de sus amigos espirituales, empezando por Ribeiro, que lo acompañó personalmente en aquel amargo trance de descubrimiento de la verdad.

Sus lágrimas silenciosas no fueron el resultado de la pérdida de dinero o de su cómoda posición. Eran la expresión de la tristeza del corazón del digno esposo y del padre sumamente generoso que, con abundantes recursos materiales, se ganaba el cariño de aquellos a quienes servía.

Sobre su cabeza, las manos luminosas del líder espiritual del Centro Espírita le garantizaban un mínimo de serenidad y equilibrio, además de mantener un flujo de fuerzas que protegería el corazón y el cerebro de los choques fulminantes de las emociones desequilibradas y las desilusiones a las que estaba siendo expuesto.

Alberto, en virtud del saber espiritual, ya estaba preparado para todos estos momentos dolorosos, incluida la pérdida de los bienes que había acumulado a lo largo de los años, bienes y valores que, según su nueva comprensión de la vida, habían sido la mayor causa de miseria familiar que de alegrías colectivas. Gracias al dinero excesivo, había perdido la proximidad de su esposa, que se había convertido en una muñeca para fiestas y eventos sociales y, en relación a sus hijos, la abundancia les había abierto las puertas fáciles a los viejos vicios del espíritu, aquellos acumulados en el pasado y que volvían a brotar al toque luminoso del oro de las facilidades.

Sus palabras de guía sobre las realidades del espíritu, tratando de llevarlos a una comprensión más alta de los objetivos de la existencia, habían sido inútiles. Sus seres queridos continuaron desprevenidos para las sorpresas del camino, sin una comprensión más profunda de las cosas espirituales y de las diversas enseñanzas positivas que cada uno puede recoger de las innumerables decepciones, dificultades, enfermedades o dolores en el camino de la encarnación edificante.

Vieron la vida a través de facilidades y comodidades, apartándose de cualquier esfuerzo en la lucha por adquirir sabiduría y profundidad, madurez y amplitud de miras.

Alberto sabía que, tarde o temprano, todos serían conducidos por el dolor al camino recto y, si la quiebra financiera era necesaria, ella vendría pronto y terminaría el trabajo, ya que la quiebra familiar, emocional y moral se había asentado hace mucho tiempo el contexto de ese inadaptado hogar.

Todos estaban arruinados desde hace mucho tiempo.

Solo les quedaba la bancarrota económica, quizás la que, de ocurrir, sería el punto de partida para la recuperación de todos.

Apoyado por el razonamiento claro y equilibrado del mentor Ribeiro, recibía los dardos venenosos de la indignación de sus seres queridos, tratando de comprender sus dificultades, conociendo los estrechos límites de sus posibilidades.

A pesar de todo el cuidado del mundo espiritual y el conocimiento de las leyes invisibles, Alberto sufrió mucho ante las palabras frías y desgarradoras de su antigua compañera de errores.

- Bueno, Alberto. Dado que las cosas son así, espero que también terminemos aquí nuestra desafortunada relación. Si tengo que pasar hambre durante el tiempo que me queda, no quiero estar al lado de un hombre derrotado, un perdedor. Si tengo que trabajar para mantener mi nivel de vida, no quiero que mi sudor sea compartido por un ser tan abyecto e inútil como tú. Creo que nuestra unión, que había estado cojeando durante mucho tiempo, llegó a su fin en esta reunión. Si no quieres facilitarme las cosas, nos enfrentaremos en la corte.

Las palabras de Leda eran puñaladas en el espíritu de quien había hecho todo lo posible por satisfacer sus caprichos. Ese era el final.

Ante esto, Alberto sabía que no habría más razón para que ellos permanecieran juntos. Así que, melancólico y derrotado, respondió:

- Si así lo ves, Leda, lo haremos de la forma más adecuada para que tu deseo se haga realidad. Dormiré aquí esta noche y mañana buscaré un lugar donde quedarme, lejos de ti. Entonces hablaremos de los términos de la separación, ya que no creo que nos quede mucho para compartir aparte de la ropa, objetos personales y algunos souvenirs.

- Puedes quedarte con los recuerdos... No pretendo llevarlos conmigo. Quiero olvidar el pasado. Todavía soy joven, hablaré con mis amigas. Estoy segura que Moira podrá apoyarme en este momento difícil.

- Bien, Leda. Ahora sabrás quiénes son tus verdaderas amigas. Buena suerte.

Alberto salió de la habitación, pero mientras lo hacía, escuchó el comentario irónico de su esposa, insatisfecha:

- Nuestra desgracia fue ese maldito Espiritismo que se metió en la cabeza de este débil hombre. Después que tomó ese camino, parece que se volvió un holgazán. Además, si eran realmente buenos, ¿por qué estos espíritus permitieron que todo esto sucediera? Es obra de Satanás, sí...

Y para que Alberto la escuchara, aunque fuera de lejos, dio rienda suelta a su histeria, gritando:

- ¡Vete al Centro, inútil! ¡Vete a hacer una macumba para salir del lío en el que nos metiste! Habla con tus jefes y dile que resuelvan este problema. Después de todo, ¿no eres su empleado? Ellos que nos ayuden ahora, escoria.

En las desagradables palabras de Leda, todo era culpa del mundo espiritual. Que fuera al Centro Espírita a pedir que le devolvieran el trabajo, que hablara con los espíritus para que le devolvieran con intereses y corrección todas las horas de servicio gratuito que había brindado a los sufrientes.

Era deber de las llamadas "entidades" sacarlos de este lío. Además, le insinuaba a su esposo a que abandonara esa "guarida" ahora que su vida financiera se había ido al abismo, para que no les pasara algo peor.

Desafortunadamente, Leda se encontraba en un estado de desequilibrio emocional y mental. Sin embargo, a su lado, un gran número de entidades necesitadas se divertían con la desgracia de la familia de Alberto. Espíritus inadaptados e infelices que los acompañaban desde hace mucho tiempo, víctimas de sus excesos y deslices, víctimas de engaños, robos, traiciones que, en festiva emoción, celebraban el éxito de sus iniciativas persecutorias por el dolor que sembraron en el camino de sus antiguos enemigos.

Triste expresión de la maldad humana, la satisfacción con la que disfrutaban estos espíritus vengadores era digna de la compasión de los corazones iluminados de las entidades generosas que lo vigilaban a todo.

Ciertamente porque eran serios candidatos a ocupar un lugar en la gran nave transportadora que aguardaba a aquellos que, en los diversos departamentos de la vida, eran incapaces de elevar el nivel de sus vibraciones.

Tanto los desencarnados que allí conspiraran contra la felicidad de esa familia, como los miembros indiferentes, frívolos y egoístas, todos tendrían que afrontar las consecuencias de sus actitudes ante el tribunal de la verdad.

19.-
LAS ACTITUDES RENOVADAS DE ALBERTO

La noche del pobre médium Alberto fue tremendamente difícil. No pudo conciliar el sueño debido al frenético volumen de pensamientos que circulaban por su mente. Acostumbrado a evaluar situaciones y encontrar soluciones creativas a los problemas financieros de la empresa, no lograba comportarse con la misma agilidad, ahora que los problemas lo involucraban en el área personal, en asuntos de familia y del destino.

Sus ideas migraron de los deberes de esposo y padre a las obligaciones del ser humano, frente a las infalibles leyes que gobiernan todas las cosas. Si fuera el mismo Alberto del pasado, cuando no conocía la Doctrina Espírita, fácilmente se inclinaría por la solución más fácil, aquella que lo llevaría a compromisos económicos más serios para mantener las apariencias familiares. Pediría préstamos y tomaría prestados recursos, que nunca devolvería, comprometiendo a otras personas y esparciendo su miseria por la vida de sus semejantes.

Muy bien relacionado como estaba, no le faltarían nuevas oportunidades laborales, aunque con un salario menor, logrando mantener las apariencias.

Después de tantos años aprendiendo sobre las realidades de la vida, la importancia de los conceptos espirituales para la evolución de cada hijo de Dios, ya no se sentía cómodo en la práctica de la locura, la ligereza financiera y la deshonestidad social. Sentí la intensa necesidad de poner fin a esta vida de "fantasía" en la que, por su propia culpa, todos sus seres más cercanos se habían desarrollado y perdido moralmente. Eran chucherías caprichosas, cuya fe se basaba en el altar de la chequera rellena consumida en la ceremonia del placer, nada más.

Tenía unos recursos que le garantizarían una vida modesta y, con eso, sabría empezar de nuevo. Dejaría lo que quedara, después de resolver todo el proceso, en posesión de su esposa.

Le concedería la separación incluso porque ya no podría vivir junto a la que, a lo largo de los años, había cambiado de manera tan radical. Sabía de la influencia de las entidades inferiores, pero también conocía las leyes de la armonía, recordando que, sin la participación de la maldad de los vivos, la maldad de los muertos no tendría lugar donde apoyarse.

Leda, por falta de alimento espiritual, había reforzado en sí misma los viejos defectos y tendencias que, en lugar de corregir aprendiendo nuevos y más nobles caminos, había estimulado gracias a las facilidades materiales que había encontrado. Su marido también creía que ya no sería su mejor compañera, durante el estado de pobreza material o sencillez en el que viviría.

El día amaneció tristemente para el exgerente financiero.

Se levantó, empacó lo que le serviría de inmediato, colocando todo en dos maletas, recogió sus libros, sus objetos personales y documentos y, sin decirle nada a nadie, salió de la casa, tomando un rumbo desconocido.

Una vez instalado, proporcionaría su dirección cuando lo considerara oportuno. Si necesitaban localizarlo, también tenía su teléfono celular.

Tan pronto los agentes inmobiliarios abrieron sus puertas ese día, Alberto empezó a buscar un techo sencillo y remoto, de bajo costo y que pudiera albergarlo de inmediato.

No le fue difícil encontrar una casita modesta, afortunadamente ubicada en el mismo barrio que el Centro Espírita, lo que le facilitó doblemente su esfuerzo por empezar de nuevo, pues le garantizaba el anonimato además de permitirle seguir asistiendo regularmente a los estudios y trabajos espirituales, a los que incluso podía ir a pie.

Como ya no tenía ningún compromiso con la empresa, tenía tiempo para la lectura, la meditación y el trabajo mediúmnico.

Ese día, el tiempo se había dedicado a liquidar el contrato de arrendamiento e instalar sus pocas cosas. La casita, incluso, ya tenía algunos muebles, y la dueña era una señora que vivía en la parte delantera de la propiedad, donde incluso podía guardar su propio vehículo.

¡Al caer la noche, Alberto se sintió en paz!

Parecía que había salido de una inmensa turbulencia que lo había consumido durante muchos años, perdido en el centro de una familia de locos de la que parecía que nunca podría salir. Una vez delimitados los caminos por el contenido de las decisiones del día anterior, se había liberado de los lazos familiares y de la compleja maraña de los deberes profesionales, volviendo al punto de partida, sin trabajo, sin esposa y sin hijos que, como adultos, deberían aprender a vivir por su cuenta.

A pesar de ello, su corazón estaba destrozado.

Se duchó, se cambió de ropa y, mucho antes de lo habitual, se dirigió al Centro Espírita donde pretendía hablar con el líder encarnado.

Nada más llegar fue recibido por Alfredo, el cuidador, quien cuidadosamente barría la fachada de la institución para que permaneciera limpia cuando llegaran los trabajadores nocturnos.

- ¿Dr. Alberto, está por aquí tan temprano?

- Sí, amigo mío. Decidí "madrugar" porque necesito hablar con Jurandir. ¿Ha llegado por casualidad?

- Sí, doctor. Nuestro hermano presidente es uno de los primeros en llegar. Debe estar en el pasillo ordenando las cosas.

- ¡Ah! Es bueno saberlo... ¿puedo ir a hablar con él?

- Bueno, doctor, la casa es más suya que mía. Entre... - Agradeciendo el cariño de aquel hombre sencillo, Alberto se dirigió al interior, donde encontró a Jurandir ocupándose de las sillas, la mesa de trabajo, los libros espiritistas que cada uno usaba para elevar los pensamientos y sentimientos hasta que comenzara el encuentro mediúmnico, etc.

- Bueno, Alberto, ¿estás por aquí tan temprano?

- Sí, Sr. Jurandir, gracias a Dios puedo estar aquí un poco antes para hablar con usted.

Al ver el abatimiento de su amigo de tantos años, Jurandir lo invitó a sentarse para que pudieran hablar mejor.

- Vamos, hermano mío, puedes hablar...

- Sabe lo que es, Jurandir, no estoy pasando por una buena etapa y, por tanto, creo que es justo informarle que no creo que tenga suficiente equilibrio para trabajar la mediumnidad durante este período. Esto no significa que no estaré por aquí. Vendré a trabajar, cooperaré con mis oraciones, si es posible recibiré pases magnéticos, pero, por la seguridad de la tarea mediúmnica, no creo que sea prudente ofrecerme ante el estado espiritual tan deprimido como en el que me encuentro.

Jurandir observó con mirada fraternal y compasiva al amigo que, con valor moral y carácter suave, se confesó necesitado de ayuda, exponiendo sus propias dolencias.

Pensó en cuántos médiums había por ahí que no trataban la mediumnidad como algo serio y responsable, prefiriendo actuar como actores y actrices de teatro, pretendiendo estar en equilibrio y, ciertamente, poniendo en riesgo la claridad y autenticidad de las manifestaciones mediúmnicas obtenida a través de él.

- Entiendo tus escrúpulos, amigo mío - respondió Jurandir -. Sin embargo, ¿no es esto el resultado de una exageración de su parte? Siempre has estado envuelto en problemas difíciles en la empresa, presiones de todos lados, exigencias de los jefes, dificultades administrativas y, a lo largo de todos estos años, siempre supiste ser, como médium, neutral y seguro en las transmisiones del mundo espiritual.

Comprendiendo las preocupaciones de Jurandir de que, como líder, no quería descartar a un trabajador experimentado solo por una supuesta indisposición, Alberto profundizó en las explicaciones para ubicar mejor el tema:

- Sabes, Jurandir, es que como usted mismo dijo, aprendí a controlarme cuando el problema era profesional o involucraba la vida de otros. Sin embargo, el problema que me aflige en este momento es personal. Parece que todas las desgracias del mundo han caído sobre mi cabeza de tal manera que, en un momento, he perdido mi trabajo, me han demandado, he perdido casi todos mis bienes personales y, por eso, he perdido lo que no supe cultivar adecuadamente: mi esposa y mis hijos. De hecho, no los tuve durante mucho tiempo y, al reflexionar mejor sobre estos temas, no los culpo por haber actuado como lo hicieron. Todo es mi culpa. Me mudé de la casa solo con mis pertenencias personales, mientras que mi esposa arregla la separación legal. Mis hijos deben seguir su propio camino, conscientes que ya no podrán contar con el suministro económico que les proporcioné. Esta es la razón por la que estoy aquí mucho antes de lo previsto. Estoy sin trabajo y, para resguardarme, me las arreglé para alquilar una casita, no muy lejos de aquí. Entonces, estaré presente en el Centro todos los días hábiles.

El dolor de Alberto se reflejó en su rostro, a pesar que sus palabras trataban de mantener la dignidad de quien está cayendo sin perder la fe en Dios.

Sin embargo, tras tantos sucesos desafortunados, Jurandir supo ver el heroísmo del sincero partidario del verdadero cristianismo. Alberto estaba en la amargura del testimonio real.

Pudo haberlo dejado todo, huir de la ciudad, cambiar de aires para empezar su vida en otra parte, sin el peso del fracaso profesional.

Compadecido por el estado de abatimiento de su compañero en la pelea, Jurandir le dirigió una mirada de sincera amistad, añadiendo el ofrecimiento de ayuda del que podía hacerse portador:

- Todas las pruebas son formas de crecimiento, hermano. Siempre estaremos a tu lado, no importa cuánto dure tu situación. Felicito tu valentía y la resolución de tu conducta al no huir del trabajo espiritual. Son muchos los que, en la primera penumbra de la suerte, repudian las responsabilidades espirituales y se retiran del trabajo, no sin maldecir muchas veces a los espíritus amigos que los apoyaron hasta ese momento. Y en cuanto a tus problemas de sustento personal, me gustaría que fueras muy honesto con nosotros acerca de tus necesidades. Sabes que apoyamos a hermanos afligidos que sufren tan lejos de nosotros y cuyas vidas se desarrollan fuera de nuestros caminos. Con qué mayor alegría podemos extender la ayuda fraterna a un compañero de tantos años que, fiel al servicio de Jesús, sigue secando las lágrimas de los demás sin pensar en las que le corren por su rostro, Alberto.

Finalmente, unas palabras de aliento llegaron al corazón del pobre hombre. Entendiendo el ofrecimiento fraterno y respetuoso, ciertamente correspondiente a la ayuda alimentaria que le señaló Jurandir, el médium, conmovido, respondió:

- Vamos, Jurandir, no sabe cómo me conmueve que me extienda su mano. Nadie ha tenido un gesto de bondad y preocupación por mí durante mucho tiempo - dijo, mientras ya no podía contener las lágrimas que brotaban de su propio corazón. Una explosión de sollozos hizo que Alberto escondiera su rostro entre sus manos y se inclinara sobre su propio cuerpo. Jurandir, igualmente conmovido, lo abrazó en, mostrándole su solidaridad fraternal, sin evitar; sin embargo, que llorara convulsivamente.

El trance de dolor tardó unos minutos en remitir, sobre todo porque Alberto llevaba esa carga de lágrimas almacenada en su pecho hace muchos años.

Cuando cesó el torrente de angustia, el médium trató de recuperarse, secándose el rostro húmedo y, organizando sus pensamientos, afirmó:

— Tomo al Dr. Bezerra de Menezes como testigo de mis palabras, Sr. Jurandir: no es el orgullo personal lo que me hace rechazar el ofrecimiento de ayuda de esta casa, en forma de alimentos para mis necesidades. Por ahora, les puedo decir que no necesito ser una carga en los hombros de esta institución que ya es tan cariñosa conmigo, ya que guardo algunos recursos, mientras no puedo trabajar en algo. Sin embargo, no tendré ninguna dificultad en aceptar esta ayuda si me encuentro a las puertas del crimen, ahí es cuando, te buscaré para recibirla. Además, aun tengo mi coche que venderé si lo necesito. Por supuesto, solo podré deshacerme del vehículo si no tengo que entregarlo por decomiso legal.

Al referirse a la cuestión judicial, sintió el deber de aclararla completamente para que no hubiera ningún secreto que pusiera manchar la relación de confianza entre Jurandir y él. Relató, en detalle, las circunstancias en las que se vio envuelto, la connivencia con las actitudes irresponsables de sus jefes, el despido y la acusación que se lanzó en su contra con el fin de comprometer su vida tanto como la responsabilidad que pesaba sobre él debido al cargo de confianza que tenía. Así que, su caída fue un conjunto de circunstancias, pero que, entre ellas, ningún desliz moral, ningún tipo de delito financiero contra nadie. Por su parte, su gran culpa fue la de la omisión, por no haber dejado la dirección de la empresa mientras había tiempo, debilitado por el miedo a perder su sueldo y las facilidades que le brindaba a su familia.

Por eso, traía la conciencia tranquila ante cualquier malicia o bajeza de la que alguien pudiera acusarlo.

Jurandir entendió su posición y luego, para aclarar las cosas, reflexionó:

— Bueno, hermano mío, hagamos algo. Someteremos tu situación a la guía de los hermanos espirituales, quienes podrán informarnos sobre tu estado general y tu seguridad mediúmnica. Es cierto que un momento tan tormentoso puede comprometer un poco el equilibrio mediúmnico de los trabajadores inexpertos, menos acostumbrados a tales contratiempos. Observaremos los consejos de nuestros líderes invisibles. Mientras tanto, permaneces con nosotros, sirviendo en la donación de energías, en la vibración a favor de los necesitados y, si hay alguna suspensión temporal de tus actividades en psicofonía, en cuanto pase la tormenta se reanudará el trabajo. Mientras tanto, me gustaría pedirte que me ayudes a organizar el Centro, en días laborables, si dispones de tiempo.

- Vaya, Sr. Jurandir, esa sería mi mayor felicidad. Estoy desempleado, pero no quiero estarlo. Quiero trabajar en algo, ser útil y disfrutar el tiempo, solo por el placer de actuar. Necesito ocupar mi mente y no veo mejor oportunidad para preservarme de los malos pensamientos y mis debilidades que ofreciéndome aquí en esta casa, que tanto me ha ayudado y sostenido en las horas más duras de mi viaje. Estaré aquí todos los días laborables para cualquier cosa que necesite.

- Pues bien, Alberto. Hablaré con Alfredo para que te oriente sobre las actividades que, por la falta de trabajadores disponibles en estos momentos, tengo que realizar yo mismo. Así me ayudas y podré dedicarme a algunos compromisos que tuve que abandonar por las tareas de organización y limpieza que siempre me hacen llegar aquí antes. Con esto, no quiero poner todo el peso sobre tus hombros, pero como estás dispuesto, eso será muy importante para nosotros.

Al ver la sonrisa volver al rostro de Alberto, Jurandir advirtió:

- Sin embargo, debo decirte que son cosas simples, sin ningún énfasis. Hay ordenanzas, la escoba en el salón, la limpieza y organización de sillas, observar si hay vasos desechables, si no hay falta de orden e higiene en los baños, si no se ha acabado el agua de la jarra, y otras cositas que la gente no se da cuenta de lo importantes que son para las tareas de la Casa Espírita. La mayoría de los que quieren trabajar en el Centro buscan puestos de relevancia, quieren aparecer. Algunos piden cosas simples y anónimas con una segunda intención e impulsados por la vieja vanidad que insiste en habitar en los corazones ambiciosos, esperando usar el trabajo simple como trampolín para posiciones más importantes. Parece que los espiritistas no sabían que Jesús lavó los pies a sus seguidores más cercanos, demostrando con actitudes cómo cada uno de nosotros debería abordar el trabajo eficaz.

Jurandir miró su reloj y notó que el tiempo ya avanzaba y que en treinta minutos sería necesario abrir las puertas de la institución.

Luego, aprovechando la disposición de su compañero, le señaló algunas tareas pendientes y, con ello, pudo dedicarse a pensar en el trabajo de la noche, organizando las peticiones de oración y los casos delicados que debía someter al consejo de los espíritus.

En lugar de Alberto, esa noche, doña Dalva sería la médium a través del cual Ribeiro se manifestaría, continuando la tarea esclarecedora del conjunto de obras.

Alberto se sintió reanimado con las pequeñas tareas, que cumplió con la entrega y el entusiasmo de un recién contratado, como si ese fuera su primer "trabajo." Tratando de olvidar al hombre importante que había sido, ahora cuidándose supervisaba a si mismo en las cosas más pequeñas, siempre interesado en hacer lo mejor, incluidos los detalles, tratando de no pesar sobre las preocupaciones del amable líder que lo había recibido con los brazos abiertos. Trabajaría lo mejor posible sin quejarse. Empezaría de cero, como ayudante del cuidador y, así, se apoyaría en Dios para afrontar el dolor de aquella hora de aislamiento afectivo, al encontrar un refugio seguro, no entre sus parientes, ni su propia sangre, sino entre corazones extraños, aquellos que solo eran hermanos del ideal cristiano, trabajadores del Bien en la lucha con la vida, en el camino de la evolución. Recordó el ejemplo de Jesús que, habiendo mantenido las distancias necesarias, también había experimentado el mismo tipo de problema:

"¿Quién es mi madre, quiénes son mis hermanos? Y mirando a los que estaban sentados a su alrededor dijo: He aquí, mi madre y mis hermanos; porque todo el que hace la voluntad de Dios, ese es mi hermano, mi hermana y mi madre." (Marcos, 3:20, 21 y 31-35)

20.-
CONVENIENCIAS E INCONVENIENTES (I)

Los espíritus amigos siguieron los esfuerzos de Alberto por transformar sus actitudes más profundas, dejando de apegarse a las cosas mundanas, renunciando a derechos que ciertamente podía ejercer en las interminables batallas legales contra sus antiguos jefes, alegando su inocencia y tratando de salir comparte de su patrimonio, luchas agotadoras y, muchas veces, infructuosas. No porque no fuera lícito recurrir a los tribunales humanos, cuya existencia corresponde a un avance de la civilización, sino porque, entendiendo la modificación misma como necesaria, se negó a utilizar los viejos métodos de disputas y contiendas, tomando el camino más fácil, aquel en el que las cosas se rigen por circunstancias mundanas. Había decidido encomendarse a la Bondad Divina en la administración de la justicia, lo que lo agobiaría, tanto en la acusación como en la defensa, todo ello en base a su conducta como espíritu inmortal.

Bezerra, Jerónimo y Adelino siguieron,con emoción, la disposición de aquel hijo de corazón limpio, a pesar del dolor que sufrió en los choques de su testimonio moral. Tal admiración por parte de las entidades se basaba en el valor moral que estaba demostrando en ese momento difícil, que implicaba desempleo, injusticia, abandono, soledad, pérdidas acumuladas en un solo momento de su vida. Poca importancia atribuyeron a los agentes que provocaron esa triste circunstancia, gracias a lo cual pudieron brillar las virtudes del hermano encarnado.

Todos sabían que Alberto había elegido, entre sus pruebas en la presente encarnación, la que ahora llegaba para ponerlo a prueba vívidamente. El abandono afectivo de familiares y viejos amigos, la soledad, el colapso material, la depreciación social, la pérdida de importancia: era necesario perder para empezar de nuevo sin los viejos vicios. A pesar de la dificultad y de las presiones sociales y familiares, hasta ese momento, había sabido mantener su mente despejada de pensamientos inferiores, abierta a la nueva forma de vivir y su corazón alejado del dolor, la ira o la decepción, excusando a sus seres queridos y asumiendo, como su culpa, la forma tan egoísta e irresponsable con la que veían el mundo. Por eso contaba con la alta sintonía para acercarlo a sus amigos invisibles que, en todo momento, lo rodearon de buenas palabras, estímulos cariñosos y apoyo vibratorio.

Sin embargo, no se pudo observar lo mismo en relación al caso Peixoto, a pesar de ser muy similar, en sus causas básicas, al del compañero del Centro Espírita.

En la reunión de esa misma noche, como ya se había visto anteriormente, Peixoto, el médium inadaptado, acudió al encuentro llevando a su amigo Alceu, un rico empresario que estaba en desacuerdo con su esposa que reclamaba la separación con la respectiva división del vasto patrimonio.

Se podía observar, en los pensamientos de aquel hombre rico, las imágenes mentales producidas por las estimulantes palabras de Peixoto, prometiendo:

- Vayamos hoy, amigo mío. Tu caso es grave y, por tanto, hablaré con Jurandir para que te den un servicio "especial."

Esta expresión "servicio especial" era una apertura que Peixoto utilizaba a pesar de conocer las disciplinas de la casa, que no permitían la presencia de extraños que no pertenecieran al círculo de trabajadores comprometidos con el encuentro mediúmnico. Insistió en no respetar las determinaciones, sobre todo cuando, cuando al hacerlo, deseaba hacer un favor para obtener ingresos que le interesaban.

Engañado por la palabrería de Peixoto, que le había prometido todo tipo de privilegios para atender su caso, Alceu no estaba allí como alguien que realmente quiere despertar a las realidades espirituales de la vida. Acostumbrado a "escuchar" sobre el Espiritismo, también creía que allí se resolvían problemas materiales y emocionales, se arreglaban matrimonios o se lograban separaciones ventajosas. Se mantenía alejado el "mal de ojo", se obtenían puestos destacados en círculos profesionales y los oponentes eran derrotados con tácticas mágicas.

Peixoto no se había encargado de informar a su amigo sobre la necesidad de su propia transformación, porque no le convenía inmiscuirse en la vida personal de alguien que, rico y disciplinado, era tan importante para sus intereses, disgustándolo con recomendaciones no deseadas.

Por ello, lleno de promesas, Alceu llegó al Centro Espírita portando su propia arrogancia, la de los individuos que acuden a cualquier acto público o evento comercial contando con el trato privilegiado de quienes pueden pagar y, por tanto, recibir el homenaje de todos. Sin mostrar un alma abierta a la ayuda real, quería solucionar el problema, dispuesto a pagar todo lo que fuera necesario para que esto sucediera, sin el menor esfuerzo de su parte.

Tan pronto llegaron, Peixoto buscó a Jurandir en particular para exponer el caso de Alceu, dejando a su amigo en la entrada del Centro esperando su regreso.

- Hola, Sr. Jurandir, ¿cómo está? - habló apresuradamente, sin verdadero interés en conocer cuál era el estado general del líder de la institución.

- Hola, Peixoto, estoy bien... ¿y tú?

- Bueno... estoy bien y a la vez no - respondió el médium, deliberadamente reticente.

- Vaya, ¿te pasó algo, hermano mío? - Preguntó Jurandir, mostrando un interés fraternal en ofrecer ayuda. Sabes que, en los días de la reunión de desobsesión, todo tiende a complicarse un poco, ya que las entidades sufrientes están cerca de sus respectivos médiums, muchas horas antes del trabajo.

- Sí, Sr. Jurandir, lo sé, sí... yo... estoy bien... pero estoy sufriendo por un problema que no es mío.

- Entiendo, amigo. ¿Y en qué te podemos ayudar?

Al ver la voluntad del líder de hacer algo en su beneficio, comenzó a hablar abiertamente sobre el caso de Alceu.

- Sabe lo que es, Sr. Jurandir, tengo un amigo que está sufriendo mucho. Ya sabe, está muy bien situado en la vida, pero, desde hace algún tiempo, está siendo perseguido por entidades que quieren acabar con su existencia - dijo Peixoto, tratando de destacar las dificultades de Alceu para ganarse el interés de Jurandir. Tiene un buen matrimonio, pero desde hace unos meses su esposa lo ha estado hostigando con un proceso de separación que, nos parece, solo es para dividir los bienes de la pareja. Ella cambió totalmente su comportamiento, parece otra persona y no hay nada que el pobre pueda hacer para quitarle esa idea fija. No son espiritistas, pero como se trata de una persona de mi entorno personal, le hablé de las influencias de las entidades perseguidoras y de nuestro trabajo aquí esta noche. Entonces, mostró tanto interés en resolver estos asuntos pendientes, tanta disposición para resolver sus diferencias con su esposa y con estos espíritus perturbadores, que no pude evitar traerlo aquí, a pesar que conocía las reglas de la casa. Le expliqué que no podría estar con nosotros si no obteníamos la autorización del líder de las obras, por lo que estoy aquí, colocando el caso de nuestro hermano para que usted lo autorice, si lo cree conveniente, a participar en nuestra reunión y, quién sabe, sintiéndose acogido, podemos ayudarlo a él, a su familia y a los espíritus que lo persiguen.

Sabiendo que Peixoto era un médium indisciplinado y siempre demasiado apegado a las comodidades mundanas, Jurandir no se dejó envolver por las trabajadas expresiones que le presentaba. Además, por la conexión que tenía con Ribeiro, sabía que esa no era la verdad. Sí, podría haber una separación, pero las vibraciones que transmitía el caso mostraban que, detrás de todo esto, intereses y problemas más serios pendían tanto para Alceu como para el propio Peixoto.

- Sabes, amigo mío, que no siempre podemos admitir en nuestras reuniones a personas que no estén preparadas para comprender lo que va a pasar aquí.

Al ver que Jurandir no se había dejado conmover tanto como esperaba, Peixoto actuó aun más sumiso.

- Sí, señor Jurandir, señor, que es nuestro líder, tiene toda la razón y le informé de todo esto a nuestro hermano. Sin embargo, aun así, insiste en participar en busca de una explicación espiritual o consejo sobre cómo proceder. Además, su presencia física en este entorno podría facilitar la comunicación de algunas de las entidades que los obstaculizan, desviando a la esposa del camino correcto del matrimonio. Por eso pensé que no sería del todo inapropiado acceder a sus deseos, estando entre nosotros como mero observador.

El mentor espiritual de la institución, además de Bezerra y sus dos subordinados en las tareas, ya conocían todo el esquema del "caso Peixoto" y sabían que se trataba de puro teatro a través del cual Peixoto se creía el agente mediúmnico para permitir que los problemas de Alceu fueran resueltos, obteniendo los dividendos que tal asistencia ciertamente obtendría en la gratitud del infeliz rico.

Para no retrasar el avance de las tareas de la noche cuyo inicio ya se acercaba con la llegada de los distintos médiums, Jurandir pidió que tanto él como Alceu esperaran en la entrada de la institución, sentados en una pequeña habitación, para que él mismo pudiera juzgar cómo sería más apropiado actuar. En sus pensamientos sabía que, de la misma manera así como no debía dejar de atender un caso grave, no podía permitir que alguien sin escrúpulos se valiera de una sagrada actividad mediúmnica para atraer favores económicos.

- Sí Sr. Jurandir, esperaremos su respuesta, pero tenga en cuenta mi petición, después de todo, llevo muchas décadas trabajando en esta casa como un simple servidor de la obra cristiana, sin ninguna pretensión de romper las rutinas establecidas por nuestros mentores para el mejor resultado de servicio. Además, Alceu siempre pareció ser una persona muy agradecida y generosa. Ciertamente no será indiferente a las necesidades de esta casa para ayudar a los necesitados.

- Por supuesto, Peixoto, los espíritus ciertamente tomarán todo esto en consideración.

Espera unos quince minutos y hablaremos de nuevo.

El líder se fue mientras el médium se dirigía a su amigo, anticipándose al éxito de la obra, arriesgando presuntuosamente:

- Todo está arreglado, Alceu. Ya hablé con Jurandir sobre tu caso y él entró a buscar una silla extra para que pudieras participar en la reunión. Sin embargo, recuerda que no debes hablar a menos que alguien te pregunte algo, ¿sí?

- Está bien, Peixoto, estoy muy agradecido por la atención que le estás dando a "mi caso" y espero salir de aquí hoy con la solución del problema. Quién sabe, si todo va bien, puede que no me convierta en colaborador de la institución. ¿Qué te parece?

- Sí, amigo mío, siempre hay mucha gente que necesita ayuda, pero no hablemos de eso ahora. ¡Lo más importante es solucionar tu problema! - Exclamó Peixoto, pensando más intensamente en la ayuda de Alceu a su causa económica que a los ideales de la casa de Cristo.

Jurandir, tan pronto como dejó al solicitante, entró en una pequeña y aislada sala en la que, a través de la oración sincera y directa, buscó la ayuda del líder espiritual para inspirarlo sobre ese caso, sobre todo porque rompía con importantes rutinas de la institución y obras mediúmnicas.

- No pretendo definir quién merece o no merece ser recibido, hermano Ribeiro. Solo que no creo apropiado romper las órdenes de la casa sin escuchar primero los sabios consejos de los verdaderos líderes espirituales de esta obra de Dios. Así que, ayúdeme con la intuición necesaria. Sabe cómo es Peixoto y lo que realmente necesita Alceu. Aquí me sitúo como el que obedece.

La oración demostraba la humildad de quien, incluso en la condición de líder encarnado de una institución religiosa, mantenía la cabeza en su lugar, sin juzgarse en la posición del decisor infalible de todos los asuntos, poseedor de la sabiduría y la agudeza que podía dispensar los consejos del mundo invisible. Conociendo su fidelidad y obediencia, a pesar de conocer todos los intereses y conveniencias que envolvían al médium interesado, Ribeiro no tardó en despejar mentalmente las dudas de su amigo encarnado.

- Hermano mío, gracias por permitirnos ayudarte en este momento especial en la evolución de estos dos amigos encarnados. Es cierto que Peixoto sigue negociando con las cosas de Dios, interesado en aprovechar la actividad en el Bien, pero también es cierto que tendrá que aprender de sus propias actitudes. Además, Alceu es un hermano empedernido, que sin duda puede beneficiarse del contacto con algunas circunstancias muy especiales que rodean su caso. Por ello, aunque no modifiquemos la norma que busca seriedad y discreción, haremos una excepción educativa. Puede permitirles a ambos participar en esta noche, que sin duda aportará lecciones inolvidables para todos.

La intuición era clara, como un pensamiento que brotaba de su mente espiritual al cerebro físico, calmando sus dudas.

Se dirigió a la sala de espera en la que Peixoto presentó al visitante al líder, destacando en Jurandir una multitud de calificativos, el típico comportamiento de quienes usan el halago para abrir puertas en los caminos por los que tienen que pasar, contando con la vanidad de quienes escuchan.

- Bueno, es un placer conocerte, hermano mío - dijo Jurandir, dirigiéndose a Alceu -. No creas; sin embargo, en todo lo que te acaba de decir Peixoto porque, en esta casa, los únicos con tales atributos son los espíritus desinteresados que nos aman, saben todo lo que nos pasa y nos apoyan con discreción y paciencia. Yo, como todos los demás, soy solo un anexo físico de este inmenso trabajo que hacen. Por eso mismo, quiero decirles que nuestros amigos han aceptado tu participación excepcional esta noche, no sin antes pedirte discreción, buenos pensamientos, silencio y oración, en cualquier situación que se te presente. Las conversaciones entre los que están en apoyo energético y los espíritus solo son posibles si nuestros Mentores Espirituales nos hablan. Por eso traje papel y lápiz para que, mientras esperas a que comience la reunión, escribas el nombre de tu esposa y la dirección familiar, para que los equipos de trabajo del mundo invisible ya puedan avanzar con los arreglos. En cuanto a ti, Peixoto, puedes sentarte a la mesa para la preparación indispensable. ¿Vamos?

Con un gesto de cortesía, les mostró la necesidad de trasladarse al ambiente de trabajo, mientras Alfredo, el cuidador, verificaba si llegaban más trabajadores antes de cerrar las puertas del Centro Espírita, que solo se abrirían cuando finalizara la jornada de las actividades de la noche.

Todos se posicionaron en la sala, y Jurandir tuvo cuidado al no colocar a Alceu junto a los trabajadores experimentados y conocedores de los procedimientos adecuados cuando uno u otro "novato" aparecía en la reunión. Por lo que coloco a Alceu entre Plínio y Alberto, en la línea de donantes de energía para las actividades que iban a comenzar.

Una simple oración marcó el inicio de la obra, seguida inmediatamente por la lectura del Evangelio, los comentarios precisos y rápidos, y luego, con la disminución de las luces, comenzó la obra mediúmnica. Ribeiro se hacía escuchar a través de Dalva, con consejos morales para aprovechar las vivencias de la noche.

Esta medida tenía como objetivo la preparación de las mentes allí presentes, armonizándolas para que, convocadas a los más nobles y más altos estándares de vibración en el amor verdadero, pudieran entrar en la sintonía adecuada con los objetivos pretendidos, conectando a cada médium con los respectivos líderes mediúmnicos quienes organizarían el campo de energía individual para reunir a las entidades afligidas que se manifestarían esa noche.

- Buenas noches, hijos míos - dijo Ribeiro, a través de la médium Dalva.

- Buenas noches - respondieron discretamente.

- La tarea de transformación no espera. Cada uno de ustedes está convocado a pensar en sus propios intereses de crecimiento y evolución para que puedan obtener de la vida lo mejor que tiene para ofrecerles. Hay gente que, con la excusa de la inteligencia, no hace más que invertir todo lo que tiene en adquisiciones condenadas. Verdaderas cumbres de la cultura luchando por recolectar cosas perecederas, como si invirtieran toda su fortuna personal en la adquisición de un barco pesquero. Nunca podrán alimentarse de tantos peces, por muy agradables que sean al paladar y perderán toda inversión si no la comparten con otras personas, ya sea a través del comercio o la caridad. Al tratar con las cosas de Dios, gratuitas por excelencia, es fundamental que observemos que todos los bienes que recolectamos siguen perteneciendo al Creador, que nos ha prestado posesión sobre ellos. No somos dueños de nada. Es por eso que no queremos que comiencen el trabajo de esta noche sin meditar sobre los importantes cambios en el pensamiento y el sentimiento. Si no lo hacen, seguirán aplicando valores de energía, inteligencia y voluntad para adquirir cosas perecederas y sin mayor valor que peces podridos. Nos acompañan constantemente entidades que nos conocen e identifican con facilidad el núcleo de nuestras necesidades e intereses. No nos engañemos con ideas de milagros o soluciones fantasiosas para cosas que son parte de nuestras propias luchas personales para las cuales nuestro propio cambio es indispensable. Sin ella, seguiremos siendo como los enfermos que quieren salud, pero que, invariablemente, continúan envenenándose. Las entidades que serán atendidas aquí están en el rango común de aquellos engañados por las cosas mundanas, que relatan cómo se encontraron perdidos en el mundo espiritual, después de haber visto la tumba poco profunda del cementerio cerrarse sobre sus cuerpos, sin haber acumulado las riquezas indispensables del alma. Los magnates mueren y despiertan como indigentes. Escuchen y aprendan, queridos hijos, borren la ilusión mentirosa de los intereses materiales, por muy difícil que sea la vida para ustedes, en su procesión de pruebas y testimonios. Manos a la obra, hijos míos.

Tras una breve pausa, antes de despedirse, Ribeiro se dirigió a Alceu, en los siguientes términos:

- Estas advertencias también son para ti, querido hijo visitante esta noche. Esté abierto a las enseñanzas que le toquen, sin tener en cuenta la inferioridad o la tristeza personal. Si se te permitió participar en la tarea de hoy, de manera excepcional, es porque Dios, en su Bondad Infinita, tendrá que considerar la sinceridad de sus propósitos en la construcción de una vida nueva.

Un poco tímido ante las circunstancias, pero recordando que podía responder si le hablaban, Alceu ensayó una respuesta breve, cubierta con el barniz de la buena educación:

- Agradezco las palabras de aliento y aquí estoy como alguien que escucha con atención.

- Que Jesús te ilumine... - respondió Ribeiro.

- Amén... - dijo Alceu.

21.- CONVENIENCIAS E INCONVENIENTES (II)

Se inició el encuentro mediúmnico, con la asistencia de las entidades que fueron enviadas, una por una, a cada uno de los médiums sentados alrededor de la mesa, mientras que Jurandir se encargaba de las conversaciones individuales.

La primera en presentarse para el diálogo de esa noche, se comunicó a través de Lorena, una médium psicofónica. A pesar de la seriedad y control que ejercía sobre el comunicador, se podía percibir el estado de insatisfacción que evidenciaban las primeras palabras:

- No sirve de nada interponerse en mi camino. ¡"Él" pagará por todo lo que me hizo! Hasta que no destruya su vida y su familia, no me rendiré y nadie aquí podrá detenerme.

- ¡Hola! - dijo Jurandir, tratando de infundir calma en el agitado espíritu. ¿Cómo podemos ayudarte?

- Pueden ayudar si no se meten donde no los llaman. Si han aprendido nociones mínimas de respeto, respeten mis decisiones. Parece muy agraviado, pero solo es un "hombre" loco y grosero. Piensa que puede hacer todo con su dinero, que siempre estará en la cima y que nunca tendrá que temer el mal que ya ha cometido por ahí. Pero seré, como he sido, la espina en su carne. Y destruiré a todos los que estén en el mismo camino. Pueden pedir por él todo lo que quieran, pueden atarme aquí, encerrarme, pero no sirve de nada. Somos muuuuccccchhhhoooooossss.

En las primeras frases intercambiadas entre la entidad y el iluminador, uno de los espíritus que estaban con Rafael y su familia, el jefe de Alberto, de quien, apenas unas horas antes, se había desahogado con Jurandir contándole sus dramas personales, comenzó a ser atendido. La identidad del espíritu no era, de hecho, importante de conocer, porque era solo otra persona infeliz, engañada por el odio, imaginando alcanzar la paz y la felicidad a través de la venganza. A pesar de no tener conexión con el propio Alceu, las palabras de la entidad cayeron en sus oídos como severas advertencias, como acusaciones directas por actitudes que solo él mismo, Alceu, conocía. Debido a que siempre estuvo involucrado en muchos intereses en conflicto, su riqueza se construyó a expensas de muchas personas, muchos desafortunados que terminaron apartados para que él mismo pudiera brillar. Criaturas que, sin suficiente fuerza o poder para oponerse a sus ambiciones, habían jurado dañarlo de una forma u otra. Mientras el pobre visitante llevaba su conciencia llena de manchas y hechos desafortunados, desconocidos para todos los presentes, las palabras de la entidad parecían desvelar los secretos guardados durante mucho tiempo en la caja fuerte de la culpa, haciéndolo temblar en su silla por imaginarse desenmascarado en sus errores frente a todos.

Comenzó a ponerse nervioso e impaciente, incapaz de prestar atención a las palabras que se intercambiaban, especialmente después de haber recibido ese "pagará por todo lo que me hizo" como una amenaza personal dirigida contra sí mismo. A menudo había escuchado esto de las víctimas de sus estafas o tratos.

La comunicación; sin embargo, no tenía nada que ver con su caso personal. Luego de unos minutos más de conversación, la entidad, que se negaba a renunciar al impulso vengativo, terminó siendo dirigida al plano espiritual para dar lugar al siguiente, que, ya debidamente vinculado al próximo médium, fue contenido en su furia por la firme disciplina que el trabajador encarnado supo ejercer sobre sus facultades.

Jurandir, entonces, dando continuidad, prosiguió diciendo:

- Meire, concéntrate y, si sientes alguna aproximación, puedes permitir la comunicación.

El médium, que ya se encontraba bajo la atmósfera vibratoria del amistoso mentor que controlaba su mediumnidad, y sintiendo la influencia de la entidad necesitada que hablaría a través de ella, sintió los habituales cambios fisiológicos h, con la aceleración de su respiración y de sus latidos y, así, no le fue difícil transmitir las ideas que brotaban de su mente, como si su boca simplemente repitiera lo que ocupaba el centro de su pensamiento, sin la participación creativa de su razonamiento.

- ¿Quiénes creen que son para traerme aquí?

Era el espíritu de una mujer rebelde. Vinculada a los procesos de persecución de los médiums de la institución, buscaba utilizar sus debilidades sexuales para inducirlos a comportamientos desafortunados fuera de las obras espíritas. Particularmente, se vinculó a los médiums Cássio y Moreira, trabajadores inmaduros de las lides del Bien que, sin ningún compromiso con su propia evolución, imaginaban que la mediumnidad era un mecanismo neutral y automático, para cuyo ejercicio no era necesaria ninguna modificación moral, ninguna disciplina de pensamientos y sentimientos. Habían alcanzado la mediumnidad por la puerta de la obsesión, pero habían aprendido poco del contacto con las orientaciones fraternales de amigos invisibles. Cássio, que era médium dos días a la semana, se imaginaba libre de espíritus inferiores, vacunado contra sus influencias. Por eso, los otros días de la semana, asistía a todo tipo de fiestas en compañía de personas menos dignas, imaginando que eso no tenía nada que ver con su labor mediúmnica. Como resultado, todas las noches, entidades perniciosas lo buscaban para la continuidad de las fiestas en la región inferior, aprovechando sus energías. Allí se vio expuesto a emociones primitivas, involucrándose fácilmente en las actividades sexuales inadaptadas tan comunes en estos niveles vibratorios degenerados. El médium; sin embargo, era otro cuando llegaba el día y la hora del trabajo en la Casa Espírita, donde pretendía ser un colaborador equilibrado, servicial y amable.

Lo mismo ocurría con Moreira, quien, fuera de la institución, solía encontrarse visitando prostíbulos, en compañía de mujeres desafortunadas y en las aventuras más raras del cuerpo desenfrenados.

Durante mucho tiempo, ambos habían sido seguidos de cerca por los cuidados de Ribeiro y otros amigos invisibles, quienes veían su frivolidad como un efecto de la ignorancia y los vicios del pasado, que como un resultado de una maldad deliberada. Así que, esa noche, buscando ayudar a los dos médiums atacados por muchos espíritus, Ribeiro había logrado traer a la obra de iluminación a una vampiresa sexual encarnada que utilizaba la fuerza de ambos para alejarlos de las tareas salvadoras del Bien.

- Es un placer poder hablar contigo. ¿Cuáles son tus necesidades? - Dijo Jurandir, expresando un sentimiento de pura hermandad a favor de la propia entidad.

Es importante mencionar que tanto Cássio como Moreira estuvieron en la reunión esperando su oportunidad de manifestación mediúmnica. Por tanto, para que ambos pudieran escuchar la comunicación que les serviría de importante advertencia como de aprendizaje constructivo, los líderes espirituales prefirieron utilizar otra médium, dejando a los dos inmaduros trabajadores plenamente conscientes para presenciar el franco diálogo.

- La satisfacción es mía al encontrar mi favorito aquí, hoy. Fueron muy audaces al traerme aquí en su presencia. Porque si quieren que me aleje, quiero decirles que no soy yo quien lo busca, sino todo lo contrario.

Sin declinar su nombre, la entidad se refirió a Cássio, con quien tenía una mayor conexión vibratoria.

- Entendemos su interés en nuestro hermano. Por casualidad ¿Siente algo por él? - Con la pregunta, Jurandir pretendía comprender mejor la cuestión a la que se refería la entidad desconocida.

- El sentimiento más grande que tengo es el de placer. Somos socios en el disfrute, somos nosotros los que compartimos la euforia. No crean que estoy alterando el equilibrio del pobre... ¡no! Respondo a sus deseos más secretos, a sus llamadas más íntimas. ¿Quién creen que es el más responsable? ¿La que está tranquila en su rincón, pero que es convocada por los pensamientos lujuriosos del hombre provocador o "el hombre que parece manso, pero que, en el fondo, es un lobo voraz?"

Este es mi caso. ¡No hago más que responder a las seductoras invitaciones a aventuras y excesos placenteros, nacidas en el pensamiento y sentimiento "de él"!

Todos escucharon la reveladora conversación que, a pesar de no comprometer a ninguno de los presentes, era una lección importante para todos, sirviendo de sombrero a todo aquel que quisiera ponérselo.

Cássio y Moreira escuchaban el diálogo con la mente nublada por los pensamientos de lujuria que solían alimentar, recordando las innumerables conductas impropias a las que secretamente se entregaban. El escalofrío que recorrió sus fibras nerviosas desde la base de la columna hasta la corteza cerebral indicaba ciertamente que las vibraciones de la entidad tenían una dirección determinada, compartida en cierto grado de afinidad con el espíritu comunicador. Sin embargo, permanecieron en silencio, como si nada les preocupara. Los dos, culpables de la acusación, jugaron el papel de santos inmaculados, pero ciertamente asumiendo que eran los "favoritos" a los que se refería el desafortunado comunicador.

Sin embargo, entre la audiencia, Alceu estaba al borde de la desesperación. Esto se debe a que, entre sus secretos más íntimos, la conversación del espíritu también podría estar refiriéndose a él mismo. Aunque se acercó a Peixoto con la historia de la esposa que quería la separación para enriquecerse con su dinero, la realidad, que solo Alceu conocía, era la de una vida de frivolidad, duramente soportada por su esposa traicionada, en la que él, como marido insatisfecho debido a la monotonía del matrimonio, se permitía todo tipo de aventuras con varias mujeres, mientras descuidaba el cariño con el que debía abastecer el corazón de su compañera. Cada semana, las necesidades sexuales, transformadas en crueles adicciones, exigían más de Alceu. Mujeres exuberantes, pagadas por la facilidad de sus recursos económicos, se movían en su rutina masculina. Las fiestas lujuriosas tenían lugar en la oscuridad de los lujosos apartamentos de los llamados "*Upper Class* - disfrazadas de reuniones de trabajo, reuniones con clientes o viajes de negocios. La infeliz esposa soportaba la indiferencia de su marido, suponiendo que el libertinaje era realmente en la base de todos estos comportamientos. Sin embargo, todo transcurría con normalidad; hasta que una de esas bellezas contratadas por el adinerado empresario, imaginando las inmensas ventajas de una relación más cercana y sabiendo que él era infeliz con la mujer que ya no le atraía, se atrevió a informar a su esposa de las locuras de su marido, dejando mensajes a las secretarias con el relato de las aventuras de Alceu, con las direcciones y horarios que ella misma podía confirmar. La idea era sembrar la discordia en el camino de la pareja, facilitar la separación y luego aprovechar la vía libre para atacar de forma más directa al "partido solitario y necesitado."

Todo esto fundamentó el deseo de su esposa de una separación definitiva. Sin aceptar la división de bienes, Alceu describió la conducta de su esposa como motivada por la ambición, aunque ella afirmaba su comportamiento como un hombre irresponsable.

Debido a sus ilícitos procederes, las palabras de esa entidad nuevamente parecieron dirigirse al visitante que, a estas alturas, comenzaba a sudar frío, por la baja presión producida por el nerviosismo y el miedo. Lamentó haber aceptado la invitación de Peixoto a una reunión que, más que una reunión de consuelo para sus penas, se parecía más a un tribunal de acusación.

- Una reunión especial para mí... -pensó Alceu, mientras se secaba el abundante sudor que le corría por la cara y goteaba al interior de su ropa. ¿Quién se cree Peixoto que es para hacerme pasar por una situación como esta? Esta es una masacre. ¿Cómo pueden saber de mis salidas? Ciertamente mi esposa habló con Peixoto al respecto y el bandido, sin revelarme nada, se le ocurrió esta historia de traerme aquí para tratar de impresionarme con estas acusaciones. ¡Qué cosa tan baja...! Estos espiritistas siempre me han parecido unos charlatanes, pero el tal Peixoto está cruzando la línea conmigo.

La comunicación continuó por algún tiempo, demostrando que el espíritu comunicador no renunciaría a la explotación de su víctima. Se refería a Cássio, no a Alceu. Pero, a falta de nombres, su relato servía para todos los que tenían alguna "culpa de algún cargo".

Una vez terminada la demostración de Meire, fue el turno de Peixoto de recibir la siguiente entidad. En la mente del médium, no había sospecha alguna de lo que estaba pasando dentro de su "amigo" en la asistencia. Con el afán de ser el canal de nuevas revelaciones en el caso de Alceu, Peixoto entró en trance mediúmnico con la idea fija en el caso. Esto hizo posible que los mentores espirituales se aprovecharan de la sintonía del médium y trajeran realmente al espíritu que conectaba con el visitante mismo. Peixoto no sabía nada del perfil psicológico de Alceu, pero le interesaba ser el "salvador de la patria", quería tanto ser el canal a través del cual se obtuviera la tan prometida "comunicación especial."

- Vamos, Peixoto - dijo Jurandir, según la costumbre del encuentro.

Rodeado por las extrañas vibraciones de la entidad que era guiada por los mentores luminosos del encuentro, el médium sintió un estremecimiento atravesándolo, cayendo en un trance profundo, alejándose del cuerpo por la acción energética del espíritu que intentaba ayudarlo en los temas de mediumnidad, para que observara con sus propios ojos, los amargos frutos de su frívola conducta.

Bajo la dirección del mundo espiritual que dirigía el encuentro, el médium se acercó a la entidad que acompañaba a Alceu.

- ¡Me alegro que haya llegado mi turno! - habló en voz alta, a través de la boca de Peixoto quien, en espíritu, lejos de su propio cuerpo, miraba la escena sin entender realmente lo que estaba pasando. Desde donde estaba su alma, distinguía el cuerpo carnal acomodado en la silla y la entidad deforme y oscura que se yuxtaponía a la estructura física parcialmente abandonada.

- ¿Como podemos ayudarte? - Fue la pregunta de Jurandir.

- De hecho, quiero saludar a mi amigo, el visitante de esta noche.

Al escuchar estas palabras, Alceu respiró hondo porque algo le decía que la comunicación estaba dirigida a él mismo, tanto como pensaba en los demás también.

- ¡Ah! Que bueno... ¿lo conoces? - Preguntó Jurandir.

- Pues, claro que lo conozco. ¡Yo soy quien lo inspira todos los días! Yo soy quien vela por de la defensa del patrimonio que me pertenecía y que, hace casi treinta años, precisamente, pensó que me podía quitar. Hola, Alceu... ¿te acuerdas de mí? Soy Gonçalves, el antiguo y verdadero propietario de los negocios que ahora crees que diriges.

Ese nombre produjo un verdadero furor en la mente del pobre asistente a la reunión. Gonçalves había sido el antiguo propietario que, por confiar tanto en Alceu, a quien había ayudado desde niño, le había dejado un poder con amplias facultades administrativas por motivo de un largo viaje al extranjero. Un viaje de descanso sugerido por el propio protegido, que se quedaría a cargo del negocio asegurándose que nadie notara la ausencia del propietario real.

Aprovechando la confianza irrestricta que el anciano había depositado en él y los amplios poderes que se le habían otorgado,

Alceu adoptó medidas administrativas y legales que alteraron la organización del negocio, modificando las estructuras directivas de la empresa, alegando estar cumpliendo la voluntad del propietario, que se había ausentado precisamente para que todo se pudiera proporcionar de la manera menos difícil, ya que pretendía, a partir de entonces, alejarse de los aburridos compromisos comerciales. Gonçalves entonces fue trasladado a una inútil galería de honor, asumiendo una función decorativa y alejado de todo poder de decisión. Las modificaciones fueron rápidas, al contar Alceu con toda la influencia del dinero para agilizar los trámites indispensables, tomando la dirección general de la empresa.

Tras los primeros tres meses de ausencia del antiguo propietario, un hombre casado, pero sin hijos, Alceu había cambiado abruptamente las rutinas de la empresa, modificando el campo de actividades, diversificando las inversiones, modificando el perfil de los empleados, favoreciendo la jubilación de los empleados mayores, los que seguían unidos a Gonçalves por los lazos de afecto y gratitud por los largos años de servicio.

Los informes que Alceu enviaba a Gonçalves por los medios disponibles eran cada vez más genéricos y evasivos. Desde la distancia, el anciano, que no sabía nada, comenzó a percibir la existencia de problemas, y trató de anticipar su regreso a Brasil. Sin embargo, cuando llegó, la tragedia ya se había consumado. Nada más le garantizaba el liderazgo de la gran empresa. En los altercados que siguieron entre ambos, las acusaciones y amenazas fueron crueles. Gonçalves pretendía recuperar el control de sus bienes en los tribunales y, para ello, utilizaría toda su influencia sobre los reconocidos jueces que frecuentaban su círculo social. Sin embargo, Alceu, bien asesorado con los consejos de astutos abogados, no tuvo la intención de ceder a las gestiones realizadas. Presionado por todas partes y asesorado por sus representantes legales, tramó la muerte de la pareja a través de los servicios criminales de unos matones que, sin saber quién los contrató, recibirían un valor significativo para eliminar a Gonçalves y a su esposa en un presunto asalto seguido de secuestro, poniendo fin a cualquier amenaza al liderazgo del joven y valiente sucesor.

Todo esto saltó a la memoria del oyente, que había hecho todo lo posible para olvidar momentos tan tristes de su vida.

La eliminación de Gonçalves le garantizó el éxito deseado, contando con el paso de los años para que el tiempo borrara los recuerdos.

Pero ahora, como si hubiera salido de la tumba, estaba su antiguo jefe hablándole personalmente:

- ¡Contesta pues! ¿Parece que viste un alma en pena? - Dijo el espíritu, con una fuerte carcajada.

Observando su silencio, continuó hablando con soltura:

- Pensaste que nuestros crímenes se borran con el paso de los años, ¿no? Bueno, aquí está el viejo Gonçalves, amigo mío. El que mandaste a matar después de robar sus bienes, aprovechando el largo viaje de descanso.

Reuniendo todas las fuerzas que aun le quedaban, presionado por las acusaciones directas que se lanzaron en su contra, Alceu respondió, vacilante:

- ¡No sé quién eres! ¡No sé de qué estás hablando! ¿Cómo te atreves a acusarme de delitos tan graves como estos?

Al ver que el desequilibrio se acercaba a la mente de Alceu, Gonçalves siguió con sus argumentos:

- No soy yo quien te acusa. Eres tú quien sabe lo que has hecho y que, por mucho que niegues los hechos con tu boca, el sudor frío de tu cuerpo te acusa sin que yo tenga que hacerlo. Imaginabas que la muerte lo mataba todo, ¿no? Ahora ves que no es así, aunque digas que no lo crees. Lo cierto es que soy yo quien gestiona las cosas hasta el día de hoy, allá en la empresa. Hiciste un buen trabajo tratando de sacarme del negocio. Sin embargo, tus debilidades me permiten manejarlo todo. Aprecio tu gusto por las mujeres hermosas y observo el tiempo que dedicas a atraer a estas chicas a tus fiestas. Lo único que lamento, es cierto, es cuánto de mi dinero gastas en ellas. Sin embargo, creo que ese es el sueldo que te pago para que YO siga siendo dueño de mis intereses. Sigues siendo mi empleado habitual. Tus ideas son las que fomento, tus proyectos son los que deseo y tu fracaso material finalmente será mi venganza. Por eso, intento traspasar a tu pobre mujer buena parte de mis recursos, porque la otra mitad seguramente servirá de tumba para tus últimas ilusiones. Y cuando llegues aquí, jovencito, podremos enfrentarnos y luego tendremos toda la eternidad para entendernos.

Alceu no pudo soportar más la conversación.

Perdiendo el control, se levantó enojado y, gritando, comenzó a ofender a la entidad, al médium, a los presentes, creando una verdadera agitación fluidica que por poco produce serios daños a la estructura vibratoria del mismo Peixoto, quien, fuera del cuerpo, recibió todos los choques magnéticos nacidos del inadaptado Alceu. Los mentores espirituales, que observaron todo y ya se habían preparado para tal desenlace, devolvieron a Peixoto al cuerpo físico para que pudiera recuperar la conciencia, mientras que Alberto, Horácio y Plínio contenían al alterado Alceu, dispuesto a agredir físicamente al pobre médium que, al despertar de un trance profundo, no recordaba lo que había sucedido. Sin entender nada, se dio cuenta que era el centro del huracán, blanco de la ira del amigo al que quería prestar convenientes servicios mediúmnicos, con los fines ya revelados.

- ¡Mentiroso, embaucador, hechicero de quinta categoría! Maldito el momento en que acepté tu invitación para venir aquí en este "trabajo especial" que solucionaría mis problemas, como tú mismo me prometiste.

Alceu seguía atacando a Peixoto, mientras los fuertes brazos de los trabajadores lo sujetaban, tratando de devolverlo al equilibrio.

- ¡Bandidos, banda de engañadores, déjenme salir de aquí! No me quedaré aquí ni un minuto más. ¿Me están arrestando? ¿Saben con quién se están metiendo? Quítenme las manos de encima. Les voy a mostrar quién soy realmente. Hablaré con personas importantes y cerraré esta guarida de mentiras y brujería. Abran las puertas y déjenme salir.

Para evitar más problemas, poniendo fin a ese desorden inoportuno, pero a la vez sumamente educativo, Jurandir autorizó que el visitante fuera conducido hasta la puerta donde se encontraba el asustado Alfredo, facilitando su salida del entorno.

Toda la conveniencia de Peixoto había llevado a la incómoda verdad de que, por todos lados, había herido el alma de Alceu al hacerlo imaginar que lo que se había producido esa noche estaba destinado a desenmascarar su conducta ilícita en todos los ámbitos de su tibio carácter.

Al mismo tiempo, Peixoto cosechó la dolorosa experiencia de su frivolidad mediúmnica, imaginando que, si al principio podía usar a su supuesto amigo para resolver sus problemas financieros, a partir de ese momento había perdido toda esperanza de poder hacerle siquiera una simple llamada telefónica. Además de ser el principal responsable o causante de esa coacción, exponiendo a todo el grupo a desagradables sobresaltos y a la conducta inapropiada de una persona que no estaba preparada para participar en una reunión como esa.

Con la partida del perturbado individuo, todos volvieron a sus asientos mientras Jurandir, rodeado por los fluidos balsamizantes de Ribeiro, reunía energías para poner orden en pensamientos y sentimientos generales, poniendo fin a la recepción de mensajes de las entidades afligidas, esperando la manifestación del mentor del grupo para la última palabra, muy esperada por todos.

Doña Dalva, la médium más experimentada de todos, se concentró profundamente permitiendo la palabra del amigo de todos:

- Seguro que están sorprendidos por este tipo de sucesos, hijos míos. Sin embargo, esto no nos sorprende en absoluto, especialmente cuando hemos alertado a cada uno de ustedes sobre comportamientos indecorosos que mezclan necesidades espirituales con intereses personales. Nuestras disciplinas tienen su razón de ser, al no permitir que personas desprevenidas asistan al encuentro mediúmnico, ya que no tienen el entendimiento para evaluar cada revelación escuchada. Ciertamente, no se puede culpar a Jurandir por tal circunstancia. Presentó intuitivamente la autorización solicitada por Peixoto, momentos antes del inicio del encuentro y, conociendo la verdadera intención del querido hermano, permitimos que esto sucediera. Sin embargo, queríamos que aprendieran de esta triste experiencia que no debemos facilitar el acceso de amigos a los que queremos ayudar, de personas importantes para nuestro afecto, de familiares y acompañantes a los que queremos agradar, en un entorno tan especial y delicado como el de una obra mediúmnica como esta.

No estamos en un mostrador de negocios o en una pasarela para exhibiciones del mundo invisible. Siempre que los intereses rastreros guíen los pensamientos e intenciones de cada hermano, podemos informarles que los resultados serán muy trágicos.

No me refiero solo a los que fueron observados aquí. Hablo de consecuencias muy graves para la vida cotidiana de cada uno. Esto se debe a que, a excepción de esta última entidad comunicante, que estaba directamente vinculada al visitante desafortunado, cuya culpa íntima ha estado en su conciencia durante años, los dos espíritus anteriores tenían una conexión directa con ustedes. Observen las advertencias y sepan que, si espíritus tan inferiores en odio y adicción conocen sus comportamientos más ocultos, imagínense a nosotros que los amamos y que siempre tratamos de ayudarlos.

Dejen de engañarse imaginando que son médiums solo cuando vienen aquí para sus asignaciones semanales.

Disciplinen su conducta fuera de aquí según los estándares de la Verdad y el Bien, porque esta será la única forma que no sean víctimas de sus propios compañeros de aventuras, placeres y tratos.

La noche fue larga y ciertamente nos proporcionó a todos mucho material para meditaciones profundas y, esperamos sinceramente, también para CAMBIOS PROFUNDOS. Si no se capacitan para trabajos futuros con los cambios previstos, tengan por seguro que las circunstancias fortuitas los alejarán de esta casa sin que podamos hacer nada para impedirlo. Por lo tanto, prepárese para vivir a su suerte. ¿Entendieron nuestras advertencias?

Luego de unos minutos de silencio, los presentes balbucearon la respuesta afirmativa, entendiendo claramente todo lo que Ribeiro les había explicado y advertido.

22.-
CONSEJOS Y ADVERTENCIAS

Tras el encuentro, surgieron comentarios sobre el desagradable suceso, así como sobre las consecuencias que pudieran derivarse del mismo ante las amenazas del visitante desequilibrado. Peixoto, aun confundido por todo lo que había causado su insistencia, estaba devastado. Parecía el niño que encendió la cerilla sin saber que estaba rodeado de pólvora por todos lados. Estaba avergonzado así que, cuando aparecieron las condiciones del silencio, pidió disculpas públicamente al grupo de hermanos por haber traído allí a una persona tan desprevenida. Nunca imaginó que Alceu reaccionaría de esa manera. Tampoco pudo decir cómo se había utilizado de forma tan clara su facultad mediúmnica, a través de la cual Gonçalves había llegado a lanzar todo tipo de revelaciones en la cara del visitante.

- Ciertamente, Peixoto - respondió el titular de la Institución -, nuestros coordinadores espirituales vieron en el suceso una oportunidad para despertar al pobre y desafortunado hombre de negocios antes que fuera demasiado tarde. Naturalmente, a nadie le gusta escuchar ciertas cosas, por lo que, la huida, la revuelta, el desequilibrio, demuestran claramente lo profundamente golpeado que fue.

- Bueno... eso también es cierto, Sr. Jurandir. Pero lo que no entiendo es cómo se produjo la manifestación precisamente a través de mí. Me vi fuera del cuerpo, rodeado de entidades amigas aquí mismo, en esta habitación, pero no pude evitar que las palabras del espíritu fueran dichas.

- Sí, Peixoto. Como eras el nexo entre Alceu y nuestro encuentro, estabas más vinculado a los problemas de tu amigo. Así, había una mayor sintonía entre ambos y, por ello, nuestros líderes invisibles consideraron oportuno hacer uso del vínculo energético entre ustedes para permitir que el infortunado Gonçalves, víctima de la profunda confianza que había dedicado a su ex empleado, lo hiciera entrar en razón haciéndole entender que el mal no se olvida, que todos tendremos que dar cuenta de nuestras acciones y que nuestras víctimas siguen vivas, incluso después que sus cuerpos desaparecen. Quién sabe si el acusado de la noche, el mismo que debe traer la conciencia endurecida o adormecida, no se ponga a meditar sobre lo que escuchó aquí.

- Pero no recuerdo nada de lo que el espíritu le dijo a Alceu, ¿cómo es eso?

- ¡Vaya, Peixoto, eres médium desde hace más de treinta años! ¿Cómo no tienes claros los diferentes tipos de percepción mediúmnica descritos en El Libro de los Médiums? ¿Eres acaso uno de los típicos espiritistas prácticos? ¿Aquellos que dicen que su asunto es "practicar"? Sin un estudio constante y metódico, amigo mío, el médium siempre se sorprenderá de los fenómenos que suceden a través de él sin poder comprender su contenido.

Enrojecido por los comentarios en tono de broma, comentarios que; sin embargo, correspondían a la verdadera indiferencia con la que se dedicaba al estudio de la mediumnidad, no se animó a defenderse porque esa noche ya se había ganado bastantes decepciones. Así que se tragó su orgullo herido y soltó una risita forzada, limitándose a exclamar:

- Es verdad, Sr. Jurandir... ¡nunca perdemos por estudiar!

Las despedidas terminaron y cada uno se llevó consigo las increíbles experiencias de la noche. Peixoto; sin embargo, apenas abandonó el Centro Espírita, mostró signos de íntima desesperación.

Acompañado de los espíritus que lo estudiaban, Jerónimo y Adelino, recorría las calles al volante de su vehículo, coordinando las ideas que aun no había tenido tiempo de organizar satisfactoriamente.

Recordó las razones que habían basado su deseo de ayudar a Alceu, llevándolo inadvertidamente a la reunión espírita. Había iniciado esa aventura con el apoyo económico de un amigo agradecido y salió del encuentro cargado de pérdidas y con mayores dificultades. Alceu nunca volvería a acercarse a Peixoto, y este ya no se beneficiaría de la amistad que creía tener con el empresario. Las acusaciones directas, los insultos, el malestar emocional de ese hombre aparentemente equilibrado, bien indicaban que ya no habría, entre los dos, un ambiente para ningún tipo de intimidad fraternal o conversación equilibrada.

A medida que sus pensamientos comenzaron a abordar estas ideas, tales consideraciones generaban más contrariedad en el sentimiento de Peixoto.

- Treinta años de servicio en este centro - dijo, creyéndose solo en el auto - y los espíritus dirigentes me ponen en una situación como esta. Sabiendo que estoy desesperado, con problemas que son difíciles de resolver y que Alceu era la puerta de salida, el salvavidas, ¿cómo han podido dejar que todo esto ocurra? Y, lo que es peor, ¿solo conmigo? - Podrían haber usado a Dalva como médium, o bien a Lorena o a Cássio. También estaban Cornélia y Meire. Pero no... decidieron usar a este payaso aquí para que ocurriera el pequeño espectáculo.

Y mientras pensaba en los hechos, sumando su propia vergüenza al orgullo herido, a las pérdidas materiales, esa aparente humildad expresada en la disculpa al final de la reunión se fue convirtiendo en una melancolía explosiva, cambiando el estado de ánimo de Peixoto, quien, inmaduro en espíritu, se había sintonizado, una vez más, con los niveles inferiores del propio YO, considerándose injusto e infeliz. Una vez más se abrió la puerta del descontento, siempre impulsada por la manija del interés personal.

- Creo que no les costaba nada a los espíritus que me conocen y saben cuánto tiempo les he servido con dedicación, facilitarme las cosas. Después de todo, estaríamos ayudando a alguien que sufre. No sería difícil traer algún espíritu que estuviera atormentando a su esposa y, con eso, dejar claro que el problema se manejaría de la mejor manera con la desafortunada causante. La esposa de Alceu no sufriría ningún daño y su esposo se sentiría bien atendido, dejando el Centro Espírita con nuevas esperanzas. ¡Pero no! Parece que hicieron cosas para arruinar mi negocio. Además de no ayudar en nada en la solución del problema de la separación, también hicieron que el infeliz tuviera un arranque de ira, solo contra mí. Y, por cierto - continúo pensando el médium desequilibrado - ¿qué magia fue la que me sacó del cuerpo para que no pudiera controlar lo que decía el espíritu? Vi todo lo que pasó, pero no había forma de interferir. Por supuesto, si pudiera recibir un espíritu que estuviera ligado a Alceu, no dejaría que se dirigiera al novato en esos términos que me contaron después. Acusarlo de un crimen - sí, porque lo que le dijo la entidad es un crimen horrible - es algo muy fuerte. No sé si los espíritus amigos permitirían que esto sucediera. Si yo, como médium consciente, no dejaría que este diálogo llegara a este punto, dadas las disciplinas de contención y control que los médiums aprenden a adoptar, ¿cómo permitieron los espíritus que dirigen la reunión que sucediera tal cosa?

A pesar de haber hecho tales preguntas al final de la reunión, Peixoto no había asimilado las explicaciones de Jurandir., En lugar de considerar las necesidades espirituales de Alceu y los problemas personales que enfrentaba, problemas que él mismo, como amigo y médium solo conocía en la superficie, prefería llevar su razonamiento en otra dirección:

- Creo que hay algún tipo de interferencia negativa en la dirección del trabajo espiritual. Si todo esto sucedió de esta manera, es debido a la falta de protección espiritual efectiva en el entorno. Solo puede ser esto. ¿Será que estamos siendo guiados por un equipo espiritual de embaucadores? ¿No sería más lógico que consideremos esta hipótesis, porque si los espíritus saben que un individuo está tan desequilibrado, cómo le permiten permanecer en un encuentro de esta naturaleza? Es cierto que llevé al "tipo" allí, pero, primero, lo hice porque siempre me pareció equilibrado, algo que los espíritus amigos podrían ciertamente saber que no es verdad, ya que nos conocen profundamente, utilizando sus medios espirituales. Pero, además de todo eso, le pedí al Sr. Jurandir que autorizara a Alceu a permanecer en la reunión. Nos hizo esperar y regresó diciéndonos que había obtenido la autorización del mundo espiritual - continuó, en su monólogo interior -. Ahora bien, si el mundo espiritual lo permitió, ¿cómo es que no evitaron que todo sucediera? ¿No hay un indicio serio de un fallo de seguridad o vigilancia dentro de la propia Casa Espírita?

Y así, el razonamiento de Peixoto estaba siendo envenenado por la compañía espiritual negativa que lo manipulaba fuera del Centro Espírita, en la valoración de su negocio, en la construcción de sus estafas financieras, en la construcción de sus estrategias. Todo estaba siendo abordado por tales espíritus para alejar al médium del trabajo y luego usarlo para perderse, a través de su propia invigilancia y la ausencia de un estudio profundo de sus reacciones y tendencias, adicciones y defectos de carácter.

Jerónimo y Adelino siguieron la extraña simbiosis que se mantenía bien arraigada entre el médium desequilibrado y las entidades que estaban ligadas a su psique, produciendo todo tipo de preguntas y dudas para, sin mayores problemas, alejarlo del grupo.

- Quizás - continuó Peixoto, pensando en voz alta -, el mayor problema es el propio Jurandir. El que debería haber sido el filtro adecuado para evitar que Alceu se quedara, fue quien lo autorizó. Quizás lo hizo imaginando las posibilidades económicas de atender a un hombre tan importante como rico. ¡Ah! ¡Eso mismo! Siempre el interés por debajo de las cosas. Ciertamente Jurandir se sintió tocado por la codicia cuando se enteró que Alceu poseía un vasto patrimonio y, por ello, admitió su presencia para garantizar alguna gran donación a la institución o, incluso, el inicio de una relación de amistad que pudiera rendir beneficios personales. Sí... no había pensado en eso. Esa puede ser la verdadera causa de los hechos de esta noche. Y aquí estoy, haciendo penitencia como único culpable. Ni hablar, ahí está el propio líder del grupo considerando las rentables consecuencias de atender al empresario. Sí... eso me parece tan claro como el agua cristalina. Y si las cosas son así, necesito hablar con otros sobre estos hechos para alertarlos sobre todo esto. No son conscientes de lo que sé y, por lo tanto, necesitan ser informados.

Ahora, los tentáculos negativos de las entidades que conspiraban no solo para sacar al pobre médium del grupo, sino también para comprometer el trabajo espiritual que allí se realizaba, utilizaron a Peixoto como agente de discordia, proyectando imágenes en su mente desprevenida para que su razonamiento fuera conducido en la dirección de un ataque a la armonía y la confianza que conformaban las relaciones dentro de ese colegio fraterno de almas consagradas a la obra del Bien.

- Sí... mañana voy a llamar a Cássio para comentar el comportamiento de Jurandir. Es mejor sondear primero lo que piensan algunos de sus colegas de todo esto, antes de plantear el problema a otros. En estos casos, los aliados son muy importantes. Después de Cássio, buscaré a Moreira y Geralda. Siempre pensé que no simpatizaban mucho con Jurandir. Si consigo hacerles pensar mejor, ya seremos cuatro y tendremos más fuerza que si fuera solo yo.

Los tentáculos oscuros de las entidades obsesivas encontraron un campo fácil para influir en ese pobre hombre, no preparado para la comprensión de los deberes morales de cualquier médium serio. Sería un instrumento de discordia, imaginando que estaba brindando un excelente servicio de despertar a los trabajadores del grupo.

El principal objetivo de las entidades perseguidoras era producir un desacuerdo interno a través del cual generaran una alteración de la confianza en el seno de la institución, hiriendo el ambiente de paz y respeto, fraternidad y sinceridad que existía entre sus integrantes, única fuerza capaz de consolidar la tarea del Bien en la lucha contra el mal. Utilizando el suceso de aquella noche como una mecha que detonara el explosivo almacenado en la mente de los más desprevenidos, los agentes de la oscuridad estaban seguros que serían capaces de comprometer el trabajo que allí se realizaba.

Y Peixoto sería la cerilla que lanzaría la primera chispa.

Adelino y Jurandir, que habían seguido la conversación de incógnitos, se miraron asombrados ante la perspicacia y astucia de las entidades inferiores.

En cuanto Peixoto llegó a casa, ya transformado de culpable a víctima de las circunstancias, dejaron al invigilante en compañía de la monstruosa entidad espiritual que se le había unido a la salida del Centro Espírita, regresando a la institución con la información obtenida.

Nada más llegar al centro, vacío de encarnados, pero lleno de espíritus, se dieron cuenta que Bezerra de Menezes y Ribeiro estaban conversando en una zona de la sala de tareas.

En cuanto fueron identificados por las dos entidades encargadas de las tareas, fueron recibidos con el cariño de siempre, aunque notaron el ambiente de preocupación que rodeaba el diálogo de los dos espíritus devotos.

- Me alegro que hayan llegado, hijos míos. Acabo de comentar con Ribeiro los acontecimientos de hoy.

- Sí, doctor, fueron eventos fuera de nuestras rutinas - dijo Jerónimo, deseando suavizar sus comentarios.

- Más o menos, hijo mío. Seguro que ya están informados del malvado plan para producir un desajuste en las tareas del hogar, utilizando a Peixoto como instrumento. A estas alturas, nuestro infortunado hermanito ya ha asumido su puesto de víctima y, manipulado por los pensamientos inferiores que no aprendió a resistir, conspira para sembrar la duda en los corazones de algunos otros médiums invigilantes y trabajadores de nuestra intimidad que, ciertamente, morderán el anzuelo y, en lugar de obstaculizar la proliferación del bacilo de la calumnia o la desconfianza, serán oxígeno fresco alimentando la chispa encendida por la palabra frívola del hermano vigilante. Seguramente, Peixoto utilizará las innumerables décadas de trabajo mediúmnico "práctico" que ha realizado en esta casa para disfrazarse de un hombre bien intencionado. Mirará los libros de Kardec para encontrar frases que sirvan de excusa maliciosa para "levantar la discusión - diciendo estar preservando el interés doctrinal a través de la libertad de cuestionar y el deber de dudar, cuestionando todo. Como siempre ocurre con todas las personas frívolas bien disfrazadas, intentará crear un ambiente de seriedad y gravedad del asunto para engañar mejor a los incautos. Cuestionará la honestidad e integridad del líder amigo que, durante tantos años, siempre le ha ofrecido solidaridad fraternal en los momentos más difíciles de su crecimiento espiritual. Olvidará las innumerables visitas que realizó Jurandir al lecho de familiares enfermos, domicilios y hospitales, los favores de la institución a criaturas en dificultades materiales que fueron atendidas gracias a la comprensión y sensibilidad del liderazgo de nuestro hermano. Peixoto olvidará los generosos consejos y las horas dedicadas en diálogos encaminados a resolver los más intrincados problemas familiares, recibiendo siempre de Jurandir los lúcidos y fraternos, coherentes y amables consejos. Olvidando todo tipo de beneficios directos y personales para solo recordar este pequeño incidente, estará cavando su propia tumba, si podemos decirlo así.

Jerónimo y Adelino se miraron sorprendidos, cuando se dieron cuenta que Bezerra ya estaba al tanto de todo lo que acababan de escuchar dentro del vehículo, donde Peixoto era manipulado emocionalmente y el plan se iba trazando en su mente.

- ¡Vaya, doctor, y aquí estábamos imaginando que le diríamos algo nuevo...! ¿Ya lo sabe todo?

- Es que estamos en constante sintonía con todos los queridos hermanos encarnados que trabajan aquí. Si las entidades inferiores necesitan seguirlos para saber quiénes son, sus verdaderos amigos - que somos nosotros - estamos en sintonía con ellos incluso desde la distancia, sabiendo lo que piensan, lo que hacen, lo que pretenden. Cuando los espíritas encarnados sean más conscientes de todos estos hechos, reducirán significativamente las frivolidades de conducta que se permiten, ahora, solo porque, al no ver a sus tutores espirituales, se imaginan que no sabremos lo que están haciendo.

Entendiendo que el momento permitiría más aclaraciones, Ribeiro comentó, sereno pero firme:

- Nuestros hermanos son niños en crecimiento. Seguimos sus pasos con el preaviso de los padres vigilantes que saben lo que quieren sus hijos inmaduros. Por lo tanto, advertimos a todos sobre la necesidad de cambios. Reconocemos que los acontecimientos de esta noche no son agradables para nadie. Sin embargo, permitimos que ocurra debido a varios efectos apreciables y constructivos. El primero según las necesidades del propio visitante. Engañado en la incredulidad al imaginar que Dios es un gran fraude, hoy recibió la inyección de verdades que demuestran exactamente lo contrario de sus ideas. Como está hundido en problemas hasta el cuello, todo lo que escuchó aquí le sirvió como una inyección de vida en la conciencia culpable que trata de matar a diario. Después de trabajar en la espeluznante hipótesis que los espíritus conocen nuestras más secretas caídas, no tendrá ninguna duda cuando se enfrente a la comunicación de Gonçalves, pobre alma despojada de sus esperanzas y de su propia vida.

El segundo efecto beneficioso se debió a la decepción que sintió el propio Peixoto después de todo lo sucedido. Nuestro invigilante hermano aun no entendía que la mediumnidad es algo serio y no un mostrador de negocios donde el interés personal lo gobierna todo. Sacamos a Peixoto de su cuerpo y permitimos que Gonçalves se conectara directamente para que el médium aprendiera lecciones importantes y, al darse cuenta que no es él quien dirigía el intercambio, recogiera los frutos amargos de su comportamiento interesado. El tercer efecto esperado por nosotros, está directamente ligado a lo que aconsejamos al final del encuentro, a través de nuestra Dalva. Que los médiums y los obreros estén atentos, porque quienes no mantengan la vigilancia y la seriedad con los objetivos del trabajo espiritual serán, por causas naturales, separados de los demás, alejándose del grupo.

Aprovechando la pusa natural en las declaraciones de Ribeiro, Adelino agregó:

- Entonces, ¿es eso lo que estamos viendo ahora que empieza a suceder?

- Así es, hijo mío -dijo Bezerra con sinceridad y seriedad. Lamentablemente, el mal prolifera en quien ofrece un ambiente interior fértil para el mal. En todas las personas que aun no han aprendido a ser transparentes, sinceras y limpias de corazón, el barro de la malicia, la envidia, los celos abonan el terreno íntimo para que nazca y crezca la semilla de la discordia. Así, quienes estén en sintonía con los mismos procesos inferiores, por sentirse unidos bajo el mismo patrocinador - la duda -, se dejarán contaminar y, por sí mismos, partirán en grupo hacia las experiencias evolutivas que necesiten. Se apoyarán unos en otros, aparentemente cubiertos por la razón, alimentándose unos de otros sin comprender los entresijos de las entidades negativas que los manipulan, siempre basados en el interés material del que estos hermanos aun no se han desvinculado. En algunos, es el interés de mejorar por la vanidad, en otros, el interés por el progreso material motivado por la ambición. Otros tienen interés en descansar, motivados por la pereza, otros en permanecer en el cultivo de placeres fáciles, a través de la lujuria, otros más el de conquistar afectos a cualquier precio, estimulados por sus necesidades afectivas.

Los conocemos tan bien que, sin ponernos como profetas de la fatalidad, sabríamos decir, nombre por nombre, cuál de ellos formará parte de la lista de los que abandonarán esta casa, con las excusas más inconsistentes. Al final; sin embargo, será una purificación beneficiosa, representativa de la selección natural que apunta a la armonía del conjunto, armonía que difícilmente se logra con la presencia de elementos tan heterogéneos. Tras la turbulencia natural, un entorno de mayor equilibrio y mejor trabajo nos beneficiará a todos. Se les advierte sobre la necesidad de transformarse realmente. Sin embargo, imaginan que esto es solo un consejo de rutina, carente de profundidad. Se darán cuenta, demasiado tarde por sí mismos, que fueron advertidos con mucha anticipación y; sin embargo, cayeron en la trampa de la oscuridad. La mayoría se perderá en el laberinto de sus propias imperfecciones porque, una vez que abandonen seriamente el entorno laboral, no encontrarán el alimento espiritual adecuado a sus deseos. De la misma manera, si no están imbuidos del suficiente espíritu de abnegación para luchar contra las adversidades y apoyarse en la lucha contra el germen del personalismo, del exclusivismo, de la idea de superioridad que alimentan unos respecto a otros, no podrán formar un grupo que se entienda. Solo serán compañeros de disturbios en base a diversas quejas. Ninguno de ellos tiene, todavía, las cualidades esenciales para ser un buen capitán de barco, ni la habilidad o competencia para comprender las leyes de la navegación. Sirven muy bien para estirar los amarres, bajar las velas, servir comida o levantar anclas. Pero ninguno de ellos tiene la experiencia o la competencia espiritual para tomar el mando del barco. Entonces, lo que veremos es que el grupo de amotinados abandonan el barco y, en la pequeña barca del individualismo donde llevan su gran orgullo, mueven los remos cada uno por su cuenta, deseando llegar al paraíso, pero sin saber cómo hacerlo. Navegarán así hasta cansarse y sufrir bajo el sol abrasador y la sed inclemente, sin conseguir llegar a ninguna parte, dejando, al final, el arrepentimiento por haber sido tan tontos como para abandonar el barco que los protegía y transportaba. Cuando esto suceda en sus vidas, el peso del desencanto y del orgullo que llevan en el barco de la personalidad será el mayor obstáculo para aceptar regresar al barco que abandonaron. Todo esto, hijos míos, es beneficioso para la institución seria que, confiando en Dios, cuenta con la protección superior que sostendrá en los corazones sinceros que permanecen aquí la convicción de verdadera amistad y fe en el Divino Amigo, el Cristo, que es el verdadero dueño y líder de esta institución.

Pasaremos por un breve período de agitación que, en unas semanas, será superado por la perseverancia en el Bien de los que aquí permanecen. Ciertamente, algunos sufrirán el peso de la calumnia, la desconfianza, los cuestionamientos vulgares e injustos e incluso la ingratitud. Sin embargo, los verdaderos trabajadores del Señor no están aquí en busca de halagos, homenajes, comprensión o apoyo. Sirve, incluso en plena soledad, tratando de hacer su mejor esfuerzo. Entregan toda su defensa al Padre que lo sabe todo, y sigue trabajando incluso bajo el aluvión de acusaciones y mentiras. Esa es la parte amarga de los que mandan. Por la forma en que se comporten ante los ataques, demostrarán si están preparados o no para enfrentar los desafíos del liderazgo. Serán dignos de la máxima confianza solo si no se desaniman o desalientan frente a las tareas del mando, ni abandonan las responsabilidades ante el Bien a realizar.

Y observando la atención de quienes lo escuchaban, Bezerra concluyó:

- Todo el mundo está siendo probado en este momento de crecimiento.

Peixoto, los médiums, los trabajadores y el propio Jurandir pasan por la prueba. Sin embargo, aquellos que perseveren en el ideal sincero serán protegidos. Como nuestro objetivo es observar los mecanismos de separación de la paja y el trigo en este momento de transición de la humanidad, creo que sería muy interesante que acompañaran a Alceu en su rutina personal el día que amanece, al igual que a los familiares directos de Alberto, así como sus exjefes, Moacir, Rafael y, en particular, a la joven Lia, amante de este último. A partir de las actitudes que adopten, entenderemos la lógica superior que sabe evaluar en cada hijo cuál es su condición espiritual efectiva estampada en sus propias reacciones ante los desafíos que se les presenten. En cuanto a nosotros, continuaremos monitoreando todos los eventos, asegurándonos que seremos más productivos con menos trabajadores devotos y sinceros que con muchos, indiferentes y mezquinos, apegados a las cosas mundanas.

Dirigidos por las rutinas de estudio a las que se dedicaban, Adelino y Jerónimo se despidieron, siguiendo las tareas que se multiplicarían en los días siguientes, evaluando los efectos en cada persona, espiritista y no espiritista, de las tentaciones, desafíos, fracasos y caídas, todos como mecanismos para calibrar el verdadero bien que ya palpita en el corazón de cada encarnado que, en estos momentos, está bajo la prueba selectiva para la gran transición.

23.-
ALCEU

Después de salir del el Centro Espírita, muy conmocionado, Alceu no pudo regresar a casa en ese estado. Su esposa no tardaría en notar el repentino cambio emocional. A pesar de estar acostumbrado a las presiones del mundo empresarial, nunca antes se había enfrentado a problemas tan complejos de forma simultánea.

Necesitaba tiempo para pensar. Así que, decidió buscar un restaurante conocido donde, en un ambiente tranquilo y bajo la influencia de alguna bebida relajante, pudiera recuperar un poco el equilibrio, entre bocanadas de su cigarrillo favorito.

A su lado, entidades inferiores pululaban en sus pensamientos.

- ¿No dijimos que no debías ir, burro? – intuyó el principal, un espíritu de poca evolución e intereses idénticos a los de Alceu -. Bien hecho, tomó la delantera porque, además de idiota, eres terco.

En un mecanismo automático muy común en los procesos obsesivos ya instalados, Alceu repetía las mismas ideas en su mente, hablando para sí mismo:

- Sí, realmente soy un burro, un idiota. Nunca debí meterme en este asunto del Espiritismo. Fui a buscarlo y terminé encontrándolo. Siempre pensé que se trataba que la gente pagara para conseguir lo que quería y eso era todo. Que iban a pedir unas velas, algo de comida, algo de dinero y ya.

- ¿Crees que esos lugares no son peligrosos, que serán una solución fácil a tus problemas? Bueno, deberías saber, imbécil, que hay "ciertos lugares" que son muy peligrosos para todos. Tan peligroso que no entramos contigo. ¿Crees que estamos locos? Si quieres meterte con los luminosos, terminarás quemado por tanta luz.

Y el diálogo singular continuó a medida que hacía efecto la bebida.

Lo que más molestaba al pobre Alceu, un espíritu mezquino acostumbrado a los juegos de intereses, era el hecho que siempre había logrado absolver sus delitos practicados en el pasado a expensas de ofrendas realizadas en los templos religiosos a los que había asistido. El que, además de haber sido un empleado ingrato, haber defraudado la confianza de su ex empleador y, en consecuencia, haber contratado la muerte de dos inocentes, pensaba que podía salir airoso de tan graves actitudes ofreciendo alguna pizca de su fortuna a las iglesias tradicionales, siendo considerado por ellas como un benefactor, digno de los más grandes elogios.

- Pero, ¿qué hechizos malditos usan estos espiritistas para levantar almas de la tumba? No sé si Peixoto pudo conocer mis relaciones sexuales, mis problemas administrativos y mi "forma de tratar" a mis empleados. Quizás alguien podría habérselo dicho. Quizás mi propia esposa, esa serpiente. Pero estoy seguro que nadie conoce hechos tan graves como los que involucran a Gonçalves y su esposa. ¿Por qué las diatribas de Satanás se presentó el maldito anciano para cargar mi conciencia con las cosas de un pasado tan lejano? Han pasado tres décadas. Ni siquiera estaba casado. Nunca he revelado estos hechos a nadie, ni siquiera a los diversos sacerdotes que ya han pasado por la catedral, siempre deseosos que nos confesemos para obtener la salvación mediante penitencias. Y mira que ya dejé una pequeña fortuna en donaciones que hice para las numerosas reformas. Soy considerado como el mayor benefactor de la comunidad religiosa, a pesar que siempre pido el anonimato. Si les gusta hacer alarde de mi nombre a los cuatro vientos, lo hacen en contra de mi voluntad, porque yo siempre pido lo contrario. Y, aun así, ¿cómo puede aparecer Gonçalves y "darme en la cara" con estas cosas? ¿Imagina si hubiera un juez, un fiscal o cualquier autoridad policial en esa sala, escuchando esas revelaciones secretas? Caramba, ¿podría ser que no lo hubiera? No conocía a nadie allí además del idiota de Peixoto. De hecho, ese interesado cuyo principal objetivo en era mi dinero, ciertamente me hizo un gran favor. Con su comportamiento tan bajo, me dio la excelente excusa para alejarme de su trampa verbatina, a través de la cual ciertamente pretendía ayudarme para después sacarme algo de dinero por los favores prestados con esas oraciones. Conozco bien a este "tipo" de personas. Siempre dando con una mano para esperar recibir algo en la otra.

Solo pensar en las cosas criminales que había hecho hace tanto tiempo ponía nervioso a Alceu. Y mucho más imaginar que esos muertos pudieran seguir ahí afuera, denunciando su crimen, dirigiendo sus negocios, como había dicho el propio Gonçalves. Eso era inimaginable. El muerto estaba muerto y el vivo estaba vivo. Pero las pruebas que tenía esa noche eran indiscutibles. Solo él conocía esas verdades. Ni siquiera su abogado había sido informado que la muerte de los ancianos había sido "ordenada y pagada" por él mismo. Incluso los bandidos que lo habían cometido, unos meses después, también habían sido asesinados, en un enfrentamiento con la policía, según todos los periódicos de la época.

No quedaban testigos.

- ¿Qué debo hacer? Dije que iba a denunciar esa guarida de embaucadores, pero creo que si me meto con "ese negocio" van a empeorar las cosas para mí - meditaba el empresario, temeroso. Nunca creí en esas "cosas" del Espiritismo, pero, por si acaso, nunca podemos estar seguros...

- Así es - murmuró el obsesor en su oído -, deja en paz a ese montón de entrometidos. Un día u otro, tendrán lo que se merecen. Además, estás realmente asustado, ¿no? Valiente... ¡Ja! ¡Ja! ¡Ja! -

estalló la risa del grupo en torno al empresario, que se imaginaba estar solo en esa mesa del restaurante casi vacío.

Más de treinta entidades lo acosaban, entre ellas Gonçalves, su esposa asesinada, los dos ladrones contratados para matarlos, entre muchos otros que resultaron perjudicados durante su vida de "hombre exitoso" - como se enorgullecía de contar a sus amigos más cercanos.

- Bueno, voy a dejar a esos *macumberos*, hechiceros o lo que sea, tranquilos, siempre y cuando ellos no vengan a provocarme. Pero ¿qué pasa con Gonçalves? ¿Cómo me deshago de esta persecución? ¿Es real? Creo que tendré que pedirle consejo a Don Barcelos. Después de todo, él está bien versado en teología y ciertamente la comprende más que yo.

Los tragos de buen whisky y la nicotina habían producido el efecto narcótico ya conocido, gracias al cual Alceu había recuperado la calma para emprender el camino a casa. Necesitaba dormir un poco antes de los enfrentamientos del nuevo día.

Sin embargo, aun así, esta sería una noche muy agitada. Sus pensamientos daban vueltas en su cabeza y, las pocas veces que su espíritu abandonaba su cuerpo, veía ante él al viejo Gonçalves, irónico y amenazador, obligándolo a regresar rápidamente a la organización física donde despertó, agitado. Como dormía solo en una habitación apartada, su esposa no presenciaba su turbulento sueño. Sin embargo, todo esto era algo más que un producto de su imaginación. En el fondo sabía que imágenes tan extrañas tenían mucho que revelar a sus sentidos lúcidos.

Era el regreso de la conciencia adormecida a estados de lucidez donde, primero, la culpa, luego el arrepentimiento y, finalmente, el trabajo de recuperación a través de la práctica del bien cooperarían con Alceu para la verdadera transformación, después de tantos años envuelto en placeres y goces, fiestas y paseos, autos y bebidas. Ahora que estaba cara a cara con su peor víctima, sabiendo que ella lo estaba esperando para ajustar cuentas hizo que su paz desapareciera. Y el sueño se había convertido en un tormento porque, cada vez que deseaba descansar, se repetía la escena de la persecución de Gonçalves, esperando su venganza. Apenas estaba descubriendo que el crimen es la trampa que ata al criminal.

Fue en este estado de inadaptación que Jerónimo y Adelino fueron a buscarlo, en la lucha por intentar descansar un poco. En el fondo, Alceu y todos los demás eran socios del mal o del crimen. Él había hecho lo que hizo para enriquecerse, pero Gonçalves, incluso en el otro lado de la vida, lo utilizaba como su empleado. La venganza que el espíritu le construía a su verdugo era lenta y cruel, ya que suponía la pérdida de todo, de la familia, de la paz, de la salud mental y, finalmente, de la propia vida. Después de imponerse a través de los lazos vibratorios de la sintonía con el mal, Gonçalves estimuló las debilidades de Alceu para que violara las conductas correctas con los excesos de sus deseos. Perdería el respeto por sí mismo, atraería a personas sin escrúpulos a su entorno personal, destruiría la armonía del hogar destruyendo su propio matrimonio para que, después de haber perdido todo, le sugiriera al ex empleado quitarse la vida para terminar sus días en el abismo del suicidio, sin dejar de pagar sus malas acciones.

Al darse cuenta que Alceu seguía agitado incluso después de haberse contaminado con alcohol y toxinas dañinas de los cigarrillos, Jerónimo se acercó al desafortunado y, mediante la aplicación de pases magnéticos, logró reducir su agitación, manteniendo su espíritu yuxtapuesto al cuerpo carnal, de manera que sus perseguidores espirituales pensaran que no había podido "pegar el ojo." Teniendo en cuenta que sus intenciones se han cumplido, estas entidades quedarían satisfechas. Entonces, ansiosos por disfrutar el resto de la noche, muchos de ellos partieron en busca de las guaridas del placer o la emoción donde disfrutarían del tiempo de oscuridad que les quedaba con los otros encarnados emancipados por el sueño, permitiendo que Alceu se quedara sin tanta compañía.

Cuando la mayoría de ellas se fueron, quedando solo Gonçalves y el principal obsesor, Jerónimo se hizo visible para ambos. Asustados por la intensa luz, se trasladaron a un rincón de la habitación, lanzando improperios y maldiciendo mientras comentaban, entre ellos:

- Debe ser uno de los enviados de allí, de la guarida de la luz, donde se metió esta noche nuestra estúpida marioneta... - dijo el comandante de la persecución.

- Creo que lo es-respondió Gonçalves. No tuve mucho tiempo para ver nada en ese lugar. Solo sé que alguien me llevó con esa mujer "oradora" diciéndome que podía decir lo que quisiera, que ella lo repetiría.

- Fuera de aquí, alma en pena, este lugar es nuestro - gritó el otro en dirección a la entidad luminosa.

Al observar el miedo de las dos entidades restantes, Jerónimo los calmó diciendo:

- Estamos aquí en una misión de paz, hermanos.

- Su paz es guerra para nosotros - respondió el más arrogante de los dos.

- Porque no los vemos como nuestros enemigos. Queremos comprender las razones que los llevan a ustedes y a Alceu al tormentoso nivel de la locura.

- No estamos locos. Somos vengadores. Fuimos víctimas de un loco y nos volvimos locos de odio, el que nos hace estar aquí para el debido ajuste de cuentas. Y no vamos a dejar que los "ángeles" se metan en nuestros asuntos porque, ciertamente, deben estar muy mal informados sobre esta escoria, si pretenden defenderlo.

- Conocemos todos los problemas por los que pasaron, tanto como conocemos las responsabilidades de Alceu en su dolor. Sin embargo, los dolores existen para que, algún día, puedan pasar. Nos parece que a los dos hermanos les gusta cultivarlo, aunque se quejen de su causa, usándolo como excusa para su sed de venganza. Siguen siendo infelices y enfermos, incluso después de décadas de persecución.

- Es que el infeliz aun no ha sufrido tanto como debería. Estaba en la fase de disfrute y, ahora solo, está empezando la fase de caída. Comenzará a perder a su familia y, con ello, gran parte de sus bienes. Después perderá todo su negocio, perderá a sus amigos, perderá la consideración de los demás, perderá su salud y, finalmente, perderá las ganas de vivir.

Al observar la dureza de las entidades, Jerónimo no se animó a argumentar, limitándose a informar:

- Estamos aquí para ayudar a todos. Si quieren acompañarme, están invitados. Si no, quédense aquí y traeremos a Alceu en unas horas.

Mirando a la entidad luminosa cuya belleza impresionaba, desalentando cualquier oposición, el principal obsesor respondió:

- Vaya, ¿realmente crees que somos estúpidos? Bueno, sepa una cosa: este "tipo" es nuestro. Trata de traerlo de regreso porque sabemos que los "ángeles" no obligan a nadie a hacer lo que no quiere. Está con nosotros porque nos llama. Pero ten la certeza que cuando regrese, empeoraremos mucho el trato hacia él. Es tu elección.

- Que así sea. No digan después que no fueron invitados a cambiar sus caminos - respondió Jerónimo, sereno y piadoso.

Luego tomó el periespíritu de Alceu en sus brazos y, acompañado de Adelino, que no fue visto por las dos entidades asustadas, salió del recinto hacia el Centro Espírita.

Se hacía de noche y los trabajos de la casa, como de costumbre, se multiplicaban en el cuidado de los necesitados.

La llegada de Jerónimo conduciendo al pobre e inadaptado Alceu no sorprendió a los líderes de la institución.

También estaban esperando su llegada, Peixoto, Cássio, Moreira y Geralda, trabajadores comprometidos con las entidades inferiores que, ahora fuera del cuerpo, estaban allí para ser informados de las orientaciones finales.

Cada uno tenía un tipo de lucidez mayor o menor sobre el encuentro en ese entorno.

El menos preparado para esto fue Alceu, quien se mantuvo bajo la protección directa de Jerónimo para que, apoyado por él, tuviera claridad de pensamiento y comprensión para aprovechar esa hora importante.

Frente a todos ellos estaban, Ribeiro, Bezerra y Adelino seguidos, poco después, un poco más apartados, por Jurandir, Dalva, Alberto, Lorena, Meire, Cornélia, Horácio, Plínio y Alfredo, quienes se posicionaron en semicírculo, para los entendimientos de ese momento.

Ribeiro tomó la palabra de inmediato para aprovechar esos breves momentos:

- Queridos hijos, han sido traídos aquí en este momento importante de su vida para tomar decisiones muy serias, que cambiarán el destino de sus espíritus para bien o para mal. Entonces, abran bien sus oídos y escuchen con su mente y corazón lo que nuestro amoroso padrecito les comunicará.

Dicho esto, dio paso a la palabra del generoso Bezerra.

- Mis queridos hijos, el tiempo de la vida está llena de alegrías y oportunidades. En su bondad infinita, Dios nos ha dado la inteligencia y el sentimiento para desarrollarlos a fin de garantizarnos la capacidad de tomar decisiones informadas. Sus destinos están en sus manos. Atraídos por intereses inmediatos, sus almas se alejan del camino del Bienal elegir el negocio con los sentidos en lugar de las responsabilidades morales con su propio crecimiento interior. Por ello, decidimos reunirlos en este momento para este último encuentro.

Dirigiéndose, ahora, en concreto, a cada uno de ellos, Bezerra trató de ser claro y directo, facilitando así la fijación de las enseñanzas:

- Alceu, bendita es la hora en que los fantasmas del pasado pueden ser exhumados de la conciencia que creemos que es solo el viejo ataúd de huesos acabados. Aprovecha, hijo mío, la noticia de la responsabilidad antes que el camino se ponga más accidentado. Tus adversarios te acechan y, no importa cuánto intentemos hacer el bien a tu favor, todos estamos a tiempo para nuestras propias decisiones. Si dejas de engañarte a ti mismo o de buscar justificaciones fáciles para escapar de la responsabilidad, demostrarás tu deseo de mejorar y estarás a la altura de la ayuda que Dios ofrece cada día. Sin embargo, si deseas seguir otro camino, prepárate para los dolores y las transformaciones indispensables que el tiempo en la tierra depara para todos. Infórmate sobre la doctrina amorosa que da voz a los muertos y comprende que nuestros enemigos se trasladan de dimensión, pero nuestras deudas continúan con nosotros dondequiera que vayamos. Ya no es el momento de las apariencias de bondad. Ahora es el momento que la Bondad Divina palpite dentro de ti. Ningún crimen es demasiado grande para el corazón de Dios, siempre que el arrepentimiento del hijo sea verdadero y su deseo de reparación sea igualmente sincero.

Volviéndose hacia los otros cuatro, consideró, paternalmente:

- Hijos de mi alma, hemos estado juntos en este viaje de construir el nuevo hombre, todos estos años. Después de muchos trabajos y variados aprendizajes, se nos pide que evaluemos nuestro aprovechamiento efectivo. Las puertas de la Casa del Padre nunca se cerrarán para ninguno de sus hijos. Sin embargo, existen escuelas adecuadas para cada tipo de alumno, así como aulas con diferentes metodologías según las necesidades del despertar de los alumnos. Hasta ahora, han sido admitidos aquí como trabajadores de buena voluntad, a través de los cuales otros desafortunados encuentran su camino. Sin embargo, han desperdiciado las oportunidades de recorrer el camino que aconsejaron a otros tomar. Años y años han sido testigos del desprecio con el que han tratado el Mensaje Divino. Contaminado por intereses materiales en las diversas áreas de la personalidad, su conducta ha demostrado la falta de dedicación a la obra divina, como era de esperar. Ante esta circunstancia y, dado que no hay violencia en la Casa de Dios, hoy fueron traídos aquí para informarles que, a partir de hoy, para nosotros, ya no tienen vínculos de trabajo espiritual con esta institución. Podrán quedarse aquí y, si cambian sus inclinaciones, si superan la falta de sinceridad, si se convierten en verdaderos hermanos de sus compañeros, si dejan de vivir dobles, triples o múltiples vidas dentro y fuera de aquí, si sus transformaciones morales son de tal magnitud que dan fe del grado de sinceridad de su arrepentimiento, podremos recibirlos nuevamente en el círculo de los consagrados trabajadores de la causa. Sin embargo, mantenerlos bajo un compromiso tan serio sin comportarse como deberían, sería agravar los efectos de los desatinos que han practicado por su propia voluntad. Ante la ley, hasta ahora han sido clasificados como siervos de Dios que conspiran contra la obra de Dios. Intentamos ofrecerles todo tipo de ayuda para cambiar esta situación. Pero como nada ha cambiado sus comportamientos, la última ayuda posible que nos queda es liberarlos de sus compromisos para que sus malas actitudes pesen menos sobre sus hombros, a la hora de determinar sus responsabilidades. Quién sabe, si con eso obtengan una consecuencia menos desagradable cuando les toque caminar hacia sus propios destinos. Por lo tanto, los desligamos de esta casa por su propio beneficio y no por otras razones, como el dolor o el resentimiento arraigado en las actitudes del pasado o las que pretenden tomar contra la institución. Sabremos entenderlos como hermanos involucrados en las cosas del mundo de las que no quieren separarse debidamente, como aquellos que, sirviendo Dios y Mammón, intentaron conciliar las cosas celestiales con las mundanas, sin lograrlo. No olviden que, a partir de ahora, los efectos de sus acciones no podrán ser mitigados por nuestra protección, ni nuestros consejos podrán ser escuchados en sus pensamientos, pues ya quedó claro que no parecían este tipo de consejos. A partir de ahora, sus acciones darán fe de lo que son, ya sea en el bien o en el mal. Que Jesús los ilumine siempre, queridos hijos. Quién sabe, tal vez algún día nos volvamos a encontrar en el mismo lado de la lucha.

Las palabras sencillas y fraternales de Bezerra profundizaron en aquellas almas que, ante aquel espíritu luminoso, parecían disminuir las miserias que guardaban en su interior, aquellas ilusionadas por guardar tales secretos ante las miradas superiores.

Peixoto, impresionado, trató de resistir el llanto, sin dejar que las lágrimas corrieran por sus ojos. Cássio no levantó la cabeza, recordando las frivolidades que había cometido en secreto. Moreira, como Cássio, estaba sumamente incómodo con el peso de su conciencia, mientras que Geralda parecía fingir que no era asunto suyo. La pobre chica, perdida en sus sentimientos, no poseía la madurez espiritual para observar todo eso con seriedad, profundizando las advertencias del exterior para meditar sobre sí misma, sobre la legitimidad de sus elecciones, sobre la certeza que Dios y sus representantes lo saben todo sobre nosotros. Como la mayoría de los espiritistas y cristianos de todas las denominaciones, pensaban que podían parecer buenos durante el día y malos por la noche, parecer honestos en las manifestaciones sociales o colectivas, pero, a nivel personal, siguen siendo tan degenerados como la mayor parte del mundo.

Terminada la comunicación, cada uno fue llevado de regreso a su destino, despertando en la cama con las emociones de esa hora. Aunque no registraron la veracidad de los conceptos de ese momento, todos sentirían que habían estado en un momento muy serio y decisivo para sus destinos. Quién sabe si, con todo esto pesando sobre su conciencia, adopten caminos distintos a los de la calumnia, la rebeldía, la actitud mentirosa y esquiva, decidiendo no practicar los actos que tenían en sus planes, tomando en cuenta las sugestiones inferiores de las entidades que los manipulaban.

En general, los seres humanos no valoran adecuadamente las ventajas de las que disfrutan o las concesiones de las que se ven beneficiados, hasta el momento en que las pierden. Entonces suena una alerta íntima y, a partir de entonces, con la conciencia despertada por la supresión de los beneficios lo que interpretan como una "reducción" - comienza la lucha por recuperar la antigua consideración.

El día que se avecinaba, sería la nueva oportunidad para que cada uno demuestre lo que realmente quería, en relación con sus propios deseos.

Alceu, al despertar en su cuerpo después de haber descansado, vio ampliado su entendimiento por las advertencias de aquel espíritu amoroso y, aunque no sabía quién era, se levantó de la cama tocado por un deseo, aunque tenue, de buscar una salida más adecuada a los desafortunados compromisos del pasado, una explicación de ese fenómeno tan intrigante del que se había convertido en observador directo sin poder controlar su propia reacción.

Geralda se despertó en su casa, sin ningún recuerdo inmediato o remoto de aquel encuentro espiritual. Sin embargo, sentía su corazón infeliz, turbulento, apretado sin saber el motivo. Había atribuido este estado personal al susto de la noche anterior, cuando el desconocido Alceu había puesto todo en riesgo en el entorno físico.

- Sí - pensó - estos hechos perturban nuestro espíritu y, sinceramente, no sé dónde estaba el Sr. Jurandir cuando permitió que un extraño permaneciera en nuestro encuentro. Creo que estas cosas no deberían pasar porque, después, somos nosotros los que "pagamos el pato" - quedándonos con las sobras de las vibraciones densas.

No eran sus deseos amorosos reunidos para destruir la relación de una pareja comprometida que surgían como el motivo de su malestar. ¡No! La causa de su angustia interior era el error de Jurandir, quien hizo posible que aquel hombre desequilibrado permaneciera en la reunión la noche anterior.

En otra casa, despertaba Cássio, el infortunado hermano inadaptado que estaba fuera de lugar en la experiencia de fiestas intransigentes. Sorprendentemente, se había levantado de la cama irritado, como indignado por un sueño revelador en el que se había sentido desenmascarado. Por las ideas que había archivado en su mente espiritual esa noche, se quedó con la idea que los espíritus lo habían desacreditado como una represalia por sus elecciones de vida, lo que consideraba una ofensa a su libertad personal y lo había afectado profundamente. ¿Tenía libre albedrío o no? ¿Podría, fuera del Centro Espírita, llevar la vida que más le convenía o debía ser un muñequito de los espíritus y de los conceptos del Evangelio? ¿Por qué los espíritus se involucraron en su vida personal si, dentro del centro, seguía actuando dentro de los estándares y rutinas seguidas? No era una mala persona. Cumplió con sus deberes, asistía a las reuniones, trataba de ser asiduo, ayudaba con algunos recursos económicos, pero nunca le resultó extraña la discrepancia entre lo que donaba para ayudar a los afligidos, en cualquier lugar, y las cuantiosas cantidades gastadas en sus aventuras etílicas, en fiestas o en cumplir sus caprichos.

De hecho, Cássio era un aparente trabajador rutinario, imaginando que su vida personal podría seguir siendo la misma pocilga mientras se entregara al trabajo mediúmnico por algunas horas en el Centro Espírita. Además, también suponía que sus protectores debían que protegerlo de todos los males y bajas vibraciones, incluso en los lugares inferiores que frecuentaba y donde disfrutaba de los placeres mundanos. "Es en el dar que se recibe" - solía decir, creyendo que tenía razón.

Mientras seguía pensando en el "sueño" de la noche, que parecía más real de lo habitual, se dijo:

- Si los espíritus ya no me ayudan, ¡pues bien! Puedo arreglármelas solo. ¿Quién dice que los necesito? Después de todo, ese no es el único Centro Espírita de la ciudad.

Recibiendo las sugestiones mentales de los perseguidores invisibles, comenzó a conjeturar:

- El caso Alceu es un buen ejemplo de desprotección dentro del propio Centro. Después de todo, ¿cómo es que los espíritus líderes de un trabajo que se dice que es tan serio y comprometido permiten que un loco pierda el control de esa manera? Ciertamente, si las entidades espirituales superiores se encargaran del trabajo, habrían impedido que ese individuo hiciera ese carnaval. Si lo saben todo, ¿cómo dejaron que las cosas se volvieran insostenibles?

Eran las mismas semillas de discordia que las entidades manipuladoras estaban sembrando dentro de los otros tres trabajadores vigilantes. Era importante que Cássio apoyara a Peixoto para que así tuvieran más fuerza y causaran mayor daño al trabajo espiritual de esa institución. Además, estas entidades se aliaron con las otras que querían asegurarse las energías del médium, compañero de veladas y aventuras en ambientes inapropiados donde se asociaban en intercambios vibratorios. También querían alejarlo de la rutina de trabajo del Bien, dos días a la semana, cuando varios de sus compinches se sentían atraídos por la iluminación mediúmnica, debilitando a la invisible "banda del desorden."

Moreira, el otro hermano involucrado por espíritus de la misma naturaleza, presentaba cuestiones similares a las de Cássio, utilizando el incidente con Alceu para dudar de la integridad de la Casa Espírita y de la dirección espiritual que la vigilaba. Igualmente, herido en su orgullo por la anulación de sus compromisos laborales, en lugar de aceptar la invitación a la regeneración moral, prefirió disfrazarse de víctima y pasar a contratacar, criticando aquello con lo que no estaba de acuerdo, el manejo de los servicios, las disciplinas que él consideraba exageradas, basando sus acusaciones en el ejemplo del temperamento de Alceu, inapropiado para una institución que se suponía que estaba respaldada por la fuerza de los buenos espíritus.

Peixoto, finalmente, se había despertado con el corazón oprimido, con un gran peso en su conciencia, afectado por las palabras de Bezerra sobre la supresión del compromiso. Sin embargo, pronto se hizo sentir la presión de las entidades inferiores que se ocupaban de su sensibilidad, para transformar sus pensamientos de arrepentimiento en sentimientos infantiles de desprecio, de indiferencia hacia sus necesidades personales, tanto serias como precarias.

- ¿Ves, Peixoto, lo que es pasar treinta años siendo un burro de carga para los que dicen hacer el bien? Cuando más los necesitabas, te tiraron a la basura. ¿Qué clase de falso cristianismo es este? Están tratando de deshacerse de ti, quitándote lo que tus méritos han acumulado durante tantos años de servicio. ¿Cómo es posible algo así?

Y ahí iba, el inmaduro Peixoto, por el mismo camino de la autocompasión.

Desafortunadamente, ninguno de los cuatro médiums se había preparado para la vida siguiendo los consejos del Divino Maestro:

- ¡ORAD Y VIGILAD PARA QUE NO CAIGÁIS EN TENTACIÓN!

24. - MOACIR Y SU FAMILIA POCO EJEMPLAR

Si las realidades no fueron fáciles para los trabajadores de la institución que, para bien o para mal, ya tenían cierto conocimiento de las leyes espirituales, es fácil entender cómo ha debido de ser la vida de cada uno de los socios de la empresa quebrada.

Moacir, el socio casado con Valda, traía la mente llena de preocupaciones. Ciertamente no podía fingir durante mucho tiempo, pero, egoísta y sin la visión de un empresario responsable, trató de encontrar formas de deshacerse de la mayor cantidad posible de sus bienes para salvar todo lo que pudiera de la confiscación. No es que le preocuparan Valda y sus hijos, todos ya mayores y capaces de sobrevivir, pensó.

- Lo que realmente necesito es salvar algo para seguir con mi vida - hablaba consigo mismo, mientras revisaba los papeles.

Consultó a otro abogado especializado en fraudes financieros, entregándole documentos personales y diseñando una estrategia para robar a los acreedores tanto como pudiera.

No le preocupaba en absoluto el futuro de sus numerosos empleados. Luego de despedir a Alberto, hecho que de por sí desató una serie de rumores internos, ordenó que se suspendieran los pagos extras, sacrificando algunos para que todos recibieran, ese mes, al menos el salario básico. Alegaría un fracaso financiero, algún imprevisto generado por un cliente que no pagó lo que debía, provocando un agujero en las cuentas de ese mes, y ya. La estrategia era ganar tiempo antes que la acción de los poderes constituidos, a través de sus representantes legales, recayera sobre la empresa con todo su peso. Entonces, además de actuar de esta forma, el plan también suponía el desvío de materiales y maquinaria, aprovechando el fin de semana sin empleados. Para ello dispuso un camión, contrató cargadores y, sin avisar a nadie, ordenó el retiro de varias máquinas de la línea de producción, informando a los guardias de seguridad del lugar que eran máquinas que serían enviadas a mantenimiento por estar defectuosas, sacándolas del cobertizo para darles un destino incierto, escondiéndolas en un depósito desconocido para su futura venta.

Moacir sabía; sin embargo, que tarde o temprano tendría que revelar la situación real a Valda, antes que lo hiciera su hermana Alice, la esposa de su socio Rafael.

Por lo tanto, reunió a su familia para contarles sobre la nueva situación.

- Juliano - dijo dirigiéndose a su hijo mayor -, necesitas devolver el coche y deshacer el trato o, de lo contrario, tendrás que pagar la financiación con tus propios recursos.

Al escuchar la noticia de cerca, el hijo protestó, mitad en serio y mitad en broma:

-Vamos, viejo ¿me estás castigando por algo malo que crees que hice? De acuerdo, si ese es el motivo, lo pagaré con mi salario... No creas que voy a perder la máquina, justo ahora que nos estamos conociendo.

Al ver que su hijo no llegaba al meollo del asunto, Moacir continuó:

- Entonces será mejor que también te busques otro sueldo, porque desde el viernes ya no eres empleado de la empresa.

A Juliano le flaquearon las piernas.

- Caramba, hombre, ¿cómo quieres que sobreviva sin mi salario? De hecho, ¿de qué me acusan para un castigo tan radical?

Estoy seguro que no fui yo... después de todo, ¡nunca aparezco por allí!

- No, Juliano. Entre las muchas burradas, en las cuales eres especialista,, esta vez eres inocente.

- En cuanto a ti, Sabrina, puedes olvidarte de las vacaciones en Estados Unidos. No podemos pagar ni el pasaje ni la estadía.

Más rebelde y altiva, Sabrina respondió, agresivamente:

- Pero ¿qué es esto? ¿Un complot contra nuestra felicidad? ¿Qué te pasa, papá? ¿Quieres destruir nuestra familia?

- No, hija. No es nada personal. Además, creo que sería bueno que también empezaras a buscar trabajo. Después de todo, con veintiséis años, ya es hora que te ganes la vida por tu cuenta, si quiere seguir teniendo dinero para comprar tus cositas.

- ¡Pero nunca tuve que trabajar en mi vida! ¿Qué dirán mis amigas de semejante humillación? Al menos seguirás pagando el combustible de mi coche, ¿no?

- No, hija. El empleo también tiene ese propósito. Si quieres conducir, tendrás que llenar el tanque.

Aquello era como una pesadilla para la joven e impetuosa Sabrina.

Sin poder resistir a tal noticia, la hija se volvió hacia Valda, que estaba en la habitación, y le dijo:

- También estás detrás de esto, ¿no? Nunca te agradé. Siempre preferiste a Juliano y convenciste a mi padre de arruinarme la vida.

La madre, que no sabía nada del asunto, se sobresaltó por la reacción de su hija, respondiendo:

- No, Sabrina, no sé nada.

- Bueno, Valda, entonces es bueno saber que tendremos que dejar esta casa. Nos vamos, porque ayer la hice valorar, ya que necesitamos vender nuestros activos libres.

- ¿Qué? ¿Te has vuelto loco? ¿Qué pensará mi hermana de mí? Mientras ella se queda allá con la buena vida, ¿nosotros nos mudamos de aquí ? Siempre he confiado en tu capacidad administrativa y sé que lo que estás planeando es para nuestro bien. Sin embargo, no quiero dejar esta casa que, para mí, es la marca de nuestra posición social. La propia Alice nos envidia por ello, y siempre dice que le gustaría tener una casa como la nuestra. No dejaré que eso suceda. Puedes olvidarlo. No firmaré ningún documento para venderla.

Al ver que todos no entendían la magnitud del problema, Moacir fue más claro:

- Valda, si tardas demasiado, lo perderemos todo y no tendremos que firmar nada.

Usando ironía ante tal información, la esposa sonrió y respondió:

- Tu solución es la salida de los que están quebrados, Moacir. Ahora bien, no podemos dar a los demás la impresión que estamos mal. Este asunto que Juliano devuelva el coche, que Sabrina no viaje de vacaciones, esto hará que otros piensen que hemos retrocedido socialmente.

- Eso es, Valda. Estamos en quiebra. Ni siquiera tenemos los recursos para hacer compras. Es solo cuestión de unas pocas semanas o unos meses. Mientras tanto, cuantas más cosas podamos vender, más recursos podremos garantizar después de la tormenta.

- ¿Estamos en quiebra? - dijeron los tres casi al mismo tiempo, asombrados

- ¡Así es...e...n...q...u...i...e...b...r...a...! En quiebra - respondió Moacir, deletreando cada palabra para que todo quede muy claro. Por eso Juliano ya no tiene trabajo, coche ni salario, Sabrina no podrá pasear como tenía planeado en sus vacaciones y tendremos que dejar esta casa antes que venga la Justicia a confiscar nuestros bienes personales.

— Pero esto no puede estar pasando, esposo. ¿Qué pasó con la empresa? Siempre me pareció tan sólida... ¡Alberto siempre supo manejarla tan bien!

La referencia al ex empleado hizo que la mente de Moacir encontrara al "culpable" de la quiebra, quitándose la responsabilidad de encima y librándose de la vergüenza familiar al asumir la culpa del fracaso financiero.

— Sí... él fue el principal culpable. Confiamos en las personas y, un día, cuando nos damos cuenta, todo está perdido. Yo tengo la culpa de haber sido bueno, de haberle dado a Alberto la tarea principal en la conducción financiera de la empresa, pero los malos tratos, la falta de pago de impuestos, terminaron explotando sobre nuestras cabezas y, así, lo perderemos todo si no actuamos rápidamente.

"Qué sinvergüenza - dijo Juliano -. Siempre parecía tan serio, tan correcto, tan austero. No dejaba de mirarme cuando le presentaba las cuentas de mis gastos, como si me reprochara sin palabras. Ahora entiendo la razón de ese comportamiento. ¡Ya nos estaba robando...! Seguramente quería que sobrara más dinero para malversar. ¿Y la justicia? ¿Dónde está la justicia? ¿Cómo vamos a quedarnos, toda una familia, en esta situación mientras este "tipo" sale victorioso?

— Él también se verá perjudicado en todo. Ya lo despedimos y está enfrentando las mismas dificultades con su familia, supongo. Nunca más volví a saber de él, pero, como Gerente Financiero, también lo llamarán para rendir cuentas para la resolución de deudas.

Llevando la conversación en la dirección que quería, Moacir continuó, informando:

— Entonces, Valda, tenemos que hacer todo lo posible para evitar hundirnos con la empresa. Tienes muchas joyas. Venderemos todo y mantendremos el dinero bien escondido, porque esa gentuza va a investigar hasta en nuestros calcetines para averiguar dónde pusimos el dinero.

La esposa estaba impactada por el tamaño del huracán que los abatía. Entonces, el espíritu mediocre que era, empezó a razonar a niveles comparativos, teniendo a su hermana Alice como principal referente, como siempre lo había hecho en innumerables disputas sociales, en cosas fútiles o en extravagancias.

- Pero ¿qué hay de Rafael y Alice? ¿Van a tener que vender su casa?

Al comprender que Valda necesitaba calmarse en su vanidad, Moacir exageró todo lo que pudo:

- Bueno, querida, si eso es tan importante para ti, Rafael está más desesperado que nosotros. Él, su esposa e hijos saldrán con una mano al frente y la otra detrás. Seguramente acudirán a nosotros en busca de ayuda.

- Uff - dijo Valda, aliviada -. Qué bueno es Dios. No soportaría verlos felices mientras nos hundimos.

El marido sabía que Valda necesitaba sentirse por encima de su hermana para poder afrontar el colapso social, no como alguien que lo perdía todo, sino como alguien que seguía estando por encima de la que envidiaba.

Todo esto era una mentira que se había inventado en el último minuto, ya que, desde la última conversación, dos semanas antes, no había hablado con su ex socio.

Lo cierto es que la estrategia dio el resultado esperado. La desgracia de Alice significó un refresco para su vanidad, tomando el colapso de una manera más amena al imaginar a su hermana en peores situaciones.

- Bueno, Moacir, sé que estás comprometido con arreglar las cosas. Entonces, hagamos todo de la manera que sugieres. De hecho, ante tantas malas noticias, ¿no sería bueno que vayamos al Centro por unos pases? Siempre hemos sido muy envidiados por mucha gente, empezando por Rafael y Alice. Ciertamente, estamos en una situación delicada por culpa de tanto "mal de ojo."

Sin querer contradecir a su esposa, Moacir asintió, aceptando la sugerencia propuesta.

- Estoy seguro que Dios no nos fallará en este momento difícil.

Dijo la mujer tonta y superficial.

- Bueno, voy a cuidar mi vida, que no es Dios quien paga mis cuentas - dijo Juliano. Como voy a tener que ganarme la vida, empezaré a hacer lo que me corresponde. Tal vez pueda conseguir dinero para sacarlos del hoyo...

- Solo si traficas drogas, hermano. Después de todo, no te faltarán clientes... - interrumpió Sabrina, provocando a Juliano con comentarios sobre las malas compañías que había elegido como sus "mejores amigos" los cuales eran consumidores de drogas como Sabrina sabía desde hace mucho tiempo.

- Sabes que no es mala idea - respondió el chico, cínicamente -. Pero después que esté bien, no vengas a mí queriendo un poco de ayuda, eh, Sabrina. Arréglatelas como puedas, sobre todo porque tu cuerpecito esbelto tiene atractivos que el mío no tiene. De hecho, desempleada es una situación en la que nunca estarás, después de todo, naciste con un trabajo estable. Cuida tu cuerpo y conviértete en una buena empleada... ¡Ja! ¡Ja! ¡Ja!

Sabrina miró a su hermano, igualmente burlona porque, así como sabía el tipo de amigos que tenía, el hermano también era consciente de cómo Sabrina adoraba los placeres físicos, acostándose con cualquier chico guapo que se le presentara.

Dos ejemplares de una juventud digna de compasión. Uno, acostumbrado a consumir drogas, que solucionaría sus problemas económicos pasando a la categoría de aquellos que ganarían dinero vendiendo drogas a sus propios amigos de aventuras, actuando como entre los grandes traficantes y los consumidores ricos que conocía.

La otra, una muñeca codiciada por su belleza física, la utilizaría para cobrar por el placer que, hasta esos días, disfrutaba gratuitamente en compañía de chicos en ebullición hormonal, destrozando relaciones, ejerciendo su capacidad de seducir a los chicos, especialmente a los comprometidos, por los que se sentía especialmente atraída. Era la "virtud" de la que Sabrina se sentía más orgullosa: su capacidad para imponerse a los hombres que ya tenían relaciones con otras para hacerles romper esos compromisos. Su ego solo se contentaba con vencer a sus competidoras en el interés de los chicos.

Juliano conocía tan bien a Sabrina como Sabrina a él.

Para ambos, obtener los recursos para llevar una vida con el mismo estándar no sería demasiado complicado ni difícil.

Así, se decidió la jornada de los integrantes de esa casa, todos inclinados a las facilidades criminales, sin ninguna preocupación ética en la adopción de conductas que perjudiquen a otros.

No les importaba que el éxito que buscaban destruyera o dañara la vida de otros, siempre que les permitiera disfrutar de las mismas facilidades y placeres.

Siempre el interés personal ante poniéndose al respeto por los semejantes.

Sin embargo, ninguna fuerza sobrenatural los obligaba a tomar ese camino espinoso. Podrían haber optado por otros caminos, asumiendo la responsabilidad de sus errores, soportando el peso de la ley, cumpliendo todos los compromisos posibles en lugar de buscar la ilegalidad como solución a sus dificultades. Sin embargo, el viejo y traicionero ORGULLO se alió con el siempre vigilante EGOÍSMO para hacer prosperar la industria del mal en cada uno, sin preocuparse por las víctimas que producían, siempre y cuando les garantizara el mantenimiento del antiguo estatus y guardara las apariencias.

Por razones obvias, ninguno de ellos estaba calificado para echar raíces en la nueva humanidad, la que se construía sobre las ruinas humeantes de la personalidad indiferente, mezquina, egoísta y orgullosa.

Quizás aun quedaba alguna posibilidad de salvación para la infortunada Valda, quien también estaba contaminada en sus pensamientos materialistas, pero que aun sugería el recurso de la oración para intentar revertir el oscuro panorama que pesaba sobre sus destinos. Ella era la única inclinada a buscar la ayuda de Dios, aunque solo fuera en ese momento, presionada por circunstancias adversas.

Quién sabe, escuchando algún mensaje elevado, reflexionando sobre los problemas, meditando sobre las verdades del espíritu, todavía podría dejarse tocar por un rayo de esperanza. Quién sabe si, mejorando internamente con el aprendizaje y con el apoyo de los espíritus amigos, conseguiría ayudar a su esposo a adoptar otra postura, haciéndolo dirigir sus esfuerzos hacia la solución del problema, a la modificación de conductas, al cumplimiento de los deberes morales, aunque eso no los mantuviera en el mismo nivel de vida.

Tanto como usted, querido lector, los espíritus amigos vieron tal posibilidad de modificación de comportamiento como algo extremadamente improbable. Sin embargo, mientras existiera la más mínima posibilidad de arrepentimiento y reforma, las manos invisibles se esforzarían por aprovechar al máximo esta insignificante oportunidad. Era lo que intentarían esos amigos, aprovechando el viaje de Moacir y Valda al Centro Espírita, donde pedirían consejo sobre cómo oponerse a tal estado de cosas y la mejor manera de "neutralizar" el "mal de ojo" de muchos.

Mientras tanto, las vidas de Rafael, Alice y sus hijos también cambiarían como resultado de la desgracia financiera.

25.-
RAFAEL, ALICE E HIJOS

Atravesando el mismo drama financiero que su socio, Rafael necesitaba adoptar ciertas estrategias para revelar a los miembros de su familia el cambio repentino en la vida de todos.

Dominado por su esposa, una mujer impetuosa y ambiciosa, sabía que necesitaría un escenario que explicara un fracaso financiero tan grande y repentino para que tal situación no fuera atribuida a su propia incompetencia.

De hecho, el colapso financiero fue responsabilidad de todos ellos, criaturas indisciplinadas, derrochadoras, arrogantes, vanidosas y orgullosas, indiferentes al futuro. Sin embargo, nadie estaba dispuesto a asumir su parte de responsabilidad en la tragedia colectiva. Todos ellos consideraban que las obligaciones de los gerentes de la empresa era brindarles facilidades y recursos, nada más.

En la desgracia que se abatió sobre el núcleo productivo que representaba el negocio, la mayor parte de la culpa recayó, ciertamente, en las esposas de ambos socios y en Leda, esposa del gerente Alberto, mujeres caprichosas, astutas y soñadoras, siempre aspirando a facilidades y demostraciones de poder financiero a través de los exorbitantes gastos e inagotables comodidades que demandaban, enseñando a sus hijos a ser tan o más irresponsables que ellas mismas, cultivando en ellos la falsa idea que la vida era esa sucesión de emociones, en un carrusel de aventuras y lujos inútiles.

El desequilibrio, la noción de límites, las exigencias materiales y el juego de la seducción fueron armas muy utilizadas por ellas, haciendo sus respectivos maridos, títeres infantiles en sus manos, se contorsionaran mientras tiraban de los hilos de la danza, lo que finalmente llevó al naufragio del barco en el que todos estaban alojados.

Moacir y Rafael, resguardados por la competencia y seriedad de Alberto, se acostumbraron a recibir dividendos sin preocuparse por el futuro del negocio o el mantenimiento del equilibrio financiero. Alojados bajo el diligente cuidado del gerente, imaginaban que siempre nadarían en el océano de las facilidades, comportándose como los peores enemigos de la empresa, siempre aflojando controles y disciplinas para garantizar retiros y más retiros para sus gastos.

De carácter débil, también se dejaron hundir en los excesos antes mencionados, junto a chicas de conducta inapropiada, además del gasto excesivo en bienes u objetos de exhibición social.

Rafael, conociendo el carácter firme de la mujer, inventó una aparente explicación para su esposa. En su versión, la culpa de Alberto y Moacir era aun mayor, eximiéndose con el hecho de estar ligado a la producción, y lejos del control financiero y administrativo.

Eso sería suficiente para reducir su participación en la desgracia total.. Alice estaba lejos de sospechar que Rafael tenía otra familia en una ciudad lejana, donde tenía un hijo ilegítimo nacido de su relación con la empleada Lia.

Al ser informada sobre la pérdida de condiciones estables debido a toda esta situación, en la versión que le expuso su esposo, Alice, quien demostró ser mucho más peligrosa en la construcción de estrategias y atrevida en el juego de la vida, inmediatamente quiso conocer la situación de su hermana y su cuñado en el escenario presentado, siendo informada que también se encontraban en muy serias dificultades.

- ¡Muy bien! Si la desgracia es de todos, les demostraremos que estamos en la cima. Reuniré mis ahorros y saldremos de viaje.

Nada mejor que un viaje internacional para borrar la idea que la desgracia, quiebra o miseria rondan nuestra puerta.

Dijo la pobre Alice, todavía tan rehén de las apariencias.

- Pe... pero... - balbuceó su marido, acostumbrado a obedecer los deseos de Alice - ¿No crees que sería más apropiado que guardáramos cuidadosamente ese dinero o que compráramos una casita a nombre de otros, para resguardarnos en los momentos más difíciles que, seguramente, tarde o temprano llegarán?

- ¿Qué? ¿Vivir en los suburbios? ¿Aplastándome entre muebles y cajas de cartón que no cabrían en ninguna casa pequeña de quince habitaciones? ¿Y mi ropa? Ustedes los hombres no tienen los problemas que tenemos las mujeres. ¿Cómo puedo trasladar mi cuarto de ropa a cajas de cartón y dejarlas amontonadas por ahí? ¡Cuánto se reiría Valda de mis cajas! No para nada. El viaje es la mejor salida. Además, si las cosas están tan negras, será mejor que vendamos todo y salgamos de aquí.

Recordando a tantos estafadores a quienes les fue bien en las disputas humanas burlando las leyes y a las autoridades al huir para no perder el fruto de sus crímenes y sus malversaciones, la mujer puso rumbo, decidiendo por su esposo:

- Bueno, Rafael, si todo va a suceder como dices, tratemos de vender nuestros bienes de la manera más discreta posible y, así, con dinero en efectivo, podremos irnos a vivir fuera con comodidad y sin los riesgos de convertirnos en mendigos aquí. Si tenemos que comer pan con mortadela, al menos estaremos en París, Roma o algún país lejano. Nadie nos vigila. El problema es que estemos por aquí, sin poder ir a los mismos restaurantes, tomar buses abarrotados, ir en el metro, no poder asistir a las reuniones sociales... esa sí es la mayor desgracia. Y así, también te libras de las persecuciones judiciales. Sobre todo, porque tu papel en la empresa era secundario. Estabas a cargo de la producción. No hay razón para responder por los delitos de Moacir y Alberto. Vamos, cariño, la suerte no espera. Pon los coches a la venta, veamos si podemos obtener un buen dinero en efectivo dando un descuento sobre el valor, antes que nuestros nombres y bienes estén en el servicio de protección crediticia o haya búsquedas de nuestras cosas. Si no vendemos la casa, está bien. Al menos, con la venta de los coches, ya tenemos dinero para irnos lejos de aquí.

Sintiendo que su esposa no admitiría contradicción en sus decisiones, Rafael bajó la cabeza y, recordando a sus hijos, solo se atrevió a decir:

- ¿Qué haremos con Gabriel y Ludmila? Los dos tienen sus vidas ligadas a las nuestras ¿Deben dejarlo todo atrás para seguirnos a donde vayamos? Cada uno tiene su vida, sus relaciones, sus intereses. ¿Cómo haremos con ellos?

Con espíritu práctico y demostrando la frialdad de sus decisiones, Alice respondió, directa:

- Bueno, ya son adultos, Rafael. Necesitan aprender a tomar decisiones sobre los caminos que deben tomar. Si desean venir con nosotros, tendrán que pagar sus pasajes vendiendo sus cosas o consiguiendo dinero de alguna manera. Cuando quieren ir a fiestas o comprar cosas, saben cómo hacerlo. Traté de juntar recursos para una emergencia, ahorrando parte de las finanzas que me diste para mis gastos personales. Ojalá hayan hecho lo mismo. Si no lo han hecho, pueden deshacerse de sus vehículos. Ahora, si no quieren venir con nosotros, que se queden aquí, dejándonos más libres para que podamos disfrutar de nuestra vida en otro mundo más civilizado que este Brasil de gente pobre y mediocre. Cuando lleguen, yo misma hablaré con ellos.

Rafael no dijo nada sobre sus otras responsabilidades familiares. Sin embargo, sabiendo que las cosas también se complicarían para su ex amante, quien, viviendo una vida mucho menos cómoda que la suya y la de Alice, luchaba por garantizar un futuro más seguro para su hijo, también se vería perjudicada por su partida. Así que, en cuanto salió de la casa para llevar a vender su coche, comenzó a meditar la manera de apoyar a su hijo adúltero, evitando, igualmente, que su amante revelara el secreto de Rafael a toda la familia, como siempre amenazaba con hacer... Entonces, tendría que componer las cosas con mucho cuidado, antes que la precaria situación financiera terminara por desencadenar lo otro.

Con solo pensar en esta hipótesis, Rafael sintió escalofríos en la columna, ya que conocía de cerca la ferocidad de Alice, que se vería potenciada por el descubrimiento de una traición tan antigua, así como por el desvío de recursos para el mantenimiento de la familia clandestina.

Rafael, por tanto, se encontraba en medio de dos presiones femeninas, que manejaba con la caja fuerte abierta en ambas direcciones. El problema ahora era, precisamente, vaciar la caja fuerte. Y así, las llamadas telefónicas pronto comenzarían a cobrar las mensualidades impagadas. Por ello, antes que todo sucediera, Rafael necesitaba hablar personalmente con Lia. Aprovechando la salida, en lugar de acudir a un concesionario de automóviles, se dirigió a la costa, donde vivían Lia y su hijo, para informarle de esos detalles antes de comenzar.

A diferencia de Moacir, Rafael mantenía algunos ahorros bien escondidos a su propia familia y, con ello pretendía calmar las violentas reacciones de Lia ante una situación tan calamitosa como la que vivirían a partir de ahora.

Desde la separación, la pareja se había visto pocas veces, a pesar que todos los meses Rafael enviaba, a cargo de Alberto, la pensión alimenticia del hijo menor. Sin embargo, hablaban de vez en cuando por teléfono como si fueran amigos que no se habían visto en mucho tiempo. El tiempo y la distancia habían enfriado las ansiedades físicas que, en la afinidad de gustos y deseos, habían encendido las pasiones carnales que los habían unido en el pasado.

La llegada de Rafael, sin previo aviso, tomó a Lia por sorpresa, sin ninguna idea preconcebida sobre el motivo de su visita.

Además, a pesar de los ocho años transcurridos, Lia conservaba los atractivos físicos del pasado, esos que tanto amaba Rafael. De esta manera, el reencuentro físico de esas dos almas en sintonía sería algo muy fuerte para ambos, una ocasión para revivir las viejas pasiones, en el intercambio de emociones efusivas.

En cuanto estuvieron solos después de la recepción en la modesta casa, el recuerdo del pasado volvió a encender la emoción no extinta del todo dentro de ellos, y sin más explicaciones ni barreras, en pocos minutos volvieron a estar en los brazos del otro, ella plenamente correspondida por el amor de ese hombre que, a pesar de estar casado, no la había olvidado, y él alimentado alguien que de verdad lo deseaba, cansado de ser despreciado por Alice, fría y superior, indiferente y dominante.

Todo fue muy sorprendente para ambos. Rafael no pudo resistir la emoción de ver la vieja pasión ahí, tan, tan disponible. Las caricias se dieron con naturalidad. La pasión sexual revivida hizo vacilar los pensamientos del hombre poco acostumbrado a esa efusividad femenina. En los brazos de Lia volvió a sentirse pleno, alguien importante y querido, deseado y provisto, mientras que al lado de Alice su vida era la de un simple empleado al mando de su esposa. Estas emociones reavivaron en Rafael las viejas aspiraciones de amar y ser amado. Y luego que los recuerdos renovaran en ambos la satisfacción de sentirse los mismos amantes del pasado, Rafael ya no sabía si abandonar a Lia y a su hijo para seguir siendo el esclavo de Alice o si, en realidad, no sería mejor abandonar Alice a su propia suerte. Más aun ahora que, con sus hijos ya mayores, estaría libre y por su cuenta, permaneciendo en compañía de su antigua amante.

Lia no se había casado con nadie porque, en el fondo, soñaba con el regreso de su antiguo jefe a sus suaves y seductores brazos. Se había aventurado con otros hombres en situaciones fugaces y sin mayor profundidad emocional. Flirteos o relaciones sexuales superficiales para satisfacer las necesidades de la emoción o del estómago. Sin embargo, no se había comprometido seriamente con ningún otro hombre, porque quería estar totalmente libre para el momento en que Rafael regresara, como siempre había esperado que sucediera algún día. Así que, fue la atracción física la que dominó a los dos en las primeras horas del reencuentro, cuando las palabras no eran más importantes que las caricias.

Cuando, por fin, el tórrido ambiente se calmó, permitiendo que la conversación volviera a ser importante, Lia sonrió y dijo:

- ¡Ah! ¡Nunca he tenido un jefe tan competente y generoso como usted!

Entendiendo el chiste con experiencias pasadas, Rafael respondió en el mismo tono:

- Y una empleada nunca ha trabajado tanto y tan importantes horas extras como tú, querida. Ha pasado el tiempo, pero se siente como si estuviéramos en mi oficina, a altas horas de la noche, acostados en la suave alfombra, sintiendo nuestros corazones latir.

- ¡Ah! Rafael, fuiste el único hombre que me hizo sentir todo eso, querido. Cuánto anhelaba volver a estos momentos especiales en tus brazos.

Enaltecido por la conversación íntima que alimentaba su ego, Rafael depositó un largo beso en los labios de la sumisa Lia. Después de eso, preguntó por el niño:

- ¿Cómo está "nuestro" pequeño?

La palabra "nuestro" hizo que Lia sintiera un estremecimiento en su interior. Era la forma de Rafael de decirle que no la había apartado de su mundo personal, sino que, por el contrario, reconocía la existencia de un vínculo familiar que los unía.

- Cariño, no vas a creer lo mucho que ha crecido. Fue a la escuela y debe llegar a última hora de la tarde. Siempre pregunta cuándo vendrá su padre a verlo, pero yo siempre le digo que estás muy ocupado y que, en cuanto puedas, estarás aquí. Estará muy feliz con tu presencia aquí, hoy.

- Sí, Lia, cómo pasa el tiempo y cómo cambian las cosas. Parece que solo tu gracia y tu calidez no desaparecen - dijo con malicia. ¿No estoy ocupando el espacio que ya pertenece a otro hombre en tu vida?

- Nunca, querido. He tenido algunas relaciones poco serias de vez en cuando, pero nunca me he dejado desilusionar por la necesidad de mantenerme libre para poder vivir un día junto a ti. Por eso, nunca he dejado que nadie más ocupe lo que te pertenece.

La revelación de la mujer tocó los sentimientos de Rafael.

En su mente, el torbellino de la duda se apoderó de él, pasando de la idea de abandonar a su ex amante alejándose para siempre, a la idea de abandonar a su esposa, dejándola a su suerte y rehaciendo su vida afectiva al lado de aquella deslumbrante compañera.

- Pero has venido hasta aquí, después de todo este tiempo, querido, solo para satisfacer tu anhelo por mi cuerpo, ¿verdad? - Preguntó la joven experimentada.

- No, claro... quiero decir... eso estuvo muy bien... pero... - titubeó Rafael.

Comprendiendo que había llegado el momento de tomar decisiones, comenzó a abordar el tema de la quiebra de la empresa.

Lia escuchaba sus argumentos y noticias con una mirada curiosa, sin mostrar reacciones desagradables y agresivas. La joven sabía que Rafael estaba bajo presión y que de nada le serviría actuar impetuosamente, por lo que prefería ser cariñosa y dulce para que él se sintiera acogido.

- No debe ser fácil, querido, tener que enfrentar las dificultades que tienes ante ti. Me di cuenta que algo iba mal cuando noté que el pago del mes era menor de lo habitual. Sin embargo, no quise llamar porque imaginaba que, en unos días más, se complementaría, como ha sucedido en otras ocasiones. Pero, por lo que veo, las cosas están peor de lo que pensaba.

- Sí, Lia. Todo se está derrumbando y ahora mi esposa ha decidido empacar y mudarse a otro país. Quiere escapar de la vergonzosa situación de volverse pobre.

La información de Rafael fue una puñalada en el corazón de la joven. Más aun después que reavivaron la llama de la emoción que había sido reprimida durante mucho tiempo. A pesar de poner una mirada de tristeza, Lia permaneció paciente y serena.

- Sí, querido, lo entiendo. Y viniste hasta aquí para avisarme que no volverás a buscarme, ¿verdad?

Al observar que Lia hablaba en un tono de comprensión y cariño, Rafael la miró profundamente a los ojos, imaginando cuán feliz habría sido si hubiera preferido quedarse con su amante en lugar de continuar con una relación superficial y mentirosa que lo consumía sin abastecerlo.

Luego, usando toda la sinceridad que pudiera expresar la verdad de sus sentimientos, respondió:

- Sabes, Lia, cuando todo pasó, me preocupé por tu destino y el del pequeño Sergio. Aunque no pude ser un padre y un esposo a la altura de lo que merecen, no quería dejarlos sin comodidades materiales. Entonces, sin que mi familia lo supiera, vine aquí para hablar de ello contigo. Sin embargo, al volver a los viejos tiempos y sentir las emociones que creía borradas dentro de mí, mirándote como lo estoy haciendo ahora, ya no sé si quiero irme...

Las palabras de Rafael sonaron en los oídos de Lia como sinfonías de esperanza.

- Sí, Rafael, continúa... puedes decir lo que quieras... no te voy a exigir nada... como no lo he hecho en todos estos años.

- Si querida. He sido injusto contigo y con nuestro hijo. Privilegié a la mujer con la que me casé, pero de la que estoy distanciado desde hace tiempo, por la falta de afecto compartido. Alice se perdió en las cosas del mundo material, fiestas, espectáculos, centros comerciales, ropa, recepciones, y yo me perdí cuando pensé que mi felicidad estaba en la financiación de todas esas cosas. Alice me aceptaba en su cama solo como el esposo al que debía someterse sexualmente por obligación. Desde ese momento en que nos conocimos, mi esposa no me ha hecho sentir la emoción de los primeros días de casado, al ser como a un robot que realiza tareas sin mostrar emociones.

Las revelaciones de la intimidad de su antiguo jefe eran las pruebas vivientes que todo lo que había sembrado en aquellos tiempos, habían quedado bajo el suelo de su personalidad para eclosionar un día, en el momento en que las vulnerabilidades emocionales crearan el clima propicio para la germinación de la semilla.

- Ahora que te vuelvo a ver - continuó Rafael - y que, sin mayores dificultades ni explicaciones, nos entregamos el uno al otro con la facilidad y emoción de los mejores días de nuestra relación, me doy cuenta que no estoy muerto como Alice me hace sentir y que la vida que construí junto a ella era una mentira bien ornamentada. Nuestra mansión se parece más a una tumba funeraria llena de costosos mármoles y cortinas, pero absolutamente fría de verdaderos sentimientos. Pensé que mi destino era morir así, enredado por esa mujer peligrosa que, incluso hoy, decidió lo que haríamos, sin que yo tuviera ninguna importancia en decidir un destino que también me pertenece. Por eso, Lia, debo confesar que tu calidez y tu cariño me devolvieron no solo las emociones sinceras que intercambiamos y que están aquí adentro, sino también las ganas de vivir en este clima de salud, de jovialidad, de cariño sincero, porque reconozco que esto es mucho mejor que todo lo que he tenido con Alice. Mis hijos ya han crecido y van camino a sus compromisos afectivos. Alice es tan calculadora que decidió nuestro destino sin siquiera preguntarles si les gustaría venir con nosotros. Y cuando planteé esa pregunta, demostró que no le preocupaba en absoluto lo pasara con ellos. Está pensando en sí misma y en las malditas apariencias. Por eso, vine aquí para decirte ciertas cosas, alejándome, ahora confieso que necesito quedarme aquí, a tu lado. ¿Estarías dispuesta a perdonarme por todo este tiempo de indiferencia?

La emoción se había apoderado de la garganta de Rafael, avergonzado por el comportamiento del pasado frente a aquella que no había sido considerada con sus atenciones como esposo y que había soportado la calificación de "la otra" en su vida.

El hombre lloraba con el rostro entre sus manos, usando la almohada de la cama donde los dos todavía se encontraban como apoyo.

Lia nunca había visto esa demostración de sinceridad por parte de su amado. No tenía motivos para dudar de sus sentimientos, especialmente ahora que, por su parte, podía volver a construir su antiguo sueño al lado del hombre que amaba.

Se envolvió en el cuerpo tembloroso de Rafael, con la pasión a flor de piel, en el habla silenciosa de los que se aman hasta el punto de olvidar años de sequía de soledad, y le susurró:

- Seremos felices, mi amor. Al fin seremos felices.

- Pero ahora estoy casi derrotado, Lia. Ya no tengo las facilidades de antaño. Aun así, ¿me aceptarías?

- Bueno, Rafael, te quiero a ti, no a tu dinero. Es cierto que la riqueza es siempre un factor importante en nuestras vidas y, por eso, no puedo mentir diciendo que cuando te conocí no pensaba en las ventajas de ser esposa y dueña de todo lo que tenías. Sin embargo, a lo largo de los meses y con la profundización de nuestra relación, descubrí a un hombre que me proporcionó nuevas emociones y sentimientos verdaderos.

Gracias al amor que desarrollé por ti, encontré la fuerza para soportar la distancia, las dificultades, las tentaciones, sin transformar tu vida en un infierno de exigencias y espinas. Así que, aunque no tengas nada, nos tenemos el uno al otro y, juntos, sabremos superar los retos como una familia que se quiere, sin ningún obstáculo que nos separe.

Rafael se sintió renacer ante una persona que le dio el alimento más importante para el espíritu: la comprensión, la amistad, el respeto y el cariño de la verdadera compañía.

Al mirar el rostro de Lia, donde se veían las primeras marcas del tiempo sin privarla de su antigua belleza, Rafael la abrazó y, tal vez porque no lo había hecho en mucho tiempo, tomó la decisión que consideraba la más importante de toda su vida:

- Entonces, está decidido. Estaremos juntos. Vuelvo a casa lleno de amor y esperanza. Le anunciaré a Alice que no iré al mismo destino que ella, entregaré los bienes que aun se pueden vender, me quedaré con mi auto, el cual venderé para que tengamos algo con que empezar. Además, tengo unos ahorros que ella no conoce y, con eso, garantizaremos un período de estabilidad, mientras busco un trabajo por aquí donde pueda ganar mi salario con decencia.

Lia no podía saber si estaba soñando o si, en realidad, la felicidad le había sonreído, después de tantos años de amargura y soledad.

Una vez acordados los planes, volvieron al intercambio de caricias que habían interrumpido los largos años de separación, saciando su hambre de alegría.

Al final de la tarde, se dirigieron al colegio a esperar la salida de Sergio, quien finalmente estaría en compañía de su padre para ser informado de la gran noticia: que vendría a vivir con él. La alegría del niño fue intensa y emotiva porque, a lo largo de su vida de infancia, siempre se había sentido herido emocionalmente, ante los compañeros que hablaban de sus padres, quienes eran llevados y recogidos por ellos mientras él mismo no tenía nada que decir cuando le preguntaban dónde estaba el suyo. Siempre era la misma excusa:

- Mi madre me dijo que está de viaje, pero que volverá pronto.

Ahora, finalmente, el padre había regresado al mundo de Sergio, pero, además, había regresado al mundo real. Al menos, esta era la idea de todos en ese momento de sueños que se construían a raíz de la desgracia financiera de la empresa de Rafael.

Es así como las criaturas comienzan a comprender cómo una tragedia puede ser vita como un conjunto de nuevas oportunidades, cuando sabemos comprender las cosas buenas que pueden surgir del dolor o de los desafíos que asolan nuestra carne o nuestras emociones.

Mientras Rafael arreglaba los detalles con Lia y Sergio, en su casa, Alice hablaba con sus dos hijos. Gabriel, un joven de veintidós años, era fruto de su entorno, viviendo de las facilidades y lujos que le proporcionaban sus padres, mientras que Ludmila, de veintiún años, estaba muy enamorada de su novio Fernando, circunstancia que le impedía salir de Brasil, a pesar de no comprender cómo una desgracia financiera de esa magnitud pudo recaer sobre sus cabezas. Sin embargo, como se sentía amada por el chico, que tenía una excelente condición material, ciertamente no tendría ninguna razón para dejar su relación solo para seguir a su madre en un propósito tan loco.

Gabriel también tenía novia, pero, en verdad, la relación se regía con el dinero de su padre, que, al dejar de existir, ya no permitiría que la muñequita, que se alimentaba de mimos y obsequios caprichosos, tuviera el mismo estilo de cortejo que antes. Así que, la sugerencia de su madre le pareció una excelente solución, porque, como a él mismo le gustaba repetir, "Se puede encontrar una mujer en cualquier parte, ¿no?"

Y sin querer apartarse de la fuente de sus ingresos, Gabriel se puso de acuerdo con su madre, aceptando sus sugerencias y saliendo a vender todo lo que poseía, incluido su coche. Recaudaría los fondos lo antes posible para que, comprando pasajes para el extranjero, pudieran volar lejos de los problemas.

Ludmila se quedaría para manejar la situación hasta que pasara la marea y la familia pudiera regresar a Brasil. Se ocuparía de su propia vida, algo que ya hacía incluso antes que sus padres huyeran al extranjero.

Desde luego, podía contar con la ayuda de su novio, quien, ya planeando su futuro, llevaba algunos meses hablando de matrimonio.

Ya era tarde cuando Rafael regresó a casa, solo para encontrar a su esposa esperándolo.

Allí tendrían la conversación decisiva.

26.-
SEPARANDO LO QUE SIEMPRE ESTUVO SEPARADO

Alice escuchó de Rafael lo que nunca pensó que escucharía.

- ¿Como? ¿No vas a viajar conmigo? ¿Cómo así...? ¡No estoy entendiendo!

- Sí, Alice, creo que tu decisión es sabia, y que debes seguir el camino que más te convenga. Yo; sin embargo, no pienso irme de aquí.

- Pero acordamos todo esta mañana, Rafael - dijo, suavizando el tono de su voz, como estrategia para ganar ante la oposición de su marido.

- No, Alice, no estuvimos de acuerdo. Tú impusiste la decisión, como siempre lo haces. Solo que esta vez, harás el viaje sola, porque yo no iré.

- Pero ¿qué harás por aquí, sobre todo sin mí? ¿Huir de los alrededores, policías y agentes judiciales?

- No voy a quedarme aquí. También me iré a otro lugar, pero desde luego no al extranjero.

- ! Caramba!... - exclamó Alicia, irritada - quiere decir, entonces, que no estás de acuerdo con el destino que te presenté... así que, está bien... dime, esposo experimentado y viajero... ¿qué destino, sería de "tu" agrado mejor que París, por ejemplo?

Perdiendo la paciencia con las ironías de su esposa, fortalecido por el resurgimiento de la pasión al contacto con Lia, respondió con palabras duras para herir el orgullo de su esposa:

- Cualquier lugar de esta tierra, un rancho en medio del pantano, una cabaña en la orilla del río será mejor que París, ¡siempre y cuando no estés en el rancho o en la cabaña!

Alice escuchó eso como si no estuviera escuchando bien.

- Co... ¿Cómo es eso...? ¿Puedes repetir lo que dijiste? – Dijo ella, sorprendida y agitada.

- Es exactamente lo que escuchaste. No hay mejor lugar en el mundo que cualquiera en el que no estés. Entonces, si quieres ir a París, Londres, Nueva York, ve como quieras. Yo; sin embargo, no deseo viajar, en realidad, lo que más deseo es estar lejos de ti.

- Por lo que entiendo, entonces, Rafael, ¿me estás diciendo que, después de todos estos años manejando tu incompetencia, tu debilidad, tu falta de personalidad, siendo tu esposa, tu sirvienta y tu madre al mismo tiempo, vienes a echarme en cara este disparate e ingratitud?

- ¿Qué? ¿Mi esposa, mi sirvienta y mi madre? Debes haberte vuelto loca sin haberlo notado antes. ¿Desde cuándo tu actitud es la de una esposa? Tu negocio siempre ha sido gastar más que tu hermana Valda. Y mucho más que tu marido, yo siempre he sido tu banco. Además, nunca te has comportado bajo ninguna circunstancia con la intención de servirme. Nuestro batallón de empleados se encargó de todo de tal manera. De hecho, tal vez me hubiera sentido más feliz si me hubiera casado con una de nuestras empleadas porque, ciertamente, me cuidan más, se preocupan más por mí, incluso recibiendo el salario que les pago, que tú que, a pesar de ser muy bien remunerada, siempre fuiste indiferente. Ahora, compararte con mi madre, vamos, Alice, hazme un favor. Enjuágate la boca con lejía antes de invocar a mi madre, que no merece ser tan degradada de esa manera. Mi madre se preocupaba por sus hijos, a ti no te importa el destino de ellos. Mi madre era cariñosa y no gastaba en sí misma para garantizar una mejor camisa para sus hijos. Ni siquiera sabes dónde están los tuyos. Cuando

Ludmila mostró los primeros signos de madurez física, en lugar de hablar con ella, concertaste una cita con el ginecólogo, dejaste a la niña con su acompañante y te fuiste de compras al centro comercial de al lado, ¿recuerdas? Si es algo de lo que nunca supiste el significado, es de esa palabra, Alice: ¡MADRE!

El coraje de Rafael parecía sacado de una película de cine, alimentado por un vigor que la propia Alice no había visto en mucho tiempo.

- Dios mío, mi esposo decidió convertirse en hombre después de empobrecerse... - respondió la esposa, arrogante y cínica, incapaz de responder a los correctos argumentos de su esposo -. Tú, Rafael, eres el primer gato rugiente que conozco. Todos los hombres, mientras son miserables, son gatitos que callan cuando los leones, los más poderosos, rugen para dominarlos. Se acobardan, con sus serviles maulliditos, porque necesitan complacer a los grandes que dejan las sobras, formando un grupo de aduladores. Sin embargo, cuando los pobres se hacen ricos, se convierten en leones rugientes, lo que demuestra que se han vuelto poderosos porque han ascendido en la vida. Pero tú, muchacho... tú, cuando eras león, eras tan cobarde como un gato. Y ahora que se ha convertido en un gato, quiere hacer de león rugiente. ¿No crees que has perdido la oportunidad?

- Lo que creo, Alice, es que es hora que tú sigas tu camino y yo el mío. Si soy un gato o un león, si maúllo o rujo, no te corresponde a ti determinarlo. Sé feliz con cualquier león y yo encontraré otra compañera.

Rafael quería terminar pronto la conversación, pero Alice, por el contrario, quería continuar la discusión.

Entonces la esposa volvió a la carga:

- ¡Ja! ¡Ja! ¡Ja! No me hagas reír, Rafael. ¿No es suficiente sorpresa mandarme de viaje sola? Naturalmente, estás pensando que eres irremplazable, ¿no es así? Bueno, ten por seguro que, si una cosa es cierta, es que en cuanto salgas por esta puerta, estarás fuera de mi vida y, en tu lugar, será muy fácil encontrar a alguien que me acompañe a Europa, un compañero aun más varonil y atractivo que un perdedor como tú.

- Por supuesto, Alice, el mundo está lleno de prostitutos como los que has conocido en tus fiestas privadas con tus otras amigas "decentes", además de tu pervertida hermanita. Todos ellos apoyados en los abundantes bolsos de viejas arrugadas, de mujeres lo suficientemente maduras o dominantes como para chuparles la carne fresca a cambio de sentirse deseadas mientras pagan las facturas. Ese tipo de hombre, incluso, te será fácil encontrar por ahí, uno de esos monos musculosos que te servirán para llevar tus maletas y saciar tus apetitos durante el viaje.

Al ver que su esposa se ponía cada vez más roja de odio, Rafael no pudo contenerse más, continuando la serie de insultos contra la dignidad femenina.

-Oh, Alice, deberías avergonzarte de tener que pagar para que uno de estos desconocidos se anime a besarte. Pensé que el concepto de ti misma no caería tan bajo como el de esas mujeres que, a pesar de ser ricas, son de la peor estirpe cuya carencia las convierte en consumidoras de emociones compradas. Te acostumbraste tanto a consumir que, sin darte cuenta, entraste en el mercado de las emociones donde siempre queremos comprar verdad, sinceridad, honestidad, pero solo encontramos mentira, pretensión y astucia, cubiertos de músculos y hormonas. Estas personas terminan pagando por una cosa y llevando otra, y este es exactamente tu caso: sigues comprando "gatos" ¡pero se escapan a la velocidad de una liebre! ¡Ja! ¡Ja! ¡Ja...!

Alice no podía soportar eso.

Con los puños cerrados, se dirigió hacia Rafael, quien la sujetó firmemente antes de dar el primer golpe, arrojándola lejos de sí mismo.

Gritando, alterada por el odio, herida por el amor propio, sobre todo por ver su frívola conducta echada en cara cuando creía que estaba bien escondida, estaba fuera de sí.

- ¡Me las vas a pagar, infeliz! Porque no te daré descanso por el resto de tu vida. Nunca serás feliz mientras yo exista.

Y usando tanto sarcasmo como la mujer, Rafael respondió:

- Pero así ha sido desde hace mucho tiempo, Alice. Si esa es la condición para tu felicidad, ¡alégrate, porque yo ya no soy feliz desde que tú existes...! Pero con tu lejanía, tal vez la felicidad me encuentre y pueda apoyar mi cabeza en los hombros de una mujer real, no de una fabricante de cuentas, una tarjeta de crédito con piernas.

Llorando fuera de control, Alice replicó:

- Alguna oficinista, una niña con mal aliento, alguna pecosa desdentada que estén a la altura de un fracasado y arruinado como tú. Eso es todo lo que encontrarás por delante.

Levantando los brazos en el aire, como si estuviera entronizada en los misterios de algún ritual satánico, Alice gritó en voz alta:

- Pues invoco a los dioses de la mala suerte y les pido que se abalancen sobre ti, Rafael, para que la felicidad nunca vaya por el mismo camino que tú y que tu corazón amargue la soledad para siempre. Que ninguna mujer te haga feliz, que cualquiera que se aventure a tu lado sea solo para hacerte llorar. Te lanzo esta maldición, maldito hombre que una día acepté como mi esposo.

Asustado por el grado de desequilibrio de Alice, Rafael trató de mantener el control sobre sí mismo, diciendo antes de irse:

- Seguramente aprendiste estos rituales satánicos en compañía de las otras brujas que frecuentan las guaridas donde los chicos se desnudan para que las mujeres se sientan deseadas, ¿no? Bueno, entérate, Alice, que incluso para ser una bruja, hay que ser competente y moral. Tu currículum carece de competencia y seriedad, que ni siquiera como asistente del diablo conseguirías trabajo. De hecho, hasta Satanás lo evita, porque no gana un salario lo suficientemente alto para cubrir tus gastos. Además, no desperdicies tu "latín" en maldiciones inocuas. Debes saber que soy mucho más feliz que tú. Adiós.

La partida de su marido no interrumpió el estallido que dominaba a Alice, quien seguía vomitando insultos por todos lados además de emitir los peores dardos enérgicos a través de los centros vibratorios de su cuerpo. No acostumbrada a que la contradijeran, la postura firme de Rafael la desafió, llevándola a perder el control. Además, la firmeza de su marido le dio la convicción que ya debía tener el pie en otra canoa. Había vivido con él durante mucho tiempo como para no conocerlo. Tal certeza de opinión, estaba ciertamente motivada por una base afectiva consolidada que le aseguró la posición de equilibrio emocional en esa decisión tan importante en sus vidas, en particular la decisión de abandonarla. Para Alice, en realidad, Rafael era solo el pagador de sus facturas gracias a la riqueza que había conquistado, en el apadrinamiento de sus más elocuentes fiestas y extravagancias, a quien ella no dedicaba casi nada de cariño, además de algunas esporádicas caricias en los momentos de intimidad. Traía constantemente inquieta su alma, buscando diversas aventuras, al igual que su hermana Valda buscaba todo tipo de recursos para superar sus desafíos, incluso recurriendo a las artes de la magia negra, a extraños rituales y a las fuerzas inferiores de la naturaleza para obtener sus deseos.

Según creía, así había conquistado a Rafael, en los viejos tiempos del inicio de la relación, recurriendo a todo tipo de hechicerías que le fueron señaladas por personas no capacitadas, en los trabajos de magia que habían hecho o habían mandado a hacer. Con estas fuerzas ocultas, según creía ella, mantenía la sumisión de su marido que, con los años, se había convertido en un auténtico corderito en sus manos. Esta realidad se había convertido en algo tan común, que Alice había comenzado a abusar del poder que ejercía sobre él, imaginando que el encantamiento nunca podría romperse.

Sin embargo, ante los hechos que acababa de presenciar, la nueva realidad era bastante diferente, con Rafael con la cabeza en alto, determinando otros rumbos para su propia vida, independientemente del control de su mujer.

- ¿Qué habrá pasado? ¿Será porque ya no volví a hablar más con el padre Serapión? Sí, me dijeron que volviera para continuar con los trabajos, pero como en el fondo querían más dinero, decidí tomarme un descanso. ¿Fue por eso? Creo que necesito volver allí para ver cómo rehago el pacto. Hasta hoy todo funcionó tan bien...

Pensándolo bien, consideró:

"Pero ¿no es mejor dejarlo así?" Al fin y al cabo, ese idiota se fue de verdad y, como es pobre, no creo que sea conveniente apostar un buen dinero por un mal difunto. Creo que es mejor ir allí y pedir ayuda para mí y para mi futuro. Y, por supuesto, si no me sale muy caro, pondré algunas espinas en el camino de ese tonto, hacerlo sufrir con algunos dolores para arruinar los planes del idiota. Creo que necesito ir con el padre Serapión pronto. Después de todo, Gabriel ya se ha ido a vender el coche y pronto tendremos los pasajes comprados.

Allá iba, entonces, la desdichada mujer embarcándose en los oscuros caminos de la magia, a través de los cuales, pensando en hacer daño a su semejante, no se daba cuenta que era a sí misma a quien perjudicaba terriblemente.

Al salir de allí, Rafael temblaba más que si se hubiera enfrentado a un ladrón en medio de la calle.

Nunca se había sentido más animado que en aquellos momentos en que, respaldado por la renovada emoción del contacto de Lia, había puesto fin a una relación que obviamente había existido. En realidad, hacía tiempo que se habían convertido en dos desconocidos que dormían juntos, sin cariño, sin complicidad, sin sinceridad. Tanto era así, que Rafael había encontrado un espacio para vivir el amor con Lia, años atrás, mientras Alice se perdía de aventuras en aventuras, en las fiestas que se realizaban en los diferentes clubes especializados en ese tipo de entretenimiento.

La ruptura; sin embargo, había sido traumática.

Inconscientes de los efectos negativos del odio que desatan las palabras, Alice y Rafael habían arrojado el barro de sus sentimientos heridos, sus diferencias, sus insultos por todas partes, atrayendo a entidades aun más hostiles, a disturbios aun más innecesarios.

Alimentando el sentimiento negativo de Alice, las entidades le recordaron la necesidad de recurrir a los servicios de la magia negra, no solo para conocer su propio futuro sino también para crear vergüenzas para el futuro de su aun esposo.

Abriendo un espacio mental para la agresión desenfrenada, Rafael recibió los torpedos mentales que Alice le había lanzado en su totalidad y, sin la costumbre de la oración protectora, sintió la carga agresiva que la mujer había disparado y que encontró un ambiente en su irritación. Además, la culpa de su conciencia por el adulterio del pasado lo hacía sentirse deshonesto al acusar a su esposa de una conducta frívola que le era conocida, porque él mismo no se excusaba de la misma práctica, sabiendo que había sido deshonesto e insincero... También se valió de mujeres vistosas y curvilíneas para ahogar sus necesidades. ¿Cómo podría el roto acusar al rasgado? Terminaron su mentirosa vida conyugal de la peor manera, de la cual los dos cosecharían frutos amargos por no haber sabido gestionar la libertad como una concesión divina para la construcción de un futuro más noble. Ambos sufrirían por todo lo que estaban haciendo, ya que tales demostraciones de odio mutuo eran un testimonio de su bajo nivel evolutivo.

27.-
LA ETAPA PREPARATORIA

El paisaje era lúgubre y se asemejaba al estado vibratorio de tantas entidades allí concentradas, como si aquel entorno se hubiera convertido en un gran asilo para los infortunados e infelices, locos, criminales, rebeldes e indiferentes.

Revuelta y enfado, persecuciones y gritos, dolores y angustias de todo tipo y patrones se manifestaron como el resultado cruel y triste de las opciones milenarias que tales espíritus habían hecho, ahora definitivamente alejados de la convivencia humana.

Invitados a las transformaciones que les garantizarían, incluso en el último momento, la posibilidad de continuar su evolución de formas menos duras, esta turba de indiferentes y gozadores de la vida, imaginando que podrían permanecer al margen de la Justicia del Universo, se encontraron cosechados por el fruto amargo de su propia siembra desafortunada.

Entre otros, estaban las almas de los corruptos, explotadores de adicciones, gobernantes irresponsables, autoridades venales, gente orgullosa, adeptos y cultivadores del arsenal de placeres salvajes, religiosos venales, explotadores y desorientadores del rebaño de almas bajo su responsabilidad.

Los comerciantes astutos se asemejaban a lobos voraces en busca de nuevas víctimas, sin tenerlas ahora para atacarlas con su astucia.

Los adictos llevaban la marca de sus propios deslices en las estructuras deformadas de sus periespíritus, demostrando las dependencias químicas o morales que definieron en su conducta durante la vida física o las que mantuvieron, después de la muerte, en los fenómenos de fijación mental.

Cada uno con su propia historia de dolor y locura, violencia y placeres sin fin en las que ahogaron sentimientos elevados como la compasión, la piedad, la solidaridad y el respeto por los demás. Eran una gran masa de infortunados violentos, dignos de compasión y lástima por el tiempo perdido y el dolor que se infringieron a sí mismos.

Otra circunstancia común para todos era la del desprecio por las invitaciones del Bien. Habían recibido, de mil maneras que el Creador buscaba despertarlos, algún tipo de convocación a la modificación de sus sentimientos y la renovación de sus actitudes. Eligieron ridiculizar la necesidad de transformación y no renunciaron a sus conductas nocivas, escribiendo su propia sentencia de destierro, condenándose al exilio necesario, excluyéndose de los prometedores futuros de la humanidad renovada.

Dotado de vibraciones incompatibles con las que se instalaron en la Tierra y habiendo ya definido el camino que mejor les servía, ya no les sería posible seguir perturbando la existencia de quienes se esforzaban en la búsqueda de la elevación espiritual, luchando por adoptar una vida compatible con los principios morales adecuados para la nueva humanidad. Luego, en cumplimiento de los Decretos Divinos, una vez demostradas las vibraciones inadecuadas, siguieron un nuevo curso de evolución, "Despidiéndose de la Tierra" para permitir a los que se quedaran, libres de sus presiones psíquicas, continuaran "Esculpiendo su propio Destino."

Por lo tanto, mientras esperaban el traslado a otra morada celestial de patrón primitivo, fueron trasladados temporalmente a la superficie estéril de la luna terrestre, confinados a una distancia de la esfera azul de los hombres. Tal medida de aislamiento les impidió continuar actuando negativamente, usando sus tentáculos magnéticos sobre los vivos del mundo, ya tan perturbados por los fenómenos de la gran transición. Además, esta lejanía los favorecía ya que, con ella, ya comenzaban a adaptarse a los entornos más hostiles a los que serían llevados, preparándolos para la migración colectiva a la atmósfera del mundo al que estaban destinados, con su transporte fuera del orbe terrestre.

Como puede verse, no se estaba desarrollando una medida punitiva, sino, por el contrario, una medida doblemente saludable para aliviar las presiones magnéticas sobre la humanidad encarnada y, a la vez, un mecanismo de adaptación de las almas inferiores a su nuevo destino. Todavía muy apegados a las cosas materiales, llevaban en su psique todo tipo de deseos y necesidades corporales. Sufrieron, entonces, la falta de comida y agua porque no encontraron nada eso disponible en el suelo estéril del satélite terrestre en las condiciones adecuadas para su uso. Asimismo, no pudieron abastecerse de magnetismo humano porque la abundante fuente de energías vitales que existía en la Tierra y que solían succionar, vampirizando a los encarnados, no estaba disponible en la Luna.

La Luna no les proporcionó ninguna similitud ambiental con la antigua casa terrenal.

A lo lejos, pudieron ver el azul terrestre incrustado en el oscuro terciopelo del espacio, recordando la grandeza de sus ríos, lagos y océanos, recordando la satisfacción del vaso de agua que, ahora, tanto extrañarían.

Gritos enloquecidos, maldiciones de desesperación, oraciones de fanatismo ciego, todo se mezclaba con la ignorancia de quienes no se prepararon para el futuro. En todas partes, la agresividad y la violencia se asociaron con la desesperación y el miedo.

Un inmenso contingente de entidades que, conscientes de su destino, aun sabiendo que el tiempo en la tierra había terminado, continuaron marcando su territorio de influencia, produciendo luchas violentas, organizándose en grupos o milicias, reviviendo las viejas prácticas que mantuvieron en el pasado.

Entendiendo que, reunidos en un mismo lugar los ases del mal, la crueldad y la ignorancia, no producirían otros frutos que los de amargura, persecución, disputas sangrientas, no era de extrañar que los campos vibratorios del satélite estuvieran contaminados con la mayor parte terribles miasmas fluidicos, nacidos de ellos mismos con el propósito de hacerlos comer su propio pan amargo.

El dolor era superlativo, principalmente debido a las necesidades fisiológicas que, como ya se dijo, seguían dominando sus espíritus. Gracias a tal debilidad, fue un verdadero martirio mental para muchos de los espíritus visualizar a lo lejos la inmensa esfera de agua, con sus generosos y frescos manantiales recordándoles el placer de un vaso de agua fresca para abastecer sus cuerpos. Huyeron, entonces, al otro lado del satélite terrestre donde no fueran tentados por la belleza azul. Sin embargo, en el otro lado, se enfrentaron a otro desafío: la intensa luz del sol actuando sobre sus periespíritus y dándoles la idea que los estaban quemando vivos sin ser consumidos, destruyendo aun más sus esperanzas. Huyendo del tórrido ambiente en busca de la zona lunar sombreada, dependiendo de la posición que ocupara el satélite terrestre en las etapas del ciclo lunar, quedaron atrapados en la gélida oscuridad que horrorizó a muchos.

No importaba, por tanto, dónde buscaban refugio, sus mentes dominadas por las rutinas de la vida terrenal, de la que no habían sido liberados por la iluminación del espíritu, no encontraban solución a necesidades tan simples: o se sentían perseguidos por una sed sin fin, quemados por la luz y el calor de un sol inclemente o congelados en la oscuridad infinita de un espacio inhóspito.

Sin estar preparados para el Reino de Dios por despreciar las enseñanzas espirituales, no habían aprendido a defenderse a través del cambio mental. Así, huyeron como locos, migrando de un lado a otro del satélite, como si la inmensa horda bárbara fuera una marea de espíritus meciéndose, de un lado a otro, similar a las mareas oceánicas en la superficie de la Tierra. Sin pensamiento de arrepentimiento, sin madurez espiritual o deseo de transformación.

Todos eran iguales, dominados por la maldad y el egoísmo.

Por supuesto; sin embargo, aun faltaba la llegada de muchos que integrarían la gran caravana de los literalmente exiliados. Gran parte de ellos todavía estaban en la Tierra, experimentando sus últimas experiencias usando el traje de buceo de la carne transitoria, mientras que otros, como espíritus ya desencarnados, pero vecinos de los humanos en diferentes patrones de conexión energética, también fueron llevados gradualmente al satélite terrestre por las naves transportadoras, descritas anteriormente, grandes vehículos destinados al traslado de los espíritus definitivamente seleccionados para el exilio donde continuarán sus experiencias evolutivas hacia el crecimiento espiritual.

En este gran movimiento selectivo establecido en el mundo, los esfuerzos superiores apuntaron a despertar al mayor número de seres para que no desperdiciaran las últimas oportunidades de evitar el triste exilio que, aunque no tenía un carácter vengativo, correspondía a la pérdida de las facilidades de progreso ya experimentadas en el mundo, reemplazadas por una atmósfera primitiva, dura y hostil. Por eso Dios, a través de los actuales avances tecnológicos, especialmente en las telecomunicaciones, multiplicó el llamado a las ovejas del rebaño esparcido por todas partes.

Los descubrimientos e inventos, satélites y ondas, computadoras y todos sus correlativos, miniaturizados en teléfonos celulares, dispositivos de radio, agendas electrónicas, fueron los recursos que utilizó la Inteligencia Soberana para amplificar la iluminación de la inteligencia de las Leyes del Universo, con el entendimiento de sus mecanismos orientados al aprovechamiento del tiempo para la transformación moral, con el fin de salvar al mayor número de hijos.

- El mundo tiene prisa - dice la gente, asombrada, al ver la velocidad con la que todo sucede en sus vidas.

- Dios y Jesús tienen prisa - afirman las inteligencias superiores encargadas de ayudar a la humanidad en la búsqueda de su mejora esencial.

Por este motivo, las comunicaciones laten por doquier con el propósito de difundir más rápidamente este mensaje de convocatoria, mostrando a los encarnados los efectos de los desatinos, las consecuencias de la conducta inapropiada, los dolores producidos por la mentira, por la crueldad, cuyo único objetivo ha sido garantizar la riqueza de algunos, haciendo crecer la pila de los desafortunados.

Con prácticamente toda la humanidad cubierta por las ondas de la radio, la televisión, el teléfono, las imágenes y las palabras que pueden ser vistas y escuchadas en todas partes. De ahí que la enseñanza de Jesús contenida en Mateo, capítulo 24, versículos 12 al 14 sea clara apuntando a la humanidad de hoy:

6 Y oiréis de guerras y rumores de guerras; mirad, no os asustéis, porque es necesario que todo esto suceda, pero aun no es el final.

7 Porque se levantará nación contra nación, y reino contra reino, y en varios lugares habrá hambre, pestes y terremotos.

8 Pero todas estas cosas son el comienzo de los dolores.

12 Y a medida que se multiplica la maldad, el amor de muchos se enfriará.

13 Pero el que persevere hasta el fin, será salvo.

14 Y este evangelio del reino se predicará en todo el mundo, en testimonio a todas las naciones, y entonces vendrá el fin.

Los tormentos vividos en el ambiente magnético lunar aquí narrados superficialmente fueron solo la etapa de preparación para las terribles aflicciones que son necesarias para el despertar de los alienados y desertores de la Ley Divina, en la procesión de dolor y crujir de dientes que abundan en los mundos inferiores donde serán dirigidos.

28.- RESUMIENDO

Según las distintas vivencias personales, cada uno de los personajes observados por Jerónimo y Adelino era libre para construir su camino, en base a los principios de la Ley de Causa y Efecto, que, a nivel de evolución espiritual de la humanidad terrenal, es la ley que ayuda al desarrollo del discernimiento a través de actitudes autodisciplinarias de la voluntad.

A pesar de los esfuerzos del mundo espiritual, que, a través de diferentes caminos y religiones, ha aconsejado a todos a transformarse adoptando conductas compatibles con un futuro mejor, en los momentos importantes de la gran transición que se está produciendo en el planeta, las partes interesadas no se dejan seducir por las ideas de contención voluntaria, de corrección de procedimientos, de abdicación del mal, de elevación del espíritu. Tales consejos son vistos o escuchados como una cantinela monótona que estropea la emoción de la experiencia depravada, castrando la libertad de conducta que, bajo la excusa del libre albedrío, ha hecho que el ser humano se comporte por debajo de la línea de la animalidad. Entonces, incluso con el apoyo de los amigos invisibles, la mayoría de la gente no ha intentado cambiar su carácter, por lo que no podrán esperar nada mejor en el futuro, excepto esa procesión de dolores y crujir de dientes que están construyendo con sus propias manos.

Si miras a cada uno de los amigos presentados hasta ahora a tu comprensión, querido lector, comprenderás fácilmente dónde están cometiendo un error.

Observa, por ejemplo, la conducta de Leda, la esposa de Alberto, disgustada por la pérdida de su posición social, agrediendo a su marido de manera vil, con la ayuda o apoyo de sus propios hijos, Robson y Romeo. Los tres vivieron a costa del sagrado esfuerzo del progenitor, pero, sin vacilación ni demora, se volvieron enemigos precisamente de quien siempre les había garantizado sus facilidades como demostración de su amor paterno.

Leda, tras la separación de su pareja, se había acercado aun más a la pésima compañía, esa Moira que, socialmente, era el referente del grupo de mujeres consumistas, inútiles, preocupadas por la exhibición de riquezas, modas y apariencias. Entre las mujeres que, en verdad, más parecían serpientes disfrazadas de cisnes, Leda transitaba con naturalidad, sintiéndose en medio de sus afinidades más queridas.

Ahora, la consumía el miedo a que se descubriera su situación como "pobre" del grupo, bajo cuyo epíteto vería comprometida la aceptación y el respeto de sus propias amigas en relación a su persona. Trató de vivir equilibrada entre estos dos mundos, el mundo real y el de las apariencias, caminando sobre huevos para que sus nuevas condiciones no fueran conocidas por las demás. Por todo ello, la revuelta contra su exmarido aumentó en su corazón porque, según sus equivocadas apreciaciones, Alberto era el causante de todo eso, poniéndola en esta ridícula situación de tener que fingir todo el tiempo.

Sus dos hijos no eran diferentes. Romeo, perdido en las prácticas de la sexualidad fácil, había elegido el camino de vender su cuerpo para satisfacer los deseos de chicas y señoras en clubes nocturnos y discotecas dedicadas al deleite femenino. Robson, por su parte, había rechazado la idea de su padre de conseguir un trabajo honesto para ganarse la vida, lo que consideraba una vergüenza. Prefirió aliarse con ciertos amigos ambiciosos, que se organizaron para la práctica de diversas actividades ilegales, a través de los cuales obtendría recursos fáciles, vinculándose al contrabando de productos electrónicos y al narcotráfico.

Peixoto, el médium materialista del "caso Alceu" - decidió abandonar el Centro Espírita por la pérdida de entusiasmo al no verse ayudado por los amigos invisibles tras décadas de dedicación al trabajo espiritual.

Alceu, el rico amigo, enfrentado repentinamente por sus propios crímenes, se limitó a negarlos, buscando el consejo de Don Barcelos, obispo católico quien, sabiendo que Alceu era dueño de importantes recursos, cooperó decidida y deliberadamente para tranquilizar su conciencia, explicando que cualquier crimen que hubiera cometido en el pasado sería redimido gracias al pago de la penitencia, que, en su caso, sería colaborar con las reformas de un gran pabellón del palacio episcopal que se había deteriorado con el tiempo y que necesitaba ser recuperado. Además, según las palabras del sumo prelado, el Espiritismo se valía de esas hechicerías para impresionar a los incautos y así extorsionarlos, algo que fue condenado por el mismo Cristo. De este modo Alceu mató en su pensamiento cualquier idea de cambio interior, de transformación verdadera, comprando una conciencia tranquila al precio que le había cobrado el Obispo, siguió peleando contra su mujer, negándole una separación amistosa y poniendo obstáculos a la división del patrimonio, pero sin mostrar interés en corregirse. Continuó con su forma de vida frívola y arrogante, comprando a la gente e imponiendo su voluntad al precio de su billetera.

Geralda, la médium interesada en involucrarse amorosamente con Aloísio, sintiéndose molesta por la dificultad de resolver su problema emocional y por las disciplinas de conducta que la Doctrina Espírita recomendaba a todos sus sinceros seguidores, también había optado por dejar la institución para poder seguir acosando al chico, utilizando su astucia femenina para intentar romper los lazos conyugales que lo unían a su prometida y que tenían su consolidación en la boda prevista dentro de unos meses. Ese era el corto plazo que tenía la desesperada Geralda tenía para interponerse entre los novios. Planeaba seducir al joven de alguna manera. Como estaría bajo la vista directa de Jurandir, dentro de la institución espírita no podría llevar a cabo este plan. Así que, se había alejado de allí para que, lejos de compromisos morales, garantizara su ilusoria felicidad con la destrucción del bienestar emocional de Aloísio y Márcia.

Asimismo, Cássio, perdido en los entresijos de la vida festiva, tampoco mostró intención de cambiar su rutina, mostrando satisfacción por haber salido de la institución espírita donde se consideraba prisionero de disciplinas y en la que había trabajado unos años como médium sin comprender absolutamente el verdadero significado de una Doctrina Cristiana de Amor y Responsabilidad. Ahora, según sus pensamientos, finalmente estaba libre de cualquier atadura para poder cumplir sus deseos, sin el peso de la conciencia ni los límites representados por los días y horarios de ejercicio mediúmnico, quedando a merced de las entidades inferiores a las que se abrazaba como resultado de una inconfundible afinidad vibratoria.

Moreira siguió sus pasos, alejándose también de los compromisos mediúmnicos de la Casa Espírita, sin escapar de las desafortunadas prácticas que lo unían a las entidades promiscuas que frecuentaban los burdeles en los que gastaba su salud corporal y las energías del alma.

Moacir y Rafael, los antiguos jefes de Alberto, se encontraron envueltos en más problemas. El primero, por manipular los procedimientos de investigación sustrayendo maquinaria y pertenencias de la empresa, robando el patrimonio de los trabajadores para garantizar su propio futuro, en detrimento de su familia y de su socio. Su esposa Valda se encomendó al cuidado de su esposo, preocupada únicamente por no estar por debajo de la condición de su hermana, Alice, a quien envidiaba y con quien competía en todos los aspectos de la vida social para tener la primacía de ser más exuberante y rica. Ahora estaba desesperada al ver que su hermana había viajado a Europa, mientras ella estaba amargada por la desgracia que se caía sobre su cabeza aquí mismo, en Brasil. Sus hijos, Juliano y Sabrina, no serían más sabios que sus padres. El chico, rodeado de malas compañías y siendo consumidor de drogas en fiestas, se mantendría a sí mismo convirtiéndose en proveedor de narcóticos para sus amigos de clase alta, sin despertar sospechas, y Sabrina, una joven excitada por las hormonas de la juventud, ganaría dinero comercializando su cuerpo, algo que ya hacía gratis, por simple disfrute. Nada cambiaría para ninguno de los dos. Solo comenzarían a ganar por lo que ya hacían, normalmente, sin ningún beneficio.

Rafael, el otro socio, víctima por la misma situación de insolvencia económica, había optado por un camino diferente, retomando una antigua relación amorosa con su amante, alejándose de su esposa Alice, quien había optado por viajar al extranjero como escape de las responsabilidades familiares y la humillación de verse rebajada en el mundo de las apariencias que tanto le importaba. Apariencia por apariencia, respondería a los rumores de fracaso financiero con un traslado a Europa, confundiendo a las malas lenguas. Su marido, como ya se ha visto, había declarado su independencia, mudándose a la costa para vivir su acalorado romance con Lia, reavivando la antigua pasión. Sin embargo, él también huía de la responsabilidad financiera, dejando atrás a todos los empleados y deudas del negocio fallido, así como a sus propios hijos, prefiriendo quedarse en una ciudad lejana, en una dirección desconocida por sus acreedores, con la idea de reiniciar la vida sin la carga de los deberes. Frívolo, cuando rico, frívolo a medias después de pobre.

Mientras que Alice, después de maldecir a su esposo y dejar pagados los trabajos de magia al Padre Serapión para arruinar la vida de su esposo, tomó el rumbo deseado con su hijo Gabriel. Ludmila se quedaría en Brasil esperando su unión con Fernando, unión que sin duda resolvería sus problemas económicos dada la situación equilibrada de su novio. Estaba apostando todas sus fichas a la nueva condición de estar casada con el chico al que se dedicaba sinceramente; sin embargo no sospechaba que su novio, a pesar de contar con excelentes recursos materiales, la veía como una excelente inversión que se sumaría a sus ventajosos recursos, incrementándolos aun más. Fernando no estaba tan interesado en la chica como en lo que le pertenecía a su familia. Además, como dictaba la buena prudencia, nunca sería interesante asociarse con alguien que se encontrara en una peor condición financiera, porque eso significaría una disminución en el patrimonio. El matrimonio, a juicio del novio, debe unir lo necesario - el dinero, a lo útil - los sentimientos, sacrificando siempre lo segundo en detrimento de lo primero. Si el escenario fuera al revés, carente de dinero, no tendría sentido contar con el segundo, porque eso sería una prueba de estupidez. Ese era el significado de la unión para el muchacho. Fernando no quería ser el marido de una pobretona de una familia sobre la cual aun pesaría la reputación de derrotada y arruinada. Por eso el entusiasmo del muchacho se transformó en una indisimulada decepción cuando Ludmila le contó, en secreto, las nuevas condiciones de su vida. Frío y calculador, Fernando pronto pensó en términos de negocios. Al ver que, en lugar de sumar los recursos de Ludmila a los suyos, tendría que dividir los suyos con su novia, en compañía de sus familiares, trató de poner paños fríos a la relación. No pasaron más de quince días para que Ludmila se viera abandonada por su pretendiente que hasta ese momento estaba decidido en llevarla al altar. Estaba sola, sin novio, sin padres y sin hermano. De repente se encontró abandonada en el mundo, con sus veintiún años vividos en la riqueza, teniendo ahora que arreglárselas en la más completa soledad y, lo que era peor, sin perspectivas de futuro.

Alfredo, humilde servidor de la Casa Espírita, continuó como cuidador de la institución, además de ser aprendiz espiritual, junto a Jerónimo y Adelino.

Jurandir, el líder temporalmente responsable de la institución, continuó acogiendo a los que llegaban, dirigiendo los trabajos según las disciplinas espirituales de seriedad y respeto, comprensión y fraternidad. Había enfrentado la tormenta de calumnias y mentiras organizadas por Peixoto con el apoyo de los compañeros antes mencionados, sin decaer en la tarea, encontrando el apoyo de los otros hermanos, abnegados trabajadores, tanto encarnados como desencarnados.

Alberto, el médium renovado por las nuevas posturas íntimas, a pesar de fracasar en su vida económica y familiar, se mostraba valiente y dedicado. Se había entregado aun más a las actividades, aceptando las disciplinas sugeridas por los espíritus directores del trabajo que apuntaban a recuperar el equilibrio necesario para las tareas mediúmnicas, sin disgustarse ni asumir una postura depresiva. Se había acercado aun más al corazón de Jurandir, apoyándolo en su esfuerzo de líder encarnado y compartiendo algunas tareas que pesaban sobre su amigo, liberándolo para realizar otras actividades propias de sus responsabilidades.

Todos estos miembros de la familia humana, aquí descritos, simbolizan una infinidad de criaturas que, con mayor o menor similitud, están por ahí, llevando sus vidas según las leyes del mundo material, imaginando que son las únicas verdaderas.

Cada día que se vive alejado de la realidad superior, de las luchas del Bien, de los esfuerzos por construir una nueva personalidad combatiéndolos defectos, reduciendo las necesidades materiales, es tiempo perdido en la edificación de uno mismo.

La mayoría de los seres encarnados viven como si la vida no fuera algo serio y decisivo para dar forma a sus propios destinos. Transforman la religión en una forma fácil de limpiar la conciencia sin pagar por los errores cometidos, de obtener condiciones materiales ventajosas sin hacer esfuerzos, de llegar a las áreas celestiales sin ningún esfuerzo de purificación, como si el paraíso admitiera a estafadores hablando de virtudes, a libertinos reprochando a otros pecadores, a mezquinos y calumniadores hablando en nombre del Evangelio.

Por eso el evangelista Mateo, en su capítulo 25, versículos 31 al 34, habla del Gran Juicio, de la selección necesaria para que la Humanidad se limpie de los elementos perniciosos con el fin de permitir la evolución colectiva sin los obstáculos producidos por los elementos incompatibles con el nuevo orden donde el Bien, finalmente, predominará:

31 Y cuando el Hijo del Hombre venga en su gloria, con todos sus ángeles, entonces se sentará en el trono de su gloria;

32 Y todas las naciones se reunirán delante de él, y él separará a unos de otros, como el pastor separa las ovejas de las cabras;

33 Y pondrá las ovejas a su derecha, y las cabras a la izquierda.

34 Entonces el Rey dirá a los de su derecha: Venid, benditos de mi Padre, heredad el reino que ha sido preparado para vosotros desde la fundación del mundo;

La construcción del nuevo mundo requerirá necesariamente una nueva humanidad, basada en conceptos más nobles y una mayor comprensión moral, ya que no es posible construir un nuevo edificio con los mismos y podridos materiales.

Después de veintiún siglos de paciente edificación de conceptos espirituales, en la paciente escultura del Plan Divino, Jesús dejó en claro todas las indicaciones de cómo debería proceder el ser humano para ser elegido en la hora decisiva de su destino. De la misma manera que, en su época, la gente esperaba un Mesías, en la actualidad tampoco han faltado las advertencias sobre la inminencia de la separación de la paja y el trigo, la selección de las ovejas y las cabras.

La abundancia de frivolidad y la multiplicación de la violencia en el camino hacia un mundo que se ha perfeccionado tecnológicamente ya no pueden convivir pacíficamente. Con los avances que brinda la inteligencia para mejorar las condiciones de vida a través de los logros tecnológicos, la Tierra se asemeja a un hermoso cristal tallado con celo y cuidado, que ya no puede ser manipulado por las manos descuidadas de un gorila. Por eso es indispensable que o, bien los hombres que se asemejan a los primitivos se humanicen para que estén a la altura de los logros alcanzados aquí, o bien sean enviados de regreso a la jungla ancestral, a los ambientes inferiores en los que se desarrollarán.

Y esta separación, que comenzó hace muchas décadas, sigue acelerándose con el traspaso de entidades, con la salida de las inadecuadas para el futuro y la llegada de mejores espíritus, a través de los procesos de reencarnación.

Entonces, querido lector(a) que estas páginas que traen variadas experiencias en la vida de la gente común, algunas con actividad religiosa, otras sin ningún compromiso con la fe pueden servir de advertencia para que se tenga una vaga idea de lo que les espera a todos los hijos de Dios, aprendices de este planeta, en el momento de la evaluación final con miras a la evolución. ¿Cuántas guerras se necesitarán para ablandar el odio en los corazones de los hombres? ¿Cuántas epidemias tendrán que cobrarse millones de vidas para que las criaturas mediten sobre la pérdida de tiempo y los comportamientos mezquinos e indiferentes que han garantizado la opulencia de una minoría y la miseria de miles de millones?

Sin embargo, estén convencidos que ninguno de sus habitantes será olvidado. Todos serán rastreados y evaluados de acuerdo a sus actos y vibraciones personales. Entonces, será demasiado tarde para modificar sus destinos.

Cuando, entonces, los malos, envidiosos, orgullosos, celosos, calumniadores y lascivos, sean transportados al enorme cuerpo de otra escuela planetaria, migrando por la oscura vastedad del Cosmos, como los escombros de un orbe transformándose en abono en el otro, desde la distancia vislumbrarán el planeta azul que se queda atrás, mientras verán ampliarse las sombras del mundo primitivo que les espera, una nueva aula para rebeldes, donde se renovarán con la penuria y el arrepentimiento. Entonces, en medio de lágrimas, llantos y crujir de dientes, tal vez se les ocurra lamentarse por el tiempo perdido y orar pidiendo a Dios que les permita, algún día, regresar a la acogedora Tierra, aunque lo hagan en la condición de uno de sus animales más pequeños, sin entender que, en los planes del Padre generoso y bueno su regreso está garantizado, no como animales, sino como espíritus humanos lapidados por el dolor, en el camino del Bien.

29.- CORNELIA APOYANDO A MARCELO A LAS PUERTAS DE LA MUERTE

De los diversos espiritistas que estaban bajo la evaluación de Bezerra y sus ayudantes, Cornelia era la que enfrentaba los mayores dolores morales en el testimonio de su fe.

Cornelia llevaba casi un año alejada del trabajo mediúmnico directo debido a la tragedia familiar que vivía, relacionada con su hijo Marcelo, quien demandaba cuidados intensos. Nunca la Doctrina Espírita había tenido más sentido para ella como ahora, envuelta por los pliegues del dolor y la redención en su propia carne. Por ello, aunque no acudía al centro para realizar los trabajos habituales, se mantenía fiel a las enseñanzas de amor y de renuncia en las que la acompañaba su esposo Lauro, quien, a diferencia de ella, nunca se había afiliado a ninguna iglesia formal o práctica religiosa.

La historia de Marcelo y el drama familiar que lo envolvía expresaba el sufrimiento de tantos padres y hermanos en un contexto de dolor sin remedio del que suelen ser víctimas los miembros más inexpertos en la comprensión de las cosas elevadas del espíritu.

Marcelo, uno de los hijos del matrimonio Cornélia y Lauro, un muchacho inmaduro y poco aficionado a las cosas espirituales, había declarado su independencia desde muy joven, deseando buscar la libertad de la calle, donde daría paso a sus propias inclinaciones sin sentirse vigilado por sus padres ni atormentado por los deberes familiares, en particular el de comportarse de acuerdo a las enseñanzas recibidas. Era un espíritu sin compromisos serios con la vida y que tenía en su pasado varias peregrinaciones debido a las destructivas facilidades del carácter sano. La encarnación actual fue planeada de tal manera que su loca búsqueda de aventuras resultara en la oportunidad de recuperación, en compañía de padres humildes y disciplinarios, aunque cariñosos y vigilantes, con el objetivo de su propia edificación. Renacido en un hogar sencillo, sin las facilidades económicas del pasado, un hogar que dependía del trabajo de sus miembros para ser abastecido con los recursos materiales indispensables para el sustento de sus miembros, el hecho que todos tuvieran que trabajar duro y luego compartir sus recursos personales para cooperar con el progreso común le disgustaba. La comida, la ropa, la luz, el teléfono, la escuela, todo dependía del esfuerzo compartido, sin lugar para la ociosidad de nadie. De espíritu débil, Marcelo no se conformaba con lo que le ofrecía el destino, en el áspero camino del trabajo como vía dura y de la disciplina como medio para ser mejor. No aceptaba trabajar para todos ni privarse de las facilidades que su alma anhelaba volver a disfrutar. Entonces, tan pronto como tuvo la edad suficiente y los recursos económicos para garantizar su propio sustento, se alejó del entorno familiar donde era amado, donde encontró amigos sinceros y cariñosos que velaron por su seguridad y donde, fatalmente, podía afrontar la lucha contra sus propias inclinaciones. Con la excusa de la necesidad de espacio o con el objetivo de dar el ansiado "grito de libertad" se sumergió en el bosque inhóspito del mundo, donde el costo de esa libertad suele ser el dolor, el sufrimiento y la decepción.

Al ser joven, por tanto, se fue a vivir en compañía de Alfredo, un "amigo" que lo acogió con el compromiso de compartir gastos.

Infeliz vividor del pasado, Marcelo vio, en la figura de su nuevo compañero, el salvavidas que podría liberarlo de las disciplinas de la familia, que consideraba una carga, castrando su voluntad y llenando de limitaciones el ejercicio de su libertad. Ahora, en compañía de su amigo, se garantizaría el "espacio" por el que siempre había reclamado, considerado como el territorio de las frivolidades ocultas, fuera de la supervisión de sus padres.

 Así que no pasó mucho tiempo antes de que, en compañía del muchacho, Marcelo se iniciaría en las perniciosas facilidades del mundo libre. Conoció gente, se involucró con mujeres, se adentró en el mundo de las drogas y, paso a paso, fue descendiendo por el barranco, involucrándose cada vez más en el laberinto venenoso de los vicios y las aventuras impropias, con la excusa que debía probar de todo para descubrir el sentido de la vida sin la interferencia de otras personas. Y con el apoyo de un adicto u otro pervertido, Marcelo fue reconociendo el viejo mundo, al que había pertenecido en vidas anteriores, donde se había vuelto adicto a esas actitudes superficiales y peligrosas. De nada valieron las advertencias de sus padres durante sus escasas visitas a la familia. Cuanto más los escuchaba, más disgusto sentía contra ese "estilo" de vida decadente y anticuado, en el que dos adultos tenían que guiar a sus hijos eligiendo sus caminos. Era una cosa del pasado, una forma de vida que, según sus ideas, había perdido su razón de ser. Según Marcelo y sus amigos frustrados, la familia era un invento de la sociedad para mantener alienados a sus miembros, donde los mayores dominaban a los más jóvenes, impidiéndoles desarrollarse según sus propias inclinaciones naturales. Algo así como una prisión llena de barrotes de afecto para controlar mejor la vida de los demás.

 Así, con toda esta "filosofía" en la cabeza, Marcelo no tenía ojos para percibir el agujero donde se hundía. Todo lo que había escuchado de sus padres, los conceptos de honestidad, responsabilidad, disciplina, lo había repudiado radicalmente, quitando todo eso de su comportamiento. La responsabilidad, carácter, seriedad de conducta, y el respeto a los demás, eran conceptos de la "prisión familiar" y, por tanto, no servían de nada. No le causaba ninguna vergüenza las dosis de bebidas cada vez más grandes que compartía con sus "amigos" ni el bautismo en las drogas más pesadas, que celebraba como un ritual de iniciación en el grupo que lo había acogido como un miembro más. No se daba cuenta que su comportamiento estaba motivado por el deseo de ser aceptado en otro tipo de "familia." Repudiando a la familia que lo había recibido y criado con celo y cariño, buscó, contradictoriamente, convertirse en miembro de otra familia, una que reuniera a criaturas desprevenidas como él, frustradas, acomplejadas, perezosas y rebeldes en un solo conjunto, en medio del cual podían dar rienda suelta a sus comportamientos nocivos, haciendo lo que quisieran sin censura, libres de ejercer las diversas aberraciones. No le importó cuando, de la droga fácil, migró a las orgías sexuales y, junto a ellas, a cometer delitos con el fin de obtener los valores para alimentar sus adicciones.

Sí. Marcelo había bajado toda la escalera de la decencia junto a los mismos amigos, a los que consideraba su propia familia hasta el día en que aparecieron los primeros síntomas de debilidad orgánica derivados de la enfermedad del sistema inmunológico, demostrando que el joven se había anticipado al irremediable encuentro con la muerte.

Cuando las heridas estallaron en su epidermis, la debilidad invadió sus extremidades y la postración lo pegó a la cama, la familia de inadaptados expulsó de su seno al miembro podrido.

Marcelo fue desterrado del grupo en cuanto la ambulancia lo llevó al hospital. A partir de ahí, Marcelo no tendría otro lugar a donde ir. Sus amigos lo dejaron solo porque no tenían ningún interés en perder su libertad para cuidarlo.

Su amigo Alfredo entregó las cosas de Marcelo en la recepción del hospital y, para librarse de cualquier responsabilidad, dejó el nombre y la dirección de los padres del muchacho como responsables de él. Durante más de cuatro años, el hijo no enviaba noticias ni buscaba a nadie.

En casa; sin embargo, el dolor del distanciamiento afligía el corazón de sus padres. Durante las noches, Cornelia y su esposo se angustiaban durante las horas de oración, meditando sobre el destino de su hijo, que sabían que no era el mejor. Estaban convencidos que el niño era demasiado orgulloso para regresar a su casa con la cabeza gacha, además que presumía ser dueño de sí mismo, para llegar derrotado.

Lauro, el padre, tenía una herida más grande en su corazón, porque le dolía el repudio de Marcelo ante todo lo que él y su esposa habían hecho para ayudarlo. La ausencia, el sufrimiento que su egoísmo producía en sus corazones, el alejamiento deliberado, las malas compañías, eran puñales en el corazón del padre que, a pesar de todo, seguía amándolo como antes. Por eso, el padre vagaba por la ciudad en innumerables ocasiones, siempre pensando que podría encontrarse con su hijo por casualidad.

Sin embargo, todas las búsquedas terminaban en un gran fracaso.

Marcelo había tenido cuidado al mentir sobre su dirección para que no lo encontraran, evitando que lo molestaran. Por lo tanto, habían perdido completamente el contacto, y fue solo cuando el hijo los buscó que se vieron. Pero ya habían pasado cuatro años de silencio. Cornelia, acudía al Centro Espírita para las reuniones periódicas, y en todas ellas ponía el nombre de su hijo en la lista de oración, pidiendo ayuda espiritual para la protección del muchacho. Sus oraciones eran recogidas por los mentores de la casa con la emoción de quienes admiran el amor puro que brota del corazón materno o paterno, incluso para quienes no son dignos de ser amados. Al igual que el Amor de Dios por sus hijos perdidos, el amor de Cornelia era un ejemplo para los propios espíritus, que hacían todo lo posible por calmarla tanto como a su esposo, que, en casa, no había madurado para el interés espiritual, a pesar de acompañar eventualmente a Cornelia como oyente de conferencias y receptor de pases.

A lo largo de los años, la preocupación por el destino de Marcelo había abrumado los pensamientos y deseos de Cornelia de tal manera que, durante la noche, su espíritu, en lugar de ir a trabajar a la institución donde se esperaba que realizara sus propias tareas, salía a la calle en busca de su hijo perdido.

Entidades nobles que vigilaban sus pasos la seguían, controlándola y protegiéndola de los ataques de espíritus agresivos, ya que querían evitar, incluso en espíritu, que Cornelia vislumbrara la verdadera condición de su amado hijo.

Así las noches eran caminatas interminables, de callejón en callejón, exponiéndose a los encuentros más espantosos. Sin embargo, nada de esto disminuyó su determinación de encontrar al pobre y desafortunado Marcelo.

El regreso a su cuerpo al día siguiente estuvo cargado de un sentimiento de tristeza, a pesar de la protección que su protector espiritual le brindaba incesantemente. El Amor de Cornelia y la protección de amigos invisibles era el escudo de su alma contra los ataques de las oscuras vibraciones de los lugares donde se adentraba.

A veces, mientras dormía, los amigos la buscaban y le pedían que volviera a trabajar. A pesar de acceder a la invitación por algunos días, al poco tiempo Cornelia volvió a ausentarse de sus deberes, exigiendo continuar su infructuosa búsqueda.

Todo iba a ese ritmo, cuando una llamada telefónica del hospital trajo noticias del paradero de Marcelo.

Nadie se presentaba para retirar aquel desastre, ni el sector de asistencia social conocía el paradero de los amigos a los que Marcelo insistentemente pedía que llamaran para sacarlo de ese lugar. No quería que sus padres lo vieran ni recibieran solicitudes. Esa sería la mayor vergüenza de su vida, en el gigantesco herido por el colapso total.

Sin embargo, aunque el muchacho les prohibió buscar a su familia, no había otra alternativa para la dirección hospitalaria que comunicarse con los padres para informarles del estado de su hijo enfermo.

Marcelo, en ese momento, ya era un hombre adulto, con sus veinticinco años corroídos por el "estilo de vida" que había adoptado. Sin embargo, el destino que le esperaba, LA MUERTE FÍSICA, lo encontraría en cualquier lugar en unos pocos meses.

Los dolores y heridas estaban controladas con medicación, pero la debilidad persistía y la falta de fuerza física impedía sus reacciones nerviosas. Así que no protestó contra el hospital cuando le dijeron que sus padres habían sido informados tanto de su paradero como de su situación.

Cornelia y su esposo corrieron inmediatamente al centro de salud, con el corazón oprimido por el dolor de su ser querido y la trágica noticia del fin de las fuerzas del muchacho.

Lauro llevaba en el corazón una ansiedad mezclada con rabia por todo lo que el ingrato hijo les había hecho sufrir.

- ¿Por qué te mantuviste alejado tanto tiempo, sin dar ninguna noticia? Somos los que más te amamos en la Tierra. ¿Por qué nos hiciste esto? - eran los pensamientos del padre que, en ese momento, intentaba callar su descontento para no perturbar el reencuentro que les esperaba en el hospital.

Ese momento, fatalmente, sería muy difícil para las partes, pero tanto ella como Lauro fueron apoyados por el amor de Ribeiro, quien, siguiendo el caso desde el principio, sabía que Marcelo necesitaba el sufrimiento para reemprender el camino de la ascensión espiritual.

Muchas veces es necesario agotar todo el combustible de las locuras para que el alma finalmente se declare cansada de las frivolidades, habiendo bebido toda la hiel del cáliz de la pena con que se desengaña delas ilusiones cultivadas y de las facilidades buscadas con avidez.

La sala colectiva ya intimidaba a los visitantes por la cantidad de dolor acumulado allí, así como por las dolorosas condiciones de los allí albergados, todos ellos en estado terminal.

Marcelo no sabía cómo dirigirse a sus padres. Era consciente de ser un desastre. A pesar de esto, el orgullo todavía existía como una prenda defectuosa del alma, luchando contra la renovación del espíritu. Sin embargo, había llegado la hora de la verdad y el tiempo de las fantasías había terminado.

Cornelia se dirigió a la cama de su hijo, en el doloroso encuentro entre amor e inmadurez.

- Marcelo, mi hijo - fueron las únicas palabras que logró decir, mientras trataba de contener el llanto convulsivo en su garganta ante el estado angustioso del muchacho.

- Madre... - dijo la voz débil del muchacho -, no lo parece, pero soy yo... Padre... me estoy muriendo...

Las frases cortas del paciente eran puñales en el corazón de quienes lo amaban.

Allí estaba la verdadera familia. La que no huyó de los compromisos del Bien y que recibiría a sus miembros derrotados para ayudarlos a levantarse.

La presencia de Lauro y Cornelia a su lado, después que todos sus amigos lo dejaran sin explicación alguna, tuvo el poder de hacer comprender a Marcelo lo equivocado que había estado en sus conceptos sobre el hogar, a lo largo de tantos años de insensatez. Su necesidad física y emocional hizo que las lágrimas de arrepentimiento brotaran por primera vez en mucho tiempo. Y sin palabras ni discursos, padre y madre se inclinaron sobre el cuerpo del hijo, sumando sus lágrimas a las del infortunado muchacho. No les molestaba ni el hedor de sus heridas, el riesgo de contagio, ni su aspecto de cadáver.

Sus padres lo amaban, incluso después de cuatro años de huida e indiferencia, de arrogancia y errores. Ninguno de los dos recordaba el pasado. Ya no era necesario volver al ayer para averiguar quién había hecho bien y quién había hecho mal.

Esa fue la certeza más importante de este reencuentro. Marcelo los necesitaba y eso era todo. Así que después de recomponerse y convertir ese doloroso momento en felicidad, Lauro fue en busca del director médico, responsable del muchacho.

Tan pronto como el médico llegó a la habitación, Lauro le dijo:

- Doctor, mi esposa y yo queremos permiso para llevar a Marcelo de regreso a su casa, a nuestra casa.

Al escuchar esas palabras, el propio paciente sintió el deber de protestar:

- Pero padre, no tengo casa. Soy un desastre, pudriéndose en vida. No es justo que me lleven para allá... - lloró de vergüenza. Sollozando, en un esfuerzo por rescatar un mínimo de decencia.

- No, hijo mío, este bendito hospital que ha cuidado de ti es una casa bendecida, pero el hogar es el hogar, ¿no es así, doctor?

-preguntó Cornelia, conmovida por la reacción de su esposo, una reacción que ella misma no esperaba, ante las expresiones de oposición que siempre mostraba Lauro al hablar de Marcelo.

- Bueno... sí... - dijo el doctor, un poco reacio - la casa de los padres es el refugio seguro que nunca olvidaremos. El problema es el cuidado que demanda Marcelo.

- No importa, doctor. Usted nos explica lo que hay que hacer y lo cuidaremos como si estuviera en el hospital - dijo Lauro, decidido.

Sabiendo que el muchacho no tendría mucho tiempo de vida, y que el hospital necesitaba esa cama para atender a otro paciente que, como Marcelo, tampoco tendría muchos amigos para recibirlo, el médico se dispuso a explicarles cómo debían proceder. Para ello, se excusó ante el paciente, y en compañía de los visitantes salió de la habitación, donde podría hablar con franqueza.

Marcelo, por su parte, no se engañaba en cuanto a lo que esperaba. Había visto que la enfermedad dañaba los cuerpos de muchos chicos y chicas. Había visitado a algunos de ellos antes de su muerte, por lo que sabía que se le estaba acabando el tiempo. Sin embargo, nunca había imaginado que algún día podría morir en casa, en lugar de perecer aislado y en el anonimato, entre extraños en cualquier hospital del mundo.

Su corazón, conmovido, siguió produciendo lágrimas de arrepentimiento. Ribeiro, en espíritu a su lado, alisaba sus escasos y despeinados cabellos, infundiéndole nuevas energías para aprovechar al máximo esa etapa final de la reencarnación.

Ante la afluencia de su amigo espiritual, Marcelo entró en un sereno reposo, como si la esperanza fuera a encender la luz de la paz en su corazón. Ciertamente moriría por sus propias faltas y excesos. Sin embargo, moriría en brazos de su verdadera familia. Podría disculparse, y redimirse al menos con palabras y, quién sabe, tal vez servir de ejemplo para aquellos, jóvenes e irresponsables, que fueron engañados con una falsa libertad, la que era usada como arma y no como instrumento de crecimiento.

Ahora más que nunca, soñaba con volver a casa. Aunque fuera para soportar las acusaciones de sus hermanos, escuchar los malos y condenadores juicios de todos aquellos que no pudieron perdonarle su locura.

No le importaría nada. Intentaría amar a todos, incluso a los que no lo aceptaban. Sabía que tenía la culpa de todo esto y, por lo tanto, lo entendería humildemente y soportaría cualquier cosa que tuviera que soportar. Cada sacrificio valdría la pena para estar, de nuevo, bajo el cuidado de Cornelia y Lauro.

Afuera, se dio el diálogo con el médico:

- Necesito informarles que Marcelo no vivirá más de un mes o dos. Las crisis serán mayores, su frágil cuerpo sufrirá diversas infecciones y, por tanto, cuanto menor sea la exposición externa, menores serán los riesgos para su precaria salud. Podremos poner a su disposición equipos que monitoreen algunas de las funciones de Marcelo y, ante cualquier emergencia, la ambulancia podrá traerlo aquí. Será necesario realizar su higiene íntima con mucho cuidado para que las heces no contaminen las heridas abiertas.

- Doctor, haremos lo que sea necesario, de acuerdo a sus indicaciones, que, por cierto, también necesitamos mucho. Queremos llevarnos a nuestro Marcelo a casa.

- Bueno, Sr. Lauro y Sra. Cornelia. Organizaremos la mudanza. Creo que uno de ustedes tendrá que ir con él en la ambulancia mientras que sería bueno que el otro se fuera, para proporcionar un lugar adecuado para recibir al paciente. Sería importante que se quedara en una habitación con un baño cerca para facilitarle las cosas.

Cornelia miró a Lauro, como diciendo que era en su habitación donde se quedaría su hijo. La cama más ancha y el baño adjunto facilitarían realmente todos los cuidados. Ella y Lauro se turnarían, uno durmiendo en el dormitorio, en un sillón, y el otro en el sofá de la sala o en la otra habitación de la casa, ocupada por el hermano menor, el único que aun vivía con sus padres.

Cornelia decidió irse a casa a organizar las cosas, preparando el entorno y a los miembros de la familia para el regreso de su hijo perdido. Lauro permanecería en el hospital firmando los últimos documentos y acompañando el traslado de ese tesoro de amor que habían recuperado del barro, aunque solo fuera para tenerlo en sus manos por unos treinta o sesenta días más.

Su disposición llenó el corazón del hijo de esperanza y paz.

- Finalmente, una familia real - pensó el paciente -, la familia que siempre tuve, pero no sabía que tenía. Gracias, Dios mío, gracias por esta bendición que no merezco.

Era la oración que el joven e incrédulo empedernido, ensayaba ahora con su pensamiento, descubriendo el poder del amor como mecanismo de recuperación del alma perdida.

Allí comenzaba para Marcelo la tan planeada recuperación por el mundo espiritual Y para Cornelia, Lauro y sus familias, también se esperaba el testimonio más importante de sus vidas en este período de cuidado ante los dolores de aquel infortunado, que recuperaba la cordura mental gracias a tragedias materiales y morales.

A partir de ese día, todos se sacrificaron para recibir al hijo pródigo que regresaba a casa. En la Casa Espírita, la noticia del reencuentro del hijo causó alegría, permitiendo organizar la visita fraterna con la aplicación de pases magnéticos y la conversación amistosa en beneficio del paciente.

Jurandir y Alberto, a veces acompañados de Alfredo o Dalva, iban semanalmente a la casa de Cornélia para rezar e involucrar a Marcelo en los baños vibratorios de esperanza y fuerza.

Las primeras semanas fueron un poco turbulentas por la dificultad de los cuidados que exigía su estado de salud. Sin embargo, según las propias orientaciones del mundo espiritual, Marcelo estabilizaría sus funciones orgánicas durante el tiempo necesario para aprovechar las lecciones que le llegaban para limpiar las heridas de su alma.

Las cosas realmente sucedieron en la forma prevista por Ribeiro, con la acción de Bezerra de Menezes ayudando en el reequilibrio biológico, con el objetivo de aprovechar nuevas oportunidades.

La conversación amistosa y alegre de los visitantes llenó de buen humor a Marcelo. Siempre solía decir, al final de la reunión:

- Miren, de una forma u otra un día terminaré yendo a su Centro Espírita, ¡eh! Prepárense para recibirme. ¿Cuándo volverán por aquí?

- Bueno, Marcelo, si estás tan decidido, primero esperaremos a que llegues - respondieron los amigos sonriendo.

- Ah, no... tomará un tiempo todavía. Necesito su energía para recuperarme. ¿Y cómo creen que van a lograr entrar al cielo si no hacen obras de caridad para un miserable como yo?

- No venimos aquí por caridad, Marcelo. Venimos porque nos agradas mucho.

Todos sonreían para disimular la emoción y las ganas de llorar, mientras que el paciente no podía contener las lágrimas en sus ojos, pensando en todo lo bueno que había perdido en su vida.

Los pases magnéticos y el cariño de quienes lo rodeaban hicieron que las predicciones de los médicos se desmoronaran. Marcelo había subido de peso, se había recuperado físicamente, ya podía levantarse de la cama y caminar hacia la sala de estar. Miraba el sofá donde su padre dormía todas las noches para dejarle su propia cama. Sentía el calor humano de sus hermanos, que venían a traerle regalitos todos los días, recuerdos, fotografías, CD's con música agradable, dulces y algunas otras delicias.

Ninguno de ellos se dirigió a él con palabras de reproche o de reprimenda, sobre todo porque estaban conmovidos por la compasión que les imponía su estado de salud.

Fue el propio Marcelo quien tomó la iniciativa de ponerse como ejemplo para que sus sobrinos y hermano menor nunca hicieran lo que él había hecho.

Cuando se reunían a su alrededor, Marcelo recomendaba, como quien enseña con sus propias caídas:

- No se dejen engañar con las cosas del mundo, por muy seductoras que parezcan. Miren mi estado. Tengo veinticinco años y parezco un anciano. Voy a vivir unos meses más cuando, en verdad, si hubiera escuchado a mi padre y a mi madre, estaría aquí con ustedes, sin dar tanto trabajo, durante mucho tiempo. Que la vida que me queda sirva para algo. Soy como soy por mi culpa, por mi frivolidad, porque pensaba que la familia era la prisión de mi libertad, castrando mi personalidad. Tuve que llegar a esto para entender que la familia es el único lugar donde se encuentran los que te aman de verdad.

Y sus palabras eran tan sinceras, que no había quien lo escuchara sin conmoverse hasta lo más profundo de su alma.

Ahí estaba un perdedor moral que se esforzaba por levantar a los demás, tomándose a sí mismo como una demostración de un error que no debía ser imitado.

Era un ejemplo vivo, sin palabras ni teorías. Marcelo estaba reformulando sus propios valores.

Jerónimo y Adelino siguieron atentamente todo el proceso de reencuentro del hijo perdido, su regreso a casa y los meses que llevaron el tratamiento de su espíritu con miras a aprovechar la última experiencia, la más importante de su vida rumbo a la desencarnación.

Así, el día que ocurrió la muerte, en la serenidad del hogar, Marcelo y sus familiares estaban juntos. En los momentos previos al desenlace, presintiendo la llegada de la hora final, el muchacho pidió que todos estuvieran con él en esa habitación que se había hecho pequeña y, con lágrimas de emoción, pidió que lo perdonaran no solo por el sufrimiento del pasado, sino por las dificultades que había creado en el presente, por las molestias que había causado en la familia, y los gastos que había impuesto, sin haber cooperado nunca con nada.

Sus palabras, nacidas de un corazón ahora humilde, eran la prueba de la transformación de aquel ser, que había dejado atrás el charco fangoso del declive moral y se había reconstruido paso a paso, en dirección a la auto liberación. Finalmente, descubrió en qué consistía la verdadera libertad.

- Recen por mí, hermanos míos, recen como quien reza por un loco que se despertó a tiempo para reconocer sus locuras. Sin embargo, tengan la seguridad que solo pude reconocerlas porque recibí su Amor. Si no fuera por eso, quizás aun quedaría en mi interior alucinado la idea que el egoísmo y el orgullo son capaces de hacer algo bueno por alguien. Gracias a ustedes y al personal del Centro, partiré como un deudor feliz, un convicto que se arrepintió sinceramente de sus delitos y que sabe que tendrá que responder por cada uno de ellos.

Emocionando a todos los que estaban allí, por el esfuerzo con el que buscaba pronunciar las últimas palabras, finalmente, agregó:

- No sé... a dónde voy... pero, cuando esté bien... quiero que sepan que... trabajaré duro... para... un... día... poder recibirlos... del otro lado... de manera que... estén orgullosos de mí... tanto como... hoy, estoy orgulloso de pertenecer a esta familia...

Y finalizando la despedida, encontró la fuerza para decir:

- Lo siento, madre, lo siento, padre... gracias... por todo...

Y, bajo la conmoción general, entregó su alma a los amigos espirituales que lo estuvieron amparando hasta ese momento, en los ajustes finales del desenlace del pobre muchacho que se estaba recuperando como espíritu.

El día de su desencarnación, se completaban once meses desde que Marcelo había salido del hospital.

30.-
ACTITUDES LIBRES Y DESTINOS ELEGIDOS

- Doctor Bezerra, ¿llevarán a nuestro Marcelo al gran transportador? - Preguntó Adelino, interesado en la evolución de las condiciones del hijo de Cornelia y Lauro.

- No hijo mío. La gran nave tiene otro destino y se está abasteciendo de espíritus que ya no tienen las condiciones para permanecer en la actual escuela terrestre. Marcelo se habría convertido en uno de sus pasajeros si no hubiera cambiado verdaderamente su actitud mental en el período más importante de su vida. Si se hubiera deslizado hacia la revuelta, hacia el orgullo altivo que no acepta la ayuda de nadie, que no se ajusta a las humillantes condiciones impuestas por las circunstancias creadas por él mismo, habría demostrado incompatibilidad con las nuevas vibraciones de la Tierra y de la nueva humanidad. Entonces sería enviado al mismo destino que aquellos que no cambian, que continúan atrincherados en los viejos refugios del mal, la debilidad moral, la violencia y la adicción. Ahora que ha optado por otro camino, los Departamentos de Justicia y Misericordia del Universo consideran su caso como el de los criminales sinceramente arrepentidos, como sucedió - guardando las debidas proporciones - con Saulo de Tarso en el camino a Damasco.

Las palabras del venerable anciano eran escuchadas con inmensa atención por todos los espíritus que acompañaron el diálogo, en la Casa Espírita.

- Marcelo fue considerado un estudiante rebelde que, arrepentido de sus errores y soportando con resignación el dolor de los últimos meses de su cuerpo, pudo finalmente ser redimido de sí mismo y dirigido a la recuperación. Sus sufrimientos finales fueron considerados como etapas depurativas, una especie de depuración de los males practicados y, aunque no tuvieron el mismo volumen de sus errores pasados, fueron aceptados con paciencia y humildad y, gracias a ello, resultaron tan productivos y provechosos que le permitieron permanecer en la Tierra, aunque como un enfermo, bajo observación de la enfermería del Bien, en su camino hacia la plena salud. Se quedará en nuestro orbe, como un alumno que, incluso con bajas calificaciones, alcanzó el límite mínimo para ser aprobado. Ciertamente, no tendrá los beneficios reservados para estudiantes aplicados. Sin embargo, podrá continuar su crecimiento espiritual en reencarnaciones de aprendizaje y disciplina en ambientes menos favorables, en el seno de pueblos menos desarrollados, donde la falta de recursos y medios le ayudará a no engañarse más con facilidades materiales, valorando cada logro como un recurso para el crecimiento y no como un arma de destrucción.

Y si estas nuevas experiencias son bien aprovechadas por un Marcelo renovado, quién sabe, tal vez renazca algún día dentro de la familia que lo ayudó en esa hora tan amarga de su destino, gracias a cuyo apoyo y cariño reordenó su trayectoria evolutiva en lugar de ir a un triste exilio en un planeta inferior a la Tierra.

En esta etapa evolutiva, Lauro y Cornélia fueron sus mayores benefactores. Por la forma en que ambos se comportaron en este doloroso trance, demostraron ser buenos estudiantes, entrenados para comprender las pautas planetarias, constructores de una nueva humanidad y enfermeros del Bien. A pesar de luchar contra sus propias deficiencias, supieron superar los obstáculos que llevaban en el corazón y, por la fuerza de sus deliberaciones amorosas vividas en forma de renuncia, comprensión, tolerancia y compasión, aprobaron el examen con elogios dignos de estudiantes excelentes y aplicados.

Lo mismo, lamentablemente, no ocurre en otros casos que hemos estudiado. Veamos a nuestro hermano Alberto y su drama personal. Con la excepción del propio médium, quienes se relacionaron con él como parientes, jefes y familiares, todos deudores de vida por los errores del pasado, están garantizando el ingreso a la gran nave. Leda no vivirá más de cinco años en ese círculo de vibraciones inferiores que, suministrándole fluidos enfermizos, desencadenará el tumor canceroso que le quitará la vida sin que muestre ningún arrepentimiento efectivo. El destino de Robson y Romeo, sus hijos, no será muy diferente, solicitando la muerte prematura en las aventuras a las que se entregarán para mantener las mismas facilidades. Moacir y Valda, sin grandes cambios, sufrirán la decepción y las consecuencias de la vida sin el glamour del pasado, además de recibir las cargas vibratorias negativas de todos sus empleados, descontentos por la deshonestidad con la que los dueños manejaban el negocio. Juliano y Sabrina elegirán el doloroso camino de ganarse la vida destruyendo otras vidas, él con drogas y ella con el sexo. Alice, la esposa de su socio, perdida en sueños de grandeza, se dará cuenta que escapar solo la hará hundirse más rápido en la miseria, mientras que el hijo que la acompaña, engañado y sin personalidad, se apegará aun más al carácter dominante de su madre, sometiendo su vida a sus órdenes, involucrándose en pandillas y delinquiendo para conseguir dinero para complacerla o para ganarse el pan de cada día. Caerá en la clandestinidad y, para no ser expulsados, tendrán que huir de un lugar a otro.

Las revelaciones hechas por el espíritu experimentado sobre el futuro de todos los involucrados en la trama del destino sorprendieron a los oyentes.

- En cuanto a Fernando, el ex novio de Ludmila - hija de Rafael y Alice, quien se mantuvo al frente de la lucha -, al dejar injustamente a la pobre joven en la hora más dura de su destino, demostró ser tan frío y cruel, que no dejó otra alternativa que ser excluido de la nueva humanidad y del nuevo mundo, con la adquisición del pasaporte para el exilio. Ludmila, en cambio, mostrando fuerza de voluntad y fibra de carácter, siempre que no se deje arrastrar por el odio contra su exnovio, por el desánimo o por la rebeldía ante el dolor que afronta, estará recibiendo nuestro apoyo directo y, si se mantiene firme, soportando las embestidas del mundo sin vacilar, es la única que aun mantiene, además de Alberto, la dirección de su propio destino bajo su control, demostrando condiciones para integrar la nueva humanidad.

En cuanto a su padre, Rafael, intentará ser feliz junto a Lia. Al principio todo irá muy bien porque estarán recordando la euforia de los encuentros de intimidad como dos tortolitos enamorados. Sin embargo, los dos se convertirán en espinas, el uno para el otro, ya que, ahora libres para vivir una unión legítima, la desaparición del ambiente prohibitivo de antes, que hacía más caliente y placentero el vínculo entre ellos, debilitará su pasión. Sin las facilidades económicas, Lia se desilusionará de su nuevo compañero al mismo tiempo que Rafael, poco acostumbrado al trabajo duro, tendrá muchas dificultades para adaptarse a la nueva rutina de continuos esfuerzos para ganarse la vida con honestidad. Sus recursos pronto se agotarán y, en menos de cinco años, todo el encanto habrá terminado. Si aprovechan los caminos espinosos que tienen por delante sin comprometerse a nuevas caídas, es posible que aun puedan ser admitidos en la experiencia terrenal, renaciendo, en el futuro, en entornos difíciles y hostiles con comunidades menos avanzadas. Sin embargo, debido al grado de egoísmo y orgullo que existe en sus vibraciones personales, es más probable que repitan los viejos comportamientos que la transformación en sí, lo que evitará que ambos permanezcan en las premisas del planeta renovado.

Recordando a los amigos encarnados que, engañados por las cuestiones de la mediumnidad, se habían retirado del trabajo de la institución, Jerónimo preguntó respetuosamente:

- Estimado doctor, ¿y qué pasará con nuestros hermanos desertores? Debido a que ya tienen conocimiento espiritual, ¿puede esto ayudarlos a permanecer con los constructores de la nueva humanidad?

- Bueno, hijo mío, el conocimiento es algo bueno y malo a la vez. Aporta conocimientos para ayudar en las tareas de crecimiento y, al mismo tiempo, otorga más responsabilidad a sus titulares.

Su caso es el de los que se hicieron médicos y, en lugar de dedicarse a salvar vidas, pasaron a cometer abortos o eutanasias.

O los químicos que, en lugar de utilizar sus conocimientos para acelerar el progreso científico de la humanidad, se convirtieron en fabricantes de bombas, utilizando la combinación de sustancias para destruir a sus semejantes. Peixoto, Cássio, Moreira y Geralda eligieron el camino del mundo, aun conociendo los dictados de la Ley Divina. De hecho, pretendían vivir las cosas de Dios con la misma descortesía y superficialidad con la que viven las cosas del mundo. Para ellos, por tanto, hijos míos, el camino será más accidentado que para el resto. Peixoto utilizaba la mediumnidad para atraer simpatías y recursos que resolvieran el problema de su ambición. Cássio juega con su vida, perdido en las aventuras de la euforia, imaginando que puede servir tanto a la luz como a la oscuridad al mismo tiempo. Moreira, adicto a las fuerzas genésicas en el desenfrenado ejercicio de la sexualidad con las desafortunadas hermanas, está tan comprometido con las entidades inferiores, que no podrá dejar ese laberinto sin sufrir terriblemente. Geralda, a su vez, afligida por la falta de afecto, se empeña en hacer el mal para abastecerse de afecto, robándoselo a otra persona. Estos defectos demuestran serias distorsiones en sus almas, incluso después de todo lo que han escuchado y aprendido aquí, lo que han leído en obras iluminadoras, lo que han podido sentir a través de su propia mediumnidad. De hecho, son compañeros equivocados que no quieren corregir su comportamiento, rebeldes a la disciplina espiritual que consideran tonta o excesiva. Luego, apoyándose mutuamente, encontraron la fuerza para romper los compromisos laborales asumidos libremente en la institución. Este es el tipo de trabajador menos calificado para las tareas de construcción del nuevo orden de vibraciones en el planeta. Dicen que quieren servir a Cristo, pero son rebeldes a sus peticiones y reacios al trabajo. Esto se debe a que, en lugar de darse cuenta de la seriedad y autenticidad del cristianismo, solo fantasearon con sus principios, corrompiéndolos con comportamientos íntimos, con actitudes ocultas, con sentimientos distorsionados. No podrán ser admitidos en la escuela si, en lugar de convertirse en asistentes de los profesores, son los primeros en defraudar a las asignaturas escolares, explotando la ignorancia de otros estudiantes.

Y con un gesto de pesar, finalizó:

- Ellos no podrán quedarse aquí. Sufren de la peor enfermedad: la falsedad y la mentira que los ha contaminado profundamente. Eligieron alejarse del camino serio y necesitarán aprender en otras luchas a no hacerlo más. Por ello, perderán la concesión terrenal, para emigrar a un mundo inferior en el que, ciertamente, basándose en las experiencias mediúmnicas y en el recuerdo los principios que no tomaron en serio, volverán a construir el camino de la fe viva, ayudando a otros a esclarecerse en las cosas del alma. Lamentablemente, nuestros amigos trabajan aquí en este mundo por última vez, sobre todo porque, en su caso, titulares de la tarea mediúmnica, fueron el deudor a quien se le presta un poco más para recuperarse, algo que no se comprometieron a hacer. Y como es un trabajo de última hora, los malos empleados no podrán volver al mismo campo. Recordando al Divino Maestro, la lección terminó:

Recordemos las palabras de Lucas, en el capítulo 12 de su Evangelio:

47 Y el siervo que sabía la voluntad de su señor, y que no se preparó ni obró conforme a su voluntad, será castigado con muchos azotes;

48 Pero el que no sabía e hizo cosas dignas de castigo, con pocos azotes, será castigado.

Y al que mucho le fue dado, mucho se le pedirá, y al que mucho se le confió, mucho más se le pedirá.

Por tanto, las palabras de Jesús no son nuevas para ninguno de nosotros, cuando enseñan que mucho se le pediría a los que mucho hubieran recibido y que los que no conocían la voluntad del Padre, pero cometieron delitos, serían menos castigados que los que, habiendo conocido la voluntad del Padre, hubieran cometido infracciones simples. En esta situación se encuentran y a sus casos específicos se aplicarán las palabras del Maestro.

31.-
HAY MUCHAS MORADAS EN LA CASA DEL PADRE

En las interminables constelaciones de soles y galaxias que flotan sobre las cabezas de los hombres se refleja el inconmensurable Amor de Dios, garantizando a las criaturas la oportunidad de aprender y construirla evolución según sus libres opciones ante las inderogables leyes que rigen la vida de sus hijos.

Numerosos discursos que representan las múltiples posibilidades de la evolución contrastan con la vieja fórmula del Cielo y el Infierno que ha sido proclamada hasta hoy por muchas religiones, que resumen el Universo a un paraíso de bienaventuranzas o un horno de crueldades.

Incompatibles con el sentido de la evolución gradual y permanente, tales religiones no saben cómo superar las contradicciones que existen entre la Bondad y la Justicia de Dios cuando enseñan que, viviendo una sola vez, el alma tiene su destino definitivamente fijado en el dichoso Edén de deleites, o en el temible Tártaro de los sufrimientos. Algo muy parecido a una escuela que solo tuviera una clase de primaria y que, observando el desempeño de los estudiantes durante un año, al final del curso, otorgara el título universitario a los aprobados, enviando a los estudiantes reprobados a un horno crematorio.

Las concepciones del paraíso y del infierno, fruto de la experiencia de una sola vida, degradan la idea de un Dios bueno, de un Padre, tanto como repugnaría a cualquiera la conducta de un padre que cocinara a su hijo en aceite hirviendo porque tuvo una nota baja en un examen escolar.

Con Jesús, el ser humano pudo conocer la existencia del reino del mundo y el reino de Dios. De esta manera, el Divino Maestro enseñó sobre la necesidad de comprender las modificaciones interiores que son indispensables para que aquellos que vivieron ligados al reino del mundo pudieran prepararse para entrar en el Reino de Dios, el único verdadero y adecuado para quienes son los Hijos de Dios.

La vida en la Tierra se presenta, entonces, como un período de desarrollo y evaluación de conductas, pensamientos y sentimientos, con el objetivo de capacitar a cada niño para entrar en otras fases evolutivas, superando sus flaquezas y debilidades, como si se tratara de una etapa de purificación del alma para sus futuras trayectorias en mejores lugares. La formación del preescolar solo sería el prerrequisito para ingresar al primer año a través de una alfabetización mínima que facilitara al alumno la comprensión de las lecciones que vendrían, un poco más complejas, pero que se construirían en base al alfabeto. El principal era el entrenamiento del niño en el código lingüístico para que pudiera comprender las otras enseñanzas. De esta manera, las etapas iniciales no representaban la integralidad de la escuela, ni agotaban todo el contenido del aprendizaje para ser asimilado por el alumno a lo largo de toda una vida de estudios.

Por lo tanto, el Reino de Dios abarca todos los grados gradualmente superpuestos que son aulas en las que los estudiantes van siendo modelados y mejor preparados en sus capacidades espirituales.

El reino del mundo es el aula de preprimaria.

Jesús, como maestro responsable de ello, orienta a sus alumnos principiantes sobre el código de alfabetización espiritual, informando que la aprobación de las próximas etapas depende, fundamentalmente, de la comprensión de los mecanismos de las leyes del espíritu. Con esta lección bien entendida y puesta en práctica, los estudiantes podrán ingresar a etapas más avanzadas, en las otras aulas de la gran escuela del universo.

Por eso, enseña a todos la necesidad de ser sencillos, pacíficos, amables y humildes de corazón, solidarios, fraternos, sinceros y verdaderos. De alejarse del mal, el orgullo y el egoísmo para que tengan una base firme sobre la que se construirán las demás lecciones futuras.

Las muchas moradas son las otras esferas que sirven en distintos niveles, como planes evolutivos para la inmensidad de las almas existentes, esas, enumeradas hasta el infinito, y que pueblan los rincones del Universo sin límites.

Por eso los espíritus amigos acompañan el destino de las criaturas para apoyarlas en los ejercicios diarios a través de los cuales cada uno podrá juntar las letras, comprender la construcción de las palabras y, por tanto, comprender la estructura de las frases. Con esto, la criatura se insertará en el contexto de quienes comprenden el Alfabeto Divino y pueden ocupar su lugar en el orden de la vida como nuevos agentes de Dios, ayudantes del Creador, cooperadores del progreso, administradores de la justicia, servidores del amor, instructores de almas, ingenieros de nuevas civilizaciones, todo esto como tarea misionera realizada en la gran escuela universal.

Bezerra, Jerónimo, Adelino y otros hermanos aquí vistos como colaboradores responsables fueron y son los ayudantes en la tarea.

Las iglesias de la Tierra actuarían como aglutinantes de la Luz a través de enseñanzas espirituales, descifrándolas para sus asistentes al explicar los detalles del funcionamiento de este mecanismo a quienes intentaran comprenderlos.

Sin embargo, como resultado de las distorsiones evolutivas y los defectos humanos, gran parte de las religiones denigraron el tesoro espiritual y, en lugar de ofrecer a sus rebaños el verdadero alimento, canalizaron sus intereses para obtener ventajas inmediatas, hablando de Jesús, pero adorando al becerro de oro. Aquellos que buscan refugio y enseñanza en sus templos han reducido sus lecciones a la multiplicación de ceremonias o rituales herméticos o místicos, sin profundizar, imponiéndoles la creencia ciega en dogmas ilógicos de una teología confusa y vana, con la vista en las carteras y valores de sus fieles.

Dejándose arrastrar por el canto de las sirenas, innumerables instituciones religiosas no se han mostrado lo suficientemente firmes para mantener la nave cristiana en el camino recto del desinterés material al alfabetizar a sus estudiantes humanos con la lógica de las leyes espirituales, prefiriendo confundir a sus devotos con el intercambio de favores o intereses, a expensas de los cuales, obtendrán la entrada a las ventajas del Cielo.

Jesús había dejado muy clara esta cuestión al hablar de las dificultades de los ricos para entrar en el Reino de Dios, a través de la historia del joven rico relatada en Mateo, capítulo 19, versículos 16 al 24:

16 *Y he aquí, un joven se le acercó y le dijo: Maestro bueno, ¿qué bien debo hacer para obtener la vida eterna?*

17 *Y él le dijo: ¿Por qué me llamas bueno? No hay más bueno que uno, y ese es Dios. Sin embargo, si quieres entrar en la vida eterna, guarda los mandamientos.*

18 *Él le dijo: ¿Cuáles? Y Jesús dijo: No matarás, no cometerás adulterio, no robarás, no dirás falso testimonio;*

19 *Honra a tu padre y a tu madre, y ama a tu prójimo como a ti mismo.*

20 *El joven le dijo: Todo esto lo he guardado desde mi juventud; ¿Qué más me falta?*

21 *Jesús le dijo: Si quieres ser perfecto, anda, vende todo lo que tienes y dáselo a los pobres, y tendrás un tesoro en el cielo; y ven y sígueme.*

22 *Y el joven, al oír estas palabras, se fue triste, porque tenía muchas posesiones.*

23 *Entonces Jesús dijo a sus discípulos: De cierto os digo que difícilmente entrará un rico en el reino de los cielos.*

24 Y de nuevo os digo que es más fácil que un camello pase por el ojo de una aguja, que un rico entre en el reino de Dios.

Evidentemente, querido lector, a Cristo no se le puede atribuir ningún tipo de prejuicio contra esto o aquello, sobre todo porque, en su conducta, Jesús nunca dejó de acercarse a los pobres y a los ricos, a los virtuosos y a los pecadores.

Lo que se quiere decir con estas palabras; sin embargo, es que quienes ya se entregado al reino del mundo disfrutando de sus beneficios y facilidades, rara vez están dispuestos a renunciar a todo lo que les garantice la superioridad, el respeto, la admiración o la envidia de los demás para, por voluntad propia, caminar en sentido contrario, al alinearse con los despreciados, con los derrotados, con los que no son admirados. Las luchas que el reino del mundo impone a sus devotos o seguidores son demasiado atroces para que cualquiera que ya haya ganado algunos de sus privilegios esté dispuesto a deshacerse de ellos.

Observen el comportamiento de los personajes de esta historia. El colapso material debido al fracaso de los negocios, la pérdida de una fuente fácil de abastecimiento, la necesidad de buscar un trabajo digno para ganar un salario decente, y la pérdida del lujo representaron un retroceso inconcebible para la mayoría de ellos.

La mayoría prefirió enredarse en el laberinto del crimen o sumergirse en el fango de la depravación para garantizar las apariencias del mundo. Huir de la vergüenza, aliarse con otros poderosos, buscar favores a la sombra de los ricos, agredir a quienes ya no pueden sostener sus placeres, son conductas comunes a la mayoría de quienes ya se han vestido de púrpuras ilusorias, en la opulencia frívola de un mundo de ostentaciones y superficialidades, apariencias y mentiras.

¿Cómo aceptarán un cambio tan radical en su estilo de vida? La evolución coloca a los estudiantes frente a las pruebas necesarias, tanto para la evaluación de sus logros como para la demostración de sus debilidades. En el primer caso, la rectificación y corrección de los comportamientos revela a un aprendiz capacitado, que asimiló las lecciones que le fueron enseñadas. En el segundo caso, la reacción rebelde, agresiva o frívola es la encargada de demostrar la falta de preparación del alumno y, por tanto, su urgente necesidad de lecciones más efectivas en la construcción del alfabeto divino dentro de su alma.

Un ejemplo de estudiante en la primera situación, encontramos a Alberto y Marcelo quienes, cargados con el peso de sus errores, se condujeron correctamente, aceptando las duras lecciones del destino como experiencias de crecimiento. No importa lo que hicieron mal. Lo esencial fue cómo lideraron la transformación para mejorar su propio carácter.

Marcelo se hundió en el libertinaje y cosechó los amargos frutos de esas elecciones. Sin embargo, incluso al final de su vida, se arrepintió sinceramente y se convirtió en un ejemplo para los miembros de su familia. Al cargar con el dolor y la vergüenza de sus actitudes, el mundo lo consideraría un derrotado, un perdedor. Sin embargo, para el Reino de Dios, Marcelo surgía como un vencedor sobre sí mismo, aunque aun estuviera enfermo del alma, en camino a una mejora definitiva.

Cornelia y Lauro también ejemplifican a los buenos estudiantes que, pudiendo escapar de la prueba, podrían haber dejado de atender las necesidades de su rebelde e indiferente hijo. Después de todo, como piensa el mundo inmediato, por todo el bien que le hicieron, les pagaron con ingratitud y olvido. Sin embargo, sometidos a la prueba del Amor verdadero, fueron capaces de sacrificar su orgullo y amor propio, su indignación y su ego herido para actuar como verdaderos educadores, ayudando al hijo perdido y guiándolo de nuevo por el camino. Sobre todo en relación a Lauro, que nunca se dedicó a ningún camino religioso y estaba más inclinado a las actitudes mezquinas, su victoria fue la de un verdadero héroe.

La compasión en su alma era tan grande, que neutralizaba todo el prurito del amor propio, del orgullo paterno, haciendo que Lauro olvidara de inmediato cualquier reacción de indignación para, salir en defensa de ese ser tan desafortunado que tenía bajo su cuidado.

Al hacerlo, demostró ser un espíritu noble, capaz de superar el destructivo egoísmo y el orgullo, olvidando todo lo que había soportado por su hijo perdido.

En cuanto a los personajes que se encuentran en la segunda condición, la de malos estudiantes, estudiantes rebeldes, frívolos o agresivos, no será difícil enumerar aquellos que no merecerán ganar la aprobación final.

Observe su vida, querido lector, porque estas son circunstancias que suceden en la vida de todas las personas, todos los días meses y años.

La desilusión amorosa, el deseo de ser feliz a costa de la infelicidad ajena, la falta de trabajo aconsejando la práctica del crimen, la calumnia descubierta en boca del mejor amigo, la ingratitud de los hijos, la traición de los afectos, la humillación pública, la injusticia de las leyes humanas, son situaciones dolorosas que medirán la conducta del hijo de Dios que eres, para que tu alma pueda brillar con una gran nota de aprobación o ser empañada por el fracaso ante la oportunidad, exigiendo una nueva prueba que, en el futuro, medirá tu modificación en las mismas áreas donde ya has fallado anteriormente.

La Tierra, por tanto, como sala de alfabetización del Espíritu, se encuentra en el momento del examen final de sus alumnos, poniéndolos a prueba para seleccionar a los que podrán permanecer en ella, inscritos en cursos más avanzados, separando a los que tendrán que ser retirados para vivir en otras moradas en la casa del Padre, donde la enseñanza también es muy eficaz, pero los métodos de enseñanza son mucho más exigentes y rigurosos.

32.-
EN BUSCA DE LOS ELEGIDOS

Entendiendo las palabras de Bezerra, los espíritus que lo escuchaban en ese ambiente meditaban sobre los conceptos que eran válidos tanto para los encarnados como para los mismos desencarnados, ya que también estarían sujetos a la aprobación o desaprobación en los cursos terrestres. Entonces, para ampliar el campo de reflexiones, Jerónimo preguntó:

- Querido padrecito, la mayoría de los casos bajo nuestra observación son de hermanos que se condenan al exilio, incapaces de ser parte de la nueva humanidad. Recordando la pregunta que los apóstoles dirigieron a Jesús en una ocasión, me atrevo a preguntar: ¿Habrá quien se salve?

Bezerra asintió afirmativamente, completando la enseñanza:

- Bueno, hijos del corazón, si un gran número de personas temporalmente indisciplinadas se imponen el exilio transitorio ante núcleos de aprendizaje más difíciles, seguramente la escuela terrenal no se vaciará de alumnos. Existen buenos alumnos que podrán, a pesar de sus variados defectos, seguir asistiendo a sus clases, porque han demostrado un desempeño compatible con las expectativas pedagógicas del currículo divino, al demostrar una sincera disposición a superar sus limitaciones. Ciertamente, al principio, podrán decir que se trata de una minoría de habitantes de la Tierra, aquellos que podrán permanecer en el planeta. Realmente será así. Sin embargo, otros estudiantes ya están llegando a la nueva aula, atraídos por las mejores estructuras escolares generadas por la purificación de la atmósfera vibratoria de la Tierra con la remoción de los reacios y obstinados en el Mal. Estas medidas profilácticas permitirán a sus futuros habitantes identificarse en la misma sintonía de aspiraciones e inclinaciones por las cosas buenas. Para identificar a aquellos que han calificado para permanecer en el mundo, en caso que deseen aprender más, podemos recorrer la superficie de la Tierra, cercana, aquí en los alrededores, para observar los criterios de selección vibratoria en acción.

Con todos mostrando interés en una oportunidad de aprendizaje tan importante, Bezerra continuó explicando:

- Si vamos a salir al campo, siempre es bueno que preparemos adecuadamente la observación. Tengo aquí un ejemplar de El Evangelio según el Espiritismo para que nos sirva de guía de estudio.

Sacando un libro igualmente luminoso del bolsillo de su delantal de médico alvinitente, lo abrió en el tercer capítulo, en la parte destinada por Kardec para la explicación de la "Regeneración de los mundos".

Seleccionando parte del texto que tenía una conexión esencial con la experiencia que se proponían a realizar, Bezerra consideró:

- Encontramos en el Evangelio las indicaciones seguras de los criterios espirituales que permitirán a todo interesado promover la llamada "salvación" - objeto de la pregunta de Jerónimo y preocupación de la mayoría de los seres humanos -. Dado que la Tierra avanza hacia la regeneración, el Evangelio ofrece las indicaciones calificativas de quienes podrán habitar un mundo de esta categoría.

Tomando su ejemplar, comenzó a leer un pequeño pasaje:

"- 17. Los mundos regeneradores sirven de transición entre los mundos de la expiación y los mundos felices. El alma QUE SE ARREPIENTE encuentra calma y reposo en ellos y acaba purificándose. Indudablemente, en tales mundos el hombre todavía está sujeto a las leyes que rigen la materia; La humanidad experimenta vuestras sensaciones y deseos, pero se libera de las pasiones desordenadas de las que sois esclavos; NO MÁS ORGULLO QUE HACECALLAR EL CORAZÓN; DE ENVIDIA QUE LO TORTURA, DE ODIO QUE LO SOFOCA. En todas las frentes está escrita la palabra amor; y una equidad perfecta preside las relaciones sociales, todos reconocen a Dios y tratan de dirigirse a Él, siguiendo sus leyes."

- Basta con prestar atención en la lectura para empezar a observar dónde están las indicaciones importantes de los criterios de selección en la evaluación de los candidatos, tomándolos por la forma de proceder en las cosas más pequeñas. Como pueden ver, el mundo en regeneración es un orbe habitado por espíritus que se han arrepentido. EL ARREPENTIMIENTO sincero es la primera condición esencial para tener un asiento en él, porque es la expresión de la conciencia que reconoce el error cometido, en lugar de atribuirlo a otros, demostrando responsabilidad por las propias acciones. Al mismo tiempo, es el primer paso para corregir el error, como consecuencia de la culpa y el deseo de mejorar. Saldremos en busca de los verdaderamente arrepentidos, aquellos que se revestirán de la primera condición para la salvación. Sin embargo, no se trata de un falso arrepentimiento, de aquellos que se arrepienten de no haber robado más, de no haber sido tan crueles como podrían haber sido, de no haber hecho daño a otros como era posible hacerlo. No estamos hablando aquí de aparentar arrepentimiento o de quienes lamentan haber perdido la oportunidad de ser mejores de lo que eran. Buscaremos el arrepentimiento, lo que significa reconocer la propia culpa en un grado amplio y absoluto. Es la posición del alma en relación con el juicio que se hace de sí misma. No es un sentimiento ligado a un solo ámbito de la vida, como alguien que se arrepiente de haber dicho una palabra soez, pero que sigue actuando de forma indigna. Tenemos muchos que se arrepienten al por menor, pero que siguen siendo agentes del mal al por mayor. ¿Lo entienden?

- Sí, doctor - respondió Adelino. Buscaremos a aquellos que hacen del arrepentimiento el resultado de un profundo examen de conciencia sobre su forma de ser y de vivir, y no sobre pequeños comportamientos cotidianos.

- Exactamente, hijo mío. Los estudiosos de las estrellas saben que, a través de la luz que emiten, pueden describir los diversos materiales a partir de los cuales están formados, porque cada elemento químico produce una coloración en un cierto rango de ondas del espectro. Al decodificar el rayo luminoso que emiten estos focos estelares desde rincones profundos del Espacio, sin salir de la Tierra, los astrónomos saben decir cuáles son los elementos químicos que los componen. Esto también ocurre en relación con la luminosidad o el campo energético que produce cada criatura. Al observar las emanaciones que rodean a cada persona, ahorraremos tiempo y encontraremos con mayor rapidez a quienes buscamos. Cada persona tiene un patrón de sentimientos. En esta etapa de nuestra búsqueda, centremos nuestra atención en la cuestión del arrepentimiento. Su luminosidad específica se proyectará alrededor de quien se encuentre bajo su influencia, impidiendo que perdamos el tiempo con otros estados interiores, al mismo tiempo que la intensidad de esa luz nos indicará si se trata de un arrepentimiento fugaz o si, de hecho, llegó a las fibras más profundas del alma.

Al terminar la explicación, Bezerra se dirigió hacia el grupo y dijo:

- ¿Podemos ir?

Además del querido doctor, el grupo expedicionario estaba compuesto por los experimentados espíritus Ribeiro, Jerónimo y Adelino, que apoyarían a los demás en los desplazamientos, además de Alberto, Alfredo, Horácio, Plínio, Lorena, Dalva, Cornelia y Meire, los trabajadores desdoblados durante el sueño de sus cuerpos.

- Nuestro primer destino será una de las cárceles de nuestra ciudad. No hay mejor lugar para comprender el peso de la culpa y la acción del arrepentimiento que este, en el que los hombres deben enfrentar el peso de los errores en carne propia, recordando que no importa si la Justicia terrenal se equivoca al encarcelar a inocentes.

Lo importante es que recordemos que a cada persona solo le ocurre lo que está dentro de sus necesidades evolutivas, incluidas las injusticias derivadas de errores legales, haciendo que cada uno cargue con los males que, algún día, también han provocado. Puede que no mereciera el encarcelamiento de acuerdo con la precisión de los cánones legales, pero, en realidad, estaba en deuda con los Códigos Divinos, que lo llevaron al entorno donde permanecería con el propósito pedagógico y expiatorio.

Impulsados por la firme voluntad del director del grupo que los organizó, Ribeiro, Jerónimo y Adelino, en los vértices de un cuadrado, Bezerra situó a los demás en su centro, creando un campo de fuerzas que los rodeaba, protegiendo a los que estaban menos experimentados, ayudándolos en el proceso de vuelo hacia el destino.

Vista desde arriba, la cárcel era una gran mancha oscura en la que la revuelta, la violencia, el odio y el conflicto marcaban la pauta, sin importar si observaban la ubicación de las celdas donde se encontraban los presos o el lugar donde se ubicaban las oficinas administrativas.

Guardias, agentes, funcionarios, tanto como los detenidos, todos parecían ser prisioneros de inferioridades morales y de las mentiras que los mantenían atados al sistema represivo para el indispensable aprendizaje evolutivo.

Ya sea que cumplieran la condena dentro de las cárceles o como sus custodios, todos estaban allí para aprender que las caídas generan consecuencias para quienes se proyectan en los delitos. Los primeros tendrían que arrepentirse y tratar de mejorar en contacto con el aislamiento, mientras que los guardias, funcionarios, autoridades deberían ocupar el lugar de asistentes en la elevación moral de sus compañeros infractores, sirviéndoles con el deseo de ayudarlos a recuperar su degradada dignidad.

Sin embargo, los condenados se perdían en la escuela de los delitos y la violencia, mientras que los no condenados destacaban por su conducta promiscua, al explotar las necesidades de los reclusos, concediendo favores o facilidades mediante el comercio espurio y vil de ventajas materiales o de otro tipo, facilitando o dificultando la vida de los condenados, según las ganancias obtenidas por el contacto con los familiares que los visitaban. Las extorsiones y amenazas se consideraban prácticas normales en ese entorno, ya fuera entre los presos o entre quienes debían supervisarlos.

- No se molesten en observar a los equívocos. Ya han firmado la doble condena, que les garantiza, además de la permanencia en este infeliz entorno, la salida hacia otra prisión más lejana. Nuestro enfoque será encontrar a aquellos que estén tocados por el ARREPENTIMIENTO - advirtió Bezerra.

Caminaron por pabellones oscuros, donde solo se veía el conjunto de emanaciones pestilentes como un marco oscuro y denso que revelaba la naturaleza espiritual de sus ocupantes. En el montón de cuerpos en un sistema de promiscuidad, no había forma de encontrar, según los criterios aprendidos, dónde latían las olas del más mínimo arrepentimiento. Fue entonces cuando, ampliando su capacidad de penetración, Bezerra exclamó:

- Vayamos al otro lado. Al fondo, veo la emisión de un campo de energías luminosas compatibles con lo que buscamos.

Llegaron al fondo donde, en una prisión abarrotada, los hombres se amontonaban para intentar dormir, mientras que otros no podían conciliar el sueño, a pesar que ya era muy tarde.

Sin dejarse llevar por la observancia de aquellos que se entregaban a las necesidades del sexo salvaje en un ambiente tan inapropiado, ya sea con el consentimiento de sus compañeros o mediante la violencia del más fuerte contra el más débil, el grupo pudo encontrar a un hombre infeliz entregado a la oración.

Era un joven que llevaba unos meses allí que se había dedicado a robar deseando obtener ganancias más rápidas para mantener a sus hijos. Había perjudicado el establecimiento donde trabajaba y, tras una serie de robos, despertó la sospecha del dueño quien, cansado de las innumerables pérdidas, pilló al ladrón en el acto, y se sorprendió al descubrir que era su propio empleado. El benefactor, que le había asegurado un trabajo, fue su víctima.

Llevado a la cárcel capturado in fraganti, no obtuvo la libertad por ostentar ya la situación de reincidente. Ese día, el pobre hombre había recibido una cartita escrita por sus hijos, al cuidado de su esposa.

El papel estaba escrito de forma desordenada, ya que cada hijo quería hacer un dibujo más bonito que el otro, como regalo para su padre. Repartidas a lo largo de las líneas, había frases que decían: "Papi, te amo..." "te extrañamos..." "Vuelve pronto..." "Un gran beso... Papá." La madre les había dicho que su padre había tenido que viajar por trabajo y que tardaría mucho en regresar, pero que enviaría la cartita por correo para que él la recibiera. Aquel día de visitas la mujer había ido a la cárcel a encontrarse con su marido y había depositado en sus manos el pequeño documento junto con una cariñosa carta escrita por ella misma y que, a pesar de la precariedad de sus conocimientos, estaba llena de verdadero cariño, diciendo:

"Cariño te amo. Quiero que sepas que las cosas están bien. Los chicos también... solo Michele llora pidiendo a su padre. Sé que es un buen hombre y que si hiciste eso fue porque querías darnos cosas buenas. Pero quiero decirte que preferimos pasar hambre contigo a nuestro lado que tener cosas buenas teniéndote lejos de casa. Fui a buscar a un abogado del estado para ver si podía acelerar las cosas. No hagas ninguna estupidez ahí dentro ¿eh? Nuestros hijos están esperando la vuelta de su padre y yo la de mi compañero. Te quiero... y te extraño, Besos, Juana."

El recuerdo de sus hijos, el cariño de sus pequeños, el amor y sacrificio de Joana fueron alimento para el espíritu de Benedicto, el avergonzado prisionero que, en ese momento, sosteniendo los trozos de papel que valían para él más que pepitas de oro, lloraba en silencio, improvisando una oración a Dios, en la que pedía perdón por sus errores. Recordó a su antiguo jefe a quien le había estado robando sistemáticamente y la vergüenza aumentó aun más su llanto. Sin embargo, el recuerdo del hogar lejano, el cariño de sus hijos y la ingenua y amorosa sencillez de su esposa profundizaban en su alma el arrepentimiento por todo lo mal que había hecho en su vida. Y la oración que su alma elevó al Creador, desde el espantoso interior de aquella guarida, era la marca pura del verdadero ARREPENTIMIENTO. Juraba que nunca más haría algo que pudiera dañar a otros. Se había engañado el éxito de los primeros robos, obteniendo bienes sin esfuerzo y sintiéndose un buen padre por llevar a casa lo que sus hijos le pedían. Se comprometió a soportar la cárcel además de jurar que cuando saliera buscaría a su antiguo jefe y le pediría perdón por su desafortunada actitud y debilidad de carácter. No sabía cuánto tiempo más permanecería en aquella dolorosa situación, pero, por el bien de sus propios hijos, juraba que se enmendaría, que superaría cualquier dificultad a través del trabajo honesto, aunque fuera pidiendo limosa. Recordó la primera vez que lo arrestaron, en una época en la que no era padre ni tenía una familia que criar. Era un irresponsable, que quería hacer las cosas a su manera y pensaba que podía afrontar la vida sin consecuencias. Sin embargo, ahora que sentía el amor de quienes contaban con sus ejemplos, que se había hecho responsable de otras criaturas y era amado con verdadero afecto, sentía que estaba perdiendo mucho más de lo que podría haber ganado con las prácticas delictivas.

- Verán, hijos míos. Benedicto se está abriendo a una completa conciencia de los deberes de un jefe de familia. Las vibraciones luminosas que provienen de su mente y corazón son tan intensas que superan la densa atmósfera de esta prisión y pueden ser captadas por espíritus amigos, que se empeñarán en ayudar al esfuerzo de Joana por acelerar la liberación, libertad que llegará en el momento oportuno, apuntando a la cristalización de las enseñanzas, marcando su espíritu para siempre con el sello del deber, purificándolo en el crisol del sufrimiento. Benedicto es un paciente que se encuentra en proceso de tratamiento eficaz, aceptando la medicación que representa la restricción de derechos como alguien que se aprovecha de la dificultad para crecer con ella. Si, al salir de esta cárcel, cumple con estas palabras tan sinceras, si no se permite volver a la deshonestidad, si busca al hermano herido para disculparse, ciertamente contará con un mérito que le autorice permanecer en este mundo.

Todos los espíritus del grupo identificaron las emanaciones luminosas que emanaban del pobre preso y, uniéndose a las expresiones de sinceridad que emitía, sumaron sus propias oraciones a las suyas, avalando el pedido de ayuda y apoyo al Cielo, que sin duda respondería a favor de un mejor Benedicto, gracias a la aceptación de sus faltas, el remordimiento por los actos cometidos y al ARREPENTIMIENTO que había alcanzado, propiciado por el cariño sembrado por sus seres queridos en un pobre trozo de papel.

A su alrededor, la oscuridad física y moral reinaba sin cambios. Pero en el corazón del pobre Benedicto, brillaba la esperanza de una nueva vida, como posible miembro de la nueva humanidad, que estaría compuesta no por seres purificados, sino, por el contrario, por espíritus deseosos de mejorar, a partir del reconocimiento de errores y del esfuerzo por reconstruir su existencia.

En ese lugar no había nadie más en cuyo corazón este tipo de reacción se encontrara tan evidente y verdadera. Solo Benedicto podría enmarcarse en el concepto de arrepentimiento efectivo para permitirle el derecho a permanecer aquí, como un estudiante preparado para las lecciones que la Tierra brindaría a aquellos que se habían comprometido con el cambio y, por lo tanto, habían logrado su propia SALVACIÓN.

Dejando ese ambiente de dolor y aprendizaje, Bezerra voló con el grupo, llevándolos ahora a otra parte de la ciudad donde, según sus palabras, podrían encontrar otros ejemplos de VERDADEROS ARREPENTIDOS Iban en dirección a uno de los hospitales existentes en la comunidad.

33.-
ENFERMOS DE CUERPO Y DEL ALMA

La llegada del grupo al hospital fue rápida.

Sin embargo, a diferencia de la prisión, el entorno vibratorio era muy diferente. Trabajo en todas las direcciones y en ambos lados de la vida. Naturalmente, la presencia del doctor Bezerra en esa Casa de Esperanza fue motivo de alegría para todos, especialmente para los dirigentes desencarnados de la institución, que habían sido previamente informados de la llegada del grupo de estudio que lo acompañaba.

Para ahorrar tiempo y aprovechar los minutos, tras los rápidos saludos entre todos, los anfitriones los dejaron solos.

Tomando la palabra, Bezerra explicó:

- Observen, hijos míos, que aquí las vibraciones favorables harán menos dolorosa nuestra investigación ya que, ante el sufrimiento en el área de la salud física, en general, las personas se inclinan más hacia los estados introspectivos. Cuando el dolor visita la carne, haciendo que cada uno recuerde que no es más que un simple pasajero en el autobús de la vida, las reflexiones naturalmente estallan en los pensamientos. Aquí, aislados en camas o viviendo con varios dolores simultáneos, no les falta tiempo para hacer lo que, en otras condiciones orgánicas, generalmente no les gusta mucho: ¡PENSAR!

Luego se dirigió con el grupo al pasillo principal de ese vasto nosocomio.

Aprovechando la oportunidad, Adelino comentó, deseando facilitar el aprendizaje de los encarnados que, interesados, obtendrían información importante:

- En cuanto a mis experiencias en esta área, querido doctor, siempre he admirado el poder de la enfermedad para abrir la mente y el corazón a nuevas ideas, como si el dolor fuera el bisturí de la fe.

- No hay duda, hijos míos, que el dolor es un aliado importante del ser humano como herramienta que ellos mismos manipulan, ya que sus actitudes resultan en las consecuencias necesarias y, por tanto, los dolores son siempre una elección evolutiva. Incluso cuando el alma pídelos solicita para acelerar su crecimiento a través de diversas pruebas, son palancas al servicio de la voluntad o el deseo del interesado. Sin embargo, siempre observaremos algo interesante: cuanto más grave es la condición o el problema, más profunda suele ser la entrega del enfermo a los estados de arrepentimiento. Hay pacientes que estando internados en este hospital por razones triviales, pierden la oportunidad de meditar sobre la fugacidad de la vida y sobre la frivolidad de su conducta porque no se sienten amenazados, en ese momento, por la posibilidad de la muerte. Por lo tanto, solo quieren regresar a sus hogares lo antes posible, para poder seguir llevando el mismo estilo de vida que antes. Pero cuando el dolor se vuelve incisivo, cuando las causas generan efectos nocivos a través de malestares más terribles, cada encarnado es llevado a profundizar en el razonamiento de la razón de ese estado y cuál es su participación efectiva en ese evento. El aislamiento hospitalario, la dependencia de la ayuda ajena, la convivencia con otros pacientes, la visión de otros sufrimientos casi totalmente desconocidos para la mayoría, fuera de aquí, facilita que quienes han caído en el estado de aislamiento meditativo intenten abrirse a Dios a través de la oración realizada personalmente o solicitada como la intercesión de terceros para su beneficio personal. La ausencia de familiares a sus órdenes, con la respectiva falta de esa compañía que nunca valoraron, la dependencia emocional y material por las mínimas cosas y sus necesidades hieren el orgullo, la soberbia, despertando el sentimiento de solidaridad y admiración por las pequeñas cosas. El miedo a la muerte como fin de su periodo en la Tierra, la pérdida de los bienes que juntaron con codicia y egoísmo, sintiendo que se les escapaba de las manos, el colapso de sus negocios, el fin de sus locos planes extravagantes, la duda sobre el destino desconocido, la falta de experiencia espiritual o de conocimiento que les ayuden a encontrar la calma, todo esto y mucho más va esculpiendo el alma en el silencio de las horas vividas en una cama de hospital.

Todos siguieron las inspiradas palabras de quien conocía profundamente los efectos beneficiosos de tales circunstancias en la vida de las criaturas.

- Entonces, hijos míos, nos sorprenden las oraciones afligidas que nacen en el pensamiento de hombres indiferentes, de mujeres mezquinas por la superficialidad, de personas sin conexión con Dios. La mayoría de estas oraciones, realmente, son el resultado del miedo, la angustia y el temor a lo desconocido. Sin embargo, muchas veces vemos que el dolor físico desata el dolor de conciencia y, en las manifestaciones de ferviente arrepentimiento, quienes comienzan a despertar otro tipo de comprensión se beneficiarán tanto de la certeza por la certeza de la despedida que se aproxima como de la convicción que nunca morirán, lo que hace que los diques del remordimiento den paso al río de lágrimas de culpa que lavan el espíritu, al menos en el sentido de aliviar el peso de la conciencia en el retorno a la indestructible y verdadera vida. Todos saben que tendrán que asumir sus crímenes y superar sus faltas por lo que sus experiencias en una cama de hospital, para quienes sepan aprovechar los consejos del dolor y el silencio, la soledad y la necesidad, sean advertencias celestiales para que no se pierda más tiempo.

Dirigiéndose al interior de una sala colectiva, Bezerra indicó a los estudiantes que lo seguían:

- En este entorno, se darán cuenta que varios seres estarán usando la oración de alguna manera y, si no están atentos, podrán imaginar que todos están convertidos a las nuevas direcciones. Sin embargo, si es normal que la debilidad física haga que los lobos guarden sus garras y se refugien en sus guaridas, eso no significa que ya no sean lobos. A partir de ahí, debemos observar objetivamente el estado de vibraciones vinculadas al verdadero arrepentimiento, no solo el que hace que todos quieran superar los obstáculos y volver a sus vidas, porque no hay ni un solo ingresado en un hospital que no sueñe con retomar sus actividades cotidianas. Todos quieren sanar y se confiesan a Dios como ángeles agraviados a la espera de la ayuda del Padre; sin embargo, no serán muchos los que quieran superar sus etapas inferiores con la autenticidad de los que han aceptado la belleza de la lección.

Entonces se acercaron al primer paciente:

- Observen sus pensamientos - dijo el doctor - antes de activar un avanzado dispositivo representado por una pantalla flexible que, flotando frente al encamado, facilitaría la visualización del contenido de sus ideas.

- Alberto, hijo mío, cuéntanos qué observa tu visión alrededor de nuestro primer hermanito.

Tratando de estar a la altura de las expectativas del maestro y de sus compañeros de lección, el médium se fijó atentamente en el encarnado que, en vano, intentaba dormir.

- Observo, doctor, que este hermano vive un intenso conflicto mental. Parece mezclar las palabras de una oración con pensamientos confusos, como si estuviera hablando y respondiendo al mismo tiempo. Le escucho decir: "¡Ah! Mi amado padre, sácame de aquí. Debo volver a casa porque tengo a alguien que me necesita." Sin embargo, poco después exclama: "¿Qué habrá pasado con Francisca, la maldita que no ha venido a verme de nuevo? ¿Será que ya encontró a otro? Mientras estoy en mi peor momento, ella debe estar muy feliz con mi ausencia. Tendrá que tener una buena excusa cuando decida volver aquí nuevamente." Y luego comienza de nuevo: "¡Ah! Dios mío, mira lo infeliz que soy.

¿No son suficientes mis dolores? ¿Qué hice para merecer los tormentos de la traición dentro de mi propia casa? Soy un miserable... Pero la miserable me las pagará, ya verás..."

Agitando la cabeza, Bezerra concluyó la observación, extendiendo la pantalla sobre la cabeza del paciente para facilitar la visualización a todo el grupo:

- Vean las imágenes del condensador de pensamientos. Es un hermano afligido por unos celos atroces, que lo han estado persiguiendo como un fantasma que merodea su casa mental, encaminándolo al sanatorio. Sin embargo, al acumularse en esta red de persecuciones, nuestro paciente se ha sintonizado con los espíritus inferiores con tal precisión que reacciona a las ideas que se le sugieren sin ninguna oposición del pensamiento lógico. Su esposa está a cargo de las responsabilidades del hogar, teniendo que ocuparse de sus tres hijos pequeños que demandan su atención y cuidado. Pero el marido no reflexiona sobre los compromisos de su compañera, que está aun más agobiada por su ausencia. Al desajustar su centro mental y, ante la falta de madurez afectiva, se envenenó tanto con tales suposiciones que, como consecuencia, desestabilizó su hígado con los dardos agresivos de pensamientos y sentimientos angustiados, asimilando aun más las emisiones tóxicas de las entidades que se unían a su frivolidad. No sabe lo que es orar de verdad e incluso como ahora, que podría meditar con mayor profundidad, sus peticiones de ayuda se entremezclan con el control mental de los miembros desencarnados, que continúan moviendo los hilos del pensamiento, haciendo que mezcle peticiones con juicios condenatorios e ideas agresivas contra su esposa, una mujer que lo ha estado tolerando por amor a los niños. No es aquí donde encontraremos lo que buscamos. Este hermano sigue enfermo y seguirá estándolo incluso si su hígado, a expensas de tratamientos y medicinas, mejore,, lo que es muy poco probable que suceda, lamentablemente.

Dejando esa cama, caminaron hacia la siguiente, donde un anciano dormía inquieto.

Bezerra llamó a Dalva y le hizo la misma petición que le había hecho antes a Alberto.

- Bueno, doctor, lo que puedo ver es que este hermano lucha en vano por salir de su cuerpo físico, angustiado por la preocupación sobre algo que está pasando lejos de aquí. Esta dificultad está motivada por el miedo que se genera en el paciente porque, al lado de su cama, hay un espectro negro que lo aterroriza, haciéndolo volver a la fuerza física como alguien que vuelve a la trinchera en cuanto ve al enemigo acechándolo.

- Muy bien, Dalva, es cierto. Evaluemos la razón de este comportamiento.

Extendiendo la pantalla nuevamente sobre el torso del anciano agitado, inmediatamente esta se iluminó ante la escena que se desarrollaba:

- Miren lo que está pasando en este caso. Nuestro amigo está angustiado por el destino de los bienes que ha recolectado, pero que ahora están lejos de su control. Viviendo por la vida material y teniéndola como centro de sus preocupaciones a lo largo de su vida, se le impide supervisar sus bienes porque la enfermedad lo ha alejado del control de la caja fuerte. Sufre con la perspectiva de ver mermadas las ganancias, de no recibir las generosas remuneraciones de quienes le pidieron préstamos y que, en este momento, según la imaginación del pobre hombre, se estarían enriqueciendo a sus expensas, sin efectuar los pagos a los se habían comprometido. Al no confiar en nadie, adoptó la vida solitaria de quien solo se relaciona con alguien que tiene mismo nivel de vida. Solo que ahora, sin más afectos dedicados, se encontraba en el centro de una terrible trampa. El espectro sombrío que lo rodea lo conforman innumerables espíritus vengativos, aquellos que fueron perjudicados por él, los que abandonaron la Tierra prometiendo venganza y entre otros compañeros avariciosos que le inspiran avaricia desmedida, desequilibrando su lucidez. Nuestro amigo, desafortunadamente, está perdiendo la oportunidad de aprender de la enfermedad para meditar sobre lo que le espera. No podrá salir de este hospital a menos que su cuerpo sea llevado a la morgue. Sin embargo, esto solo hará que su situación sea más desesperada, ya que se negará a salir de su envoltura física y, para poder ocultarse de sus perseguidores, se verá obligado a esconderse en un organismo podrido o a enfrentarse a ellos. Aquí tampoco encontraremos el arrepentimiento que buscamos.

Observando al otro lado a uno de los pacientes en el que la visión espiritual identificaba un halo de luces, Bezerra condujo al grupo a su cama.

- Miren a este hermano. ¿Qué puedes ver, Cornelia?

- Bueno, doctor Bezerra, lo observo en profunda oración. Está pensando en el dolor que lo llevó a la cama. Está diciendo: "Padre mío, tú sabes que mi sufrimiento existe y que me lo he ganado. Siempre he abusado de la comida y la bebida y ahora estoy pagando el precio por ello. Ayúdame a salir de esto, Señor. He sido un buen hijo de Dios. Cumplo con mis deberes en la iglesia y pago el diezmo con todo lo que recibo. El propio pastor me admira por mi fidelidad a los servicios y ya ha venido dos veces a mi casa, a comer con mi familia. Ayúdeme, señor. Estoy seguro que la sangre de Jesús tiene poder. Prometo que, saliendo de aquí, controlaré mi boca para que mi colesterol no me vuelva a traicionar..."

Realizando el mismo procedimiento ya adoptado en los anteriores, Bezerra abrió la pantalla flexible sobre el paciente que oraba con la unción de los creyentes y preguntó:

- Este hermano está rodeado por un halo de luces y realiza una oración en la que reconoce sus desajustes y faltas como el origen de este problema físico. Para ustedes, ¿él demuestra estar vibrando en el patrón de arrepentimiento que buscamos?

A pesar de las emisiones de luz a su alrededor, todos fueron unánimes al negar que se encontraba en las condiciones que estaba buscando.

- Parece que tu estado interior no está vinculado a la modificación más profunda. Miren la pantalla. Vemos que nuestro compañero tiene una vida buena, agradable y sin mayores dificultades gracias a la fe que lo sostiene. Al frecuentar la iglesia, logró unirse a quienes obtenían ventajas materiales de la práctica religiosa y, con la justificación de ser fiel a Dios, ganaba favores para las facilidades del mundo, comenzó a comer y disfrutar de la vida, acumulando recursos en la zona de confort que se depositaron en sus arterias, comprometiendo el funcionamiento de su corazón. Motivado únicamente por la palabra bíblica y adepto a una fe sin obras, tiene un negocio comercial al servicio de la institución religiosa y su clientela está compuesta, en su mayoría, por los demás fieles, haciéndolo depender constantemente del culto en la defensa de sus errores para mantener sus ganancias. Una vida fácil, con abundancia de tenedor y comodidad, se contaminó por el egoísmo y la indiferencia hacia los sufrimientos del mundo. Se acostumbró a pedirle cosas a Dios a base de donaciones hechas a la iglesia, incluso cuando reconoce su culpa por las deterioradas condiciones en las que se presenta su cuerpo. Es un hermano como cualquier otro, que vive según las normas de la mayoría para quienes la fe es solo un medio para conquistar el reino del mundo. Tiene un sentimiento sincero y cree en Dios, lo que le hace rodearse de estas emanaciones claras. Vivió una vida sin delitos graves, pero su fe no lo transforma ni lo califica para representar el ARREPENTIMIENTO que buscamos. Nuestro hermano no es malo, como la mayoría de los religiosos de todo tipo en todas las religiones. Pero es un profesional de la fe, que vive rodeado de intereses y ventajas deseadas, sin ahondar en el Verdadero Amor de Jesús por la miseria de sus semejantes, lo que lo haría menos obeso al compartir alimentos, menos ablandado al ejercitarse en el apoyo a los enfermos, menos consolado por la compasión ante los hermanos de la humanidad.

Alrededor, otros pacientes dormidos no estaban en condiciones de ser evaluados, ya que se encontraban ausentes gracias a la liberación del sueño del cuerpo físico.

Cambiaron de habitación para continuar el experimento.

Con una gran experiencia en el dolor humano, Bezerra conocía a cada uno por las emanaciones que visualizaba sin necesidad de ningún dispositivo. Luego, conduciendo al grupo que lo seguía, atentamente, se dirigió directo a la cama de una joven que sufría terribles dolores en la región ventral. Su condición física no le permitía dormir. Sin embargo, su sufrimiento no impidió que su corazón y mente vigilante emitieran luces intensas.

Mirándola, Bezerra exclamó:

- Creo que encontramos a nuestra tan esperada paciente.

E indicando a Dalva, le pidió una anamnesis rápida del estado de la infortunada mujer:

- Bueno, doctor, nuestra hermanita está en estas condiciones tan dolorosas porque acaba de tener un aborto. Un foco infeccioso domina el centro genésico en la zona donde se cometió la violencia, alimentado por su sentimiento de culpa y por el dolor moral de quien, ahora, no sabe qué hacer para arreglar lo que, en su corazón, sabe que ha sido un crimen contra un inocente. Veo al espíritu que llora junto a su cama, aun atrapado por el calor de su cuerpo, suplicando ayuda a la que todavía llama "mami." La escena es de infinita tristeza. Necesito controlarme para no entregarme a su dolor, doctor.

Aprobando el control de la experimentada médium, Bezerra le acarició la frente y dijo:

- Así es, hija mía. La responsabilidad mediúmnica siempre debe ser administrada con seriedad para que no comprometa el equilibrio de la tarea ni la claridad de la información.

Y repitiendo sus experiencias anteriores, explicó:

- Esta es Valquíria. Se trata de una chica que, a puertas de su matrimonio con Daniel, se encontró casualmente con Pedro, el exnovio de su juventud que, en aquellos tiempos, la había cambiado por una chica más interesante. El tiempo pasó para ambos y, en cuanto Pedro se enteró que su exnovia estaba con un pie en el altar para casarse con Daniel, la buscó con la idea volver a influir sobre los sentimientos de la infortunada, quien nunca había olvidado al muchacho ni había renunciado a la pasión que todavía sentía por él, aunque se casara con otro. Pedro no podía imaginarse siendo sustituido en las atenciones de Valquíria, ni aceptaría, en su orgullo e inmadurez, perder su puesto ante un extraño. Así que hizo lo que hizo, hasta conseguir que pareciera un encuentro casual bien planeado por su astucia masculina. Valquíria, que nunca lo había olvidado, a pesar de la proximidad de la boda, vio la vieja pasión renovada y reavivada en su pecho. Al principio se mantuvo firme, afirmando su compromiso con Daniel. Sin embargo, el viejo amor se hizo más incisivo y, con la excusa de una "despedida" - consiguió la complacencia de la joven para las intimidades sexuales que ella también soñaba. Valquíria acabó entregándose a Pedro como la chica enamorada, mientras que su muchacho solo la utilizó para reafirmarse como el dominador de su corazón femenino, demostrando la fascinación que aun ejercía por ella.

En cuestión de una semana, el primer encuentro se multiplicó en cuatro más, en tórridas aventuras donde las hormonas dominan el razonamiento. Después de haberse saciado de la joven, el astuto Pedro se alejó sin avisar, dejándola a puertas de la desesperación. Viviendo con la culpa por la desconocida traición a su prometido, Valquíria ya estaba pensando en romper con Daniel, creyendo en las promesas de unión de su exnovio. La inexplicable ausencia del muchacho; sin embargo, coincidió con la desafortunada constatación que su cuerpo comenzaba a gestar una nueva vida. Era una desgracia sobre otra. Por temor a los desastrosos resultados de un embarazo de otro hombre, Valquíria no tuvo el valor de elegir el camino de la responsabilidad moral. Prefería la solución simplista de interrumpir embarazo en silencio y en el anonimato. Buscó una persona que no estaba preparada para este procedimiento, motivada por el bajo costo compatible con sus medios y se entregó a lo que, pensó, sería la solución a sus angustias. La desgracia; sin embargo, se hizo patente con el proceso infeccioso que, sorprendiendo a todos, incluido el propio novio, la llevó a la cama del hospital donde, bajo el cuidado general de los médicos encarnados y de sus amigos invisibles, se enfrenta a los efectos dañinos de su actitud mientras lucha por no ver su vida acabada tan pronto.

Haciendo una breve pausa para que todos pudieran meditar sobre la triste situación de la desafortunada criatura, Bezerra continuó:

- Lo que hace prometedor el caso de Valquíria es que, a su favor, hemos visto una transformación real, que brota de su corazón arrepentido. Sintiéndose sucia e indigna, Valquíria recurrió a la fe en Dios, aferrándose a los santos de su devoción juvenil. Sobre todo, recurrió a nuestra Santísima Madre. Nadie mejor que la Madre para comprender el dolor de la mujer que no deseaba la maternidad, atrapada en la maraña de la afectividad descontrolada y las ilusiones del corazón, manipuladas por un hombre infeliz e indiferente.

En este punto, todos se sintieron conmovidos por el valor de aquella criatura milagrosa.

- Sus oraciones han sido tan intensas, que hemos encontrado en ella el material adecuado para ayudar a recomponer las defensas del organismo, estimulando sus vibraciones de auto perdón, haciéndole recordar que los desdichados son aquellos por los que Jesús se inclina con mayor afecto. Cuando un visitante viene a traer el bálsamo de la oración en este ambiente de sufrimiento, ella lo recibe sin importar la religión y, emocionada, agradece el cariño de la oración sincera. En sus pensamientos más decididos ya le ha pedido a Jesús que la ayude a ser madre de ese mismo espíritu, aunque tenga que sufrir mucho para que eso suceda. Esta es una de las razones por las que permitimos que la entidad permanezca cerca de ella para que, en los esfuerzos de la futura maternidad dolorosa, ella también pueda redimirse ante él. Con el aborto se crearon lazos de espinas que, ahora, estamos luchando por convertir en lazos de afecto, ayudando al espíritu abortado a perdonarla y a esperar la nueva oportunidad de regresar al mundo por la misma ruta que una vez lo repelió. Cuando Valquíria adoptó esta actitud mental de verdadero arrepentimiento, todavía estaba envuelta en una neblina de dolor y odio contra su ex novio. Pedro todavía pesaba sobre su conciencia.

Para abreviar la descripción, Bezerra extendió la pantalla cinematográfica sobre la cama y dijo:

Veamos cómo sucedió todo.

Fue entonces cuando una escena encantadora cobró vida frente al grupo. Se podía ver a Valquíria rezando, aferrada a una medallita de María en la que depositaba no solo las confesiones sobre su maldad, sino también arrepentimiento por sus acciones, pidiendo ayuda: "Madrecita de los infortunados, dondequiera que estés en el cielo ahora mismo, mira lo miserable que soy. Mira mi corazón ennegrecido y mi conciencia hecha jirones. Puede que merezca una muerte prematura por la cobardía de matar a quien necesitaba vivir, pero incluso si mi cuerpo perece, seguiré siendo la vulgar malhechora que llevará las marcas de su propio crimen dondequiera que vaya. Madre, solo un corazón como el tuyo puede oír el arrebato de una mujer indigna como yo. Sin embargo, no fue suficiente que matara a mi hijo indefenso. Madre, todavía odio a ese hombre que me usó. ¿Cómo es posible que un amor guardado durante tanto tiempo en el secreto de mi corazón se convierta en tal odio? Ayúdame, querida madre. Viste como mataban a tu hijo y tuviste la fuerza de no odiar a sus asesinos. Por el amor de Dios, madre, necesito perdonarme y perdonar a Pedro."

En este punto de súplica silenciosa, las lágrimas brotaban de sus ojos con la misma intensidad con la que también caían de los ojos de los Espíritus que presenciaban esa confesión, aquella que continuaba de manera más conmovedora: "Madre, no merezco nada, pero me atrevo a pedirte no que me salves, sino que me ayudes a no odiar. Sálvame de mí, madre..." En ese momento, la pantalla se iluminó con un brillo indescriptible, ya que comenzó a registrar la presencia de una entidad luminosa que apareció junto a la cama de la desafortunada mujer. Era la Madre de Jesús, que estuvo presente en ese escenario y que había venido a dar fe de su confianza en el futuro y a aceptar su petición. Ante la emoción de todos los que veían esa película de la vida real, María se inclinó hacia la paciente y, con el cariño de los que aman por encima de los crímenes cometidos por el ser amado, le acarició el cabello empapado por el sudor producido en el esfuerzo de la emoción y, con su otra mano luminosa, tocó el corazón de Valquíria diciendo: "Sí, hija mía, solo el verdadero perdón es salud para siempre. Bendigamos también a Pedro con nuestras oraciones." Sin escuchar la petición con sus oídos, pero extremadamente conmovida por la participación superior de la que ella era objeto, al mismo tiempo Valquíria respondió a la petición de esa Alma Brillante cuyo Amor Maternal aun no ha sido conocido por ninguna mujer humana. Envuelta en lágrimas de gratitud, la chica, por primera vez, oró por Pedro, rogando a Dios que los perdonara por el mal que ambos habían producido. ¿Cómo no iba a participar en las condenas, cuando ella también cooperó para que el embarazo sucediera? Además, la elección del aborto había sido suya. Es injusto acusar al muchacho. Entonces elevó un sentimiento tan verdadero y noble hacia el Creador, que todo el hospital se vio súbitamente iluminado con el perdón sincero de su corazón, sumado al Amor Celestial de María, que la visitaba. En la vibración de todas las habitaciones se sintió la emisión de esta química divina, pasando a través de los demás pacientes, llegando a entidades perturbadoras que huyeron asustadas, atrayendo a la multitud de trabajadores espirituales, que se apresuraban a ese lugar para participar del divino banquete de esperanzas. La escena era demasiado emotiva para quienes la presenciaron como para no ceder a copiosas lágrimas, sobre todo cuando vieron con sus propios ojos al Espíritu tan sublime.

Igualmente conmovido, Bezerra apagó el dispositivo que daba vida al pasado de esa hermana y dijo:

- Desde ese día, Valquíria reescribió sus caminos. Daniel, el prometido, la visitaba todos los días y, envuelta en ese mismo ambiente de elevación, ayer mismo, en un momento supremo de autosuficiencia, le confesó su debilidad al corazón del muchacho, liberándolo del compromiso que ella no había podido honrar. Herido en su orgullo de hombre, Daniel reaccionó como un animal atacado. Sin embargo, aunque Valquíria estaba rompiendo el compromiso, le pidió tiempo para meditar si la relación continuaría o no. Él también ha merecido nuestra atención, recibiendo la visita y consejos de los espíritus amigos que están reajustando la reencarnación de Valquíria. Desde ayer hasta hoy, Daniel obtuvo, durante el sueño, la explicación de los motivos de todo este problema que los involucraba, despertando hoy algo más apaciguado. Sin recordar lo que había vivido durante la noche, empezó a ver a Valquíria ya no como el hombre traicionado, sino como el hermano mayor que comprende las debilidades del carácter apasionado que su prometida cargaba desde hace mucho tiempo. Ciertamente, con aquella dolorosa prueba, Valquíria había matado para siempre el sentimiento que una vez había tenido por Pedro. Ahora estaba luchando por su vida. ¿Qué tipo de hombre sería si no pudiera tenderle la mano en un momento difícil? ¿Cómo iba casarse con ella y serle fiel en la alegría y en la tristeza, en la salud y en la enfermedad, si, pudiendo dar testimonio de su afecto, huía como lo había hecho el mismo Pedro? ¿Cómo podría mostrarse diferente al otro? Entonces, con sus pensamientos transformados por el amor, Daniel regresó al lugar luego unas horas para abrazar a su novia y reafirmar su compromiso. Quería ser su marido y que el dolor de ese difícil momento fuera el cemento que los uniera aun más. Y si el deseo de Valquíria era tener como hijo al mismo espíritu que ella había abortado, él la apoyaría y aceptaría ser el padre amoroso de esa alma infeliz. Daniel se había hecho más grande que la propia Valquíria, en la nobleza de sus sentimientos y en la humanidad de sus actitudes.

La emoción era muy fuerte en el corazón de todos. Bezerra hizo una breve pausa para recuperarse y, emocionado, concluyó:

- La chica, que ya se resignaba a la soledad, recibió la noticia como si no fuera verdad. No creía lo que escuchaba. Imaginando cuánto debería estar sufriendo el muchacho al superar tal dolor moral al decirle aquellas palabras, solo entonces fue capaz de valorar la magnitud del amor que tenía por ella, un amor capaz de soportarlo todo, como le había aconsejado la Madre de Jesús: "Sí, hija mía, solo el verdadero perdón es salud para siempre." Valquiria fue superada por una crisis de llanto convulsivo, que mezclaba emoción y arrepentimiento, culpa y remordimiento, pequeñez y felicidad. Nadie le había mostrado un amor tan verdadero, capaz de romper las barreras de un prejuicio tan atroz y primitivo como el que Daniel estaba superando. Se sintió colmada por sus palabras como un bálsamo de alegría que preludiaba la felicidad completa. ¿Qué más podía querer de la vida? Sería la esposa más fiel al lado de tan digno compañero. Sería una madre extraordinaria del hijo rechazado por el miedo y la inmadurez. Sí... sería lo mejor que Dios pudiera esperar de ella. Aquí, hijos míos, está la oración de un corazón verdaderamente arrepentido, comprometido con nuevas direcciones en un camino de bendiciones y felicidad para todos. Ciertamente, el amor ganará en este drama, ya que rescató los corazones del fango del error y del crimen a las brillantes luces de la esperanza. Todos ellos tendrán desafíos que superar, pero, a partir de ahora, las debilidades de la culpa en Valquíria, se transformaron en la fuerza del arrepentimiento real, un poderoso elixir que, al servicio de la armonía, transformará los centros orgánicos en dínamos generadores de salud, equilibrio y ganas de vivir. Si Daniel no se hubiera comportado con la nobleza que demostró, Valquíria tendría mucha más dificultad para superar estos duros momentos, por estar desabastecida de afecto, que, como saben, es un poderoso alimento para el espíritu. Sin embargo, con la compañía de un corazón amable y devoto, con la decisión de ser feliz y reparar sus errores ante su futuro esposo, el espíritu del futuro hijo y, sobre todo, con la mirada dulce y generosa de la Madre de todos nosotros, pronto la pareja se unirá para que el niño regrese por los canales de la bendita maternidad, como un hijo especialmente deseado.

Finalmente, preguntó:

- Entonces, ¿encontramos lo que buscábamos?

Mientras todos se secaban las lágrimas, solo sonreían y asentían positivamente.

- Si este es el caso, entonces, después de haber entendido la cuestión del Arrepentimiento, ahora es bueno comenzar aquí mismo a estudiar las otras condiciones necesarias para que los encarnados sean admitidos en la Regeneración.

Tomó el Evangelio y releyó la frase:

"- NO MÁS ORGULLO QUE HACE CALLAR EL CORAZÓN, DE ENVIDIA QUE LO TORTURA, DE ODIO QUE LO SOFOCA."

Hablando con sus estudiantes, agregó:

- Ahora, busquemos a los que están superando el orgullo, la envidia y el odio. Y aquí también será un buen lugar para comenzar la búsqueda.

34.-
BUSCANDO LA AGUJA EN EL PAJAR

Entre todos los desafíos del ser humano, las luchas contra el orgullo y el egoísmo son las más feroces y las que siempre han tenido el menor número de vencedores. Siendo la matriz de prácticamente todos los demás defectos del carácter, estos dos defectos tienden a ser estimulados en una sociedad que los ha cultivado durante muchos siglos, llevándolos de generación en generación a través de las enseñanzas y ejemplos de los mayores.

Se podría decir que los males de la humanidad se deben a la existencia de estas dos debilidades de la personalidad que, en la interpretación errónea de sus defensores, son vistas, la primera, como una virtud propia de quienes son superiores y la segunda, como una imposición de la supervivencia. En la sucesión de generaciones, los mayores transmiten a los más jóvenes tales conceptos, arraigados desde la convivencia familiar, pasando por todos los ámbitos de la relación humana en las relaciones sociales, en las competencias profesionales, en los logros del personalismo, en la conquista de posiciones de protagonismo o de bienes gracias a conductasególatras que garantizan el ascenso del individuo en el contexto de la comunidad, haciéndolo falsamente superior y alimentando su orgullo.

Hermanos siameses, el orgullo y el egoísmo se unen y ambos luchan para que nada los amenace.

Por eso, el orgullo pide el respeto de los demás y el egoísmo trabaja para conquistar las cosas materiales, olvidando los derechos y necesidades de los demás. El orgulloso ve la caída material como algo inaceptable, haciendo todo lo posible para mantener la pose, el protagonismo y la importancia frente a la gente. Cuando el orgullo es atacado o se ve abatido por las circunstancias, el egoísmo entra al campo en un esfuerzo por hacer todo lo posible para apoyar y levantar al "hermano" despreciado. Ciega al humano invigilante y lo convierte en una máquina agresiva, decidida a recuperar su antiguo brillo y, luego a vengarse de quienes lo ridiculizaron, a los que comienza a tomar como enemigos.

Entonces, en una sociedad donde tales defectos son parte de la cultura de sus miembros, vistos más como virtudes, la búsqueda de personas que los combatan a diario haría aun más ardua la tarea del grupo espiritual liderado por Bezerra.

Si fuera cierto que en las cárceles y camas de hospital de la Tierra los espíritus encontraran otros Benedictos y Valquirias, en el examen del requisito "orgullo inexistente" o incluso si solo fuera "orgullo domesticado", la búsqueda sería bastante dolorosa.

Aprovechando la oportunidad, Bezerra abordó el asunto diciendo:

- Pues en la observación de los encarnados en busca de los que no se han rendido a la influencia del ORGULLO, trabajaremos todos, identificando a los hermanos que están en ese esfuerzo de autosuperación, solo sintonizando y observando a los encarnados, fijándolos por los patrones vibratorios de la humildad. Se moverán libremente por todo el hospital en busca de los que estén iluminados en el rango de la humildad, en su propia luminosidad. Entonces, cuando eso suceda, vuelvan aquí y luego iremos en busca del elegido. Dispondrán de treinta minutos para realizar esta investigación, al término de la cual, con o sin resultados, deberán regresar aquí. Los esperaré. Para que nuestra misión no se vea frustrada, consideraremos no solo a las criaturas que han superado definitivamente el orgullo, muy raras. Consideraremos aceptables o satisfactorios para nuestra investigación a aquellos que demuestren compromiso determinado en la lucha contra tal defecto y la marca distintiva de esa cualidad, como ya les dije, se observa en el rango espectral de la HUMILDAD.

Sorprendidos por la autorización otorgada, tomaron sus rumbos en observar los diferentes pisos de la institución de salud. En todas partes, los médicos de guardia trabajaban junto a las dedicadas enfermeras, además de los empleados, que realizaban el servicio esencial para el buen funcionamiento del hospital.

En todas partes; sin embargo, no se encontraban emanaciones luminosas de humildad. Los pacientes en sus camas parecían dóciles cuando su dolor o malestar estaban controlados y atendidos. Sin embargo, bastaba que el dolor estallara o que cualquier malestar los aquejara, para transformarse en gritones, humillando a las enfermeras y asistentes, empleados y a los visitantes. Molestos por sus ansiedades, algunos incluso fueron groseros con los médicos.

A su vez, engañados por la falsa idea de ser superiores debido a su formación intelectual o académica, la mayoría de los médicos atribuían poco valor a quienes gemían en sus camas, desvalorizando sus quejas e ignorando las advertencias del personal de enfermería. Muchos de ellos apenas se dignaban saludar al resto del personal, acostumbrados a mirar a los demás con el orgullo de su puesto. Casi sin excepción, soñaban con la riqueza material acumulada bajo la montaña de lágrimas de los sufrientes, prefiriendo atender pacientes que pagaban cuantiosas consultas que dedicarse a los enfermos remunerados por convenios o subvencionados por el propio gobierno. La medicina se había convertido hace mucho tiempo en un negocio, cada año más concurrido, enfriando en el idealismo el pulso por servir. Ciertamente, en medio de estos profesionales arribistas, surgieron excepciones que indicaban una pizca de esperanza, representado por profesionales humanos, sacerdotes de la salud en beneficio de los desamparados del mundo. Sin embargo, incluso aquellos que seguían teniéndola visión de la medicina como un alto ministerio de amor, enfrentaban obstáculos en el campo médico ya que eran discriminados por otros o aislados de la comunidad académica, aunque fueran muy queridos por los pacientes y enfermeras. Ahora, nada garantiza que ellos, a pesar de ser más humildes en sus tareas profesionales ante sus pacientes, demostraran los mismos valores en su vida personal, no dejándose contaminar por los furiosos ataques del orgullo disfrazado de mil maneras. Ya sea por el celo agresivo en la preservación de su propio nombre o fama profesional, ya sea por las luchas en defensa de las prerrogativas o privilegios de su profesión, en la competencia en busca de pacientes, o en las competencias de la inteligencia en los cónclaves médicos donde se enfrentaban sus reputaciones, generalmente se encontraba el ORGULLO demostrando su imperio abrumador y contaminando el idealismo sagrado que muchos aun defendían y trataban de vivir.

Los miembros de enfermería, por su parte, acostumbrados a hacer de su vida una donación máxima para el alivio de los sufrientes, demostraban una mayor cercanía en relación con los afligidos. Su trabajo exigía una renuncia extrema, desde la limpieza de los cuerpos hasta la convivencia con pacientes difíciles y temperamentales, haciéndoles desarrollar una mayor tolerancia, paciencia y devoción, sin mayores exigencias. Sin embargo, a pesar de las innumerables victorias que conquistaron para sí mismos, incluso los malos tratos recibidos por parte de los médicos, no era común encontrar una verdadera humildad desarrollada en ellos, lo que indica la inexistencia de orgullo. Atacados por pacientes intolerantes, soportaban las agresiones sin perdonar de todo corazón sus ofensas. Guardaban sus sentimientos heridos, descargando el dolor moral del orgullo herido a través de insultos hechos a distancia de los enfermos. Al ser menospreciados por los médicos, callaban su indignación mientras estaban en presencia del médico irónico o indiferente. Sin embargo, en cuanto se iban, destrozaban su persona con chismes detrás de bastidores, maldiciéndolo entre una taza de café y un refrigerio, envenenando a las otras enfermeras y enviando vibraciones de odio hacia el facultativo arrogante. Las excelentes enfermeras, admiradas por su competencia profesional y por tener un dominio avanzado de técnicas, eran víboras venenosas en la intimidad de sus sentimientos, contentas con la reputación de ser competentes, sin dar importancia a cualidades como la bondad, la compasión y la simpatía.

Entre ellos, las disputas por turnos, las persecuciones por las distintas funciones desempeñadas, las críticas personales nacidas del ejercicio de técnicas en el manejo de los pacientes, los conflictos derivados de pequeños errores en los procedimientos marcaban sus corazones con signos de odio mal disfrazados, estableciendo grupos contra grupos, siempre a expensas del propósito real de sus tareas. Eran, en su mayoría, enfermeras-enfermas, que pretendían ser humildes en presencia de sus jefes para, poco después, fuera de su vista, despojarse del disfraz, asumiendo sus verdaderas figuras, donde el orgullo era la marca dominante. Debido a la necesidad del salario, los subordinados se tragaban las palabras groseras o duras de sus superiores, pero sin dejar de odiarlos en secreto. Mantenían las injusticias sufridas y esperaban ansiosos el sufrimiento de sus agresores, deleitándose muchos íntimamente cuando les llegaba la noticia de la enfermedad de sus jefes. "Bien hecho..." "al fin, Dios existe..." "Espero que aprendas a ser más educado..." "La justicia es lenta, pero llega..." fue con tales expresiones del orgullo vengado que los falsos humildes manifestaban su satisfacción por el sufrimiento de sus verdugos.

El tiempo pasaba y nadie regresaba al punto de encuentro con la buena noticia.

Una vez finalizado el plazo, era necesario que los espíritus que habían salido en busca de virtudes poco comunes regresaran.

Ninguno de ellos había podido identificar, en aquella inmensa institución, rastros de humildad en la lucha contra el orgullo.

- Pero ¿no pudieron encontrar a nadie en posición de encajar en nuestra investigación? - Preguntó Bezerra, sonriendo.

Casi todos negaron con la cabeza, a excepción de Cornelia, que, aunque no muy emocionada, informó:

— Bueno, doctor, encontré un empleado que parecía, al principio, bien calificado. Acababa de ser humillado por un paciente que le había dicho de todo por dejar caer un recipiente de metal mientras organizaba la habitación, perturbando su descanso nocturno. Ante las duras palabras, el pobre se disculpó, agachó la cabeza y se fue sin responder al agresor. Enseguida pensé que podría estar frente a un candidato. Así que lo seguí por todo el trayecto. Su corazón estaba magullado por las duras palabras, pero en ningún momento noté odio contra el pobre paciente al que disculpó por reconocer razón en su falta de mesura. Después de todo, hablaba consigo mismo.

— Debería haber tenido más cuidado al hacer ese trabajo en ese momento. Quería hacer las cosas bien y era estúpido. La culpa, por tanto, fue suya y el paciente, asustado, reaccionó así por la aflicción que se apoderaba de su cuerpo y alma. Todas las justificaciones mentales indicaban que había una madurez espiritual capaz de resistir las luchas y los males sin ser tocado por las espinas de los demás.

La descripción atrajo la atención de sus colegas que, atentos, querían escuchar el resultado del caso.

Después de una breve pausa, Cornelia continuó:

— Así que, cuando terminó su trabajo ahí, se dirigió al centro de personal de limpieza, donde le informaron que otro empleado amigo suyo había recibido un ascenso, con un aumento de sueldo. Bastó escuchar la noticia del otro, para que el equilibrio desapareciera de la mente del infortunado empleado.

— ¿Cómo es posible que esa "bestia" sea promovida antes que yo? ¿Por qué yo no? ¿Quién hace las leyes en este lugar? Estoy aquí antes que él, ¿De qué sirve esforzarse por hacer las cosas bien cuando llega un imbécil como él a engañar a los demás? ¿Qué estará haciendo para ascender tan rápido?... Y a partir de ahí, amigos míos, el pensamiento de indignación, al mezclarla envidia y el sentimiento de inferioridad transformó a nuestro candidato, llevándolo de vencedor del orgullo, a esclavo derrotado del insidioso defecto. Observándolo con mayor profundidad, pude entender que su sueño era ascender en la jerarquía para, dar rienda suelta a sus frustraciones y represiones, sentirse superior a los demás y pisotear a sus propios amigos. Solo entonces pude ver quién era. Soñaba con ser el jefe de limpieza de esa ala del hospital para poder humillar a sus antiguos compañeros barrenderos, desde la cima de tan insignificante puesto. Como el elegido era otro, el pobre echaba espuma de rabia, pensando en sabotear el trabajo del elegido para ver si, con ello, conseguía perjudicar su ascenso.

Aprovechando la riqueza de la exposición de la médium, Bezerra agregó:

- Observen, hijos míos, que el orgullo y la humildad no son apariencias físicas ni el resultado de la riqueza o la pobreza material. Aquí tenemos una buena demostración de eso. Un conserje puede ser considerado humilde porque tiene que caminar arrastrando escobas entre cubos y bolsas de basura. Sin embargo, el orgullo almacenado en su ser aspira a convertirse en el jefe de sus amigos para desquitarse con ellos de sus represiones y reveses. Ciertamente, quienes sufrirán por este estado de cosas serán su esposa o sus familiares, quienes, sin tener culpa alguna por la promoción del competidor, pagarán la cuenta por la irritación del rechazado y su orgullo herido. El orgulloso nunca se preocupa por los que lastima, si es necesario para mostrar su indignación o su enojo.

Al comprender la lección, Horácio quiso saber:

- Pero doctor, ¿eso significa que no podía protestar honestamente contra la injusticia? Si, de hecho, ocurre una injusticia, ¿no pueden los perjudicados hacer algo para corregirla?

- Por supuesto que pueden, Horácio. De hecho, eso demuestra sabiduría y madurez de espíritu. Sin embargo, esto requiere que el interesado exponga su descontento, aunque sea de manera legal y civilizada, solicitando a los administradores las explicaciones sobre los criterios utilizados en la elección para cubrir ese puesto concreto. Sin embargo, esto también demostraría el descontento del empleado rechazado, la envidia por el éxito de los demás, entre otras cosas que lo marcarían como un individuo despojado de ciertos valores aparentes. Esto hizo que nuestro hermano de la limpieza eligiera el silencio en lugar de protestar por la vía legal. Entonces, sin demostrar sus intenciones, se esconde para actuar clandestinamente, bien disfrazado por una aparente sumisión mediante la cual esconde su odio para, en plena noche, actuar para crear vergüenza al servicio en una forma primitiva de venganza. Esta elección, sin duda, no corresponde al mejor camino. Su comportamiento atestigua la inferioridad de su espíritu para afrontar las adversidades de forma equilibrada. Temeroso de mostrarse como es, prefiere ser lo que es sin que los demás se den cuenta, utilizando esta clandestinidad como una ventaja para herir sin ser identificado. Si hubiera elegido los caminos correctos, quién sabe, entendería que no fue contemplado con el ascenso esperado porque se entregó a la comodidad, por no cumplir con sus tareas con voluntad, con el esmero esperado y, así, podría corregirse, esforzándose por ser elegido en la próxima oportunidad. Sin embargo, prefirió rebelarse, perjudicando a todo el grupo. Y este comportamiento es reproducido por millones en un mundo de competencia como este que los hombres han construido para sí mismos. Mirando los hechos en sus aspectos intrincados, Cornelia, tienes toda la razón al suponer que este hermano no está dentro de los requisitos.

Luego de darse cuenta que sería difícil encontrar a quienes pudieran demostrar suficiente humildad en ese lugar, Bezerra los invitó a partir hacia otro ambiente, donde continuarían las lecciones.

Llegaron a la vía pública, agitada por el movimiento que se daba aquel sábado en la madrugada. La gente estaba eufórica y celebrando la llegada del fin de semana. Entraron en un pequeño bar donde una pequeña multitud se aglomeraba, dificultando el trabajo delos camareros al atender los pedidos.

- Burro, no sabes cómo escribir una orden, ¿verdad? - gritaba un hombre, visiblemente alterado por los varios vasos de bebidas alcohólicas ya ingeridas.

- Lo siento señor... hoy hay mucha gente y estamos aquí con dos camareros menos.

- No me importa, incompetente. Yo soy quien paga tu sueldo... trata de servirme bien porque, si no, hablo con el gerente...

- Nuevamente, disculpe, señor. Corregiré el error... vuelvo enseguida.

El camarero agredido se alejó, quien a nuestros ojos mantuvo el equilibrio y la serenidad. Sabía que ese tipo de cliente usaba el alcohol para exteriorizar sus debilidades emocionales en los arrebatos comunes a tantos. Debió un hombre no amado, solo o abandonado, necesitado y poco acostumbrado a respetar a los demás. Juvencio, el camarero, hace tiempo que hacía de su servicio una clase más de la escuela de la vida.

Sin tener tiempo para aprender las lecciones de la educación formal, había transformado el bar donde trabajaba en turnos nocturnos en un laboratorio para la evaluación de la conducta humana. Juvencio era un viejo conocido de Bezerra quien, como médico espiritual de su humilde familia, desempeñó el papel de tutor de aquel espíritu en crecimiento. Bajo la influencia del médico devoto, el camarero encontró las enseñanzas espíritas y comenzó a archivarlas en su memoria leyendo muchas obras constructivas y esclarecedoras. Como necesitaba ganarse la vida en una ciudad de tantas competencias, se le dirigió al ejercicio de la tarea que mejor se adaptaba a sus necesidades de transformación moral en la encarnación actual. Él sería el que sirve, soportando el mal humor, la falta de educación, la soberbia de los demás y, así, desarrollando las marcas de la humildad en su alma. Había pasado por diferentes etapas a lo largo de su desafiante trayectoria. Al principio, la intemperancia le dio muchos disgustos. La falta de costumbre en el control del orgullo y el egoísmo hacían que Juvencio una pelota de ping-pong, lanzada a un lado por los golpes de la vida, en base de la reacción a la provocación. Siempre que esto sucedía, Juvencio sufría desilusiones por estar en el lado más débil de la relación. Su arrogancia natural se manifestaba en esos momentos. Cuanto más sucedía esto, más fácil era para el muchacho identificar dónde vivían estos terribles monstruos, escondidos dentro de él, verdaderos pulpos de mil tentáculos y mil disfraces, listos para arrastrarlo a las profundidades del error, la agresión y el descontrol.

Sin embargo, con el tiempo, profundizando en el conocimiento de sí mismo y en la comprensión de las exhortaciones de Jesús contenidas en El Evangelio según el Espiritismo, especialmente en el capítulo que enseña el AMOR A LOS ENEMIGOS, el camarero encontró el camino hacia la paz.

Gracias al conocimiento espírita, entendió que las criaturas eran lo que eran debido a sus debilidades evolutivas, pero, invariablemente, todos caminaban hacia adelante, superándose a sí mismos a costa de mucha lucha o sufrimiento. Juvencio, entonces, entendió las limitaciones y trató de ser siempre lo más útil posible. Se ganaba la confianza de los clientes habituales de ese lugar con su sonrisa espontánea y su natural diligencia. Mientras muchos otros trabajaban por propinas, él servía a otros en busca de aprender la mejor manera de superarse a sí mismo, como el mismo Jesús había enseñado. "Yo estoy en medio de vosotros como el que SIRVE" - declaró Cristo, desde lo alto de su magnitud espiritual. Tomando esta frase como guion cotidiano, Juvencio luchaba contra el viejo oponente que, acechándolo, aprovechaba cada momento de distracción para incitar en su impulsividad masculina alguna reacción más agresiva o descontrolada. Por ello, había decidido observarse a sí mismo, evitando reaccionar, sin importar cual fuera la ofensa o la circunstancia dolorosa. Evitaría las represalias y, controlando sus entrañas, calmaría el impulso de atacar o responder con violencia, procurando ante todo, respirar hondo, alejarse del lugar de la provocación, recurrir a la oración sincera y, solo después de haberse calmado por dentro, meditar sobre cómo resolver el problema. A lo largo de los años, había aprendido que, en muchas ocasiones, es mejor solucionar el problema con conductas sencillas, como cambiar la bebida solicitada por el cliente, que insistir en tener la razón, demostrando que fue el cliente quien pidió la bebida incorrecta. Así, reducía las controversias en lugar de profundizar los conflictos en defensa de su punto de vista.

Naturalmente, se comportaba de esta manera en las cuestiones más simples de la vida cotidiana, reservando la defensa de los principios para otros momentos en los que estaban en juego cosas más serias. Sin embargo, allí, había preferido no discutir con un borracho en un esfuerzo por explicarle quién estaba equivocado.

Ya había perdido la cuenta de la cantidad de ofensas e insultos que había escuchado de boca de los borrachos de turno, así como las actitudes irrespetuosas de los ricos en el trato con los sirvientes como él.

A diferencia de otros profesionales del mismo campo, igualmente desenfrenados y agresivos, que llevaban el llamado "orgullo amordazado" para no perder sus puestos de trabajo, Juvencio agradecía cada vez que alguien lo maltratara, porque así podía evaluar el estado del adversario interior que luchaba por matar, midiéndolo por la intensidad del impulso de la represalia, utilizando la misma agresividad recibida.

Habiendo terminado su trabajo en ese ambiente, le esperaba un breve descanso en la casa de sus padres, donde convivía con los problemas de una familia complicada por las enfermedades de sus integrantes. Su madre era muy anciana y viuda. Sin embargo, era ella quien aun administraba una casa donde vivían dos hijos menores que Juvencio en situación de discapacidad. Uno de ellos había perdido la movilidad de las piernas y el otro estaba ciego. Ambos vivían el rescate expiatorio de terribles daños promovidos en las existencias de sus semejantes en existencias anteriores, pero, en lugar de aprovechar esta oportunidad de reestructuración moral y espiritual, siguieron el camino de la rebeldía y la insensatez, exigiendo sacrificios aun más dolorosos a sus familiares.

Juvencio necesitaba ganar un salario para reducir las necesidades de su familia, pero a pesar de eso, no contaba con el respeto de ninguno de los dos. El que dependía de la silla de ruedas, le tenía una ira injustificada, producida por la envidia. El ciego, en cambio, lo tildaba de aprovechar la vida por quedarse fuera todas las noches. Juvencio los escuchaba, comprendiendo que el sufrimiento de ambos era el mal consejero de sus almas y, sin ningún atisbo de superioridad, dejó todo a un lado para ayudarlos tanto como pudo, aliviando el trabajo de su vieja madre. Bañaba a su hermano lisiado mientras trataba de ayudar al ciego en lo que fuera necesario. Sin embargo, si el paralítico se complacía en ponerse pesado para Juvencio, el ciego no admitía la ayuda de su hermano para nada, luchando por mantenerse independiente, cultivando el orgullo de no tener que pedirle nada. Incluso cuando tropezaba y caía, rechazaba el brazo de su hermano, diciendo en voz alta:

- Quien necesita tu ayuda es el lisiado. Solo sufro por la visión.

No te necesito. Puedes dejarme que me levanto solo.

Este discurso, siempre repetido sin ningún cuidado, también representaba una agresión contra el otro enfermo, que lo escuchaba sin ensayar ninguna respuesta porque, en el fondo, expresaba una verdad cruel.

Los dos pacientes se enfrentaban constantemente. Luciano, el de la silla de ruedas, odiaba la independencia y la soberbia de Múcio, el ciego, mientras éste, de alma soberbia y altiva, se distraía en humillar al otro, sin cansarse de mostrarse superior a todos. Ninguno de los dos aceptaba el hecho que Juvencio no fuera discapacitado, como si el pobre camarero les hubiera robado la felicidad. El muchacho era puesto a prueba de profundo dolor y ejercía, a diario, las lecciones de resignación, de amor a los enemigos y de hacer el bien sin querer recibir algo a cambio.

Con eso, Juvencio había transformado sus vibraciones en un campo de emanación cristalina, donde la humildad daba el toque de su perfume y luminosidad, indicando que era cultivada con el abono del Amor según los verdaderos criterios del Evangelio de Jesús. Después de mostrar los efectos positivos de tales efluvios sobre el equilibrio del cuerpo y la estructura del espíritu, Bezerra aplicó pases magnéticos sobre los dos enfermos que dormían en la modesta casa y, abrazando al tutelado como lo hace un padre con el hijo que admira, lo besó en su rostro cansado, reforzando los lazos de afecto que unían a los dos servidores de los afligidos, lo que lo transformó, tanto como al propio Bezerra, en otra especie de Doctor de los Pobres.

— Aquí, queridos hijos, encontramos el rico ejemplo de muchos de los cambios necesarios para quienes desean salvarse. A excepción de Juvencio, que está conquistando las victorias esenciales para su progreso, Luciano refleja la envidia tortuosa mientras que Múcio corresponde al exponente del odio asfixiante. Al profundizar las cosas, veremos que tanto la envidia como el odio tienen sus raíces en el orgullo herido y en el egoísmo abrumador. Son incapaces de ver, en el hermano trabajador, al benefactor que tanto necesitan y que les proporciona alimento diario, gracias al esfuerzo del trabajo digno. Para ellos, el cuerpo deficiente representa una disminución de su valor, haciéndolos más insignificantes. Deberían inclinarse a aprovechar la lección de vida, desarrollando la humildad, algo que sus almas no están dispuestas a hacer, especialmente en presencia de su hermano. Llevan en el corazón las manchas de los profundos defectos de las torpes experiencias de antaño que les valieron la limitación de las facultades orgánicas como una escuela bendita para el aprendizaje de nuevas lecciones. Hasta que no inclinen la cabeza, reconozcan su propia necesidad, aprendan a pedir y sean agradecidos, permanecerán en el mismo escenario y, así, serán serios candidatos a despedirse de la Tierra, ocupando dos espacios de la nave transportadora. Juvencio, que con paciencia cristiana los apoya sin desearles el mal, aunque también tiene deudas en el drama de sus hermanos, cumple su parte con altos niveles de realización, lo que le garantiza el puesto de integrante de la nueva humanidad, construyendo la regeneración primero en su interior, para, después integrar el mundo regenerado. La comprensión de las leyes del Universo que le confirió la Doctrina Espírita, facilitó sus firmes decisiones en este sentido, pues la fe razonada libera a la criatura de los complejos de culpa que la esclavizan, dándole la clave para la comprensión de los compromisos evolutivos y demostrar cómo salir victorioso de las luchas humanas sin contraer nuevas deudas.

La lección de la noche había sido larga y reveladora. Sin embargo, faltaban algunos aspectos que Bezerra deseaba abordar para complementar tales enseñanzas.

Sin embargo, debido a la hora, debían regresar al núcleo espiritual que habían dejado horas antes, para que los encarnados pudieran regresar a sus cuerpos físicos, para retomar las tareas del nuevo día.

Entonces establecieron una nueva reunión para los días siguientes, cuando serían retirados del entorno físico nuevamente a través del sueño para complementar las observaciones. Una vez arreglados los detalles, Bezerra y los otros tres espíritus amigos retomaron su posición en el cuadro fluidico que formaron alrededor de los amigos encarnados, para que, una vez más con el campo favorable, pudieran retomar el vuelo hacia el Centro Espírita para las despedidas finales y posterior remisión a sus cuerpos en reposo, en sus respectivas camas. Sin embargo, antes de despertar al nuevo día, Bezerra orientó a los trabajadores invisibles que los llevarían de regreso a aplicar energías que activen la memoria cerebral para que los aprendizajes de la noche quedaran gravados de manera indeleble en la estructura de los recuerdos físicos, como un sueño instructivo que ayudaría mucho en su propia vida personal.

El sábado marcaba el cielo de la ciudad con los primeros rayos del amanecer cuando, uno a uno, apoyados por sus protectores y por los trabajadores asignados por Ribeiro para acompañarlos, reabrieron los ojos sobre el cuerpo carnal, deslumbrados por la gran cantidad de recuerdos traídos de la experiencia onírica de la noche, especialmente la alegría de estar involucrados en un trabajo de tan alto alcance moral, en la comprensión de los procesos que apuntaban al reajuste del hombre viejo a los estándares exigidos por la nueva humanidad.

35.-
EL CASO LORENA

En cuanto aparecieron los primeros rayos de sol en el horizonte de la ciudad, Jerónimo, Adelino, acompañados por Ribeiro, se dirigieron a la casa de Lorena, una de las médiums del grupo que no se había presentado la noche anterior para formar parte de la excursión de aprendizaje, como era de esperarse, tampoco acudió al trabajo nocturno en el Centro Espírita después del reposo del cuerpo físico.

Conociendo desde hace tiempo sus dificultades, Ribeiro y los otros dos acudieron al domicilio para conocer los hechos que motivaban la ausencia de la trabajadora.

Lorena, mujer de alma dócil y delicada, poseía muchas virtudes morales dignas de admirar. Sin embargo, la falta de coraje para enfrentar ciertos obstáculos era su mayor enemigo. Como resultado de sus compromisos anteriores, se había casado con un hombre de fuerte temperamento, a veces casi violento, que durante su noviazgo encantó la frágil alma de la joven. Imaginándose protegida por un compañero decidido y fuerte, se dejó engañar por el temperamento del muchacho como si fuera la princesa prisionera en la torre esperando que el audaz caballero la rescatara con su coraje y energía. Tras la unión de la pareja, Lorena pronto se enfrentó a una realidad nada romántica. La virilidad de su marido le exigía toda una serie de comportamientos y actitudes para los que la joven aun no estaba suficientemente preparada.

Acostumbrado a las frívolas relaciones sexuales tan habituales en las experiencias de la soltería, Rubens deseaba que su esposa lo satisficiera de la misma manera que las prostitutas correspondían a las ansiedades físicas y emocionales. Adicto al área del placer, perseguía a su esposa con exigencias que alegaban ciertas "necesidades masculinas." Si al inicio del matrimonio, el esposo se había mostrado paciente con la dificultad de la esposa para atender sus intereses de afecto físico, con el paso del tiempo, esa tolerancia estaba dando paso a comportamientos groseros, la forma en que el esposo la obligaba a someterse a sus caprichos. Habiendo desarrollado su sexualidad en compañía de profesionales experimentadas en las prácticas sexuales más diferentes, raras e insólitas, el esposo buscaba el contacto íntimo anhelando más que las emociones tradicionales en la rutina de las prácticas naturales, que ya le parecían aburridas y sin gracia. Aspiraba a emociones renovadas, caricias atrevidas para las que Lorena no había sido preparada por la vida. Por el contrario, a partir de las enseñanzas familiares y la madurez cultural que se había dado en el entorno en el que creció, la esposa se había impregnado de ciertos prejuicios o ideas que la hacían plantearse ciertas conductas en el ámbito de la intimidad, como verdaderas agresiones que rozaban la pérdida de su propia dignidad. Así, junto al amor que sentía por Rubens, Lorena vio crecer una situación conflictiva que la colocaba en una condición muy delicada. Al observar la lujuria constante de su esposo, temía no responder a sus deseos al no cumplir con sus deberes matrimoniales, arriesgándose a perder a su esposo o verlo buscar el alivio de sus expectativas en otras mujeres. Por otro lado, para atender tales apetitos, debía someterse a conductas que, según sus principios personales, le resultaban ofensivas a su condición femenina. Al principio, intentó hablar con Rubens, explicándole que necesitaba tiempo y paciencia para adaptarse mejor a la relación íntima, con el fin de complacerlo. Sin embargo, la velocidad con la que estaba dispuesta a conquistar este terreno era mucho más lenta que la que Rubens deseaba ver avanzar el coche nupcial.

Lorena, en ese momento, no era espírita ni asistía a ninguna institución religiosa, algo a lo que Rubens también era reacio, como la mayoría de los encarnados, aquellos que están profundamente esclavizados a los vicios del mundo material. La presión de las exigencias sexuales diarias, la intolerancia de su pareja, la sumisión para evitar más peleas, la anulación de su personalidad para complacer a quien, luego de ser correspondido se alegraba, aliviando sus presiones y retomando el trato afectuoso, todo ello fue minando las defensas mentales que Lorena tenía en el equilibrio de sus emociones.

Había entendido el plan de Rubens: si ella aceptaba hacer lo que hacía una prostituta pervertida, de acuerdo con sus conceptos personales de perversión y prostitución, la trataría bien. Si fuera una mujer decente, de acuerdo con los estándares de decencia heredados de la creación, sufriría la violencia moral y verbal y la dureza de un hombre que todavía en el rango de la animalidad salvaje. Lorena intentó adaptarse a la primera hipótesis, pero al hacerlo, se violentó física, emocional y mentalmente. Ella no entendía el sexo como lo veía su esposo. Para ella, era la exteriorización del Amor. Para él, era satisfacer una necesidad física. Así que la hería de una manera grotesca, grosera y la usaba como prostituta, viéndola como un trozo de carne, sin considerar sus propias limitaciones o necesidades. Aun así, Lorena optó por hacer todo lo posible por adaptarse. Las presiones psicológicas y los dramas de culpa resultantes terminaron poniendo en peligro su razón. Al sufrir una relación en lugar de disfrutarla, Lorena vio cómo el matrimonio se convertía en una jaula, cobrando el precio de su propia dignidad. El sigilo con el que soportaba esta situación, sumado al miedo y la culpa, provocaron que su desequilibrio emocional la hiciera caer en un estado de desaliento y, en cuestión de meses a la depresión total.

Si su marido no era sensible a sus necesidades, ella había encontrado refugio en la consternación y el desencanto. Al darse cuenta del estado emocional tan debilitado, lejos de asumir su parte de responsabilidad en la explotación de las energías de Lorena, Rubens describió la situación como una falta de algo que hacer o de un trabajo fuera de casa. Sin embargo, era él mismo quien se había opuesto, en su machismo, a que su compañera se expusiera al contacto del mundo, con la excusa de protegerla. Los libertinos y frívolos siempre temen que otros como ellos, utilizando las mismas técnicas, se aprovechen de sus respectivas compañeras utilizándolas como lo hacen con una mujer ajena. Rubens era un niño que fingía haber crecido. Ahora, al ver el estado depresivo de Lorena, imaginó que, si le conseguía un trabajo, a pesar de los arrepentimientos y los riesgos, ella podría distraerse un poco al salir de su estado de total indiferencia. Sin embargo, al escuchar sus sugerencias, la mujer no se animó con la idea. No quería salir de casa. Por mucho que Rubens estuviera agitado, mostrara irritación o nerviosismo, esto no cambiaba la condición de su esposa. En esos momentos, estallaba con mayor fuerza la sensibilidad mediúmnica de su compañera, contagiada por las vibraciones inferiores de los espíritus que acompañaban a su marido, dominando sus centros genésicos. Actuando sobre él, acosando sus emociones carnales, presionaron a Lorena para que cediera más allá de su propio límite, lo que permitió el quiebre que sus emociones y el refugio en el desaliento de una mujer casi muerta tendida en la cama, víctima de todos ellos, exigiendo una atención que a losególatras no les gusta gastar con nadie más que con ellos. Ese era el gran problema de Rubens. La egolatría, la exacerbación de sí mismo con la desconsideración de cualquier necesidad ajena era la grave enfermedad que el marido cargaba en su alma, la matriz de los demás problemas, entre ellos los trastornos sexuales generados por la necesidad de sentirse el macho dominante. Las entidades vampirizadoras de energía, al percibir la sensibilidad de Lorena, acoplaron con mayor rapidez sus tentáculos fluidicos a sus centros de energía vital, creando una red de hilos invisibles a través de los cuales su disposición por vivir estaba siendo socavada por el inexplicable consumo de sus fuerzas. Cuanto más dormía, más quería dormir. Esto comenzó a desesperar a su esposo. Incluso en contra de la voluntad de su esposa, se comunicó con su cuñada, la hermana de Lorena, pidiendo ayuda, porque ya no sabía qué hacer. En respuesta a la petición secreta de Rubens, Carla improvisó una visita rápida, pretendiendo extrañarla, y lo que vio con sus propios ojos fue aterrador. Lorena estaba más muerta que viva. Era necesario hacer algo urgente para interrumpir el círculo vicioso en el que se encontraba, el desánimo produciendo abatimiento y el abatimiento generando desánimo.

Rubens necesitaba llevarla al psiquiatra para pudiera iniciar el tratamiento con medicamentos, con el objetivo de sacarla de la crisis. Carla, experimentada en la materia, se opuso a esta medida como inicio del tratamiento.

- Sí, Rubens - dijo -, esa será una opción adecuada en el momento oportuno. Pero antes que empecemos a llenar a Lorena de medicamentos, me gustaría recurrir a otro tratamiento menos dañino.

Al ver que Carla estaba dispuesta a ayudar y sin tener ninguna experiencia en este sector, Rubens quiso saber de qué se trataría.

- Bueno, cuñado, en el lugar donde trabajo, hay varias personas que han pasado por situaciones similares y, entonces, pude observar el desarrollo de varios problemas emocionales. Muchas personas recurrieron al tratamiento farmacológico como único recurso y, al final, terminaron dependientes de somníferos, tranquilizantes, estimulantes y todo tipo de aventuras químicas. Otras personas, en cambio, eligieron algunos tratamientos alternativos, menos agresivos y drásticos, cada uno por su lado. Pude comparar sus resultados y descubrí que una buena parte de ellos se reajustó sin recurrir a la medicación ni sufrir drogadicción.

- Sí, también he oído hablar de eso. Pero no conozco ningún tipo de tratamiento alternativo. He oído hablar de la homeopatía, la meditación, los remedios florales, pero no sé si eso le funciona con ella - dijo Rubens.

- En algunos casos eso ayuda, complementando el tratamiento. Sin embargo, estoy hablando de otra cosa. Me refiero al PASE MAGNÉTICO. ¿Has oído hablar de él?

Mostrando que ignoraba la expresión, inmediatamente pensó:

- ¿Tiene algo que ver con ese negocio de colchones con imanes o las pulseras imantadas que usamos en la piel para mejorar el estado general? He visto anuncios por ahí. Colchón, pulsera... pero esto del pase magnético no lo he visto nunca.

Carla sonrió ante la ignorancia de su cuñado y aclaró:

- No, Rubens. Me refiero a una práctica de transferencia de energías positivas que ayudan en la recuperación de la persona, como sucedió con varias amigas mías del trabajo.

- Vaya, si has visto que funciona, quizás pueda ayudar a Lorena también. ¿Es muy doloroso? ¿Se hace con descarga eléctrica? ¿Costará mucho? Si lo necesitamos, ¿el tratamiento se paga a plazos con tarjeta de crédito o a través del seguro médico?

Riendo de nuevo, Carla respondió:

- No, mi amigo. Es un tratamiento gratuito y sin ningún daño físico. No creerás que me llevaría a mi hermana, tal como está, a un lugar donde le aplicarían descargas eléctricas, ¿verdad, cuñado?

- ¡Eh...! Claro que no... ¡Lamento ser un poco tonto con estas cosas, Carla. Pero no sé cómo funciona.

- Entonces es bueno empezar a aprender, Rubens, porque para que el tratamiento sea más efectivo, las personas cercanas al paciente también deben participar, porque es bueno para todos, mejorando más rápido la situación del paciente.

- Está bien, si tengo que realizar este tratamiento para ayudar a Lorena, iré. No hay problema. Pero quiero que vengas con nosotros.

- Es un trato, entonces. Veré la dirección, fijaré la hora y los recogeré.

✲ ✲ ✲

Y así fue como, para sorpresa de Rubens, Lorena llegó a la Casa Espírita y allí consiguió, en pocas semanas de tratamiento intensivo y disciplinado, restablecer su equilibrio emocional, dejando de lado las influencias espirituales al neutralizar sus presiones psíquicas. Al mismo tiempo Rubens, también recibió ayuda, mejorando el entorno mental que lo esclavizaba, alejándose de innumerables entidades que se asociaban con su forma de ser, generando imágenes mentales degeneradas y provocativas con las que manipulaba su deseo, proyectándolo por el camino hacia la perversión y abuso sexual.

La presencia de ambos en la Casa Espírita dirigida por Ribeiro fue la marca transformadora de sus vidas, impidiendo que Lorena fuera internada bajo medicación química, al mismo tiempo que le permitió desarrollar la mediumnidad de forma segura, tan pronto como superó su período depresivo, reequilibrándose.

Rubens, a su vez, comenzó a recibir instrucciones de Jurandir, en las conferencias y conversaciones que le aclaraban ciertas dudas. Comenzó a comprender el grado de su responsabilidad en los acontecimientos que culminaron en el desequilibrio de su esposa y, al ya no estar sometido a las presiones de las desafortunadas entidades que lo explotaban, vio disminuir su ansiedad sexual, reconduciendo sus prácticas a lo natural y saludable interés de la buena comprensión en los reflejos del mecanismo hormonal en la estructura biológica. La lujuria y la falta de control habían sido modificadas, transformadas en comportamientos normales, sin el furor de la voracidad. Su mejoría ayudó a la recuperación de Lorena, quien fortalecida por las nuevas vibraciones y el cariño recibido de todos los que asistían a aquella institución, recuperó el equilibrio y el vigor, comenzando a comprender el mecanismo de la mediumnidad, que había florecido de forma natural y se convertiría en parte de su rutina.

Sin embargo, el esposo, a pesar de estar impresionado por la efectividad y seriedad del trabajo magnético, aun no estaba lo suficientemente maduro para las transformaciones más profundas en su comprensión materialista del mundo. Era consciente que Lorena no podía alejarse de las tareas mediúmnicas y del tratamiento magnético sin sufrir daños en su equilibrio emocional y que él mismo, recibiendo los beneficios de tal terapia, debía utilizar el pase magnético para mantener la armonía y restaurar las buenas vibraciones que se desgastaban en las luchas diarias.

Tras el tratamiento espiritual, tanto ella como Rubens empezaron a entenderse de forma más armoniosa, encontrando un punto común para el intercambio de intimidades que satisficiera a ambos sin perjudicar a ninguno de ellos.

Con el retiro de su esposo de la guarida de la permisividad y la sintonía con los amigos espirituales, se completó la imagen de la paz familiar, preparándola para seguir adelante.

En los años siguientes, Lorena se involucró en las tareas de la institución, como médium de incorporación y como trabajadora en las actividades de evangelización. Rubens la acompañaba con regularidad, faltando algunas veces, pero nunca creando obstáculos para las tareas de su esposa.

La llevaba y la recogía siempre que no la acompañaba.

Hicieron amistades en el núcleo de trabajo y prometieron amistad sincera a todos los trabajadores que, desde el primer día, los habían acogido con verdadera fraternidad, incluido Jurandir, el líder encarnado que les sirvió de maestro, confidente y hermano mayor. Fue gracias al consejo del presidente de la institución que Rubens entendió que las prácticas sexuales que explotaban la prostitución eran inadecuadas, como lo había hecho en su época de soltero y repitió, incluso después de casarse, alegando las limitaciones de su esposa.

Jurandir les explicó que todas las criaturas que recurrían a este estilo de vida eran dignas de la más sincera compasión, pero los daños energéticos que se producían en quienes se mantenían en contacto con el burdel, como resultado del tipo de espíritus que lo acompañaban de regreso a casa, contaminaban el ambiente familiar con los desechos fluídicos traídos de tales lugares, lo cual era sumamente pernicioso para él, sobre todo porque, después de la maternidad, cuidaban de dos niños que habían venido a alegrar la vida de la pareja.

Además de sus hijos, los hermanos del Centro Espírita eran su familia.

Resulta que, envuelto en ese ambiente de amistad, no le pareció extraño a Rubens que, una mañana, Peixoto lo buscara para hablar de cosas raras que habían sucedido en el Centro Espírita.

Refiriéndose al "caso Alceu" sin revelar los verdaderos detalles de la historia y ocultando deliberadamente su interés económico en el caso, Peixoto buscaba aliados para producir una división en la Casa Espírita, naturalmente manipulada por los desafortunados amigos que, desde hace tiempo, lo asesoraban en la intimidad de pensamientos desenfrenados.

Aliado con Geralda, Moreira y Cássio, los otros tres que, como él, Peixoto, también se habían alejado, el viejo médium aprovecharía su larga estancia en el Centro para, hacerse pasar como idóneo, sincero y bien intencionado, y así pintar las cosas de forma que se creara un clima de desconfianza, peligro inminente y una falta de dirección segura de la institución.

Peixoto, conociendo el carácter impresionable de Rubens, que contrastaba con la docilidad de Lorena, optó por sembrar la cizaña en el espíritu de su marido, sobre todo porque no tenía la misma libertad con su esposa que con él. Entonces, astuto y audaz, planeó usar a Rubens para denigrar la imagen de Jurandir, sembrando la duda sobre él para que, como marido de la médium, se convirtiera en un aliado más en la presión sobre la encargada, provocando que ella también renunciara a su trabajo.

Por otro lado, Geralda atacaría por el otro frente, tratando de vencer la resistencia de Lorena, insinuando su sospecha de que, en la fatídica noche de los hechos, no había asistido a la reunión por problemas personales. Al no haber sido testigo de los hechos, no sabría evaluarlos con imparcialidad y neutralidad. Geralda usaría la amistad construida entre ellas a lo largo de los años para lograr su adhesión a los nuevos planes del grupo. Dejarían el Centro y abrirían otro grupo mediúmnico, bajo la dirección del propio Peixoto. Sin embargo, no imaginaba que Lorena estaría tallada en otra madera que no era la de Geralda, frívola y voluble. A diferencia de la ex compañera de trabajo encubierta, Lorena nunca se había prestado a comentarios inferiores sobre sus hermanos de tarea, especialmente cuando se hacían a sus espaldas, no siendo el tipo de persona que sonreía de frente y conspiraba por detrás. El esfuerzo de Geralda no prosperó en el corazón de su amiga, quien, a pesar de ser educada, lamentó la falsa manera de en la que intentaba crear un clima de discordia dentro de la generosa institución que los había acogido. Sin embargo, no sucedió lo mismo con Rubens, quien, confiando en la apariencia respetuosa de Peixoto, mordió el anzuelo de la duda y comenzó a ver las cosas de manera diferente. De la noche a la mañana se olvidó de todo lo que les había sido entregado en las obras magnéticas de la Casa Espírita, que les había abierto sus puertas en un momento tan de sus destinos. Parecía no haber sentido nunca el cariño de los hermanos comprensivos y pacientes, la devoción de las entidades espirituales al cuidado de los mismos perseguidores para librarlos del mal. Bastó la simple noticia astutamente plantada por el discurso suave y pegajoso del viejo Peixoto para que Rubens, sin profundidad de juicio, se dejaba herir por el veneno de la calumnia, considerando que si un hombre tan respetable como el viejo médium, con décadas de trabajo espiritual en ese Centro había juzgado tan graves los hechos ocurridos, era mejor que Lorena tuviera cuidado con las cosas que desconocía, y por eso, lo más prudente también sería alejarse de las tareas, por precaución.

Fue entonces, que las mismas entidades cuyo objetivo era la destrucción de los núcleos luminosos de obra de Bien y que ya habían utilizado los intereses inferiores de Peixoto, Cássio, Moreira y Geralda para sacarlos de allí, se ajustaron en busca de nuevos amotinados, atacando el espíritu práctico e inmediato del marido inmaduro para que, rodeado por calumnias en sus perturbadoras vibraciones, se convirtiera en aliado y un obstáculo en el camino de su esposa, dañando la paz de la institución espírita cuyo único motivo era servir con desinterés todo tipo de aflicciones que llamaban a la puerta.

Y por eso, desde hace unas semanas, Lorena había empezado a fracasar en las obras de la Casa Espírita, presionada por su marido, que hacía el papel de las entidades inferiores alojando la semilla calumniosa y haciéndola germinar en la planta espinosa de la discordia. Rubens parecía volver a los viejos tiempos, tratando de influir en la mujer y creando vergüenzas para que ella cumpliera con sus responsabilidades. Al principio, la conducta del marido era sutil, utilizando excusas para solicitar la compañía de su esposa a su lado en encuentros festivos en la empresa donde trabajaba, viajes, invitaciones al cine, siempre en días y horarios incompatibles con las labores mediúmnicas.

Lorena, que conocía sus compromisos, con la intención de no contradecir a su esposo en todos sus pedidos, accedió a algunos de inocentemente, imaginando que esa era una forma en la que Rubens demostraba su cariño, deseando más tiempo con ella, fuera de la rutina del hogar. Ese día, temprano en la mañana, aprovechando la ausencia de los niños, que ya se habían ido a la escuela, el esposo tocó el delicado tema, haciéndole entender a Lorena que tal vez no era propicio que siguiera asistiendo a esa institución.

Fue en ese momento puntual que Ribeiro, Jerónimo y Adelino llegaron a la casa de la pareja, entendiendo, de un vistazo, todo el contexto que implicó el alejamiento de la servidora, observando cómo el médium siempre está involucrado por presiones, por influencias de todo tipo, dependiendo mucho de sí mismo, de su equilibrio y discernimiento para hacer las cosas que hay que hacer, para tomar las decisiones que hay que tomar, sin importar quién sufra o se queje.

La conversación que inició Rubens de manera aparentemente inocente; sin embargo, despertó en Lorena un análisis de todo el contexto de esa escena. La presencia de Ribeiro le infundió el equilibrio mediúmnico indispensable para intuir, de un vistazo, toda la trama inferior sin las ilusiones producidas por las palabras melosas, dulces y cálidas con las que se viste la calumnia para hacer seguidores.

Fue solo cuando Rubens abordó el tema, que la médium vinculó el comportamiento de Rubens con las llamadas de Geralda, que la había buscado con el mismo enfoque. Sí... todo estaba muy claro. Hubo un complot de las tinieblas que utiliza la invigilancia de los hombres para intentar perjudicar el servicio del Bien a través de los propios trabajadores. Conociendo la importancia de la disciplina de pensamientos y sentimientos, Lorena refutó las ideas de su esposo, con una firmeza que él mismo nunca había observado en ella.

- Mira, Rubens, respeto mucho tus ideas y no me opongo a las decisiones que tomes sobre lo que te concierne. Sin embargo, quiero dejarte una cosa muy clara: no estoy jugando con la vida. Estoy en la Tierra para evolucionar y seré muy feliz si puede ocurrirnos al mismo tiempo, uno al lado del otro. Sin embargo, no me vengas a sugerir conductas que involucren mi retiro de la mediumnidad y las humildes tareas que realizo en el Centro porque no te doy ese derecho. Yo decido si voy y cuando ya no voy. Y no será por la frívola boca de personas como el Señor Peixoto o la propia Geralda que transformaré las bendiciones que todos recibimos como agua cristalina de esperanza, en hiel de desgracia. De hecho, me sorprende que este hombre de pelo blanco, jugando al sirviente humilde y experimentado que dice ser, esté ahí fuera, con el teléfono en mano, tramando un complot en busca de seguidores. ¿Por qué, en cambio, no fue a la casa Espírita para pedir que le explicaran las cosas extrañas que dice que ocurrieron allí? Quien utiliza el teléfono para difundir la noticia, cuenta con nuestra credulidad para manipularnos, Rubens. Estoy segura que, después que Peixoto te habló, la imagen mental que tienes de Jurandir ya ha cambiado. Estoy segura que, ahora, te imaginas a nuestro amigo como un impostor, un revoltoso que no sabe lo que hace, que usa su firmeza para intimidar a los demás para poder hacer lo que le da la gana.

Con los ojos muy abiertos, Rubens exclamó:

- ¡Vaya, eso es lo que se siente ser un médium! ¿Cómo sabes que estoy haciendo exactamente eso?

- Pues, Rubens, esto es lo que las entidades inferiores están sembrando en tu mente, gracias al espacio que abriste a las palabras frívolas de un irresponsable perturbador de la paz, ese señor Peixoto.

Cuando un hombre se aprovecha del peso de su edad para utilizarla en un intento de desajustar un trabajo honesto, o está muy desequilibrado o no es un hombre decente. Prefiero considerarlo en el primer caso, como un hombre obsesionado y manipulado por astutas entidades, en lugar de suponerlo como un astuto envenenador o un hombre malvado. Sin embargo, debemos tener cuidado de no caer en el canto de sirena, cariño. Y tú, que eres todo un caballero y considerado conmigo, no te equivoques. Si crees que puedes, con tu dulzura alejarme del trabajo, ten por seguro de si me alejo será de ti

Y sin querer dar más lugar a la conversación, finalizó:

- ¿Está claro?

Sacudiendo la cabeza como quien no tiene otra opción, Rubens dijo:

- Está bien. Si así es como lo quieres, que así sea.

No fue necesaria la intervención directa de los espíritus amigos para que Lorena asumiera su posición firme, sin ningún apoyo externo, determinando su voluntad en la dirección correcta con respecto a la verdad que había encontrado, recordando sobre todo las enseñanzas del Evangelio a través de las cuales Jesús nos exhortó a razonar:

EL ÁRBOL ES CONOCIDO POR SUS FRUTOS...

UN BUEN ÁRBOL NO DA MALOS FRUTOS...

UN MAL ÁRBOL NO DA BUENOS FRUTOS...

Ribeiro se acercó a su dedicada hermana y, con afecto paternal, la besó en la frente, llenándola de satisfacción espiritual. Luego, se acercó a Rubens y, en su corazón inmaduro, depositó un chorro de luz para calmar sus preocupaciones mientras susurraba en sus oídos palabras de cariño y confianza para atenuar sus aprensiones.

Después, bendiciendo ese ambiente en el que varias entidades inferiores se habían alojado para ver cómo se desarrollaba la trama y participar con sus presiones, envolvió a todos en una irresistible ola balsámica de energías, gracias a la cual, la mayoría se quedó dormida donde estaba, sin condiciones para irse del lugar.

Enseguida se comunicó mentalmente con los trabajadores de la institución, solicitando la llegada de uno de los vehículos de transporte que trabajaban en la recolección de espíritus como esos para llevarlos a su destino.

No pasó mucho tiempo para que una pequeña caravana ingresara al lugar, encargándose de recolectar cuarenta y dos entidades inferiores dormidas en el mal, quienes se llevarían una sorpresa desagradable al despertar en el extraño ambiente vibratorio de la luna, a la espera del destino final que les correspondía a los espíritus desterrados de la nueva humanidad.

- Bueno, hijos míos, gracias a la vigilancia de una única hermana, hemos reducido el daño que ha ido creando el mal, imaginando que la Obra de Dios se reduce a una pobre institución física donde se intenta vivir el Amor de la manera menos imperfecta posible. Ahora, no tenemos nada más que hacer aquí.

Terminando el pequeño trabajo, Adelino quiso saber:

- ¿Vamos a visitar Peixoto ahora?

Entendiendo la preocupación del espíritu amigo, Ribeiro respondió:

- No será necesario, amigo. Nuestro hermano Peixoto ya ha elegido el camino por su cuenta y encontrará las espinas que necesita. Mantengamos a nuestro hermano en nuestras oraciones porque no nos quiere como sus amigos. Ya ha elegido sus verdaderas compañías y, así, irá con ellas al destino común que les espera. En cuanto a nosotros, trabajemos con aquellos que todavía están buscando un nuevo camino. Vamos... tenemos muchos a los cuales ayudar con eso.

36.-
JUZGADOS POR EL DÍA A DÍA

En los días siguientes, cada trabajador espírita continuó con sus rutinas naturales entre las relaciones familiares y los aprendizajes específicos resultantes de las luchas por la supervivencia.

Todos trajeron el espíritu preparado para la continuidad de las lecciones junto a Bezerra. Sin embargo, las lecciones serían diferentes para cada uno de los que estaban allí.

Para ello, Jerónimo y Adelino recibieron de Bezerra la tarea de acompañar a algunos de los trabajadores permanentes de la institución durante un período de veinticuatro horas para que, de las experiencias vividas, se extrajeran las enseñanzas fundamentales para la comprensión de los mecanismos de selección de las criaturas.

La primera en ser observada fue Meire, la médium que había estado en el grupo de investigación liderado por Bezerra.

Cuando llegaron a su casa, la encontraron lidiando con la organización de los niños que se dirigían a la escuela. A la espera del vehículo que los trasladaría a la escuela, el hijo mayor notó la falta de uno de los libros escolares.

- Mamá, mamá, ¿dónde está mi libro? Hoy es día de examen y lo necesitaré... – dijo inquietándose el niño, de casi diez años de edad.

- Bueno, Luciano, ¿cómo se supone que voy a saber? Ya te dije que tienes que cuidar tus cosas.

- Estaba estudiando ayer, mamá. Luego salí a dar una vuelta mientras María iba a limpiar la habitación. Cuando volví, me puse a estudiar otra cosa pensando que había guardado el libro, pero ahora, no lo encuentro – repitió nervioso, porque no encontraba el libro en su mochila escolar.

- Ve corriendo a tu habitación, Luciano, busca rápido porque la camioneta está por llegar... - dijo la madre, angustiada.

Allí fue el niño, desesperado, en busca del material faltante, mientras Meire se quedó con su otro hijo menor, esperando el transporte.

Y desde allí, escuchó a su hijo, descontrolado, gritando:

¡Maaaaammmmmááááááá! No lo encuentro... sin este libro sacaré cero en el examen... ¡Maaaaammmmmááááááá!

Meire estaba empezando a agitarse por la presión, pero no podía dejar solo a su hijo menor.

Entró con el pequeño, ya nerviosa.

- ¡Quédate aquí, Junior, y cuando llegue la camioneta, dile que ya vengo! - Dijo, cerrando el portón de la casa para que su hijo no corriera peligro.

Allí fue la madre a atender a su hijo, quien, casi llorando de los nervios, revisaba su gabinete de estudio:

- Fue la tonta de María... esa mujer no puede ver las cosas fuera de lugar que lo esconde todo. María ordena mi habitación de tal manera que solo después de dos días encuentro mis cosas... - acusó el niño, culpando a la pobre empleada por la desaparición de su libro.

Meire estaba empeorando la situación con su propia falta de control. Dando vueltas y vueltas a los cajones del gabinete y nada.

- Luciano, ¿no dejaste el libro en otro lado?

¿En la sala de estar, en el patio trasero, en la casa de tu amigo...?

- No, mamá, estoy seguro que estaba aquí antes que María huracán entrara a mi habitación.

- Esta María, ya te dije que pusieras las cosas en el mismo lugar para que no desaparezcan después de limpiar... - comentó Meire, irritada con la criada de la familia.

Mientras tanto, sonó la bocina del transporte escolar.

- ¡Ah! Mamá, estoy perdido... - dijo Luciano.

- Esto es para que aprendas a poner tus cosas en orden, niño distraído.

- Pero no es mi culpa, mamá. Todo es culpa de María, esa idiota. Si saco cero - dijo Luciano llorando - será culpa suya.

Desde abajo sonó la voz del pequeño Junior:

- ¡¡¡¡¡¡¡¡¡Maaaaammmmmáááááááá!!!!!!!!

¡¡¡¡¡¡¡¡¡La camioneta lleeeeeggggggóóóóóóóóóó!!!!!!!!!!

Sabiendo que el transporte escolar no esperaba, Meire le dijo a Luciano:

- Mira, ve con tu hermano y yo seguiré buscando. Cuando llegue María, seguramente sabrá dónde puso tu libro, y luego lo llevaré a tu escuela cuando vaya a trabajar... vete antes que la camioneta deje de esperar.

Molesto por el incidente, Luciano salió corriendo y, junto con su hermano, subió al vehículo con la cara roja de llanto.

La criada de la casa aun no había llegado.

Meire, contaminada por el desequilibrio de su hijo, había comenzado a recordar los defectos de la infortunada criada. Ahora, al tener que retrasar sus compromisos profesionales para encontrar el libro de su hijo, la dueña de la casa comenzó a enumerar los errores que la criada ya había tenido al servicio del hogar.

- Esta María es realmente una despistada. Ya rompió dos vasos, solo este mes. El otro día, se fue y no barrió la sala. La semana pasada dejó un litro de leche fuera del refrigerador, que el gato tiró, provocando un gran desastre. No funciona de esa manera. Pagamos el salario correcto, pero estos empleados abusan de nuestra paciencia.

Meire se iba irritando con los recuerdos de las pequeñas faltas, que son, de hecho, muy naturales en la vida de cualquier familia.

No recordaba, por ejemplo, que sus hijos Luciano y Júnior, habían roto al menos cinco vasos ese mes, además de destrozar el control remoto del televisor y rayar los dvd's jugando al platillo volador. Tampoco le dio importancia al hecho que ella misma se había olvidado de preparar el manjar para la recepción nocturna en la celebración del cumpleaños de su esposo, lo que hizo que María, desde su trabajo, se encargara de hacer el dulce mencionado, abrumando a la empleada, ya comprometida con los deberes generales de la casa, ahora con las tareas de cocinera. Esta fue la raíz del desastre que involucró al gato hambriento que Meire no había alimentado el día anterior y que fue a saciar el hambre con el cartón de leche que estaba sobre el fregadero.

De hecho, sin ser una mala jefa, Meire siempre solía exigir a los demás y excusar siempre sus propias faltas.

Cuando la pobre María se presentó al trabajo a la hora habitual esa mañana, encontró enojada a su jefa.

- Buenos días, doña Meire - dijo la joven.

- Antes que fuera un buen día María. Las cosas ya han comenzado a arder por aquí.

Y sin entender lo que había pasado, la pobre criada preguntó:

- Pero ¿qué pasó, "siñora"?

- Cuantas veces te he dicho que no muevas las cosas a la hora de limpiar, María - dijo Meire, con dureza -. Luciano tiene un examen hoy y no encontró el libro que necesitaba llevar. Se fue desesperado y me dejó aquí, luchando por encontrarlo. Solo tú para decirnos dónde pusiste el libro del niño.

- No agarré ningún libro, doña Meire – se defendió la chica, observando la injusta acusación.

- Bueno, María, entonces fui yo quien escondió el libro de mi hijo para que pudiera sacar cero en la escuela y luego poder darle unas merecidas nalgadas... eso debió ser, ¿no? - Respondió la señora irónicamente.

- Mire, doña Meire, no sé quién fue, pero le "garantizado" que yo no fui. No vi ningún libro de ayer. Barrí el piso de la habitación de Luciano después que se salió, hice la cama, "dobré" las "sábunas" - puse sus "tremes" en su lugar de siempre y nada más.

- Pero lo cierto es que el libro ha desaparecido, María. Y Luciano lo necesita hoy para un examen en la escuela. Quedé en encontrarlo y llevarlo hasta allá. Tendrás que buscarlo.

- Mire, doña Meire, lo siento pero este asunto me "parice" el "tabajo" de lo malo...

- Qué mal, María - respondió Meire, sin paciencia - ¿Tú también te estás volviendo loca?

- Es solo que aquí no están acostumbrados a ver el arte del diablito.

- Qué diablito, ni que nada, aquí en mi casa no existen esas cosas. Y no te escondas detrás del diablo para quitarte la culpa, María. Ve allá, con o sin el diablo, e intenta encontrar el libro de Luciano.

- Está bien, patrona, pero que no fue mi curpa, - dijo la humilde empleada tratando de exonerarse.

Nerviosa, Meire tuvo que prepararse para el trabajo mientras la criada registraba la habitación del niño, sin encontrar nada. Levantó el colchón, sacó los muebles, abrió los armarios, todo en vano.

Media hora después, empapada de sudor, María regresa a la cocina, donde su patrona está tomando café junto al fregadero.

- Mire, doña Meire, si no fue el diablo, esto me está "pariciendo" a cosa de ayudante...

- Ahora, María, ahórrame esas creencias... – el ayudante del diablo - era justo lo que me faltaba...

- Sí, doña Meire... es cosa de Saci-pererê[1]... esa cosa que sale anda por ahí desapareciendo en los "trenes de las personas. Busqué por tudas partes - pero no vi el libro del niño. Solo podría ser del arte del sací...

- María - dijo Meire, irritada por la pobre e ingenua empleada - Ya te dije que dejaras de culpar a los demás. No quiero saber más sobre cosas que desaparecen por aquí. Para mí, este fue el arte de María y, según tengo entendido, no eres ni el diablo ni el Sací. Así que ya no tengo paciencia para tolerar tus distracciones. Hoy lo que desapareció fue el libro de Luciano. ¿Has pensado en el día en que tu trabajo desaparezca?

Concluyendo la conversación, frente a María, con la cabeza gacha, Meire se fue diciendo:

- Pasaré por la escuela y le explicaré a la maestra que desapareciste con el libro de Luciano y veré si puede solucionar el problema mientras yo compro otro. Y lo descontaré de tu salario...

Triste por la acusación injusta, María no pudo evitar que sus ojos se llenaran de lágrimas, tratando de comprender el nerviosismo de su jefa. Entonces, antes que ella se fuera, respondió:

- Si eso es "sufeciente para la señora, puede descontarlo de mi paga, pero si no fui yo, no fui... fue el Sací... " – dijo María, llorando por la injusticia, sin rebelarse con la acusación.

---

[1] El Sací-pererê es posiblemente el personaje más popular en el folclore brasileño, siendo un mito originario del sur de este país. Es un joven con una sola pierna, negro o mulato, con agujeros en las palmas de sus manos, que fuma una pipa y usa una gorra mágica de color rojo para aparecer o desaparecer donde desee (usualmente en el medio de un remolino). Considerado un bromista molesto en la mayor parte de Brasil, y una criatura potencialmente peligrosa y dañina en otros; no obstante, puede conceder deseos a todos los que logran atraparlo, o consiguen robar su mágica gorra.

Meire cerró la puerta pensando de dónde sacó a una empleada tan incompetente y tan estúpida como esa.

- Solo problemas... solo problemas... temprano en la mañana... por cierto, hoy será uno de esos días... - se dijo Meire.

Cuando comenzó a maniobrar el automóvil para sacarlo del garaje, vio a un vecino que se le acercaba.

Era la madre de Ronaldo, amigo de Luciano.

- Meire, Meire... espera un minuto... - dijo la mujer, haciendo señas para llamar su atención.

Abriendo la ventanilla del coche, Meire intentó cambiar su cara de irritación, intentando sonreír e improvisando un falso "buenos días."

- Hola, Marisa, buenos días... ¿Qué pasa?

- Mira, Meire, ayer Luciano estaba en casa estudiando con Ronaldo, pero creo que se olvidó de devolver el libro. Lo dejó ahí. Y como tendrán examen hoy, aquí tengo el libro para entregarlo. Lamento no haberlo traído antes, pero lo acabo de encontrar ahora. Se había caído detrás de un cojín de sofá y nadie se dio cuenta.

Meire extendió la mano, aliviada, tomó el libro "perdido" y sonrió agradecida.

- Vaya, Marisa, me alegro que lo hayas encontrado. Lo he estado buscando desesperadamente desde el amanecer. Iba a la escuela para hablar con la maestra y comprar una copia nueva. ¡Gracias a Dios! Gracias amiga mía. Iré corriendo a darle el libro a ese niño distraído. Estos chicos... no pierden la cabeza porque la tienen pegada al cuello.

Se despidieron y, tarde para el trabajo, Meire bajo a toda velocidad por la calle hacia la escuela. En su mente; sin embargo, los cargos contra la criada crecían ahora como una condena injusta.

Con dificultades para asumir la culpa y dar el brazo para animar, en condición de jefa, Meire consideró:

- María es realmente distraída. Si no fue en este caso, seguro que ya ha perdido muchas cosas y, entonces, merecía la reprimenda. No sabrá que el libro desapareció por culpa de Luciano. Diré que compré otro y ya está.

Su conciencia; sin embargo, le decía que debía disculparse con la pobre y agraviada joven.

Sin embargo el orgullo existente en las personas y en sus relaciones personales y profesionales, le aconsejaba lo contrario:

- ¿Disculparme? ¿Yo? La jefa no puede disculparse porque, de lo contrario, a la criada le crecen alas y, entonces, ya nadie puede soportar a la engreída. Será mejor que olvidemos lo que pasó. Nadie hablará de eso mañana. Después le hago un gesto bonito y todo estará bien.

Llegó a la escuela, entregó el libro y se fue a trabajar.

A su lado, Jerónimo y Adelino se miraron, observando cómo la gente todavía no está preparada para un cambio real, para superar sus defectos en las pequeñas cosas de la convivencia.

Meire corrió al trabajo. Llegaba tarde y el jefe, siempre disciplinado, le cobraría por ello. Ya estaba pensando en cómo ensayar la excusa. Inventaría que había tenido que llevar a su hijo al médico temprano en la mañana, antes de ir a la escuela, y por tanto llegaba tarde.

Al llegar a la oficina, escuchó el irónico saludo del enérgico e incómodo jefe:

- Buenas tardes, doña Meire.

- Buenos días, Sr. Carlos. Disculpe por llegar tarde, pero es que mi hijo...

Y sin esperar a que ella completara la frase, el superior jerárquico respondió:

- Se enfermó por la mañana y tuviste que llevarlo al médico, antes de ir a la escuela, ¿verdad?

Tomada por sorpresa por la observación, Meire solo pudo responder:

- ¿Cómo lo supo? ¿También estuvo allí en urgencias?

- No, doña Meire, es que todos los meses usted presenta ciertas justificaciones por la demora habitual y, al notar que este mes aun no había usado el hospital, estaba seguro que su hijo había enfermado.

Avergonzada, Meire se hizo la ofendida, tratando de eludir su incomodidad con una sonrisa forzada:

- Es que usted no tiene hijos, Sr. Carlos. Cada día es una nueva sorpresa. Más aun en este período de frío, de vez en cuando tenemos que llevar a uno u otro a urgencias, inhalación, falta de aire, moqueo, gripe, bronquitis... todo eso.

- Está bien... pero tenga por seguro que se lo descontaré de su salario - dijo Carlos estrictamente.

- Pero eso no es justo, Sr. Carlos. Estoy siendo sincera con usted. Por favor, comprenda mi problema. Necesito el salario porque tenemos muchos gastos en casa. Usted sabe cómo son las cosas, dos hijos consumen muchos recursos.

- Si es así, debería haberlo pensado mejor antes de quedar embarazada. No crea que será la empresa la que se hará cargo de mayores gastos por el deseo de tener hijos. El trabajo es trabajo, no hay más que hablar. Sumando sus tardanzas este mes, descontaré dos días de servicio de su salario.

Meire empezó a irritarse aun más con su jefe, pero no podía decirle nada.

- Y si no está satisfecha con el descuento, piense en el día cuando descontemos los 30 días, el día en que ya no tienes tu salario. Así que creo que sería prudente que dejara de abusar de nuestra paciencia antes que pierda su trabajo.

Las frases de Carlos hirieron profundamente el orgullo de Meire, que, con veneno en el alma, apenas pudo contener las lágrimas.

Tales advertencias le fueron dadas frente a otros empleados que, sin pronunciar una palabra en defensa de su colega, también temían perder sus propios puestos de trabajo. Meire no podía contar con el apoyo de nadie, excepto con su propio autocontrol.

Respiró hondo, contó hasta diez, y luego se sentó en su escritorio para no mostrar el estado de desequilibrio producido por su orgullo herido y la ira que le hacía temblar las piernas.

Carlos salió de la habitación.

Sus amigos del trabajo se miraron como queriendo mostrarle solidaridad, pero sin abrir la boca. Sabían que el jefe tenía la costumbre de escuchar detrás de la puerta para saber quién criticaba su comportamiento duro e inapropiado, a sus espaldas. De acuerdo con estos criterios, elegía a aquellos sobre los que ejercía un mayor control y era más riguroso, buscando siempre la eficiencia en el servicio al público en el sector del que era responsable.

La tarea de Meire, ese día, fue atender el mostrador, brindando información o recolectando quejas de los clientes.

Estaba tan nerviosa e irritada que, de hecho, su deseo era ofender con palabras duras a cualquier cliente que se le acercara, incluido Carlos, su jefe. Sin embargo, sabía que con él no podía desahogar su ira, por razones obvias.

Todo lo que le había dicho su superior era cierto. Por lo general, llegaba tarde al trabajo y, como de costumbre, inventaba excusas falsas. Sin embargo, ser consciente de esto no fue suficiente para calmar su orgullo ofendido, ni le garantizó un poco de equilibrio y paciencia hacia su exigente superior. Pensaba, escuchando el insidioso defecto que la dominaba en ese momento:

- No tiene derecho a echarme las cosas en cara así. Y menos frente a los demás.

Estos pensamientos mostraban que su espíritu no había asimilado casi nada de la excursión nocturna de días atrás, cuando siguieron innumerables casos de personas en las mismas situaciones, donde el estallido de orgullo magullado volvía a las personas incapaces de resistir ningún ataque sin molestarse ni alterarse.

A pesar de eso, tuvo que atender a gente sencilla, gente del pueblo, clientes insatisfechos con los servicios de la empresa, quejándose de los productos.

Y fue allí donde pondría a prueba su condición de candidata para la nueva humanidad.

En lugar de recurrir a la oración, pidiendo fuerzas a Dios para superarse a sí misma o apelar a los espíritus amigos, entre los que se encontraban Jerónimo y Adelino, allí presentes a su lado, Meire se dejó llevar por la frivolidad del descontrol, frunciendo el ceño, empezó la jornada laboral de la peor forma posible.

Seca, servía a los clientes con mala voluntad.

- Con un caballo vestido como ese Carlos a la cabeza, es mejor que esta empresa cierre. Así también pierde su trabajo. Al diablo con los clientes. Espero que no compren nada - pensó para sí misma, como si eso fuera correcto de su parte.

De hecho, sintiéndose agraviada, trataba de vengarse, sin recordar la injusticia que había cometido horas antes, con la pobre María, en su casa.

La mañana transcurrió con esa amargura, captando para sí las innumerables entidades infelices que llegaban con los diversos clientes, acercándose a la mujer gracias a su irritación sumada a la facilidad de sintonía que la mediumnidad ofrece a los espíritus.

Cada hora, con cada cliente y en cada servicio, veía empeorar su estado general.

No pasó mucho tiempo antes que el dolor de cabeza le hiciera palpitar el cráneo, obligándola a recurrir a una pastilla. Una vez más, culpó a Carlos por su dolor físico y le dedicó odiosos pensamientos de molestia y disgusto.

Los amigos invisibles seguían estas rutinas escribiendo sus reacciones y catalogando sus sentimientos y pensamientos más secretos.

En tres ocasiones, discutió con clientes incómodos que acudían al mostrador de la tienda para quejarse de defectos en los productos adquiridos allí, utilizando rudeza y palabras duras, que la empleada oía, asimilaba y reaccionaba con igual indignación.

- Eres una "compinche" de esa gente ladrona que nos empuja con productos defectuosos y, después, no quieren cambiar. Hoy existe el Código del Consumidor para arrestar a personas como usted - dijo el cliente, queriendo tener razón.

- Sí, existe el Código. Y es por eso que no tienes derecho. Modificó el producto cuando no funcionaba correctamente. Lo abriste, rompiste el precinto, modificaste las piezas y, solo después de todo eso, viniste a quejarte. ¿Quién garantiza que no fuiste tú quien lo rompió y ahora quieres otro nuevo para reemplazarlo?

- ¿Me estás llamando mentiroso, insolente? ¿Estás diciendo que me estoy inventando cosas? Me respetas, de lo contrario llamaré a la policía aquí mismo. ¿Sabes con quién estás hablando? ¿Me estás acusando de deshonestidad, diciendo que rompí el producto a propósito?

Al no poder soportar la presión del cliente, Meire respondió con ironía:

- ¿Verá, entonces, mi señor, que fue obra del diablo o del Sací-pererê?

Los ojos del cliente se agrandaron y respondió, asustado:

- No juegues conmigo, mujer. Soy evangélico y sé que el diablo tiene mucho poder. Pero en este caso, ustedes son el diablo que hacen estas tonterías y luego, cuando llega el momento de arreglarlo, siguen empujando la responsabilidad a los demás. Haya sido el diablo o no, quiero un nuevo producto, de lo contrario buscaré al fiscal.

Perdiendo la paciencia, incumpliendo las determinaciones de la propia empresa, Meire respondió:

- Bueno, puedes buscar al fiscal, al obispo, al papa e incluso a Satanás en persona, pero tenga por seguro que no te vamos a dar un producto nuevo. Estas son las reglas de la empresa y punto.

Sin esperar la respuesta indignada del cliente, gritó a la fila que esperaba ser atendida, asustada por la agresividad de la empleada:

- Siguiente...

- Bueno, no me iré de aquí hasta que solucionen mi problema... puedes gritar todo lo que quieras.

Al ver la situación al borde de una agresión generalizada, porque los demás en la cola también querían ser atendidos y no tenían paciencia para esperar la solución de ese caso, algunos compañeros se levantaron de sus mesas y se dirigieron al mostrador para apoyar a Meire, quien, nerviosa, estaba a punto de perder el control.

Era casi la hora del almuerzo de un día infernal, lleno de diablos y sacís por todos lados. Y todo eso era culpa suya, por las decisiones que había tomado desde la mañana.

Justo antes de la pausa para comer, Carlos la llama a su oficina.

- Era justo lo que me faltaba. Tener que ir a hablar con esa horrible serpiente de cascabel.

Se lavó la cara para calmarse, ensayó una sonrisa falsa y se presentó ante su jefe:

- Doña Meire, acabo de recibir una llamada solicitando su presencia en la escuela de su hijo. Parece que se ha puesto enfermo.

Meire se puso blanca, pálida.

Al ver su reacción, el severo jefe trató de aliviar su preocupación:

- No se asuste, doña Meire. No parece ser nada serio. Pero te doy libre el turno de la tarde para poder ir a ver a tu hijo.

Sintiendo, por primera vez, la comprensión de su jefe, Meire le agradeció por la tarde libre, tratando de irse rápidamente.

Sin embargo, antes que saliera de la oficina, Carlos volvió a llamarla para decirle:

- Y, doña Meire, lamento el mal juicio que le hice hoy. Su hijo debe haber estado realmente enfermo. No me gusta ser injusto con la gente. Perdóneme...

Meire asintió con la cabeza como para decirle que no había penas en su corazón y salió corriendo en busca del vehículo para ir a la escuela, donde Luciano, nervioso desde la mañana, había tenido una crisis de bronquitis justo en el momento de la prueba.

Mientras conducía el automóvil por las calles de la ciudad, Meire pensaba para sí misma:

- ¿No es ese Carlos tan malo como parece? Incluso fue capaz de disculparse conmigo... Poco sabe él que lo que dije fue una mentira...

Y acompañaba el pensamiento con una risa, burlándose de la inocencia del jefe, atrapado en las trampas del destino. ¡Pero incluso sin quererlo, fue una buena venganza, lo fue...!

Sin embargo, en ningún momento había pensado que Carlos, firme y disciplinado, tenía mucha más nobleza de carácter y había actuado con mucha más corrección con ella que ella con la pobre María.

Ahí estaba el orgullo que hace callar el corazón, el odio que lo sofoca, la falta de equidad en las relaciones sociales, demostrando sus efectos dañinos en las actitudes de las personas.

María estaba en el camino correcto para adquirir las virtudes que se esperaban de todos los elegidos para las nuevas etapas de la humanidad renovada. Carlos, el duro jefe, necesitaba limar ciertas aristas, pero puso el sentido de la justicia por encima del orgullo, sacrificando su punto de vista y pidiendo perdón públicamente por la injusticia presuntamente cometida.

Meire, por el contrario, estaba mucho peor que ellos, encaminada por si misma en las conductas más pequeñas de su vida diaria, gracias a la impaciencia, la soberbia, el orgullo que no se excusa, el resentimiento, la mentira, la falsedad, el disimulo y, lo que era más comprometedor, conduciéndose por ese camino a pesar de declararse espiritista y una médium activa.

37.-
FUERA DE LA CARIDAD NO HAY SALVACIÓN

Terminada la jornada al lado de la pobre Meire, la noche esperaba a los miembros del Centro Espírita para un trabajo regular en la asistencia de los desencarnados necesitados de unas palabras de amor y comprensión.

En su estado de ánimo, la pobre médium no estaba en sus mejores días. Experimentando la mediumnidad no como un apostolado, sino como un compromiso con un día y una hora programados, Meire se encomendaba al cuidado de amigos espirituales que deberían tener la tarea de "limpiarla" antes que comenzaran las tareas nocturnas. Como la mayoría de los médiums invigilantes o no preparados para el mandato mediúmnico, ella no era más que una sensible, una de esas que no se hacían responsables de sí mismas, vigilando su conducta mental, sus palabras, ejercitando la humildad a diario, controlando sus emociones, la capacidad de comprender los errores ajenos, adoptando una postura de íntima corrección. Meire vivía como el mundo la empujaba y, en su visión inmadura, creía que los espíritus debían protegerla, incluso contra las entidades que la involucraban.

Cuando llegó al Centro Espírita, estaba exhausta. Ni siquiera había rezado antes de ofrecerse a Jesús y los espíritus.

- Oh, Sr. Jurandir, necesito un pase. Hoy mi día fue un completo desastre. Si no fuera por la Doctrina, no sé qué habría hecho. Gracias a Dios tenemos el Espiritismo y podemos contar con sus enseñanzas para no perder el control. Pero, aun así, creo que estoy abusando. Mi jefe es un hombre muy difícil y es un curso de paciencia. Mi sirvienta es torpe, mi hijo tuvo un ataque, tengo que tratar con gente sin educación, todo esto nos desgasta y, como médium, se nos acaba pegando todo lo malo que traen los demás.

A su lado estaban Jerónimo y Adelino, quienes desde las primeras horas de la mañana habían podido acompañarla y observar lo que en realidad había sido la verdad. Los dos se miraron con una sonrisa que decía mucho más que mil palabras.

¡Qué valor tuvo para ponerse en la posición de víctima del mundo, poniendo la responsabilidad de su estado general sobre los hombros de personas que, de una forma u otra, habían demostrado ser mucho mejores que ella! Y lo hizo sin sonrojarse de vergüenza.

Cuando una persona se vuelve adicta a la mentira, a la autocompasión exagerada, pierde el sentido común y comienza a esconderse detrás de un sinfín de excusas con las que espera obtener la compasión de los demás, permaneciendo en la condición de "pobrecito."

Jurandir, que ya conocía la exagerada personalidad de Meire, la remitió al pase magnético para ver si, con este servicio, al menos le daría un poco de equilibrio y tranquilidad para el trabajo de la noche.

Realmente, la mujer era un verdadero camión de basura. Las vibraciones degeneradas, la rabia vivida y exteriorizada en palabras y miradas, pensamientos y emociones viles azotaban su atmósfera psíquica, además de atraer a un gran número de espíritus que necesitaban apoyo.

Los dos amigos que la apoyaron en ese viaje diario se acercaron a Ribeiro y Bezerra, en la sala de las obras mediúmnicas, para informar de sus observaciones.

- Entonces, hijos míos, ¿cómo estuvo el primer día?

- Muy instructivo, padrecito -exclamó Adelino. Pudimos observar cómo la rutina humana es manejada por las criaturas como si las exhortaciones del Evangelio fueran aguas cristalinas solo para los momentos de culto. Fuera de él, la mayoría de la gente prefiere servirse de la hiel de la intemperancia, del fango de la ira, la mentira, de la acusación injusta. Entonces, pudimos observar la inmensa cantidad de oportunidades para el Bien que nuestra hermana desperdició debido a la vivencia de los viejos defectos en la convivencia cotidiana: el orgullo, el egoísmo y los que se derivan de ellos.

- Y lo más interesante - agregó Jerónimo -, es que se presenta aquí pidiendo un pase magnético, acusando al mundo que la rodea y culpando a todos de sus males personales. Como si no bastara no haber hecho nada para aplicar el Evangelio que conoce al escuchar y leer, se ha convertido en una carga que exige la cooperación de personas encarnadas y desencarnadas para solucionar su problema. Es la vieja historia de acudir al Padre para que nos suministre los bienes que deberíamos estar produciendo.

Viéndolos así, francos, pero sin hostigar a la hermana a la que acompañaban, Bezerra agregó:

- Y vean que nuestra hermanita ya ha mejorado en varias áreas de su personalidad. La mayoría de los encarnados llevan una vida ficticia. La gente vive para el cementerio en lugar de vivir para la eternidad. Cuando esto sucede, los encarnados se aferran a las cosas de la Tierra, intentan resolver sus problemas de inmediato, inventan excusas, mienten y tergiversan, si permiten una conducta sin pudor ni valores elevados si es necesario para conquistar los bienes del mundo que tanto se disputan hasta los límites de la tumba, donde se ven obligados a abandonarlos definitivamente. Sin embargo, cuando la gente vive para la eternidad, observan la durabilidad de la vida verdadera y no pierden el tiempo con mentiras, conductas mezquinas, ni engañándose con falsas expectativas. Por ello, encuentran suficiente motivación para vivir mejores experiencias definidas en los valores que defienden, en los principios que cumplen, en las virtudes de las que se jactan. Y desarrollan el coraje suficiente para hacerlo, incluso cuando tales actitudes los enfrentan a la marea de la mayoría, incluso si son criticados, objeto de burlas y tomados por tontos. La falta de firmeza de voluntad al elegir este camino recto puede hacer que la criatura desperdicie las mejores oportunidades de crecimiento.

El horario anunciaba la necesidad de prepararse para el trabajo.

Esa noche, Bezerra hablaría a través de Dalva, exhortando a todos a continuar las luchas en el Bien, a aprovechar las horas, especialmente hablando de Caridad, cuyo respectivo capítulo de El Evangelio según El Espiritismo les correspondía a los encarnados leer y comentar antes del trabajo mediúmnico.

Así, se escuchó el texto del capítulo XV de la obra básica de la Doctrina Espírita, instando al ser humano a buscar la salvación a través de la práctica de la Caridad:

(...)

34 Entonces el Rey dirá a los de su derecha: Venid, benditos de mi Padre, heredad el reino que ha sido preparado para vosotros desde la fundación del mundo;

35 Porque tuve hambre, y me disteis de comer; tuve sed, y me disteis de beber; fui forastero y me acogisteis;

36 Estuve desnudo, y me vestisteis; Me enfermé y me visitasteis; Estuve en la cárcel y vinisteis a verme.

37 Entonces los justos le responderán diciendo: Señor, ¿cuándo te vimos hambriento y te dimos de comer? ¿O sediento y te dimos de beber?

38 ¿Y cuándo te vimos forastero y te acogimos? ¿O desnudo, y te vestimos?

39 ¿Y cuando te vimos enfermo, o en la cárcel, y te visitamos?

40 Y respondiendo el Rey, les dirá: De cierto os digo que cuando lo hicisteis a uno de estos mis hermanitos, a mí me lo hicisteis.

41 Entonces dirá también a los de su izquierda: Apartaos de mí, malditos, al fuego eterno preparado para el diablo y sus ángeles;

42 Porque tuve hambre y no me disteis de comer; tuve sed y no me disteis de beber;

43 Fui forastero, y no me acogisteis; estuve desnudo, y no me vestisteis; enfermo, y en la cárcel, y no me visitasteis.

44 Entonces también te responderán diciendo: Señor, ¿cuándo te vimos hambriento, sediento, forastero, desnudo, enfermo, o en la cárcel, y no te servimos?

45 Entonces él les responderá diciendo: De cierto os digo que cuando no lo hicisteis a uno de estos pequeños, tampoco a mí me lo hicisteis.

46 Estos irán al tormento eterno, y los justos a la vida eterna.

Después de la lectura y los breves comentarios de los presentes sobre el pasaje de Mateo, la oración armonizó el ambiente, preparando a los médiums para el inicio del servicio de mediumnidad, siempre inaugurado por la palabra de la entidad amiga responsable de la institución.

En ese momento; sin embargo, Ribeiro había encomendado esta tarea al noble Doctor de los Pobres que, junto con el médium con el que estaba más en sintonía, hablaría sobre un tema evangélico muy importante:

- En vano, los hombres han leído las Sagradas Escrituras buscando predicciones, revelaciones o la solución de los misterios de la fe como quien, mirando al cielo, busca la luz, pero es incapaz de reconocer la claridad del sol.

En innumerables pasajes evangélicos se encuentran las orientaciones de Cristo sobre el camino recto, el camino de la iluminación, las condiciones para la conquista de la llamada Salvación.

Los capítulos y versículos de las Escrituras nos ofrecen una fuente real de pasajes bíblicos en los que la palabra lúcida del Divino Maestro asegura el camino de la salvación a todo aquel que tenga ojos para ver y oídos para oír.

Sin embargo, aun así, una buena parte de la humanidad cristiana ha estudiado estas frases sin identificar la luz meridiana que fluye de cada sílaba, tratando de memorizar su fraseo sin comprender su esencia. Para tal estrabismo, ingenuo en algunas circunstancias, pero deliberado en la mayoría de los casos, pocos han aprovechado tan lúcidas exhortaciones así como tan oportunas advertencias.

Así, los intereses materiales interfieren en la predicación, en las interpretaciones, en los entretejidos morales para desnaturalizar la autenticidad del mensaje cristiano, siempre apuntando a la conquista del reino del mundo a expensas del acceso al Reino de Dios.

El pasaje evangélico de esta noche no dejaría lugar a malentendidos, si no fuera por la malicia de los hombres para reducir el concepto más noble a su expresión pecuniaria más sórdida. Observemos el extremo cuidado y celo del Amigo Celestial al informar cómo hacer para que, en el momento de la separación de las almas, la selección se hiciera con criterios muy claros.

Tenía hambre y me diste de comer: compartir la comida que uno posee.

Tenía sed y me diste de beber: compartir la cantimplora con la necesidad de otra persona.

Necesitaba alojamiento y me acogiste: acoger al desvalido en el momento de desamparo, abriendo el campo del egoísmo y el oasis del hogar a un sufriente en una condición de necesidad temporal.

Estuve desnudo y me vestiste: compartir la ropa que tienes con alguien que se encontró desprotegido en su propia carne en un momento de desgracia.

Estuve enfermo y me visitaste: prestar atención al sufrimiento de los demás en el difícil momento del dolor y el aislamiento.

Estuve en la cárcel y viniste a verme: compasión por cometió un delito, en lugar de juzgar y odiar a la criatura culpable.

Si lo ven con claridad, todas estas actitudes no involucran dinero.

No encontramos a Jesús diciendo:

Tuve hambre y me compraste un bocadillo, tuve sed y me compraste un refresco; necesité alojamiento y alquilaste un hotel para mí; estuve desnudo y me compraste ropa; estuve enfermo y pagaste por la medicina; estuve preso y contrataste a un defensor para sacarme de la cárcel.

El dinero no parece influir en la exhortación de caridad a la que se refiere Cristo. Al contrario, todo está ligado a una postura de entrega del espíritu ante la dificultad de sus semejantes, combatiendo al villano llamado egoísmo. El egoísta hace todo lo posible por reducir la caridad a unas pocas monedas, porque le es más fácil abrir el bolsillo que ceder de su tiempo, su atención, su comodidad, su lujo, su abundancia, y su refugio. Es más sencillo para elególatra tomar una pequeña parte de sus bienes para excusarse diciendo que ya ha hecho su parte.

Entonces, nos decimos que practicamos la caridad y que por eso nos merecemos las bendiciones del Cielo; sin embargo, no hicimos más que dar cosas para no dar de nosotros mismos.

El esfuerzo de Jesús en ese sentido es incisivo.

Trata de enseñarnos que la salvación depende de ofrecernos en todo lo que hacemos por los demás. Más beneficio obtiene aquel que ya ha aprendido a compartir el plato de comida con una persona hambrienta que lo busca personalmente que la que, con sus millones, financia un gran programa de abastecimiento a través de la donación de canastas de comida a las personas que nunca ha visto ni verá.

Hay personas cuya caridad consiste en el arduo esfuerzo de firmar un cheque.

Ahí radica la desnaturalización de la enseñanza cristiana. Desde lo alto de las predicaciones religiosas, los representantes del culto vieron la oportunidad de engañar a los fieles con la idea que la caridad era dar, dar a la iglesia, al templo, al Centro Espírita, a los pobres. Dicha predicación les garantizó el enriquecimiento material y la conquista de los poderes mundanos sin; mejorar la situación de los fieles, quienes, al disponer de cierta parte de sus bienes, lo hacen como alguien que está depositando en un fondo de inversión en lugar de hacerlo por la bondad espontánea de sus corazones. Generalmente, es la codicia la que ha motivado la mayoría de las actitudes caritativas, basadas en el sueño de un lugar mejor a expensas de las monedas esparcidas por la Tierra. Entonces, ¿Dependería el Reino de Dios de las arcas humanas? ¿Habría sido esta la recomendación de Cristo? ¿Serían los elegidos los derrochadores de dinero y no el resto? Claro que no. Esta fue la tergiversación que hacían los hombres al exhortar a sus hermanos a una caridad de dar cosas, bienes, alimentos, ropa, alojamiento, como si la caridad o la donación se acabara en sí misma.

Nada de esto está registrado en la enseñanza evangélica.

La caridad no es un objetivo que se acabe firmando un papel valioso, entregando platos llenos de comida, comprando y distribuyendo mantas, liberando a quienes hacen esto de la obligación de ser buenos. Entonces, hijos míos, estemos atentos a la comprensión de la esencia porque, en verdad, la Salvación existe, pero para quienes que, entendiendo la caridad como un medio, aceptan ser esculpidos por ella, dando cosas, comprando alimentos, ropas, medicinas- si les es posible hacerlo con los recursos que tienen pero, sobre todo, volviéndose caritativos por la práctica personal y directa de DARSE EN COSAS.

El que se limita a dar cosas, es el inversor que, haciendo tintinear las monedas, espera la aprobación de su entrada al Paraíso.

El que se entrega es el que, aun sin esperar el Paraíso, es llamado a entrar en el por la fuerza de las oraciones que los infortunados elevan a Dios para su beneficio. Esto es porque se ha entregado a si mismo en el trozo de pan, en el vaso de agua, la ropa, el techo, la salud, el tiempo, compartiendo su propio ser, solidario y fraterno, con el que le faltaba. Quienes lo hagan, encontrarán el juicio favorable en el momento de la separación de las ovejas y las cabras.

Que Jesús nos perdone por la ignorancia y la falta de voluntad para seguir sus lecciones, pero que nos ayude a abrir los ojos a la comprensión de tales Verdades.

Terminado el mensaje del amigo de todos, inició la labor de atención a las criaturas desencarnadas, coordinada por los servidores del mundo invisible, quienes se acercaron a los médiums con las entidades sufrientes, enojadas, maliciosas, afligidas, enfermas autorizadas para comunicarse de noche.

Sobre la institución, brotó la luz del Infinito, hito de esperanza y paz, como ancla en el turbulento rostro planetario, agitado por las innumerables luchas físicas y morales de la indispensable transformación.

Acercándose a sus amigos que lo esperaban para continuar las lecciones, Bezerra continuó comentando las lecciones:

- Las elecciones de los hombres los llevaron a este estado de inadaptación colectiva en el que, para su propio beneficio, el dolor que producen se encargará de seleccionarlos. Estamos en el Umbral de una profundización del bisturí de la verdad en la herida de la ilusión. Con la superpoblación acorde con los niveles de vida más bajos, el ambiente pestilente de pensamientos y sentimientos inadaptados crea el "caldo apetitoso" para abastecer y nutrir toda la gama de bacilos psíquicos y sus contrapartes materializadas, favoreciendo la aparición a escala mundial, de epidemias y brotes generalizados, a través de los cuales la Justicia del Universo acelera la separación. En este proceso, cada uno será responsable del equilibrio protector o del campo abierto a la instalación de la enfermedad en su grado de nocividad o pestilencia más grave o fatal. La comprensión de los mecanismos espirituales que están en la raíz de las enfermedades corporales facilitará a quienes tienen conocimientos en esta área para mantener el equilibrio, el cuidado indispensable para evitar mezclarse en el "campo enfermizo" de los inadaptados por el espanto, miedo a la muerte, paranoia de contagio y por la certeza del fin.

La mayoría de la gente no está preparada para el doloroso momento del juicio selectivo. Sin embargo, quienes perseveren en el Bien, aunque contraigan bacilos naturalmente transmisibles por diferentes medios físicos, tendrán la estructura biológica en equilibrio para sostener la lucha victoriosa contra la virulencia, sin despreciar los tratamientos farmacológicos que puedan estar disponibles resultantes de los esfuerzos de la medicina y la farmacología. Es una obra de maduración del espíritu y, así, seguirán olas de dolor y sufrimiento físico, que pondrán a prueba el comportamiento de la humanidad, seleccionando a los mejores, los que ya están en otro patrón para que, aunque perezcan sus cuerpos carnales y se encuentren a sí mismos del otro lado de la vida, tengan la garantía de continuar sus trayectorias de crecimiento evolutivo en el bendito entorno de una Tierra mejorada. Gripe, tuberculosis, cáncer, infecciones desconocidas, son engendradas por los propios hombres y caen sobre ellos en respuesta directa al patrón de sus pensamientos y sentimientos. Por eso es tan importante la transformación real, para que los hermanos de la humanidad se apresuren a obtenerla, de lo contrario, como ya lo sabes, no tendrán la oportunidad de hacerlo aun en el mundo actual. ¿Habéis pensado alguna vez, hijos míos, en la decepción de quienes vivieron la caridad al lado de la inversión? Amargarán su arrepentimiento durante miles de años.

Rompiendo el silencio aprovechando la pausa natural, Adelino habló con el simpático médico:

- Estimado doctor, siempre aprendemos la necesidad del desapego material. ¿Cómo evaluará la Ley del Universo el desapego, si la entrega de bienes materiales no se encuentra dentro de los estándares de caridad aceptable? Hay personas que donan fortunas con el sincero deseo de mejorar el mundo. ¿Estarían desprovistas de mérito?

Observando el sincero interés, Bezerra afirmó sonriendo:

- Por supuesto que no, Adelino. El Bien, cuando se hace con unción, nunca se desperdicia y se convierte en pasaporte para quien lo practica. Sin embargo, la mayoría de las personas se engañan al imaginar que el Cielo es un logro que se alcanza sobre la base de cantidades, olvidando que es sobre la base de las cualidades que sus puertas se abrirán. Hay personas que dan millones para darse a conocer. No están dando nada. Invierten motivados por la vanidad. Nuestro Evangelio dice que "la prodigalidad no es generosidad, sino a menudo una forma de egoísmo; el que arroja oro a manos llenas para satisfacer una fantasía no daría una moneda para prestar un servicio".[2] Por tanto, no es deber del individuo generoso descuidar sus propios ejemplos personales. Si ya se ha convertido en un benefactor mayorista, no estará exento de demostraciones personales de desapego en el mercado minorista de la vida, junto a los afligidos que lo rodean, junto a los sufrientes que se cruzan en su camino. Ésta es la verdadera prueba que atestiguará estar apto a la elevación esencial de su alma. Esto es porque, hijo mío, la condición de riqueza es transitoria, pero la situación de Bondad es definitiva. La primera está vinculada a la cantidad, pero la segunda es el logro de la calidad.

Observando la comprensión de todos sobre tales conceptos, Bezerra reiteró los compromisos asumidos anteriormente en cuanto a la observación de la vida cotidiana para poder evaluar mejor, en hombres y mujeres, la existencia de las virtudes importantes para la salvación, según los criterios del Evangelio.

- Aprovechen las lecciones sobre la caridad y fijen sus próximas observaciones en cuestiones relacionadas con su verdadera comprensión - aconsejó el venerable servidor.

Luego se despidieron para continuar el trabajo, programando una nueva reunión para dentro de unos días, en ese mismo lugar, cuando se reportarían las observaciones finales.

El día siguiente vivido con los encarnados sería un excelente aprendizaje para los amigos espirituales.

---

[2] *El Evangelio según el Espiritismo*, Cap. 16, ítem 14.

38.-
LA CARIDAD QUE NO SALVA

La ceremonia ya estaba llegando a su fin y, en el gran ambiente de la catedral en renovación, la gente se empujaba entre los andamios y las escaleras. Acostumbrados a la asistencia semanal y rutinaria, cada uno seguía los rituales, repitiendo las frases del folleto guía del servicio de ese día.

Jerónimo y Adelino, en respuesta a las exhortaciones de Bezerra, estaban allí para realizar estudios relacionados con la caridad. Habían optado por comenzar con un templo religioso de orientación católica porque, ciertamente, en el entorno de la fe encontrarían referencias a la virtud en cuestión, para poder apreciarla en profundidad.

En una esquina de la nave se acercaron a una pareja que, despreocupada por la ceremonia, observaba un mural a cuadros colocado sobre un caballete, encabezado por el título escrito en mayúscula: DONANTES DEL PISO DE LA IGLESIA.

Hablando en susurros, la mujer le dijo a su esposo, ambos de cincuenta años:

- Cariño, mira, los Oliveira donaron diez mil. Qué miseria. ¡Son avaros, imagínate...!

- Sí, querida, sacar dinero de esta gente no es fácil. Son muy financieros. Mira a la familia Barreto. Este ya es un caso de ostentación. Donaron treinta mil y aparecen como destacados en la pizarra.

- ¿Cómo hacemos para no quedarnos atrás, querido? No podemos dejar de aparecer en esta lista de benefactores. Después de todo, está bien que Jesús caminara descalzo, pero su Iglesia se esfuerza por poner granito de primera en el suelo. Siempre estamos siendo observados por lo que aparece. Nuestra demostración de fe no puede ser menor que la de ellos, o pensarán que estamos mal económicamente. Además, sabemos que quien da a los pobres, le presta a Dios, ¿no?

- Mira, Mariana, ya sé qué hacer para sacar a los Barreto del de arriba, y ocupar su lugar. Voy a hablar con el obispo Barcelos después de la misa y ver si, haciendo una donación de cincuenta mil dividido en cinco plazos de diez, puede lograr que subamos. ¿Qué piensas?

- Bueno, querido, creo que solo si el obispo es muy exigente o si quiere proteger a los Barreto. De lo contrario, no creo que nadie pueda negarnos el puesto principal. Pero, ¿cómo vas a hacer esta donación? ¿Vas a tomar los ahorros que estamos juntando para nuestra tan esperada vuelta al mundo el próximo año?

- Vamos, Mariana, ¿crees que nací ayer? Claro que no. Jónatas, nuestro amigo diputado, está organizando un "trabajito" en el gobierno para nuestra empresa porque controla un presupuesto que debe gastarse antes de fin de año. En caso que no lo haga, deberá devolver el dinero a las arcas públicas. Por lo tanto, usaremos nuestra empresa para validar esta transacción, recibiendo y entregándole una parte del valor para su caja personal. Lo que nos quedemos, lo pondremos en la lista de gastos o como donaciones a la caridad, y así, además de hacer el bien, causaremos envidia en estas personas a las que les gusta presumir. Jónatas cuenta con nosotros y nosotros contamos con él. Y, al final, es Jesús quien acaba beneficiándose incluso, con un granito de lo mejor para el suelo de su Iglesia.

- Por Dios, Lucas, siempre sabes que hacer, querido.

Los Barreto se van a volver locos.

Y la conversación siguió con otros comentarios bajos mientras la ceremonia llegaba a su fin, con la despedida de los presentes el matrimonio Ribas acudió al despacho del obispo Barcelos el consejero de Alceu, para realizar los trámites necesarios para la organización de tan "generoso" acto de caridad. Al día siguiente, el nombre de la familia Ribas encabezó la lista, estimulando la carrera por la demostración de grandeza y vanidad, orgullo social y concursos de mezquindad, bajo el título de caridad. El propio Obispo conocía las maldades humanas y las utilizaba para estimular este clima de disputa entre vanidades para que, al final, la catedral fuera la más beneficiada. De la misma forma, el obispo esperaba que la indignación de los Barreto generara otra donación de algunos miles de reales más y, así, poder mantener las lujosas renovaciones de la catedral, con mármol y granito en detrimento del hambre de los desafortunados.

Jerónimo y Adelino se miraron, dándose cuenta de un vistazo que no estaban presenciando nada que se acercara al concepto real de caridad preconizado por Jesús.

- Vamos a otra iglesia, Jerónimo. Quién sabe, puede que encontremos alguna diferencia.

Entonces eligieron una confesión protestante para evaluar la naturaleza de la caridad.

Llegaron durante la predicación del pastor, entusiasmado y bien preparado, con la Biblia en la mano.

Defendió firmemente el pago del diezmo por parte de los fieles.

- Si no quieren colaborar con Dios, ¿con qué cinismo seguirán aprovechando el oxígeno, el vaso de agua, las facilidades que nos brinda la Tierra? ¿No les da vergüenza recibir todas estas cosas de Dios y seguir siendo egoístas? El diezmo es la única manera de mostrar nuestra gratitud al Creador por tanto cariño por nosotros. ¿Ya han pensado en nuestros padres y madres, sacrificándose a lo largo de su existencia para que sus hijos tuvieran pan en la mesa, ropa limpia, escuela, medicina, y un doctor? ¿Y qué pensar si los propios hijos les dieran la espalda tan pronto se posicionaran en la vida? Escalaron el mundo con los recursos que les dieron sus padres y, después de haber ganado en la vida, se olvidan de ellos, ¡dejándolos en la miseria! Qué vergüenza, hermanos míos. Cuando te niegas a darle a Dios al menos una décima parte de lo que la bondad divina te ha permitido ganar, estás usurpando del Padre mismo lo que Él te está dando, demostrando cuán indiferente y egoísta eres. Y luego, no te quejes si la suerte cambia de dirección, si empiezan a pasar cosas malas en tu vida. Si te enfermas, si pierdes tu trabajo, si no consigues el dinero para pagar las facturas, ¿cómo vas a volver a la Casa del Padre a pedir ayuda si no quisiste ayudarlo cuando todo iba bien? Entonces, aquellos que no quieran dar nada, no hay problema. Puedes guardar tu tan amado dinero en tus bolsillos, puedes guardarlo en el egoísmo que Satanás ha insuflado en tu corazón... sí... porque solo el Diablo puede interponerse entre su generosidad para conocer a nuestro amado Padre. La acción del Maligno tiene la doble función de privar a la obra de Dios de recursos mientras demuestra el poder que ejerce sobre el individuo egoísta, haciéndolo aun más indiferente a los deberes cristianos. Entonces, como dije, puedes guardar el dinero en tu bolsillo, en tu billetera o en el banco, sin ningún problema. Dios comprenderá tu apego. Sin embargo, prepárate para no encontrar otra mano amiga que no sea la del mismo demonio en persona. Si ese es el tipo de empresa que desea encontrar, está bien, adelante. Entonces, cuando llegue el momento de contribuir, no muestres ningún tipo de amor por Dios. Olvídate del Padre que te dio la vida y dite a ti mismo que nunca más lo necesitarás.

La palabra electrizante y el juego de escenas que utilizó el predicador, crearon en las mentes más frágiles y asustadas una noción de ingratitud, una idea que sabían que no era adecuada ni hermosa para quien decía ser cristiano. Además, la alianza del egoísmo con Satanás aterrorizó a los más influyentes y, con ello, se estableció el ambiente propicio para el golpe final.

- Y no creas que una moneda es suficiente para arreglar las cosas. Estamos hablando del diezmo, algo sagrado, que corresponde al diez por ciento de todo lo que ganas, antes de descontar los impuestos. Y si no tienes trabajo, el diezmo debe contarse sobre las cosas que son de tu propiedad, para que tu sacrificio en el cumplimiento de este deber bíblico demuestre mayor confianza y mayor sumisión a Dios, agradándole aun más. Después de todo, ¿no es Dios a quien le pides conseguir un trabajo? ¿Qué mayor bien habrá en el corazón del Padre que arreglar la vida del hijo responsable y que cumple con sus deberes, no es así? Entonces, no regatees con Dios. Si eres amigo de Él, en lugar de ser un aliado de Satanás, recuerda que el Creador sabe cuánto ganas al mes, sabe cuánto tienes guardado en el banco, debajo del colchón, dentro de la caja de zapatos de tu armario, en el bolsillo de tu abrigo. Por lo tanto, no se hagan los desentendidos. El diezmo es la sangre de la Iglesia de Dios. Ha llegado el momento. Vamos, demuestren que aman al querido padre. Si no tienen dinero, pueden emitir cheques por el monto correspondiente. Si no tienen cheques, pueden señalar con el brazo que nuestros trabajadores cogerán la máquina de tarjetas de crédito. No importa cómo sea el pago. Lo que importa es que no dejes a Dios hablando solo.

Vamos, Aleluya, Padre mío, Aleluya, Aleluya, para que toda alma se eleve en su Reino de Bondad, en la caridad del diezmo espontáneo. Que todos sean libres para cumplir con los deberes que señala la Biblia. Vamos, pueblo de Dios... es ahora... ¡abran su corazón abriendo su bolsillo!

Y la multitud se volvió, cada uno buscando los recursos que tenía, mostrando su miedo a ser visto como un seguidor del Diablo. Los que no tenían dinero les decían a sus vecinos que iban a vender la televisión para recuperar el dinero después, justificándose al no ofrecer nada ante los ojos de los demás.

Jerónimo y Adelino se miraron de nuevo.

En esa avalancha de billetes, monedas, cheques y tarjetas bancarias no hubo la más mínima demostración de caridad cristiana, ya que toda la buena voluntad de los fieles se canalizó por el interés de enriquecerse en el mundo, el miedo a Satanás o por la conciencia de culpa. Para lograr cada uno de estos objetivos surgió el diezmo que, según el pensamiento de los creyentes, representaría su amor a Dios o dejaría muy claro que el donante no formaba parte de la horda del diablo.

Bajo la mirada atenta y ambiciosa de los miembros de la iglesia, que recogían, en bolsas, el dinero de la colecta al son del aleluya descontrolado que gritaba el pastor a cada paquete que subía al púlpito, una música estridente y agitada completaba el ambiente de hipnosis colectiva estimulando la práctica de una donación que, desde cualquier punto de vista, no correspondía al desprendimiento sincero, a la donación de cosas, al deseo de ayudar a alguien o compadecerse con el sufrimiento ajeno.

- Sí, amigo mío, en este culto tampoco encontraremos la expresión de la verdadera caridad. Vayamos en busca de otra cosa.

Despidiéndose del ambiente con una oración sincera a favor de todos los fieles engañados, se fueron de allí, eligiendo otro camino para aprender sobre la salvación a través de la caridad real.

Vamos en busca de nuestros hermanos espiritistas, que están realizando un evento doctrinal donde, seguro, encontraremos algo que nos ayude a comprender la caridad a la que se refiere Jesús.

Se trasladaron a un centro de convenciones en el que los espíritas se reunían para discutir temas relevantes para la mejora de la humanidad.

El ambiente menos agitado que los anteriores ayudó a crear una atmósfera favorable. Sin embargo, algo no iba bien, según la observación directa de Jerónimo y Adelino.

Entre los participantes de rostros sonrientes y palabras cariñosas, se destilaba la competencia y las comparaciones despectivas. De boca en boca, los comentarios demostraban el interés de cada uno por obtener la hegemonía del auditorio para su exhibición de vanidad.

- Vaya, la conferencia de ese fulano fue la más concurrida hasta el momento - comentó uno de los asistentes, sorprendido.

- ¡Además, terminó quedándose en el salón principal! Esto siempre es una ventaja. Me pregunto cómo logró esa hazaña. Debe ser amigo de los organizadores.

- De ninguna manera, como tiene muchos libros espíritas publicados, debe haber conseguido este espacio privilegiado porque la venta de sus obras es muy ventajosa para la editorial que financió este encuentro.

- Sí, es una buena justificación.

Además, los organizadores se reunieron con los editores y representantes de varias instituciones espíritas, discutiendo algunos problemas organizativos.

- Sí, entiendo que no es posible complacer a todos con un mismo espacio en la agenda de eventos. Sin embargo, es una falta de respeto hacer que fulano llegue de tan lejos para darle solo dos conferencias hoy. ¿Sabes cuánto cuestan los billetes de avión, el alojamiento, el transporte y la comida? Todo ello a expensas de la editorial - se quejó uno de los responsables de mantener ese evento de Cultura Espírita con uno de los miembros de la Organización General.

Poco después de él, otro se quejaba:

- El margen de beneficio de la venta de libros está perjudicando el rendimiento de nuestra inversión. Creemos que deberían revisar ese problema. Después de todo, sin nuestra ayuda, no existiría este evento. Además, el Doctor, un médium reconocido y famoso, también está descontento por no haber recibido la atención que esperaba. Para su conferencia, no se realizaron llamadas a la mesa directiva general. Piensa que la dirección del congreso está boicoteando su participación y nos pidió que lo averiguáramos.

Otro, aun menos educado y más involucrado en la lucha por las ventajas, acusó a un tercer miembro de la junta organizadora:

- Me prometiste que, si podía conseguir una cita en la galería del orador para que estuviera aquí, él hablaría en el salón principal durante el horario de máxima audiencia. Ahora, estoy mirando la tarjeta de eventos y la conferencia no está programada para el salón, en horario de máxima audiencia.

Respondiendo a tales preguntas, el angustiado organizador trató de apaciguar:

- Si es verdad. No obstante, le hemos concedido cuatro discursos en las salas más importantes tras el hall. Hablará más que todos los demás.

- Sí, pero eso no importa. O mantienes tu promesa o él no se quedará. ¿Dónde has visto algo así? ¿Crees que somos niños? Además, nuestro distribuidor de libros es uno de los más grandes del país y dejaremos de cooperar con la organización si no se cumple lo prometido.

Mientras esto sucedía entre bastidores, en las plataformas doctrinales se hablaba de la reforma íntima; del desinterés; de la caridad real; de no servir a dos señores; y de la importancia del entendimiento en las relaciones sociales.

Los integrantes de la junta organizadora se multiplicaron para atender todas las demandas, mientras procuraban no herir las susceptibilidades de tan "caritativas" criaturas, para que no sufrieran pérdidas económicas ni rompieran los distintos acuerdos firmados para que el evento llegara a su fin.

Fuera de esos bastidores, las conversaciones entre los miembros del equipo doctrinal eran acaloradas:

- Pero el médium "x" es muy famoso. Se está dejando llevar por la vanidad, el pobre. No es consciente de la obsesión que se acerca por el camino de la fascinación.

- Es posible. Sin embargo, su caso no es el peor. El escritor "Y" - a quien le encanta la polémica le dice a todo el mundo que Chico Xavier es la reencarnación de Allan Kardec. Debería evitar estas discusiones innecesarias. Después de todo, esto es inútil, excepto para demostrar sus propios puntos de vista y generar antagonismos.

- Por eso, no vale la pena que asistamos a su conferencia. Pensará que lo tiene todo. Digamos que tenemos otro compromiso porque, ciertamente, está esperando encontrarse con nosotros en el auditorio. Y tú y yo no podemos dejar nuestra imagen ligada a la suya. ¿Qué dirán los demás? Empezarán a decir que estamos de acuerdo con sus tesis.

En otro grupo de escritores y ponentes se comentaba con cierto desdén o censura que un trabajador, antiguamente dedicado a la publicidad como médium psicográfico, había abandonado el campo espírita para aliarse a ganar dinero a través de la edición de sus propios libros:

- Es un mercenario, un interesado, un traidor - dijo uno de los más indignados.

- En "mi Centro" ya no compramos libros psicografiados por él. Es un Judas del Espiritismo - agregó otro.

- No obstante, amigos míos, no olvidemos que ya ha prestado vastos servicios en la iluminación de muchos hermanos laicos que miran con cariño y emoción sus obras - dijo alguien más inspirado por la tolerancia evangélica.

- Bueno, desde ese punto de vista, no se puede negar. Es cierto - respondió el primero, un poco avergonzado por el comentario negativo, ajeno a los objetivos fraternos de ese encuentro.

Jerónimo y Adelino, al observar los entresijos del alma humana allí colocada en la vitrina de la vanidad, tuvieron dificultad para encontrar en los participantes de ese cónclave doctrinal las verdaderas raíces de un desinterés, de desapego, de una verdadera abnegación. Esmero en la presentación personal, ropa bien hecha a medida, recursos tecnológicos avanzados, - belleza desde el exterior en contraste con la fealdad íntima - en las disputas entre bastidores, en las protestas de patrocinadores exigiendo privilegios, en interés de los organizadores a favor de grupos o representantes más poderosos en el movimiento, además de intentar, por debajo de la mesa, desviar ciertos temas, dirigiendo el interés del público hacia otras actividades, todo ello sigilosamente.

Conferencistas invitados, escritores famosos, promotores bien comprometidos con el equipo organizador contaron con favores especiales, principalmente porque prestaron su popularidad para atraer más público.

Todo porque los organizadores de este evento querían superar el éxito del anterior, organizado por otro grupo espírita, en competencias impropias o en comparaciones indebidas. A pesar de estas manchas tras bambalinas, la mayoría de los inscritos como participantes - el público asistente - estaban dotados de un verdadero deseo de aprender, abiertos al contacto con los líderes a quienes admiraban, con quienes les servían de referente doctrinal. En cuanto a los integrantes del equipo organizador y a los que protagonizarían los eventos, prevalecieron los intereses políticos y de competencia, que dieron el tono dominante en muchos de ellos, desnaturalizando la pureza espiritual del evento y erradicando, con vanidades mundanas, lo que pretendía ser un acontecimiento del espíritu, al enaltecer las virtudes de la inmortalidad y las verdaderas cualidades del alma.

Jerónimo y Adelino se miraron de nuevo, ahora con aun mayor decepción porque, esperando encontrar a la verdadera caridad en el centro del evento promovido en nombre del Confortador Prometido, no habían podido identificarlo.

Así que buscaron reunirse con el equipo espiritual a cargo de ese evento para discutir este hallazgo.

Tan pronto como se presentaron, fueron recibidos calurosamente por uno de los espíritus coordinadores que, identificándolos como enviados de Bezerra, los abrazó con renovado entusiasmo.

El gozo del líder espiritual fue tan sincero, que contagió los ánimos de los dos visitantes decepcionados.

Tomándola palabra Jerónimo consideró:

- Bueno, Salomón, estábamos muy tristes, pero tu alegría es tan grande que se convirtió en una fuente de aliento para nosotros.

- Sí, Jerónimo. Estamos realmente muy felices. Todos los responsables invisibles de este evento, elevamos nuestras oraciones agradeciendo a Jesús por la obra del Bien.

Torpemente, Jerónimo tocó el tema:

- Debe ser difícil para ustedes mantener el ánimo en alto en medio de tantas demostraciones de intereses mezquinos, disputas mal disimuladas, y comparaciones vanidosas. Admiramos la nobleza de sus almas.

Al comprender las referencias del visitante, Salomón los abrazó y respondió:

- Ustedes saben lo que pasa, amigos míos, estamos aquí en todos los logros, año tras año y, para su información, creo que este es el primer evento en el que hemos logrado una reducción razonable de interferencias inferiores. Con la autorización de nuestros superiores, instalamos en todos las entradas por donde deben pasar los encarnados, sistemas de filtrado que bloquean la acción de entidades obsesivas que, a través de diferentes medios se conectan con los participantes del movimiento. Así, los fascinadores de los médiums, los obsesores de la vanidad de los escritores y oradores, los promotores de perturbaciones vibratorias que solían penetrar en otros eventos como miembros del "séquito" de cada participante, quedaron aislados, fuera de aquí. Estamos haciendo este experimento por primera vez. En los demás, hubo cierta tolerancia, sobre todo por respeto a la buena voluntad de los integrantes del evento, a quienes apreciamos con cariño y sinceridad. No los apartamos de sus socios en el mal para no causarles el ya conocido daño fluidico. Ahora; sin embargo, después de tantos problemas ocasionados en las otras ediciones, exigiendo de los miembros del equipo espiritual la asistencia de emergencia del llamado equipo de los "Bomberos del Bien" - optamos por las medidas más rigurosas en la prevención de influencias disruptivas. Y, para nosotros, esto es motivo de alegría porque, desde el inicio del encuentro, el número de "incendios fluidicos" disminuyeron en más de un cincuenta por ciento y, por tanto, también disminuyeron las pérdidas de los participantes.

Adelino no podía creer lo que estaba escuchando.

- ¿Quieres decir, entonces, que en ediciones anteriores las cosas eran peores

- Mucho, amigo. No lo puedes imaginar. Lo que estás viendo ahora no se parece en nada a lo que ya hemos tenido que afrontar. Sin embargo, no nos quejamos del servicio, porque es a través de él que ayudamos a las personas a mejorar también. Quién sabe, si hablan tanto de virtudes con los demás, un día acaban aprendiendo a practicarlas sobre sí mismos, ¿no?

Salomón sonrió con sus propios comentarios.

Jerónimo y su amigo, sorprendidos por su forma de afrontar la circunstancia, respondieron al buen humor del líder espiritual.

- Además, nuestros hermanos también necesitan ser puestos a prueba para los procesos de selección espiritual. Piensan que, por ser médiums, escritores, oradores, expositores y otros "ores" - gozarán de privilegios inexistentes en la Justicia del Universo. Así, cada participación en estos encuentros es una oportunidad para meditar sobre lo que están diciendo, sobre lo que están escuchando y sobre la transformación que, en ellos, es aun más necesaria que en el público que asiste al evento. No olvidemos la enseñanza del Evangelio de Mateo contenida en el capítulo 21, versículos 28 al 32, bajo el título PARÁBOLA DE LOS DOS HIJOS:

28 ¿Y tú qué opinas? Un hombre tenía dos hijos. Acercándose al primero, le dijo: Hijo, hoy ve a trabajar en la viña.

29 Él respondió: Sí, señor; pero no fue.

30 Dirigiéndose al segundo, le dijo lo mismo. Pero él respondió: no quiero; pero después, arrepentido, se fue.

31 ¿Cuál de los dos hizo la voluntad de su padre? Ellos dijeron: El segundo. Jesús les dijo: De cierto os digo que los publicanos y las rameras os preceden en el reino de Dios.

32 Porque vino a vosotros Juan en camino de justicia, y no creísteis en él; mientras que los publicanos y las rameras le creyeron. Vosotros; sin embargo, incluso viendo esto, no os arrepentisteis, después de todo, para creerle.

- En este entorno, existen ambos tipos de hijos. Hay quienes el Señor llama a la obra de la viña y piensan que se trata de hablar bien, de quedar bien, de ser el líder de las ideas. Entonces responden, "sí, Señor - pero en realidad no quieren trabajar duro en la tierra baldía, en el servicio manual a favor de los que sufren. Ellos son los teóricos del Bien. Por otro lado, también hay quienes son considerados por los hombres como groseros, incultos, rudos o indiferentes a las tesis doctrinales, pero que, al escuchar la llamada del Padre, se arrepienten del tiempo invertido, cogen la herramienta y van al lugar de trabajo para hacer su voluntad.

Cerrando el razonamiento, agregó:

- Entonces, hermanos míos, aquí se les pondrá a prueba la verdad de la parábola que dice: De cierto os digo que los publicanos y las rameras os preceden en el reino de dios, precisamente porque estos, habiendo escuchado el llamado a arrepentirse por parte de Juan el Bautista junto al río Jordán, así procedieron, creyendo en la llegada del Mesías y transformando sus vicios y defectos. Sin embargo, muchos de los que se consideran capacitados para "bautizar a otros" desde la cima de su sabiduría doctrinal y su arrogante ignorancia, todavía están manchados por el pecado. Esta es la oportunidad para que estos ingenuos despierten a la llamada al trabajo real, en los últimos momentos de selección para la construcción de la nueva humanidad.

Las tareas; sin embargo, requerían la presencia de Salomón, quien, al excusarse, dejó a solas a los dos enviados de Bezerra para que pudieran seguir aprendiendo. Por lo que se despidieron.

Fue entonces cuando Adelino le comentó a su amigo:

- Mira, Jerónimo, y pensar que las cosas son así solo por los propios participantes, ¡sin la ayuda de sus obsesores! Imagínate cómo debió ser, entonces, antes de las medidas profilácticas.

Fue entonces cuando los dos escucharon una voz inconfundible que se dirigía a ellos amablemente, diciendo:

- Pues bien, queridos míos, ¿ya están desacreditando la caridad salvadora?

Era Bezerra que llegaba tranquilamente, sabiendo todo lo que estaba sucediendo en sus corazones.

Se abrazaron una vez más, felices por el encuentro inesperado.

- Bueno, doctor, las cosas están realmente difíciles... - dijo Jerónimo.

Sin embargo, no nos rendiremos.

- Así es. Sé que tuvieron experiencias frustrantes, porque buscaron dentro de las ceremonias y núcleos jerárquicos. Les aconsejo que vuelvan con nuestros hermanos católicos, evangélicos y espíritas fuera de los suntuosos templos o los ostentosos eventos. Verán cuán rico es el mensaje cristiano de la caridad en el seno de los corazones de los fieles a la verdad. Cuando hayan hecho eso, los espero para nuestra reunión en el Centro.

Las palabras del médico parecieron haber reavivado el ánimo de los dos estudiantes de la salvación, quienes, siguiendo los experimentados consejos, volvieron al estudio de la lección, en busca, ahora, de la CARIDAD SALVADORA.

39.-
LA CARIDAD SALVADORA

Cuando los dos espíritus amigos llegaron a su nuevo destino, fueron sorprendidos por un alboroto sin precedentes. Sabían que los seres humanos eran criaturas complicadas, difíciles y temperamentales. Sin embargo, lo que vieron tan pronto como cruzaron los muros de la casa de Samuel fue muy deprimente.

Los platos volaban por la cocina, chocando contra las paredes o el suelo, reducidos en fragmentos. Pero no se trataba de efectos físicos producidos por el mundo espiritual utilizando el ectoplasma de algún encarnado, ¡no!

Lo que sucedía era una feroz discusión entre madre e hijo, ambos fuera de control, desahogando sus neurosis en los pobres utensilios del hogar.

Joana era una dama perturbada, que albergaba frustraciones, sin inclinación religiosa y dominante por naturaleza.

Su hijo Fernando, un muchacho soñador y lleno de convicciones propias de su edad, trataba de vivir su vida de acuerdo a sus normas, pero era vigilado intensamente por su madre, quien, invadiendo su intimidad y decidiendo sobre sus asuntos desde muy pequeño, no se había preparado para la madurez de su hijo, imaginándolo todavía bajo su control.

El hijo había crecido viendo los disparates nerviosos y las medidas autoritarias de su madre, aprendiendo a funcionar con el mismo patrón que ella.

Entonces, cuando no era la madre la que perdía los estribos y empezaba a agredir, era su hijo Fernando, casi en sus treintas, quien realizaba el bochornoso espectáculo de actitudes ignorantes.

Esa mañana, habían discutido por el comportamiento del muchacho que, la noche anterior, había llegado a casa fuera de la hora habitual. Él y su novia habían salido a pasear, habiéndose pasado de la hora, lo que obligó a Joana a permanecer despierta, ya que tenía la costumbre de no dormir hasta que su hijo regresara. Así, el asunto se convirtió en tema de conversación familiar durante el desayuno, avivado por la queja materna.

A partir de la queja de Joana, replicada por un Fernando orgulloso y arrogante, la conversación se tornó acalorada hasta convertirse en un intercambio de insultos y, finalmente, con su hijo descontrolado, lanzando platos por todos lados. Lo hizo para intimidar a su madre, quien, a su vez, también descontrolada, utilizó la violencia de la misma manera.

Sentado en la sala de su casa, a solo unos pasos del lugar de la discusión, Samuel era la calma en persona. Sereno e imperturbable, el viejo protestante mantuvo sus pensamientos elevados a Dios, pidiendo al Creador que ayudara a su esposa e hijo a calmarse.

En comparación, los dos entornos eran la antítesis el uno del otro.

La cocina era un pozo de lodo vibrante en el que los dos encarnados, adversarios de otras vidas, luchaban bajo el patrocinio de un nutrido grupo de entidades desafortunadas, igualmente agresivas, impuras y burlonas. La habitación era la sucursal del Paraíso. Los sentimientos intensificados hicieron de Samuel el refugio seguro para esas dos almas afligidas en profundos desajustes consigo mismas.

La escena parecía ser común en la interrelación de los dos atacantes.

Las primeras veces, Samuel había intentado intervenir aportando un poco de sentido común a los contendientes ignorantes. Sin embargo, en el calor de la discusión, solo lograba irritarlos aun más con su calma franciscana.

Así que se quedaba en silencio, esperando que terminara el terremoto.

Cuando todo terminó, Fernando estaba alterado, como invadido por entidades alucinadas. Llorando, Joana se fue a su habitación, de donde no saldría pronto. Entonces Samuel, bajo la mirada de admiración de sus dos amigos invisibles, se levantó tranquilamente y se dirigió al patio en busca del recogedor y la escoba con la que limpiaría los daños producidos por esa verdadera guerra del orgullo.

- Fernando, hijo mío, ya te dije que estos comportamientos no ayudan a nadie - dijo cariñosamente el padre.

Su cabello blanco y su paciencia lo hacían lucir como un personaje bíblico, especialmente cuando se observaba que las Sagradas Escrituras eran su libro de cabecera, según los hábitos de lectura comunes a los seguidores de las religiones reformadas.

- ¡Ah! Padre, esa arpía me vuelve loco. Cuando me doy cuenta, ya he perdido el control de mí mismo.

Al comprender las necesidades del hijo, Samuel no le reprochó nada directamente, sino que simples limitó a decirle:

- Pero así, tendremos que convertirnos en fabricantes de platos y vasos, Fernando, porque en cada discusión entre ustedes, los que más sufren son el armario y nuestros bolsillos. Los pobres platos no tienen la culpa que tú y tu madre no se lleven bien.

- Sí, lo sé, papá, pero a veces ella comienza el colapso. De hecho, desde niño recuerdo a la madre tirando cosas contra las paredes, ventanas y puertas.

- Entonces, hijo mío, aprendiste a hacer lo que no estaba bien. ¿Por qué no aprendes un poco de lo que te aconsejo, Fernando? ¿Qué te hace imitar lo malo de la conducta de tu madre en lugar de aprender un poco de las cosas que trato de ejemplificarte? Joana es una buena esposa y una excelente madre. Si te habló del horario es porque, por preocuparse tanto por tu seguridad, no duerme bien hasta que llegas. Y a pesar de no recordar siempre este detalle, tu condición de hijo único empeora estas cosas.

- Está bien, viejo - respondió Fernando, llamando cariñosamente a su padre - como siempre, tienes razón.

- No me preocupa tener razón, sino vivir en paz, como el Señor lo ha recomendado, hijo mío. Además, el que vayas a la iglesia conmigo pesa a tu favor tanto como en tu contra, porque te convierte en un adepto iluminado.

La humildad de Samuel era digna de un pedestal. Mientras hablaba con el chico, barría los fragmentos del piso y organizando la cocina para que volviera al patrón anterior. Su generosa intervención correspondió a la extensión de la Luz al campo de las Tinieblas donde, momentos antes, dos caballeros, empuñando las espadas del orgullo y el egoísmo, se habían atacado entre sí con tanta violencia como pudieron.

- Hijo, voy a hablar con Joana y te pido que no la provoques con comentarios groseros. ¡Veamos si hasta la hora de la cena podemos volver a sentarnos como una familia civilizada alrededor de esta mesa y comer en paz!

Ese simpático anciano ejerció una gran y benéfica influencia sobre su hijo, quien, admirando su grado de paciencia, comprensión y tolerancia, se sintió pequeño frente a él, y al mismo tiempo quiso seguir sus pasos para imitarlo.

Tanto es así que fue gracias a los ejemplos de Samuel que Fernando hizo su elección religiosa, acompañando libremente a su padre, acudiendo a los cultos protestantes donde la palabra bíblica era pan para el alma. La escuela dominical, el contacto con muchachos de su edad, las enseñanzas evangélicas y los mensajes cristianos habían penetrado en su alma a través de la puerta de los ejemplos vivos de su padre, constantemente puesto a prueba en la experiencia de un hogar atribulado.

Después de hablar con Fernando, Samuel, se dirigió a la habitación donde su esposa estaba llorando, ya un poco más tranquila.

- Aquí vienes, predicador del Evangelio - dijo Joana, tratando de desequilibrarlo. Viste quién lo inició. Tu hijo es un desalmado, un loco. Necesitamos encontrar una manera de internarlo. Desde que comenzó a salir con esta pequeña prostituta, ha cambiado por completo. Está irreconocible.

Manteniendo su serenidad, vestido con el amor verdadero que emana del Corazón Celestial del Creador, Samuel se sentó a su lado como un padre acercándose al lecho de su hijo enfermo.

Tomó las manos de Joana entre las suyas y dijo:

- Querida, estoy aquí a tu lado, no para predicar, sino para decirte que te entiendo profundamente, Joana. Sé que su carácter fuerte no acepta ciertas cosas y que, efectivamente, la actitud de Fernando no fue la mejor. También le he hablado de esto a nuestro hijo.

Con el cariño en las palabras, parecía que Samuel no había presenciado nada de esa horrible escena, capaz de quitarle la tranquilidad a cualquiera de los seres considerados normales.

- Sí... me alegra que reconozcas que fue su culpa... ¿no crees que también deberíamos encontrar la manera de internarlo?

- Vamos, Joana, ¿cómo podemos internar a Fernando sin internarnos nosotros también? Es el resultado de nuestra educación, querida. Aprendió a ser así por los ejemplos que le dimos.

Samuel siempre hablaba en plural para incluirse a sí mismo en las situaciones, pero, en verdad, Joana sabía que él nunca había adoptado tal comportamiento. Siempre había sido un hombre equilibrado, siendo de ella la mala conducta, arraigada en un nerviosismo incontrolado.

Esto enrojeció a la madre de vergüenza.

- Antes Fernando hubiera aprendido algo de ti, Samuel, un hombre educado, amable y tranquilo. Pero parece que tiene mi genio.

- ¡Así que cariño! Si este es el caso, reconozcamos que no podemos culpar al muchacho por ser como es. Además, está enamorado y los corazones que se dejan enganchar son siempre temperamentales. Además, no es solo hoy que no puedes controlar tus celos, ¿verdad, cariño?

La sonrisa de Samuel suavizó la crítica de esas observaciones, transformándolas en simples comprobaciones de la veracidad de los hechos.

- ¡Ah! Samuel, es tan difícil criar a un hijo, más aun siendo hijo único, hacer planes, construir su futuro, y luego entregarlo a los brazos de una cualquiera que, con media docena de dulces palabras, le quita la cabeza al hombre del cuello y tira nuestros planes por el desagüe.

- No es así, Joana. Fernando tiene la cabeza en su sitio, a pesar de ser tan temperamental como tú. Está en el mejor momento de su juventud y eso es difícil de controlar. Tú también tuviste su edad y, como mujer, sabes cómo se comportan las mujeres.

- Exactamente por eso me preocupo, Samuel - respondió Joana, esbozando una sonrisa.

Al ver que su esposa estaba recuperando algo de equilibrio, Samuel le acarició el cabello y dijo:

- ¡Ah! Cariño, nunca me olvidé de nuestros sueños al pie del altar, de su belleza que tanto me encantó y me encanta, incluso después que tu cabello comenzara a ponerse blanco. Nuestro hogar es nuestro refugio, querida. Continuaremos construyendo juntos una vida en armonía. Fernando es el mayor tesoro que tenemos. No estropeemos su vida personal con la excusa que lo amamos mucho. Dejemos que el muchacho sea libre para que pueda aprender de sus propios errores para construir un nido que mejor lo cobije Si siempre estamos involucrándonos en cómo debe hacerlo, nunca podrá decidir por sí mismo. De hecho, este es uno de los problemas que ha enfrentado en la vida. No se siente seguro al elegir las cosas más importantes porque nuestra sombra lo atormenta.

Rodeada por el halo luminoso que nacía en el corazón de ese amable anciano, Joana inclinó la cabeza y cedió a sus argumentos.

- ¡Ah! Samuel, qué triste sería mi vida si no estuvieras a mi lado - exclamó la mujer desequilibrada. Mis nervios me destruirían, y ciertamente sería yo la quien estaría en el manicomio.

- Olvidemos este asunto, Joana. El día está muy bonito y no quiero que te lo pierdas. Más ahora, que tu jubilación nos permite la libertad de hacer lo que queramos.

Al abrir la ventana para dejar que entre la luz de la mañana, Samuel concluyó:

- Vayamos a pasear hasta la plaza. Quiero mostrarte la belleza de los árboles de ipé amarillos, que están llenos de flores. Vamos. Vístete, que te estoy esperando.

Salió de la habitación con el corazón lleno de alegría por poder ayudar a esos dos seres tan amados a recuperar el sentido común. Fernando se había ido a sus actividades del día y no regresaría hasta la hora del almuerzo. Mientras tanto, después de la caminata con su esposa, Samuel la ayudó a preparar la comida para que la armonía regresara a su hogar.

Gracias al esfuerzo del padre, cuya religión sincera se incorporaba en la vivencia de las enseñanzas a todas horas del día, la cocina volvió a ser el núcleo del entendimiento familiar, dejando atrás el puesto del campo de batalla.

Sin necesidad de ninguna actitud llamativa, demostrando superioridad religiosa, la fe de Samuel servía de refugio a aquellas almas que, beneficiadas por reencarnaren su compañía, recibían todo de él, como un dador constante de virtudes evangélicas. Por la tarde, en compañía de Fernando, Jerónimo y Adelino fueron a encontrarse con Samuel en el servicio religioso, atento al estudio de la Biblia y elevándose a Dios de la manera más sincera que un ser humano podría relacionarse con el Padre: sin fingir, sin trucos, y sin negocios.

Ahí estaba el primer ejemplo de caridad salvadora. Samuel transformaba a los demás entregándose a fondo en todo lo que hacía. Su esposa era inadaptaba y él se entregaba en afecto y comprensión sincera. Su hijo era temperamental y él se entregaba en consejos y guía, en verdadera amistad y cariño. La casa estaba en desorden y él se entregaba usando la escoba. Su estómago le pedía comida y él se entregaba a cortar verduras, a preparar sopa, a servir la mesa. Los que amaba le daban la hiel de la violencia y él correspondía con paseos por el jardín y visitas a la Iglesia, donde se reponía y ayudaba a cada uno a conocer las bellezas de la vida según sus necesidades y capacidad de comprensión.

Joana necesitaba calma, cariño y estimulación luminosa para no ceder al oscuro entorno de sí misma. Por eso Samuel la llevaba a pasear por la naturaleza.

Fernando, inseguro y frágil, carecía de comprensión, nuevos conceptos para pensar y transformar sus sentimientos. Así, Samuel lo llevaba como persona carente de luz espiritual directamente a la casa de Dios, donde encontraría los bienes que irrigarían su alma y facilitarían el entendimiento entre ambos, tras su regreso.

Cuando cayó la noche y Joana ya dormía después de un día difícil, Adelino y su acompañante encontraron a padre e hijo en la mesa de la cocina, con el texto bíblico abierto para los correspondientes comentarios. Fernando hacía preguntas y Samuel trataba de hacerle entender que la religión no era un papel escrito hace miles de años, sino que, por el contrario, tenía un poder tan inmenso que, a lo largo de los siglos, podría traer la paz a los miembros de esa familia, bajo ese techo, si sus miembros haciéndose ocuparan hacer vívidas sus enseñanzas.

Y como siempre hacían, antes de irse a la cama, Samuel preparó una taza de leche caliente para su hijo y juntos agradecieron a Dios las bendiciones de la vida y el alimento, en lo que estuvieron acompañados por los amigos espirituales conmovidos y ennoblecidos por el verdadero ejemplo de caridad que les había transmitido ese hermano evangélico.

***

Al día siguiente se dirigieron a una pequeña parroquia ubicada a las afueras de la ciudad, que, según les habían contado, era el hogar de un verdadero pescador de almas. El padre Sebastián era uno de esos idealistas y generosos hijos de Dios, que no se dejan engañar por la suntuosidad y las convenciones sociales. Tanto es así que, a diferencia de sus compañeros, que siempre están interesados en llegar a los rangos más altos de la jerarquía religiosa, Sebastián prefirió permanecer con su rebaño como alguien que se esfuerza por representar el equilibrio dentro de la comunidad.

Su apariencia física era una mezcla de debilidad y fuerza. La debilidad orgánica debida a décadas de sacrificio y renuncias en el trabajo del bien, en la visita a los enfermos, en la ayuda a los huérfanos, en la alimentación precaria, y la fuerza que provenía de su conexión con la energía superior que abastecía su espíritu, aquella con la que Sebastián estaba vinculado las veinticuatro horas del día.

Su vida ya no era suya, durante mucho tiempo. A pesar de no ser anciano, su cuerpo sentía el peso de los reiterados testimonios. Como resultado, sus potencialidades mediúmnicas se desarrollaron de manera natural, permitiendo al sacerdote vislumbrar el mundo invisible y disponer de información preciosa, solo obtenida a través de la confianza que Dios y los espíritus superiores depositan en un siervo fiel. Debido a sus palabras inspiradoras y las poderosas vibraciones, la fama que se hizo dentro de la pequeña comunidad era la del hacedor de milagros. De varios barrios de los alrededores acudían enfermos, infortunados, inadaptados de toda condición a pedirle su bendición. Sin ningún rastro de vanidad, Sebastián dio la bienvenida a todos. Sus manos dedicadas al ideal cristiano eran las manos del mismo Jesús, pastoreando el rebaño, calmando a las ovejas, disminuyendo la desesperación y reclutando idealistas para el redil del Señor.

La notoriedad que rodeaba su nombre, por la que no había hecho más que servir por amor a sus semejantes en la vivencia de los principios cristianos que profesaba su iglesia, llegó a oídos de las autoridades eclesiásticas superiores a él. Y sus jefes no veían con buenos ojos la aparición de un "santo sacerdote." Esto perjudicaba la jerarquía religiosa de su congregación. ¿Cómo era posible que un simple y desconocido sacerdote de los suburbios tuviera poderes curativos que sus superiores no poseían?

El hecho que los propios fieles cultivaran la admiración por el sacerdote, por la seriedad y devoción de aquel hombre de Dios, era motivo de envidia y temor por parte de quienes, durante décadas y décadas, vagaron por cultos y catedrales, revistiéndolos de mármol y piedra, granito, oro y plata, pero que nunca lograron infundir la pureza inocente de la verdadera fe en el corazón de los fieles, reemplazándola por palabras decoradas. La suntuosidad de sus vestimentas era una de las herramientas utilizadas por los sacerdotes calificados para infundir respeto y admiración en el rebaño que, de hecho, debía congregarse en torno a ellos en busca de calidez humana, bondad espontánea, comprensión a través de la cual los líderes religiosos sostenían a la comunidad.

Sebastián, por el contrario, había construido todo esto de forma natural, gracias a la convivencia con los miembros de su parroquia, a los que no pedía ni imponía nada mediante sermones amenazadores. La casa de Dios, que manejaba con recursos limitados, estaba casi en ruinas. Sin embargo, albergaba a toda una comunidad, partiendo siempre de los propios miembros las iniciativas para mejorar las condiciones físicas del lugar.

- Padre, mi esposo quiere saber si puede arreglar algunas bancas que están rotas. Es carpintero y sabe hacer este trabajo - dijo una de las mujeres asiduas a aquel ambiente amoroso.

- Vamos, Valdete, déjalas como están. Pusimos unos ladrillos para apoyar el asiento y todo funciona bien. Además, la iglesia es pobre y no tiene los recursos para pagar por el trabajo, hija.

- Pero Juvenal se encargará de arreglar las bancas, padre. Y ni siquiera piense en pagar por el trabajo. Ese indiferente de mi esposo está mejorando mucho desde que vino aquí a escuchar tu palabra. El otro día le dolía tanto en el medio de la cabeza, que nada podía quitárselo. Cuando usted pasó junto a él y, sin saber nada, le puso la mano en la cabeza, Juvenal dice que el dolor desapareció. Desde ese día, no ha sentido nada más. Quedó tan impresionado que me está molestando porque quiere arreglar las bancas rotas. Debe dejar que lo haga, padre.

Feliz con la noticia de la mejora de su esposo, Sebastián respondió:

- Hija, las obras del Bien son todas de Dios, mientras que las obras del mal son hijas de la ignorancia de los hombres. Dígale a su esposo que es al Padre a quien debe agradecer. No es necesario pagar por nada, haciendo servicios para compensar la mejora, porque Dios es sin cargo, hija.

- También le dije eso, padre. He aprendido mucho de ustedes aquí en la iglesia. No está tratando de pagar por la mejora. Es que está tan feliz desde ese día, que le gustaría mucho hacer feliz a Dios reparando las bancas. Y mire, está el caso de Tadeo, que quiere arreglar las goteras del altar. ¿Recuerda la lluvia de la semana pasada? Bueno, había una gotera justo en la frente del niño Jesús. Tadeo se fue a su casa diciendo que, así, el pobre terminaría con un resfriado. También vendrá aquí a pedirle poder arreglar el techo. Juventina piensa que lleva una sotana muy gastada. El otro día me habló diciendo que había contado doce parches en la tela de su ropa. ¿Dónde ha visto algo así, padre? ¿Dios sana a otros a través de un harapiento?

- Dios sabe lo que hace, hija. No es lo que está fuera de nosotros lo que importa. Es lo que habita en nuestro corazón, Valdete. Pero, en cualquier caso, dile a tu esposo que cuando quiera, puede arreglar las bancas porque a me preocupa que alguien se caiga y se lastime durante la misa.

Así siguieron las cosas y la pequeña iglesia continuaba llena de personas afligidas que encontraron a Dios y a Jesús a través de Sebastián.

En ese ambiente de pobreza y sencillez, la caridad era algo que formaba parte natural de las rutinas del Bien. Nadie supo nunca cuándo se estaba llevando a cabo, porque Sebastián no se preocupaba en hacerlo. Vivía únicamente según los dictados del Evangelio, del que se habían apartado gran parte de las escuelas cristianas. Sin embargo, su fama de benefactor molestaba a sus superiores. Para tratar de evitar que continuara ese estado de cosas, el obispo Barcelos firmó un decreto "promoviendo" al citado sacerdote a otra comunidad, al otro lado de la ciudad. Vinculado a la Iglesia por los votos de obediencia, Sebastián estaba, precisamente ese día, comunicando a sus amigos la determinación superior.

La revuelta se apoderó de la comunidad. Incontables años de devoción y afecto no podían ser reemplazados fácilmente por nadie más que llegara a la parroquia.

Todos los feligreses estaban indignados por la conducta de la diócesis, que, deseando "degradar" a su miembro inconveniente, lo promovió lejos, utilizando en su motivación, exactamente, la fama de sacerdote santo, para enviarlo a la zona peligrosa dominada por la violencia de los traficantes a fin de apaciguarla con su "santurronería."

Sebastián supo identificar fácilmente el mensaje detrás de la transferencia. Sin embargo, rodeado de las luces espirituales que lo fortalecían, mantuvo la serenidad y, contra toda opinión agresiva, comenzó a defender los motivos de la iglesia, preocupada por mejorar las condiciones de la lejana parroquia, atrapada en medio de pandillas y drogas.

- Pero padre, ya no tendremos a quien acudir. El obispo Barcelos se preocupa por terminar la catedral, mientras que la gente lucha por conservar su propia vida. Contigo usted aquí, las cosas iban bien. Ahora, sin su protección, sin sus palabras de aliento, ¿qué será de nosotros? Y cuando nos enfermemos, ¿quién nos va a tratar?

A todas estas exhortaciones, Sebastián respondía sereno:

- Hijos, la casa del Padre es un gran edificio en el corazón donde nunca se deja nadie solo. Ciertamente otro me sucederá aquí, con mayor competencia y devoción a Jesús y a todos ustedes. Además, no olviden que es Dios quien hace todas las cosas. Él los sostendrá en sus luchas, en sus enfermedades, en sus fortalezas. Y no olviden que no me habré trasladado al otro mundo. Estaré justo aquí. Cuando la nostalgia sea muy grande, me visitarán y volveré aquí para verlos.

Sebastián, además de muchos otros, ejerció la caridad de comprender, de calmar los ánimos, serenar las afflicciones colectivas ante la novedad que les afectaba mucho.

A pesar de todo, Sebastián obedecería y trataría de hacer todo lo posible por la nueva comunidad que lo recibiría. Aceptando las determinaciones de la jerarquía a la que pertenecía de corazón, continuó siendo un instrumento de Dios en las manos de Jesús junto a los más afligidos entre los afligidos. Y como ya había desarrollado la capacidad de renunciar, de no temer ni la agresión ni el mal, Cristo lo recompensó con la tarea más difícil de su existencia. Sería el pastor del rebaño de los marginados, de los malhechores, llevando a sus corazones la palabra generosa y el ejemplo de afecto a sus vidas.

- Pero ahí, padre, la gente se mata todos los días - dijo Valdete, rodeada de otros creyentes, que coincidieron con ella.

Entendiendo su misión evangelizadora y pacífica, Sebastián les respondió sonriendo:

- Queridos hijos, la gente se mata todos los días, pero nadie muere. ¿Han olvidado nuestras charlas dominicales aquí en la iglesia? Jesús mismo demostró esto. Rezad por todos nosotros, hijos de la desgracia. No soy digno de perder mi vida al servicio de Cristo. Sin embargo, acepto sus determinaciones y sigo a donde me envíen, contando con su protección celestial y las energías para poder servir en cualquier lugar.

Estaba la caridad de la renuncia que buscaba la armonía, la reducción de los conflictos sociales, mediante la sumisión a las órdenes, aunque fueran injustas o mezquinas. Sobre todo Sebastián era un cristiano que servía a Cristo más que a la Iglesia que los hombres construyeron. Y eso lo demostraría aun más ahora, incluso a riesgo de estar en medio un tiroteo. Intentaría salvar a los niños del destino delictivo, proteger a los ancianos asustados por los conflictos, ayudar a los padres a pensar en otros caminos. Sebastián vio la dificultad como el desafío de un Jesús que sabe poner a cada soldado en el lugar donde debe estar para que pueda hacer lo mejor posible.

Los dos espíritus que buscaron la caridad salvadora entendieron la nobleza de ese sacerdote valiente, capaz de enfrentar las penurias de la guerra porque no temía al Mal, ni lo combatía con sus propias armas. Defendió el Bien y se valía de los instrumentos de la bondad para convertir el mal. Los dos espíritus le besaron la mano con respeto por su abrumadora fe y partieron para la última visita que les esperaba.

40.-
DIFERENCIA ENTRE DAR COSAS Y DARSE EN LAS COSAS

De acuerdo con las pautas del Doctor de los Pobres en la búsqueda de la caridad salvadora, muchas veces alejadas de los debates intelectuales, las discusiones teóricas y los choques de inteligencia, Adelino y Jerónimo se encaminaron hacia un amplio entorno que servía de hogar a criaturas aisladas del mundo social como resultado de un difícil rescate. Una cruel enfermedad fue la encargada de arrojarles la mancha discriminatoria que les había condenado a la separación de afectos, un recurso ancestral utilizado para alejar a los marcados por la peste de los demás que aun no han sido contaminados.

La lepra de todos los tiempos, herramienta del destino para rectificar los sentimientos a través del crisol del dolor y la soledad, el desprecio y el prejuicio, ya había sido domesticada por los recursos médicos modernos. Sin embargo, el alma humana siguió cargando con los miedos de su contagio, generando consecuencias desagradables para sus portadores. En un pasado no muy lejano, los enfermos fueron obligados al confinamiento, bajo vigilancia armada y, a pesar de suavizar de tales rigores gracias al avance de los tratamientos, las heridas resultantes del largo aislamiento ya se habían asentado en la vida de muchas criaturas quienes, a lo largo de las décadas, perdieron referencias familiares, fueron olvidados por todos sus parientes y vieron el mundo reducido a la expresión de la leprosería, dentro de la cual, muchos encontraron la compañía de otros leprosos, estableciéndose allí nuevas familias, casándose y teniendo hijos. Sin embargo, si algunos lograron superar sus penas compartiéndolas con otros desafortunados en el entorno de las colonias o asilos para enfermos, muchos más vieron llegar la vejez entre la amargura reprimida y la angustia de la soledad. No tenían nada porque, en general, la familia se apropiaba de todas sus propiedades, dejando de muchos de ellos en la más completa pobreza. Como mucho, recibían una modesta pensión estatal, una especie de beneficio de la seguridad social con la que podían comprar algunas cosas para las necesidades mínimas. Condenados por la sociedad de la época a vivir como réprobos por el miedo al contagio, se vieron obligados a conformarse con migajas, a trabajar incluso enfermos, a producir artesanías para vender a los pocos visitantes, degradándose en la condición humana debido ante la indiferencia de los hermanos de humanidad. Ciertamente no se trataba de un castigo casual, basado en el odio de Dios hacia esas personas. Un dolor tan atroz correspondía al efecto doloroso, al fruto amargo de amargas siembras del tiempo pasado. Reyes, príncipes, nobles de todos los títulos, amos de esclavos ricos y poderosos, príncipes de la iglesia, políticos corruptos, todos ellos habían inoculado el veneno de la lepra en sus propios espíritus a través de la experiencia de la inferioridad moral, contaminando sus tejidos sutiles con las vibraciones corrosivas que, luego, migrarían a la carne de sus futuros cuerpos para reparar los desajustes de conciencia y responsabilidad.

Sin embargo, a pesar de ser un sufrimiento justo, según las leyes espirituales, este hecho no modificaba de ninguna manera el sentimiento de compasión del que todos eran dignos. Culpados por los errores de otras vidas, esto no convirtió su infierno moral en un paraíso. Y los dolores, con justa causa o sin motivación aparente, siguen siendo dolores que piden consuelo a los corazones más sensibles.

En ese triste ambiente de asilo, miles de personas vivieron cargando sus sueños rotos, sus ilusiones destrozadas y sus vidas amputadas sin la anestesia del cariño. La vasta ciudad de antaño, ahora se estaba reduciendo a montones de casas en ruinas como resultado del abandono producido por la muerte de sus ocupantes o la salida de sus residentes, algunos de los cuales regresaban al mundo exterior para vivir con uno u otro familiar generoso que los acogía.

Sin embargo, muchos no tenían otro lugar a dónde ir y, por lo tanto, dependían de los pocos recursos que les servían para sobrevivir.

Una habitación modesta, el servicio de enfermería, la atención médica y, para consolar sus deseos humanos, algunas horas de visitas públicas durante la semana.

Durante muchos años, los espíritas han respondido al llamado cristiano de solidaridad en relación con estos enfermos, amontonados en leproserías donde esperaban la muerte. Se organizaron caravanas y, de todas partes, llegaron decenas de hermanos fraternos para intercambiar energías con los desesperados, que veían así aliviado su dolor moral aun cuando no pudieron haber liberado sus cuerpos de la enfermedad.

Se estableció el camino de la fraternidad real, por el cual los enfermos del alma, los de cuerpos aparentemente sanos y que vivían fuera de la leprosería, podían tratarse con el cariño ofrecido a un hermano desfigurado que los recibía con atención, gratitud y amistad. Enfermos que ayudaban a los enfermos, tomados del brazo, encontraron el camino hacia la salud esencial, el que recupera el equilibrio de las verdaderas vibraciones mediante la construcción de nuevos patrones de esperanza.

El tiempo construyó lazos profundos entre los enfermos visitantes y los enfermos visitantes. Se inauguraron centros espíritas, se realizaron sesiones mediúmnicas bajo los techos de tales instituciones. Charlas esclarecedoras, asistencia fluidica a través del pase magnético, apoyo material con la distribución de ropa, alimentos y utensilios diversos para reducir las penurias colectivas correspondían a la fuente del amor verdadero, desinteresado y sencillo de compartir la calidez humana que faltaba en el doloroso entorno de aquellas islas de desesperanza.

A lo largo de los años y décadas y con la disminución de pacientes aislados, la fase aguda del dolor también reducía la afluencia de visitantes.

Sin embargo, aunque en un volumen menor que en el pasado, los espíritas continuaron haciéndose sentir junto a esos hermanitos en desgracia que fueron, en el silencio de sus penas y resignaciones, ejemplos de valentía, superación y fe, virtudes que a menudo faltan en el seno de la sociedad de los propios visitantes.

Así buscaron Jerónimo y Adelino en este entorno de dolor olvidado por la mayoría de la humanidad, la caridad salvadora.

Afuera, la fuerte lluvia ahuyentaba el interés de los visitantes que, dejándose ablandar por los obstáculos más simples, veían en el aguacero suficiente excusa para posponer la visita a los enfermos. Las habitaciones y pabellones estaban abandonados a las moscas y a los pocos enfermos que podían dejar sus camas, sobre todo en un día así.

Ambos imaginaron que verían frustrada la intención de identificar la caridad recomendada por el Evangelio ejercida en la práctica.

Fue cuando su atención fue atraída por las vibraciones del verdadero cariño que, en forma de luz intensa, latían desde una de las habitaciones del pasillo de uno de los pabellones desiertos por los que transitaban. Apresuradamente, se dirigieron al punto luminoso que indicaba la presencia de nobles sentimientos junto a las afⅼicciones del mundo.

Y cuál fue la sorpresa de los dos amigos invisibles cuando, penetrando allí, encontraron a Horácio y Plínio, los trabajadores de la iluminación y la donación fluidica, tutelados de Ribeiro y miembros del Centro Espírita al que también estaban vinculados, junto a un hermano postrado en cama, todos en profundas vibraciones de solidaridad, mientras transmitían al débil anciano un poco de la fuerza vital que poseían. De pie junto a los dos encarnados, el propio Ribeiro, que los acompañaba. Al observar la llegada de los espíritus conocidos, sonrió ante la imposibilidad de entablar cualquier conversación en ese momento; sin embargo, con un gesto, los invitó a participar de la donación fluídica.

Se acercaron, conmovidos, a ese cuadro de amor espontáneo, que se parecía más al escenario evangélico en el que Jesús, en persona, atendía a los desilusionados de la suerte.

La oración, ungida por los más sinceros sentimientos de solidaridad y compasión, recibió la respuesta de lo Alto a través de una lluvia de copos luminosos que cayeron sobre el cuerpo del anciano enfermo, inconsciente, atado a la cama para que no fuera herido por la agitación de la que era portador.

Esta fuerza sublime que le fue asignada por la solicitud de Dios, fue reforzada por la donación vibratoria del potencial magnético de Ribeiro, Jerónimo y Adelino, además de las energías físicas de Horácio y Plínio, que se transformaron en un verdadero elixir tonificante para su cuerpo y, aun más, para abastecer el alma de aquel infortunado.

Terminada la simple oración, después de acariciar la frente del anciano inconsciente, los amigos encarnados se dirigieron a la habitación contigua, donde los esperaba una hermana parlanchina, siempre dispuesta y alegre, y con quien los dos pudieron pasar varios minutos de cordial comprensión antes de proponerse a rezar, lo que la paciente esperaba ansiosamente.

Como los dos podían distraerse un poco, Ribeiro se puso a conversar con los recién llegados.

- Es bueno verte aquí - dijo Ribeiro.

- La sorpresa es nuestra, hermano. ¡Tantas cosas que hacer con el trabajo del centro y todavía encuentras tiempo para apoyar a nuestros hermanos albergados en este hospital...! - Exclamó Adelino, sorprendido por la cantidad de tareas que asumía Ribeiro.

- Como también ustedes, amigos míos, tenemos que disfrutar de los minutos como si fueran los últimos. Además, nuestros dos trabajadores encarnados cumplen una tarea de amor que está bajo nuestra responsabilidad espiritual de acompañar y atender. Y lo hacen con la perfección del anonimato, la sencillez y la verdadera entrega.

- Eso es exactamente lo que estamos buscando, Ribeiro. De acuerdo con las pautas de nuestro Bezerra, buscamos las manifestaciones más sencillas nacidas en el corazón de las criaturas en cuyo altar de sinceridad e idealismo palpitara esa caridad sin la cual no habría salvación.

- Pues llegaron al lugar correcto en compañía de los hermanos apropiados.

Entonces, Ribeiro comenzó a relatar sucintamente las circunstancias de los dos visitantes.

- A diferencia de los muchos caravaneros que llegan aquí con sus buses llenos de cosas para repartir, Horácio y Plínio no tienen las condiciones materiales para hacerse benefactores de los desafortunados donando bienes. Apenas tienen para ellos. Si observan de cerca, Horácio trae el zapato corroído, sutilmente atado con un trozo de alambre, porque carece de recursos para cambiarlo por uno nuevo. Plínio, en cambio, vive con dolor de espalda, que aconsejaría a cualquiera descansar sin concesiones en su modesta casa. Sin embargo, al comprender las obligaciones de la transformación, se olvidan de sus variadas deficiencias y vienen aquí para transferir gran parte de lo que ya han consagrado en forma de alegrías, esperanzas y beneficios espirituales.

Adelino y Jerónimo quedaron asombrados al observar las peculiaridades mencionadas por Ribeiro en relación a los dos donantes de sí mismos.

- Pero el sacrificio no acaba ahí. Muchos vienen aquí esporádicamente, incluso con la facilidad de transporte en cómodos vehículos disponibles en sus garajes. Sin embargo, los dos hermanos, para cumplir con las dulces tareas del consuelo, no cuentan con tales beneficios. Se levantan temprano, van a la terminal de buses de su ciudad, pagan el pasaje y viajan más de dos horas hasta llegar aquí. Y las condiciones atmosféricas de hoy nos hacen imaginar cuánto les costó este esfuerzo. La lluvia; sin embargo, no fue obstáculo para sus ideales y su deber fraternal.

Para venir hoy, Horácio sacrificó parte del dinero que estaba apartando para comprarse zapatos nuevos al comprar su pasaje de bus, mientras que Plinio llegó, enfrentándose a la oposición y críticas de su compañera, que, inmadura para las cosas del alma, desprecia su deseo de ser útil, tratando de ofender a su marido con amargas referencias a su conducta de generosidad y desinterés. Ciertamente, cuando llegue a su casa después de la experiencia espontánea de alegría y compasión con estos desafortunados, encontrará la amargura de la mujer que, con sus ironías habituales, ridiculizará a su pareja, se cerrará a las demostraciones de afecto y, en lugar de acogerlo con cariño y admiración por el desprendimiento que demuestra, le arrojará en la cara acusaciones e insultos por considerarlo irresponsable, vago, e indiferente al destino de su propia familia. Dirá que su marido se dedica a los extraños cuando debería estar trabajando los fines de semana y fuera de horario hacer crecer sus ingresos, mejorando la vida de su pareja. Siempre ambiciosa por mayores comodidades, insaciable en crear necesidades, la esposa de Plínio lo presiona para que cumpla con sus caprichos, aunque eso signifique abandonar la obra del Bien, que ella interpreta como una pérdida de tiempo o caridad tonta solo porque no favorece sus deseos y vanidades. Si su marido pasara el tiempo vendiendo narcóticos para obtener el dinero que le permitiera a su mujer realizar sus caprichos, sin duda ella lo valoraría como un marido diligente y lo rodearía de las caricias de una feliz compañera. Sin embargo, como eligió la hermandad como el camino recto del deber, representa una espina en su garganta. Así, además del sacrificio que hace para alentar los corazones abatidos de los enfermos que visita, Plinio al volver a casa, aun enfrentará el entorno adverso, necesitando ejercitar su equilibrio espiritual para mantener la paciencia, el silencio y la resignación, comprendiendo a su compañera infeliz, demostrando con ello cuánto asimiló realmente de las lecciones de la verdadera caridad, esas que silencian a alguien para que otro más necio hable en su lugar.

A pesar de todo esto y por eso, Plínio y Horácio siguen siendo los siervos del Bien, representando al mismo Jesús con los débiles. Con todos los obstáculos en su contra, se comprometen a ayudar con sus palabras, oraciones y el magnetismo del Amor puro a todos los que aceptan sus ofrecimientos de afecto. Vayan donde vayan, la atmósfera cambia mientras se recolectan las entidades sufrientes para recibir la orientación necesaria. Como saben, estos muros han albergado, durante muchos años, a cientos de pacientes que entregaron sus cuerpos a la tumba, pero, en espíritu, permanecen aquí, necesitados de iluminación y ayuda tanto como los mismos encarnados. Entonces, gracias al trabajo de estos dos compañeros, llevamos a cabo la tarea de rescate con un gran contingente de entidades trabajadoras que deambulan por este hospital y las casas aledañas, tratando de ayudar a otros hermanos sin el cuerpo para que nos acompañen a la Casa Espírita, donde recibirán los recursos adecuados para su modificación.

Ambos estudiosos quedaron sorprendidos por las revelaciones de Ribeiro.

- Hoy aquí, amigos míos, estamos en un grupo compuesto por dos encarnados y doscientos cincuenta trabajadores invisibles, voluntarios para las tareas de rescate de entidades necesitadas, y esperamos salir de aquí con no menos de dos mil quinientos espíritus, ex leprosos o no, que acepten la palabra y la mano extendida. Como pueden ver, cada uno tiene el objetivo de rescatar al menos a otros diez afligidos. Así entendemos la parábola del sembrador que Jesús nos enseñó: una buena parte de las semillas que el sembrador arrojó al suelo se perdieron porque, se las comieron los pájaros, las ahogaron los espinos que crecían a su alrededor o se quemaron por el calor del Sol. Sin embargo, una pequeña parte cayó en suelo fértil y de un grano producía otras treinta, sesenta o incluso cien semillas. Aquí están nuestros dos trabajadores, pequeñas semillas que han aceptado germinar en el suelo de la verdadera bondad y, gracias a sus esfuerzos, podemos abrirnos camino a través del dolor humano y, quién sabe, hoy podamos salir de aquí con la meta de más de dos mil hermanos ayudados.

***

Era sorprendente el poder que el Bien ejercía sobre los corazones desesperados. Ciertamente, quienes vivían en busca de orientaciones y enseñanzas en las diversas reuniones doctrinales también encontraron beneficios y conquistaron importantes tesoros para el alma. Sin embargo, fue allí, en la soledad de una leprosería semi-arruinada, donde el Amor obró milagros a través de la vivencia efectiva de las teorías comentadas en los grandes salones intelectuales, construyendo un mundo diferente, donde no estaban el juego ni el liderazgo en los puntos de vista ni la discusión sobre diversos temas. La salvación del mundo no dependía de los que hablaban. Seguía en manos de quienes lo hacían. Y la caridad salvadora, que se entregaba, incluso cuando las manos estaban vacías de bienes, mostró a Jerónimo y Adelino lo poderosa que era para transformar las almas y llevarlas a un nuevo destino.

Como el aprendizaje era hermoso y profundo para ambos hermanos, aprovecharon los momentos de estudio para transformarlo, igualmente, en la producción de cosas buenas. Entonces, armonizados por el deseo común de ser útil, Adelino le preguntó a Ribeiro si ellos también no podían comprometerse en el esfuerzo colectivo para apoyar a otros hermanos desencarnados, según los planes espirituales para ese día de asistencia.

- Claro, queridos míos, ¿por qué no? Dos voluntarios más en el Bien que se convierten en salvadores de otros significan más bendiciones difundidas. Y si el estudio es tan importante para la maduración de nuestras almas, no olvidemos que solo viviendo sus lecciones podemos encontrar realmente la verdadera sabiduría, porque la teoría nos muestra qué hacer, pero solo la práctica es la que nos revela el "Cómo" dar vida a la teoría. Y no olviden - dijo Ribeiro sonriendo - que solo podrán dar por cumplida la tarea que se proponen cuando...

Y antes de terminar la frase, Jerónimo la completó:

- Cuando consigamos consolar y conquistar al menos a otros diez afligidos...

- Cada uno - completó el amistoso mentor.

- ¡Así es... cada uno de nosotros...! Por lo tanto, serán al menos otras veinte almas que dejarán este entorno y podrán ser enviadas a otros destinos, ya que la obra de la última hora está llegando a su fin y se acerca la hora del ajuste de cuentas.

En la humilde habitación, Plínio y Horácio iniciaron la oración y a dar pasea magnéticos junto a la heroica luchadora que, postrada en cama, se abría a las energías de lo alto como una flor que espera el beso de la brisa para esparcir su perfume de resignación, renuncia y testimonio de fe para todos.

Los espíritus de ese pequeño núcleo de fuerzas luminosas se acercaron para ser parte del banquete de esperanzas, alimentado por las energías superiores que volvieron a caer, más fuertes que la intensa lluvia que persistía afuera.

41.-
REVELACIONES FINALES

Reunidos en la Casa Espírita, todos los obreros del mundo invisible consagrados a ella, y que pudieran presentarse sin perjuicio para sus tareas aquella madrugada, se unieron a los obreros encarnados que también se dedicaban al Bien allí y que iban cuando descansaban físicamente para la continuidad de la tarea.

El ambiente destinado al encuentro colectivo mostró un gran cuidado en la disposición a pesar de la sencillez del mobiliario, característica de la belleza celestial que combina lo simple con el buen gusto extremo.

Las energías que envolvían el vasto salón embriagaban a los espíritus y, entre los encarnados menos acostumbrados a ambientes de tan radiante concentración, era difícil mantenerse sin desbordar una inmensa emoción. Sin embargo, este estado emocional natural no afectó su autocontrol, lucidez y capacidad de razonamiento. Todos los presentes tenían la mente muy clara y participarían en una reunión en la que las autoridades superiores responsables del destino de esa institución presentarían orientaciones y directrices esenciales para los tiempos vividos en el mundo en la presente fase evolutiva.

En el centro de lo que podría llamarse un escenario, pero no aislado del resto de trabajadores y asistentes de esa reunión, un semicírculo de sillas marcaba el lugar donde se sentarían los líderes.

Había, además de Ribeiro y dos de sus ayudantes más directos, otras dos sillas todavía vacías, lo que indica la inminente llegada de sus dos ocupantes.

En un momento dado, una suave señal sonora indicó el inicio de las tareas de la noche, y Ribeiro, ahora de pie en el centro del salón, se preparaba para la oración de apertura.

Con el corazón en sus palabras y la emoción dominando a todos los participantes de tan hermosa solemnidad, el líder responsable invocó la protección divina para los entendimientos de la noche, así como para las vibraciones de los presentes, armonizadas por los sentimientos de pureza, obediencia y devoción al Bien, proporcionaría la energía necesaria para que los planes superiores pudieran realizarse con los trabajadores del amor que habían sido admitidos allí.

Una luminosidad inmediata se expandió desde su pecho, como si un diamante dormido en la oscuridad comenzara a irradiar, llevándose a cada rincón y a cada uno de los asistentes una porción luminosa de esa buena voluntad ejercida durante siglos y siglos por el desinteresado líder en oración.

La emoción era la tónica predominante. La música altamente inspirada hizo imposible contener las lágrimas, comunicando a cada receptor de sus melodías la convicción de una grandeza celestial que gobierna todas las cosas con una sabiduría aun no comprendida por los hombres. Ribeiro, transformado en sol, había perdido los contornos periespirituales que lo caracterizaban en la visión de sus amigos y trabajadores, asumiendo la forma de una estrella sublime que, en ese momento, extendía sus rayos hacia arriba, buscando una conexión con las emanaciones luminiscentes de los planos superiores.

Como un brote vigoroso que surge del suelo de la Tierra, el rayo de luz se elevó para encontrarse con otro rayo brillante, el que, cayendo del más allá, proveniente de lo que podríamos llamar los "confines" del Cosmos, brotó de una fuente sublime y se proyectaba sobre varios puntos de la Tierra, como ya se describió en los capítulos anteriores, volviéndose individual en el rayo de zafiro que sostenía esa institución.

Este camino estelar se expandió en luminosidad, como si respondiera a la afluencia de la oración, llegando a unirse al otro que nació del corazón de Ribeiro, en un matrimonio de armonías indescriptibles.

Por sí solo, presenciar esa memorable escena, así como sentir las emociones que brotaban de ella, significó un premio para los presentes, tan aficionados al duro trabajo de rescate, orientación y seguimiento de los sufrientes, como si a los mineros dedicados a excavar carbón subterráneo se les permitiera salir de las cuevas amortiguadas y deslumbrarse con las bellezas de la noche estrellada. No había nadie que no estuviera encantado por la magnitud de las emociones que actuaban en sus espíritus.

Al mismo tiempo, sentían estas poderosas fuerzas actuando sobre sus almas, fortaleciendo los ideales, alimentando sus energías y haciendo aflorar los más nobles sentimientos de fraternidad y solidaridad, cada uno comenzaba a emitir una luminosidad que le era peculiar en la intensidad de su propia evolución. El auditorio, compuesto por varios cientos de espíritus, comenzó a transformarse, cada uno con su radiante propiedad estimulada por la verdadera emoción. No se trataba de una exhibición personal de las propias condiciones vibratorias. Todos los que trabajaban allí sabían de la necesidad de borrarse para lograr la discreción necesaria para tratar con esos espíritus tan sufrientes, oscurecidos por la ignorancia y el mal.

Por tanto, la relación normal entre los miembros de la institución era la de control mental de las emanaciones para mantener un patrón no luminoso, igualándolos.

Sin embargo, las bellezas de esa hora hicieron incontrolables las emanaciones de la naturaleza espiritual. Ninguno de los presentes quiso romper las orientaciones espirituales sobre su propia luminosidad, pero las luces de cada uno, alimentadas por las vibraciones del entorno y por las emociones de la oración de

Ribeiro, brotaban sin pedir permiso, sin que los espíritus pudieran impedir que salieran.

Muchos, a pesar de rezar con los ojos cerrados, se sorprendieron al identificar el aumento inesperado de la iluminación en el gran auditorio, arriesgándose a abrir los ojos para identificar la fuente de tal transformación de la claridad ambiental. Estaban encantados de darse cuenta que esto se debió a ellos mismos, cada uno colocado allí como una planta de luz, en la exteriorización de la evolución ya conquistada. Así, el lugar se había convertido en un panorama que se asemejaba a un trozo de cielo nocturno, donde una estrella dominante se veía rodeada por una Vía Láctea de otras estrellas, de distintos colores e intensidades. Todos se sintieron parte integral de los esfuerzos superiores, colaboradores insertados en las responsabilidades de ejecutar la obra del bien, en el rescate de las afliciones de la humanidad encarnada y desencarnada.

Al finalizar la oración del líder espiritual, el campo energético se había transmutado intensamente, favoreciendo el acercamiento de los dos participantes que aun estaban ausentes.

El rayo luminoso que venía del alto correspondía, sin duda, a una vía vibratoria segura por la que se trasladaban las entidades nobles hacia sus respectivas terminales próximas a los hombres encarnados, en las distintas instituciones terrenales a las que estaban conectadas.

Fue entonces, ante las miradas deslumbradas de los presentes, que la primera entidad proveniente de las dimensiones superiores, ingresó al recinto a través de esa hilera de luces intensas.

Como un cometa que cayó sobre el Ribeiro, fusionando su brillo con las fuerzas del mentor de la institución, emergió la bella figura del médico generoso, conocido por todos y que dirigió las obras espirituales en diversas áreas de la espiritualidad de los hombres. Bezerra, sencillo y simpático, era el mismo de siempre, dirigiendo a los presentes el cariño de un abuelo muy querido, de un padre querido, paciente, generoso y devoto. Sin embargo, estaba aureolado por una atmósfera diferente a la que lo envolvía en los trabajos normales del día a día. Algo sublime e indescriptible irradiaba de su propio ser, como si su periespíritu estuviera formado por millones de estrellitas que se tomaban de las manos para tejer su forma, un cristal iluminado que tenía vida propia.

Se acercó a Ribeiro, a quien abrazó, emocionado, agradeciendo el enérgico apoyo que había creado las condiciones para la manifestación de bellezas tan especiales como esas.

Sin más preámbulos, Bezerra se acercó a la pequeña plataforma que destacaba al ponente del encuentro y, tomando la palabra, saludó a los asistentes con sus cariñosas y estimulantes palabras:

- Hijos del corazón, que la Paz del Divino Maestro nos envuelva en esta hora memorable de nuestros destinos. Gracias a las concesiones del Creador, incansable dador de todo, pudimos encontrarnos esta noche, en la morada de la devoción y responsabilidad que representa la institución humana al servicio de la voluntad del Padre. Durante incontables décadas esta institución ha destacado por el bien que realiza sin perder la pureza de sus intenciones. Se ha hecho grande en la multiplicidad de sus tareas sin perder la humildad del trato amoroso y humano de todos y cada uno de los que se acercan a ella. Fue convocada a realizar tareas variadas y las aceptó todas con la responsabilidad de un fiel trabajador que no se queja de las determinaciones que recibe, sino que, por el contrario, trata de hacer todo lo posible para cumplirlas de la mejor manera, superando sus propias deficiencias. Se enfrentó a las turbulencias naturales del crecimiento y no se dejó arrastrar por el torbellino de los descontentos ni se aferró a las vibraciones inferiores que, muchas veces, intentaron atacarla en su propio seno. Soportó ataques oscuros de muchos tipos y direcciones, pero nunca dejó de cumplir con sus deberes. Muchos de ustedes se han visto abrumados, supliendo los distintos frentes de lucha por la escasez de trabajadores en ambos lados de la vida frente a la abundancia de necesidades. Y lo hicieron sin descuidar la atención a sus propias dificultades, en un esfuerzo por ser mejores de lo que eran. A diferencia de muchos hermanos de buena voluntad que reparten la comida celestial pero todavía tienen hambre, ustedes han tratado de superarse en la lucha contra las tendencias inferiores, mientras ayudaban a los necesitados. De esta manera, queridos hijos, la Celeste Solicitud, que reconoce a los hijos valientes a través de la obra de edificación del Reino de Dios en el corazón de las criaturas, está presente en esta noche inolvidable, marcando la evolución de nuestras almas con el sello de la solidaridad y de la unión indisoluble.

Esencias embriagadoras comenzaron a emanar por el ambiente, como si manos invisibles destaparan un precioso frasco de perfume desconocido que penetraba no solo en las fosas nasales de los presentes, sino que, además, parecía penetrar en sus ropas, impregnando sus cuerpos e incorporándose a las vibraciones de cada uno.

Mientras Bezerra hablaba, de su boca aureolada por la barba reluciente como de plata, brotaron relámpagos por todo el salón, un verdadero faro que brillaba en dirección a los presentes que, en esa ceremonia, ocupaban el lugar más importante, como miembros armoniosos del núcleo de servicio desinteresado y generoso.

El estado íntimo de cada participante era indescriptible, profundamente conmovidos por todo lo que veían, oían y sentían. Sin embargo, esto todavía no era nada. Armonizados en tan excelente patrón vibratorio, atravesando las paredes del gran auditorio, comenzaron a aparecer seres alados, que penetrando el recinto en forma de ángeles del Renacimiento, con su suavidad y pureza, cantando canciones líricas como si hubieran salido de los cuentos de hadas.

Después de una breve pausa, el venerable orador volvió a tomar la palabra:

- Queridos hijos, la presencia de todos en esta noche inolvidable tiene el propósito de reforzar los lazos de amor que nos unen a Jesús, de responsabilidad ante el deber y de confianza en Dios, para que nunca nos falte la certeza que estamos cumpliendo la sublime misión de ser equilibrio y paz en el mundo turbulento.

Por eso, la magnanimidad del Altísimo nos da, directamente de su corazón, la joya más preciosa que tiene en la corona divina del verdadero sentimiento.

Interrumpiendo la oratoria, Bezerra dirigió su noble mirada hacia el rayo luminoso que, procedente de lo alto, mantenía la conexión con el que había nacido en el corazón de Ribeiro, como para indicar al auditorio la llegada de alguien cuya aproximación había sido anunciada por los angelicales acólitos alados.

Fue entonces cuando, por el mismo camino utilizado por el Médico de los Pobres, apareció la segunda estrella, cayendo suavemente del cielo y aterrizando en ese acogedor pesebre de luz representado por el nido luminoso erigido por las vibraciones de Ribeiro.

Del foco solar en el que se había convertido el hermano director, emergió entonces una celestial e indescriptible figura de mujer, vestida con la humilde túnica de los miserables de la vieja y olvidada Galilea, cubierta por el suave manto azul con el que se representaba a la Señora del cielo la protectora amorosa de los infortunados, la auxiliadora de los suicidas, la madre de Jesús, la sencilla María de Nazaret.

El clima de emoción llegó a su punto culminante y exclamaciones de amor y admiración recorrieron toda la asamblea, embriagada por aquel sublime e inmerecido honor. Muchos no sabían cómo proceder, además de llorar. Otros quedaron tan conmovidos por la visión del alma tan superior que, a pesar de estar en un auditorio donde los asientos eran obstáculos naturales, se arrodillaron allí mismo, deseando expresar el respeto que le brindaban y la pequeñez que sentían ante un espíritu tan sublime.

Era joven, pero parecía contener la madurez de los milenios. Delicada como el cristal, pero tan fuerte como si estuviera tallada en la roca más resistente. Su mirada penetraba en el interior de todo aquel que tuviera la fortuna de acercarse para un contacto directo, ante quien no había nada escondido que no fuera revelado. La pureza de una madre no necesitaba las palabras de su hijo para conocer sus problemas, sufrimientos y deseos.

Bezerra se acercó a ella y, compartiendo la misma emoción, se arrodilló ante tan indescriptible belleza, tomando el borde de su manto para besarla, con reverencia.

Generosa y discreta, María lo tomó del brazo y lo hizo ponerse de pie, envolviéndolo, entonces, con sus brazos maternales en un abrazo que se asemejaba a una explosión nuclear de luces policromadas. Los innumerables seres alados que anticipaban su llegada intensificaron los hosannas, al mismo tiempo que los perfumes se hacían más sublimes en el ambiente.

Luego se dirigió sin ceremonias a la pequeña plataforma donde Bezerra había estado antes. Y sin afectación se hizo escuchar en los corazones de los presentes:

- Queridos hijos, que nuestras emociones sean nuestro homenaje de gratitud y afecto que le debemos a nuestro Divino Maestro, verdadero acreedor de todas y cada una de las expresiones de respeto de nuestros agradecidos corazones. Nadie nos ha amado tanto y con tanta devoción como Él, ni se ha sacrificado tanto por la evolución del rebaño que el Padre le había confiado, en los largos y perdidos milenios del pasado.

Cada palabra o frase estaba dotada de tal magnetismo que parecía estructurada en materia sólida, palpable, flotando en el ambiente, atendiendo a mecanismos que no eran comprendidos por los hombres y por muchos espíritus. Parecía que, nacidos en la pureza de sus sentimientos, se materializaban en formas visibles para dar paso rápidamente a otros que les seguían.

- Les traigo el beso de aquel que, Señor de todos nosotros, se convirtió en el Hijo de mi corazón para bendecirme con su Luz, la misma que, aun hoy, se nos ofrece como el amigo verdadero. El Cristo de Dios todavía espera su compañía, compartiendo las sublimes tareas para la construcción del nuevo mundo. Felices los que, como ustedes, ya se dedican a cooperar con las fuerzas de la voluntad y el idealismo del espíritu para que la obra esté lista para la llegada del Señor. Vengo de mi hijo para animarlos a multiplicar sus esfuerzos para que los seres puedan aprovechar las últimas llamadas y despierten. Es una doble obra de salvación que recupera a los engañados ya los ciegos, al mismo tiempo que los rescata con el ejemplo en el Bien a través de la abnegación. El nuevo mundo se caracterizará por el predominio de esos sentimientos en los que podrán graduarse a través de los servicios en este momento difícil. Ya sea como siervos vestidos con la ropa de la carne, o como aquellos que ya se han despojado de la materia, todos ustedes están convocados a esta inmensa y gloriosa batalla.

Las lágrimas espontáneas brotaron de sus ojos al mismo tiempo que su semblante apacible transmitía notas de alegría y esperanza.

- Perdidos en el laberinto de las ilusiones de la carne, nuestros semejantes se vuelven insensibles a las cosas del espíritu, desperdiciando las numerosas advertencias que les han sido remitidas por la solicitud del Gobernador de la Tierra. Como niños rebeldes que se burlan de las advertencias del guardián amoroso, se aplican para descubrir la verdad a través de un sufrimiento que podría evitarse. Todas las fuerzas del Bien, en este momento, deben ser canalizadas para ayudar a los rezagados de buena voluntad a tomar conciencia y trabajar contra las manchas inferiores que contaminan sus almas porque, el ayudante de la reforma que transformará el viejo mundo en un nuevo mundo, el cual se acerca con la misión de eliminar a los rebeldes, aquellos que están en sintonía con sus fuerzas primitivas. Confiando en vuestros corazones, el Hijo Amado me confía envolveros en el abrazo del Amigo Fiel, para que no os olvidéis de la alianza del amor para dar fruto en las horas de la transformación del mal en Bien. Este es el momento que beban del mismo cáliz que Él bebió, por la salvación de los afligidos, a expensas de vuestros esfuerzos y el sacrificio de vuestros intereses. Se acerca el momento del cumplimiento de todas las cosas. Sin embargo, la mayoría aun no está lista. Esforcémonos con la multiplicación de las luces para que, iluminados por los ejemplos y enseñanzas de la virtud, sea menor el número de los que caen en las tinieblas, de los excluidos de las nupcias por no haberse puesto el traje nupcial, porque todos los que no se renueven a tiempo, se verán atados por el orgullo y el egoísmo del que no se han liberado y serán arrojados a las tinieblas de afuera, donde habrá llanto y crujir de dientes.

Levantando su mano hacia la asamblea electrificada, la entidad brillante se despidió de todos, diciendo:

- Recuerden, amados de mi corazón: no habrá otra última hora que la que estamos viviendo, en el tránsito evolutivo hacia un mundo mejor. A lo largo de los milenios, ya habéis recibido el testimonio de amor de mi Hijo para cada uno de vosotros. Esta es, finalmente, la última oportunidad para demostrar su amor por Él en la superficie de este mundo. Que la paz sea su consejera y la bondad el pan de vida eterna.

Tan sencilla como había venido, María bajó de la pequeña plataforma que la había sostenido y cariñosamente, paseó por el escenario con Bezerra a su lado, recorriéndolo de un lado a otro, mirando a todos los presentes, mientras la procesión de almas aladas que la servían flotaban sobre las cabezas de los asistentes extasiados, esparciendo pequeños pétalos de flores en todas las direcciones representando el cariño de la Madre, en un gesto de gratitud de aquella que, incansablemente, se empeñaba en la salvación de los hermanos de la humanidad, a quienes ella consideraba hijos amorosos en proceso de evolución.

Luego de unos largos minutos, María se despidió de Bezerra y, regresando al fulcro de luces que era la poderosa dínamo que mantenía abierta la conexión del cielo a los caminos de la Tierra, depositó un beso en el corazón de Ribeiro y, mezclándose en la intensa luz, regresó a los reinos superiores de donde había venido.

Con el retiro de la sublime mensajera, Bezerra se acercó a Ribeiro, abrazando a su fiel amigo que se había entregado como generador de altos recursos, devolviéndole parte de las energías utilizadas por la condensación, en beneficio de las fuerzas vibratorias de ese auditorio. Era el amor de todos para restaurar las energías del amoroso mentor.

El Sol comenzó a disminuir en intensidad, con Ribeiro volvió a adoptar la forma periespiritual que lo caracterizaba, volviéndose visible para todos, manteniendo; sin embargo, la misma atmósfera luminosa de Bezerra. El espíritu líder de esa casa de Dios, inspirado en su propio idealismo, lo remitió a la pequeña base, expresándose así, antes de concluir el encuentro:

- Queridos hermanos, nada nos encanta más esta noche que la demostración de la suprema misericordia, que cubre nuestras imperfecciones y miserias con el manto celestial y maternal, viendo valores donde, a nuestros ojos, hay innumerables defectos. Sin embargo, no desperdiciemos esta sublime oportunidad subestimando la confianza celestial que nos honra con una invitación que, ciertamente, encontrarían otros mejor calificados para recibirla. No importa que no lo merezcamos, queridos hijos. Lo importante es que la invitación nos llegó a través de las palabras de la Madre del Señor, nuestra querida Madre.

Ribeiro dejaba fluir lágrimas de emoción, más como perlas preciosas que, al caer al suelo de ese lugar, dejaban marcas de luz.

- Que nuestro poco se transforme en mucho en las manos supremas de quienes saben multiplicar la nada para satisfacer las necesidades de la multitud. No dejemos que nuestro gozo de servir disminuya debido a la magnitud de los desafíos que surgirán ante nuestras almas. Si nos faltan fuerzas, apoyémonos unos en otros y busquemos la luz del Señor. Si nos faltan recursos, dividámonos para multiplicar nuestras voluntades decididas, transformándolas en palancas para la obra de Dios. Aprovechemos la buena hora para afianzar nuestras buenas decisiones. Jesús tiene prisa y la ignorancia avanza con su procesión de sombras en un intento de extender sus tentáculos a un mayor número de invigilantes. No nos asustemos por la magnitud de la amenaza. Encendamos la antorcha de la fe viva y, en medio de la tormenta, sepamos mantenerla encendida para el consuelo de muchos, para el equilibrio de muchos y para que no pierdan el rumbo aquellos que, buenos pero débiles, buscan camino correcto. Hoy en día, pocos seres en la Tierra se han preparado adecuadamente para los testimonios de esta hora. Somos capaces de servir al Cristo de Dios, siendo testigos de nuestra convicción en el Bien. No es momento de cansarse, quejarse, lamentarse, de tergiversar. Ha llegado la hora, queridos hijos.

Y recordando un párrafo del Espíritu de Verdad, insertado en la parte final del capítulo XX de *El Evangelio según el Espiritismo*, repitió, lentamente:

- "En este momento, Dios hace el censo de sus siervos fieles, y ha marcado con su dedo a los que no tienen más que apariencia de devoción, para que ya no usurpen el salario de los siervos valientes, porque es a los que no retroceden ante sus tareas a quienes les encomendará los puestos más difíciles en la gran obra de regeneración del Espiritismo, y se cumplirán estas palabras: LOS PRIMEROS SERÁN LOS ÚLTIMOS Y LOS ÚLTIMOS SERÁN LOS PRIMEROSEN EL REINO DE LOS CIELOS "- ese aquí la palabra de Cristo llamándonos al Deber del Bien. No olvidemos esta noche. Que Jesús nos bendiga. ¡Mucha paz!

Con estas palabras cerró la Asamblea, acercándose a sus ayudantes para saludarlos fraternalmente, mientras los presentes, embriagados con la alegre noticia y con la gran responsabilidad de esforzarse por cumplir la voluntad del Padre, se despidieron en dirección a sus tareas.

42.-
HEREDEROS DEL NUEVO MUNDO

Lucas, 21: 25-26

25 Habrá señales en el sol, la luna y las estrellas, y en la tierra habrá angustia de las naciones, perplejas por el bramido del mar y de las olas,

26 Se desmayarán de terror los hombres, temerosos por lo que va a sucederle al mundo, porque los cuerpos celestes serán sacudidos.

Marcos, 13:14-27

14 Ahora, cuando viereis la abominación de asolamiento, que fue predicha por el profeta Daniel, que estaría donde él no debería estar (el que lea, entienda), entonces los que estén en Judea huyan a los montes.

15 Y el que esté sobre el techo, no descienda a la casa, ni entre para tomar algo de su casa;

16 Y el que estuviera en el campo, no vuelva atrás a tomar su ropa.

17 Pero ¡ay de las embarazadas y de las que criaron en aquellos días!

18 Orad, por tanto, para que vuestra huida no acontezca en invierno.

19 Porque en aquellos días habrá tal aflicción como nunca la ha habido desde el principio de la creación, que Dios creó, hasta ahora, ni la habrá jamás.

20 Y si el Señor no hubiese acortado esos días, ninguna carne se salvaría; pero, debido a los escogidos que eligió, acortó esos días.

21 Y luego, si alguien los dijere: He aquí el Cristo; o: He allí está; no créanle creáis.

22 Porque falsos Cristos y falsos profetas se levantarán y harán señales y prodigios para engañar, si es posible, aun a los escogidos.

23 Pero vosotros mirad; os he dicho de antemano todo.

24 Ahora bien, en aquellos días, después de aquella aflicción, el sol se obscurecerá y la luna no dará su resplandor.

25 Y las estrellas caerán del cielo, y las fuerzas que están en los cielos serán conmovidas.

26 Y entonces verán venir al Hijo del Hombre en las nubes, con gran poder y gloria.

27 Y enviará a sus ángeles y reunirá a sus escogidos, desde los cuatro vientos, desde el fin de la tierra hasta el fin del cielo.

Acompañando a Bezerra de Menezes, Adelino y Jerónimo se dirigieron hacia las inmediaciones del satélite terrestre.

Entendiendo que los cambios cíclicos se dan obedeciendo a leyes naturales que pretenden garantizar el progreso de todos, no cabía duda que los tiempos actuales eran aquellos en los que la transición se acentuaba.

El viaje en compañía del amable médico estuvo marcado por las emociones del reciente encuentro con aquel que tanto amor había derramado por la Humanidad.

Rompiendo el silencio natural, Jerónimo tocó el tema:

- Querido padrecito, ¿cómo interpretar las lágrimas espontáneas que, como perlas de cristal, corrían por el rostro de la Madre Devota? ¿Podría residir la angustia en el corazón puro de un ser tan superior?

Tocándole el hombro con cariño, Bezerra respondió:

- Sabes, hijo mío, una de las demostraciones más hermosas del amor verdadero es sufrir por el otro, aunque ese sufrimiento vaya acompañado de la serenidad de quien sabe que el otro necesita sufrir para despertar. El esfuerzo de un padre por salvar al hijo que ama, a menudo, no prescinde del drástico recurso de la amputación del miembro podrido para asegurar la supervivencia del cuerpo. Sin embargo, por mucho que se alegre por estar salvando la vida de su hijo, esto no impide que el padre sufra porque sabe que a partir de entonces será mutilado. Por eso, cuanto más crece el amor verdadero en el corazón de las almas, más comprenden las necesidades de los demás y sufren más por sus destinos infelices, sobre todo porque comprenden que, por la indiferencia, descuido, e irresponsabilidad, eligieron la corona de espinas, aumentando el peso de su propia cruz. Nos acercamos al satélite terrenal donde, por la gracia de la misericordia, ya se encuentran reunidos todos los seres que, hasta el momento, alejados del campo magnético y psíquico directamente ligado a los hombres, cosechan los frutos dolorosos resultantes de largos siglos e incluso de milenios de siembra indiferente. Sin embargo, tales destinos podrían haber sido esculpidos de otra manera ya que no les faltó la información, consejos, manifestaciones y advertencias para seguir el camino recto, evitando el rosario de lágrimas de los tortuosos senderos. Observemos cómo están nuestros hermanos de la humanidad, obligados a vivir encerrados en un cuerpo celeste como la Luna, esperando el traslado a la nueva casa que se acerca.

El entorno espiritual de la Luna fue transformado por el suministro constante de entidades retiradas de las esferas vibratorias alrededor del núcleo rocoso de la Tierra. Por eso, su clima psíquico era deplorable. Movidas multitudes de manadas salvajes chocaban, aferrándose a los viejos vicios y conductas que caracterizaban sus intereses comunes. La violencia y la maldad se combinaron en el choque del odio, el deseo de maldad, la rebelión y el crimen. Compuesto mayoritariamente por espíritus impuros, aquellos cuyas características predominantes son el deseo del mal, la indiferencia por el Bien, la inclinación hacia todos los vicios y la lucha contra las virtudes, tales multitudes se nutrían de los defectos que los convertían en verdugos de sí mismos. Descontentos con el alejamiento obligatorio del entorno terrenal del que pensaban que nunca serían desterrados, estas entidades se volvieron hostiles incluso cuando parecían estar unidas por el miedo a lo desconocido. Esas almas sabían, en el fondo, que les estaba pasando algo muy grave, y el miedo al futuro reverberaba en su desesperada conducta.

Seres monstruosos, salvajes, sacados de las entrañas de la Tierra, como liberados de cadenas fangosas, se arrastraban, agobiados, confusos y violentos ante su nueva condición. El calor y el frío, la oscuridad y la luz intensa promovieron cambios extremos en las sensaciones físicas y psíquicas en el interior de cada uno. Entidades menos atrasadas, pertenecientes a grados de evolución distintos al de los Espíritus impuros, también huyeron de los ataques de sus sufrientes hermanos, migrando a otras regiones del estéril satélite, como caminantes aterrorizados que nunca habían encontrado un aterrizaje seguro.

Por todas partes había desolación y desesperación, sin vías de escape más que suicidio, la muerte deliberada o la locura. De hecho, la locura ya se había instalado en cada uno de ellos, la alienación vivida consciente o inconscientemente, sin encontrar medicación paliativa para los efectos angustiantes.

A lo lejos, naciendo en el horizonte lunar, el Planeta Azul, la generosa cuna que tanto había sufrido con los ataques de la ignorancia, que tanto había soportado el peso explotador de esos espíritus indiferentes que, habiendo asumido cuerpos destinados a ser instrumentos para la evolución del alma, no habían hecho más que dedicarse a un dominio destructivo, como un niño que, deseando algo más que la leche materna, hundiera los dientes en el pecho que lo alimentaba para arrancarle la carne misma, indiferente al sacrificio de la madre generosa.

Magnatesególatras, gobernantes corruptos, dictadores despóticos, líderes religiosos indignos, conquistadores ambiciosos, magistrados venales, científicos enfermos de inteligencia, hombres y mujeres hechos inferiores por los hábitos pecaminosos de su vida personal, en todas partes se encontraban atemorizados en compañía de seres aun más grotescos. Habían sido los gozadores del mundo, los que ganaban las recompensas terrenales, los que cultivaban el Becerro de Oro que, finalmente, se encontraron en el reino que tanto los había seducido.

- Observando las tristes realidades que emanan de tales seres - dijo Bezerra, interrumpiendo las observaciones -, podemos asumir que se han olvidado de la misericordia del universo. Viéndolos así, como alucinando en una estampida sin rumbo, el corazón que ama se rompe hasta las fibras más profundas. Sin embargo, estamos atestiguando la amputación para garantizar la vida y el crecimiento del alma. Imaginemos que allí están nuestros amigos, nuestros compañeros de muchas vidas, nuestros hermanos de ideales, nuestros parientes equivocados, nuestros verdugos, nuestros perseguidores, pero también los que amamos como carne de nuestra carne. ¿No siénteles parece doloroso presenciar estos momentos de destrucción para la reconstrucción?

Es innegable que tanto Adelino como Jerónimo tuvieron la misma impresión, sintiendo en su interior el dolor de ver tanta crueldad entre los crueles; pero sin, entregarse a los estertores de las emociones desajustadas.

Respondiendo a la pregunta de Bezerra, Adelino consideró:

- Las angustias, cuando las experimentamos en nosotros, no parecen hacernos sufrir tanto como las angustias que sentimos cuando vemos sufrir a nuestros hermanos aun más sabiendo que podrían haberlo evitado. Sin embargo, doctor, ¿no sería posible que los hombres, incluso ahora, pudieran hacer algo para evitar estar aquí, en este infeliz destinos?

- Eso es con lo que estamos comprometidos. Todos los espíritus disponibles en la Tierra, en este momento, se multiplican para la implementación del Reino de Dios en los corazones de las criaturas. En ese mismo momento, hijos, almas de ambos lados de la vida se despliegan para hacer que los pensamientos de los indiferentes despierten para el Bien, para tocar la sensibilidad de los hijos de Dios en la elección de la buena lucha, atacando el mal interior que ha traído a todos estos desafortunados aquí. Culminando la obra de evolución dirigida por el amor de Cristo, innumerables hombres y mujeres en el mundo de la carne se esfuerzan por difundir el mensaje renovador, en todas las creencias de la Tierra. Incluso fuera de ellos, el pensamiento libre ha producido foros de debate y concientizaciones variadas para que, con las armas del Bien y la paz, se construyan nuevos conceptos en la conciencia de los pueblos. Inspirados por sus tutores invisibles, muchas personas gastan sus propios recursos materiales en la multiplicación del mensaje edificante, sacrificando sus intereses y sus necesidades para cooperar, como agentes luminosos atrapados en el mundo oscuro y violento, con el objetivo de humanizar a la propia humanidad.

Diversos medios de comunicación llevan la llamada, fruto del progreso tecnológico proporcionado por Jesús para que, antes del fin de los tiempos, su Evangelio, la Buena Nueva, fuera predicado como una llamada amistosa por toda la Tierra. Solo después de eso, ya no sería posible improvisar medidas de rescate. Estamos al final de este ciclo, hijos míos, tratando de multiplicar a tiempo la información del Consuelo Celestial para que los fieles adeptos de la verdad respondan al llamado, no porque imaginen que le están haciendo un favor a Dios, sino porque entienden que están aceptando las medidas indispensables para la salvación de sus propias almas. Imaginen a un médico que, conociendo el mecanismo de propagación de una enfermedad, se esforzara por convencer a una comunidad retrógrada de la necesidad de lavarse las manos para evitar el contagio. Sin entender los procesos de contagio o la existencia de microorganismos invisibles que se transmiten por contacto, la mayoría consideraría el esfuerzo del hombre como alucinado y sin sentido, y aparentemente sin fundamento. Es que la lógica de la ignorancia es torpe en sí misma y se victimiza. Entonces, a pesar de los esfuerzos del doctor amigo, que no tiene tiempo para probar sus tesis o sus advertencias, los "sabios", los "inteligentes y soberbios" lo ridiculizarán, en lo que serán seguidos por la mayoría de los ignorantes que, sin base ni conciencia, prefiere adoptar para sí las opiniones de quienes se creen poseedores del saber. Sin embargo, los más sencillos y de buena fe que, observando la sinceridad del médico, acepten adoptar las conductas profilácticas protectoras, aun sin comprender su mecanismo más profundo, ya no pasarán por las penurias del contagio y la muerte, mientras que verán perecer a los "sabios inteligentes, arrogantes y burlones, porque no estaban dispuestos a adoptar conductas tan simples como lavarse las manos. Después de contaminarse, podrán lavarse las manos tantas veces como deseen, pero esto ya no podrá evitar su muerte. Será demasiado tarde para creer en las advertencias y entonces lamentarán la triste elección del orgullo presuntuoso, la arrogancia del falso conocimiento, y de la egolatría exacerbada. Las cosas más simples, hijos míos, tienden a ser las más difíciles de entender y hacer. Recordemos el mito del paraíso perdido. La escritura nos dice que Adán y Eva tenían todas las facilidades garantizadas. Su única tarea era evitar la práctica de una sola conducta. ¿Quieren algo más sencillo? Debían abstenerse, obedecer, debían evitar. Pero como nos enseña el pasaje simbólico, eso es precisamente lo que no hicieron. Cuando tenían garantizado Paraíso de delicias sin ningún gasto de energía, prefirieron trabajar para perderlo. Esto incluso va en contra de la ley del mínimo esfuerzo. Esta es la selección que hacen las criaturas cuando, en lugar de modificar su carácter, se muestran rebeldes y arrogantes, ignorando todas las advertencias como cosas sin sentido, porque no desean modificar sus rutinas. No hay otro camino para la ley del Universo que presentarles el fruto de sus deliberaciones. Para los que están aquí, que ya tuvieron su oportunidad y no la aprovecharon, el tiempo de acertar y fallar ha llegado a su fin en esta etapa evolutiva. Ahora necesitan recibir el fruto de sus elecciones para que aprendan a elegir mejor a partir de ahora.

Haciendo una breve pausa, mientras observaba la superficie de la Luna con una mirada triste pero serena, Bezerra esperó unos segundos como si pudiera ver más lejos y finalmente continuó:

- Pero los seres que aun están en la Tierra, aprovechando las oportunidades del tiempo en el gran reloj de la eternidad, el que reduce los siglos a horas, las décadas a minutos y los años a segundos, todavía pueden contar con unos segundos para intentar revertir la inferioridad cultivando los valores de la nueva humanidad con espíritu sincero, con arrepentimiento por los errores cometidos, con esfuerzo de superación, evitando tanto la etapa preparatoria en la Luna como el traslado a otro destino que, debido a sus peculiaridades, es mucho más doloroso y exigente que la propia etapa lunar.

Sorprendidos por la revelación de la existencia de algo peor de lo que tenían ante sus propios ojos y que los hería hasta las fibras del alma, Jerónimo preguntó:

- ¿Qué quiere decir, doctor? ¿Qué quiere decir con un destino mucho más grave? ¿Hay algo peor que lo que estamos viendo?

Fue entonces cuando, enlazando a sus dos compañeros, Bezerra dio un giro hacia el Cosmos mientras hablaba del futuro:

- Hijos, ahora comprenderán por qué las lágrimas de la querida Madre. Si las providencias de la misericordia ya se están encargando de apartar a los espíritus más endurecidos del medio terrenal, no imaginen que la Luna es el destino final de tales entidades. Es una medida preparatoria de entrenamiento a través del dolor cuyo propósito es separar lo que necesita ser transferido al objetivo final. Observen en la distancia, ese punto justo frente a nosotros.

Bezerra señaló en dirección a un peculiar cuerpo celeste que, de inmensas dimensiones, devoraban distancias a la vertiginosa velocidad de estrellas masivas, obedeciendo a las órbitas desconocidas de los mapas solares.

- No es prudente que nos acerquemos mucho más, ya que desde donde estamos, recibimos el desagradable impacto de sus primitivas emanaciones, cargadas de un magnetismo inferior.

Los dos compañeros de Bezerra se encontraban en un mutismo insufrible.

- Es un mundo conocido por las leyendas antiguas como portador de la destrucción, causante de traumas geológicos y cambios bruscos en la estructura magnética y eléctrica de la Tierra, por no hablar del caos civilizador que, en todos sus planteamientos, ha provocado su influencia. A pesar de esto, su enfoque se considera un gran beneficio para acelerar los cambios. Incluso a esta distancia de la órbita terrestre, sus magistrales dimensiones y la grandeza de su campo magnético-psíquico ya se sienten a lo largo de su trayectoria, llegando a los hombres mucho antes que su masa sea visible ante las miradas aterrorizadas. Su enérgica presencia despierta en los que le son afines emociones grotescas, las prácticas más viles por los vicios que alimenta, la bajeza moral que estimula porque, primitivo, como dije, tal orbe emite estas señales que conectan con esos que se le asemejan en vibraciones y deseos, alimentándolos con su psique, fortaleciéndolos en sus deseos y en las prácticas inferiores. Precediendo a su creciente influencia magnética y gravitacional, que va en aumento, se observa que el nivel emocional del planeta se ha agravado durante décadas, el aumento de las crisis sociales, los crímenes atroces, la frivolidad en las costumbres, a lo que se añaden ahora los cambios climáticos y la sorprendente e inesperada variación del magnetismo planetario con la modificación de la posición de los polos de la Tierra. Fenómenos insólitos confunden la mente de los hombres de ciencia, llenos de teorías y ciegos a la verdad. Varias instituciones científicas están informadas del acercamiento de este masivo cuerpo, pero, por prudencia o temor a hacer el ridículo, aun no se han preparado para reconocer la emergencia que se avecina sobre toda la humanidad, prefiriendo adoptar una actitud contemporizadora o incluso tratar de preparar a las personas utilizando recursos subliminales como películas, reportajes, documentales de desastres, tratando el tema de manera ficticia. Poco a poco; sin embargo, la influencia gravitacional de este cuerpo planetario irá estrechando sus lazos sobre los demás planetas del sistema solar, demarcando su trayectoria con las consecuencias naturales de su presencia gigantesca e intrusiva, acercándose a nuestro Sol. Este es el cuerpo celeste que, al igual que un poderoso imán, separará las limaduras de hierro por el poder que ya ejerce, y ejercerá aun más sobre todo lo que esté en sintonía con su vibración. Hombres y espíritus del mismo nivel serán reclamados por él como un patrimonio que le pertenece, liberando la Tierra para nuevas etapas de crecimiento y evolución. Quizás muchos lo confundirán con un cometa, con una estrella que chocará con nuestro planeta, con un mensajero del mal por el miedo y la aflicción que provocará. Otros lo usarán para atormentar a sus hermanos de la humanidad, tratando de arrebatarles las últimas posesiones materiales. Las personas mal intencionadas se aprovecharán de tal presencia en el Cielo para proclamar el fin del mundo, llevando el caos a los más ingenuos y desprevenidos. Marcada por eventos cataclísmicos que se remontan a milenios, la humanidad sentirá acercarse el nuevo ajuste de cuentas y cada uno sabrá si, en el fondo, hizo lo que debería haber hecho para cambiar sus vibraciones. Finalmente, el mayor acercamiento traerá cambios geológicos, climáticos y energéticos que promoverán la purificación de la humanidad a través de la muerte de muchos y la separación de almas. Los que ya se encuentran internando en la superficie del satélite lunar serán llevados ante él. Bautizado desde la antigüedad con diferentes nombres, como Nibiru, Marduk, Hercólubus, por la ciencia llamado planeta X, también llamado Astro Higienizador o Chupón por espiritualistas de diferentes vertientes, este es el nuevo mundo, un mundo en formación dotado de una humanidad primitiva que necesita hermanos más capaces, formados en el saber terrenal que los ayudará, acelerando su evolución. Y mientras hacen eso, afilan sus propios bordes al vivir con la dureza de un planeta primitivo y rústico que les brindará oportunidades para nuevas lecciones de disciplina y transformación.

Por eso vieron que María estaba llorando. Si el sufrimiento de la Luna es solo una expansión de la maldad de los que estaban reunidos en ella, ninguno de ellos imagina lo que les espera en un mundo nuevo como este, sufrimiento que afecta el sentimiento de estas almas superiores, que hicieron todo lo posible para posponer el trágico encuentro de los malos con sus propios destinos. Es la ley en la que la siembra es gratuita, pero la cosecha es obligatoria.

Los dos oyentes quedaron asombrados.

A lo lejos podían ver un gran cuerpo celeste enrojecido por los gases que lo envolvían, de un tamaño inmenso para los estándares terrestres, y que, como afirmaba Bezerra, estaba dotado de una primitiva atmósfera fluidica, que podía sentirse incluso a millones de kilómetros de distancia. ¡Qué ardua sería la vida en ese cuerpo celeste! - pensaron en silencio.

Interesado en obtener más información, Adelino preguntó:

- ¿Podríamos visitar la superficie de este orbe?

Sin perder tiempo, Bezerra respondió:

- El cuidado que tendríamos que tener para llevar a cabo tal cosa requiere de un esfuerzo y tiempo del que no disponemos en este momento, sobre todo porque no es interesante molestar a nuestros hermanos de la humanidad con descripciones deprimentes e impactantes sobre las condiciones evolutivas embrionarias que marcan la superficie de ese orbe primitivo. Es suficiente para nuestros objetivos que informemos a nuestros hermanos de la humanidad que esta es la hora decisiva de sus vidas. Que la aprovechen de la mejor manera para que no acaben marchándose de casa. Que no pierdan el tiempo en la transformación decisiva de sus tendencias más profundas porque, por el tamaño del planeta que están observando, habrá mucho espacio para buena parte de los treinta mil millones de espíritus que, encarnados o desencarnados, se encuentran en la Tierra o en sus niveles vibratorios. Sin embargo, podríamos acercarnos, asimilando las densas energías que apuntan al indispensable moldeamiento periespiritual, en caso que estuviéramos interesados en profundizar en la apreciación de sus peculiaridades para una descripción futura.

- Pero ¿los cuerpos allí se parecen a los de los hombres de la Tierra?

- Bueno, en todas partes, la humanidad que habita los diferentes mundos está estructurada de manera similar, sin que eso signifique de la misma manera. En los mundos superiores, las formas son más bellas y elaboradas, no habiendo medio de comparación con las formas terrenales o con sus conceptos estéticos. Cuanto más altos son los seres, más predominan sus características íntimas sobre su forma externa. Cuanto menos avanzados están, más se encuentran atrapados en cuerpos densos para la difícil elaboración de experiencias, eclipsados en grilletes de carne y hueso de los que solo pueden ausentarse por efecto del sueño o de la muerte. Allí, también, los cuerpos están constituidos de manera muy similar a los humanos en la tierra. Sin embargo, carecen de la belleza que la armonía biológica ya ha logrado construir en el funcionamiento casi perfecto de todos los tipos y sistemas de la Tierra. Se modelarán cuerpos toscos, primitivos, con cerebros aun desarrollándose en la fricción de formas, para que el instrumental del pensamiento pueda expresar la intensa riqueza de ideas que llevan los nuevos miembros. La hostilidad de los elementos atmosféricos ayudará en los esfuerzos de supervivencia para estimular el razonamiento para superar esos obstáculos. La reminiscencia de una sociedad más avanzada ayudará a los nuevos residentes a construir embriones de comunidades en las que intentarán reproducir las instituciones del planeta que dejaron atrás. Quizás construyan monumentos de piedra en honor a sus antiguos amigos y al paraíso que perdieron, cuya leyenda probablemente crearán para explicar a sus amigos del nuevo mundo cómo llegaron allí y por qué fueron condenados al exilio. Sin embargo, tendrán brazos, piernas, fuerza física, necesidades básicas para sobrevivir, en cuerpos que solo se pueden encontrar paralelos en los fósiles de nuestra Tierra, que dan fe de la evolución de la forma humana. La humanidad terrena exiliada allí se convertirá en el eslabón perdido en el camino evolutivo de los seres que lo habitan, pues antes de su llegada predominaba el primitivismo morfológico en la larga edificación de las formas. Luego de llegar al destino, los recién llegados tomarán un modelador diferente para las formas, que irá progresando hacia cuerpos más torneados y mejor elaborados, produciendo una figura con rasgos más delicados. Bajo el esfuerzo sucesivo de reencarnaciones sin fin, mejorarán sus formas mediante la imposición de su nueva estructura periespiritual sobre la materia obediente, además de recibir el impulso de los espíritus superiores que, guiados por el mismo Cristo, trabajan allí para forjar nuevos futuros para los hermanos de la humanidad. Gran laboratorio de formas en busca de modificaciones de almas, esta casa del Padre seguirá también, bajo la administración cósmica del Divino Maestro en conducir el rebaño que, desde tiempos remotos, recibió de Dios con la tarea de dirigirlo al crecimiento espiritual en la escuela del universo. Y como lo enfatizó el Señor en los pasajes que han llegado hasta el día de hoy, DEL REBAÑO QUE EL PADRE LE HA CONFIADO, NI UNA OVEJA SE PERDERÁ. No se trata, por tanto, de una cuestión moral que pone de relieve la incapacidad pedagógica de Amigo Celestial. Es un curso de aprendizaje rápido, de intensa purificación, de continua maduración gracias al cual Jesús podrá despertarlos a la verdad y, así, aspirar a regresar un día al planeta azul de donde fueron sacados, milenios antes.

Silencioso e inflexible en su determinada trayectoria, el cuerpo celeste fluía con sus peculiaridades gaseosas sobresaliendo de sus costados, como un cometa que liberaría los gases durante su desplazamiento al acercarse al sistema solar.

Las imágenes eran más fuertes que todas las palabras y, por lo tanto, los tres siguieron observando desde la distancia, meditando sobre la sabiduría de las leyes del Universo que hacen uso de las propias limitaciones de las criaturas para extraer de ellas los materiales para su progreso.

Esperanza, antes del sufrimiento... Invitación, antes de la separación temporal...

Sudor, antes solo quedaban lágrimas de arrepentimiento... Luz del Espíritu para luchar la nueva oscuridad de la materia...

Así actuó la solicitud superior, tratando de apoyar a todos los alumnos de la escuela de la vida.

Era la realización del momento sublime de la gran transición, como se menciona en tantos textos religiosos durante milenios, como también figura en la última pregunta de El Libro de los Espíritus:

"¿Podrá realizarse algún día el reino del bien en la Tierra?

- El bien reinará en la Tierra cuando, entre los espíritus que vengan a habitarla, prevalezcan los buenos sobre los malos; entonces harán reinar el amor y la justicia en la Tierra, que son la fuente del bien y la felicidad. Es mediante el progreso moral y la práctica de las leyes de Dios que el hombre atraerá a los espíritus buenos a la tierra y ahuyentará a los malos; pero los malos solo la dejarán cuando el hombre haya expulsado de sí el orgullo y el egoísmo.

Se ha anunciado la transformación de la humanidad y ha llegado el momento en que todos los hombres que aman el progreso se adelanten y se apresuren, porque esta transformación se llevará a cabo a través de la encarnación de los mejores espíritus, que formarán un nuevo orden en la Tierra. Entonces, los espíritus malignos, que la muerte retira todos los días, y los que intentan detener la marcha de las cosas, serán excluidos de la Tierra porque serían desplazados entre los hombres buenos de los que perturbarían la felicidad.

Ellos irán a nuevos mundos, menos avanzados, a realizar misiones punitivas para su propio avance y para sus hermanos aun más atrasados. En esta exclusión de los espíritus de la Tierra transformada, ¿no perciben la sublime figura del paraíso perdido? ¿Y la llegada a la Tierra del hombre en semejantes condiciones, llevando en él el germen de sus pasiones y las huellas de su inferioridad primitiva, la no menos sublime figura del pecado original? El pecado original, desde este punto de vista, se refiere a la naturaleza aun imperfecta del hombre, que es, por tanto, responsable de sí mismo y de sus propias faltas y no de las faltas de sus padres. Todos ustedes, hombres de fe y buena voluntad, trabajen con celo y valentía en la gran obra de la regeneración, porque recogerán cien veces más grano de lo que han sembrado.

INFELICES AQUELLOS QUE CERRAN LOS OJOS A LA LUZ.

PREPÁRESE PARA LARGOS SIGLOS DE TINIEBLAS Y DECEPCIONES;

INFELICES LOS QUE PONENTODOS SUS ALEGRÍAS EN LOS BIENES DE ESTE MUNDO, PORQUE SUFRIRÁN MÁS PRIVACIONES QUE LOS PLACERES QUE DISFRUTARON;

INFELICES, SOBRE TODO LOS EGOÍSTAS, PORQUE NO ENCONTRARÁN A NADIE QUE LOS AYUDE A SOPORTAR LA CARGA DE SUS MISERIAS.

San Luís"

43.-
¿QUÉ HACER PARA SALVARSE?

Ciertamente, la Salvación debe ser parte de la búsqueda de quienes, encontrándose en la Tierra con la noción de la inmortalidad del espíritu, saben que la vida es una oportunidad de crecimiento.

Solo el estudiante absolutamente irresponsable asiste a una escuela sin ningún compromiso con los exámenes regulares o con la posible reprobación al final del período.

Para los individuos que no han despertado a los sublimes deberes escolares del espíritu encarnado, la falta de preparación y la indiferencia ciertamente los conducirán al nuevo mundo.

Sin embargo, para todos los demás estudiantes del alma para quienes la vida y la Tierra son la inscripción y la escuela de perfeccionamiento, las preocupaciones sobre el éxito o el fracaso al final del período deben preocupar según su madurez en la comprensión de la importancia de la evolución.

Hay quienes van a la escuela porque lo ven como un deber que les imponen sus padres, sin voluntad propia de profundizar en las enseñanzas, desinteresados en cumplir o repetir las lecciones no aprendidas, imaginando que obtendrán calificaciones a través del fraude a la hora del examen del examen, copiando de los compañeros que más se esfuerzan.

Hay quienes asisten a clases con la indiferencia de quienes se dejan llevar por los días y los meses, deseando que lleguen las vacaciones. Toman lecciones, copian cuadernos, pero sin el placer de los que estudian mucho. No imaginan que la escuela los está preparando para la vida adulta y, por tanto, no ven mucho sentido a las tareas y ejercicios a los que se someten, más por rutina que por satisfacción. Memorizan los libros y, gracias a un comportamiento mecánico, incluso sin entender la esencia de las cosas, se ganan las notas por responder las mismas palabras que escucharon de los maestros.

Por último, están los que viven la escuela como si fuera el pan de sus vidas, que disfrutan de cada enseñanza, que quedan encantados con los descubrimientos de la ciencia, las maravillas de las matemáticas, las reglas del buen hablar y la buena escritura, las variadas nociones que les son transmitidas por personas más calificadas. Alumnos que no están satisfechos con el plan de estudios mínimo que ofrece la escuela y que, interesados, examinan libros, investigan por su cuenta, realizan lecciones no solicitadas por los maestros y que destacan, no por las excelentes notas que obtienen, sino por ser ejemplos de devoción y por transformar en placer lo que para otros estudiantes es un deber, un castigo o una broma.

Si el fracaso puede rondar la imaginación de estos tres últimos tipos de alumnos, para el que ve la escuela como un placer de aprender, nada lo intimida, nada lo atormenta, nada lo obsesiona, porque sabe que la aprobación final está garantizada por el aprendizaje efectivo y no por los mecanismos artificiales de pesos, cuentas y notas según algún criterio aleatorio de la pedagogía de los hombres.

El buen alumno no le teme a los exámenes, ni a los profesores, no le atormentan las tareas, no se aburre con ejercicios extra y no se obsesiona en competir por las notas. Quiere saber y se deleita cuando aprende cómo funcionan las cosas, desentraña el misterio del mecanismo biológico, comprende por qué funcionan ciertas fórmulas matemáticas.

Completamente en armonía con la naturaleza racional que lo empuja para aprender, vive como el hijo interesado del Padre, aquel que es la Inteligencia Soberana del Universo. Luego, cumple con gusto los dictados de esta afiliación celestial, deleitándose con cada lección que lo lleva a comprender mejor la voluntad del Creador.

Por el contrario, los malos alumnos tienen poco interés en responder al esfuerzo de quienes los apoyan en clase, quienes les pagan el estudio, quienes les brindan materiales, refrigerios y oportunidades de crecimiento. Desperdician el esfuerzo de sus padres haciéndoles gastar su tiempo, su dinero, sus sueños y su vida, tirando a la basura todas las oportunidades recibidas sin aprovecharlas adecuadamente, para su propio beneficio.

Luego, en las horas de evaluación final, como las que están viviendo la Tierra y sus habitantes, dos clases de alumnos no tienen por qué preocuparse por sus destinos, porque sin duda su conducta ya los ha definido:

- Los alumnos irresponsables, indiferentes, juerguistas, burlones, malvados, derrochadores del patrimonio del Padre, destructores de la escuela ya han definido su destino para el nuevo mundo que les espera.

- Los alumnos dedicados, aplicados en el placer de aprender, de perfeccionarse, de colaborar con los maestros para hacer que cada línea de enseñanzas cuente, mejorando día a día con la experiencia de las lecciones aprendidas, compañeros generosos de los profesores, alumnos valiosos y entusiastas con la vida, los que representan seres idealistas al servicio de las causas de la humanidad, que afrontan las lecciones sin refunfuñar, sin quejarse, que agradecen el esfuerzo de sus tutores, que se dedican a cumplir sus consejos y trabajan sin dar problemas, estos ya están inscritos en las nuevas etapas evolutivas del nuevo mundo.

El problema es definir el destino de los estudiantes intermedios, aquellos que se ubican entre estos dos extremos y que, ciertamente, corresponden a la mayoría de los encarnados que ya no son tan malos estudiantes, pero son conscientes que no se dedicaron a la escuela como deberían.

Todos quieren la aprobación final, pero, dado que la escuela está en los períodos finales que preceden al cálculo de los valores,

¿cómo revertir la situación o hacer méritos que puedan ayudarlos a definir favorablemente su destino, evitando el riesgo de reprobar? ¿Cómo hacer, contando con la complacencia de la Misericordia, obtener al menos una autorización provisional para matricularse para el nuevo año todavía en la escuela terrena?

Esta es la angustia de la mayoría de los alumnos, de los seres humanos que, en esta escuela del mundo, saben que no fueron los mejores alumnos, aunque no hayan hecho nada tan grave, como suponen, que merezca un cambio de escuela. ¿Podré alcanzar la salvación? - se pregunta el individuo medio cuando piensa en las intrincadas cuestiones de la selección entre paja y trigo.

- Viví a la ligera todos los meses de clases. ¿Podré demostrar que he aprendido lo suficiente para estar entre los que podrán ser estudiantes de la misma institución educativa en el año que está a punto de comenzar? ¿Dónde debo concentrar mis esfuerzos en este último momento de estudio, antes de los exámenes finales? ¿Dónde encontraré los criterios que me ayuden a elegir caminos seguros de transformación claramente establecidos? ¿Recibiré una tolerancia de la dirección para una nueva oportunidad en la Tierra si dono todos mis bienes? Si hago un testamento, si me arrodillo y hago las penitencias que me recomiendan los religiosos, ¿podré sensibilizar a las autoridades escolares? Si rezo todas las oraciones, si asisto a todas las ceremonias, si me golpeo el pecho confesando mis faltas y me arrepiento del mal que hice, ¿podré quedarme en el nuevo mundo en el que se está convirtiendo la Tierra?

Todas estas preguntas son parte de la angustia de muchos que, conociendo claramente sus propios errores, no están seguros de la posibilidad de aprobación. Incluso aquellos que se creen buenos porque dieron cosas o hicieron cosas meritorias, pero para ganar los premios del mundo, o que se han acostumbrado a rutinas superficiales, llevan la conciencia mezclada de dudas o incertidumbres sobre el destino que les espera porque, en el fondo de su alma, sienten que la salvación no depende esencialmente de estas cosas.

Pero entonces, ¿dónde encontraré –se pregunta, querido lector - el camino a seguir para comprender la esencia que nos permite aspirar a la condición de elegido, garantizando la salvación en esta transición acelerada?

Recuerde algunas frases que, como alumno de la escuela de la vida en la Tierra, ciertamente ha escuchado de su Director Espiritual:

"YO SOY EL CAMINO, LA VERDAD Y LA VIDA"

No serían las imprecisas y pobres palabras de este escritor la clave para entender los caminos de la salvación.

Se perfilan desde hace tiempo, cuando la escuela de la tierra abrió sus puertas a un nuevo ciclo de enseñanzas más luminosas y enriquecedoras, cuando el propio Director acudió a las aulas para estar con los alumnos y ayudarles con las lecciones, mostrándoles cómo se hace.

Entonces, si en su corazón pesa la duda sobre estar en la lista de los elegidos o cómo proceder para que pueda figurar en ella, volvamos a las viejas lecciones que nos ofrece nuestro Director Amoroso.

No se aburra de leerlas con atención. Puede que las haya escuchado, pero, en realidad, si las hubiera escuchado y comprendido, ciertamente no tendría las dudas que lo atormentan sobre el destino que le espera. Si ya las hubiera asimilado, no tendría ninguna duda sobre la Salvación.

Juan, 12:42-50

42 Sin embargo, muchas de las autoridades mismas creyeron en él, pero a causa de los fariseos no lo confesaban, para no ser expulsados de la sinagoga;

43 porque valoraron más la gloria que proviene de los hombres que la gloria que proviene de Dios.

44 Jesús clamó, diciendo: El que cree en mí, no cree en mí, sino en aquel que me envió;

45 y el que me ve, ve al que me envió.

46 Yo, que soy la luz, he venido al mundo para que todo el que cree en mí, no permanezca en tinieblas.

47 Si alguno oye mis palabras y no las guarda, yo no lo juzgo; porque no vine a juzgar al mundo, sino a salvarlo.

48 El que me desprecia y no recibe mis palabras, tiene quien lo juzgue; la palabra que dije, te juzgará en el último día.

49 Porque no hablé por mí mismo, sino que el Padre que me envió, él mismo me ha prescrito qué decir y de qué hablar.

50 Sé que su mandamiento es la vida eterna. Por tanto, lo que digo, lo hablo tal como el Padre me lo ha dicho.

Escuchar y conocer las enseñanzas de Cristo sin prestarles atención significa despreciar las pautas del Director de la Vida sobre cuáles son las reglas para aprobar los exámenes, y entonces la mala calificación que obtengas no será el resultado de la maldad de los maestros, sino del desinterés del alumno indiferente, que no logró la nota aprobatoria. No entres en el camino religioso elegido como quien va de paseo o de fiesta, bien vestido, pero indiferente. No aprender la lección por no practicarla significa desperdiciar la oportunidad.

Lucas, 21, 29-36

29 Jesus les propuso una parábola: Miren la higuera y en todos los árboles:

30 cuando empiezan a brotar las hojas, ustedes mismos saben, cuando los ven, que el verano está cerca;

31 así también, cuando vean que suceden estas cosas, sepan que el reino de Dios está cerca.

32 De cierto os digo que esta generación no pasará sin que todo se haya cumplido.

33 El cielo y la tierra pasarán, pero mis palabras no pasarán.

34 Tengan cuidado, para que vuestros corazones no les pesen por comer en exceso, beber y las preocupaciones de esta vida, y que ese día caiga repentinamente sobre vosotros como una trampa;

35 porque vendrá sobre todos los que están sobre la faz de la tierra.

36 Por ello, estén atentos en todo momento y oren para que puedan escapar de todas estas cosas que van a suceder, y para que puedan permanecer en la presencia del Hijo del Hombre.

Cuando las señales se vuelven tan claras, con la naturaleza demostrando las realidades decisivas a través de todas las transformaciones que apuntan a la proximidad de cambios tan importantes, es el momento que el alumno haga un balance de cómo está su situación escolar y si no sería más adecuado que profundizara en las asignaturas que tienen más peso en el cálculo de los exámenes finales para aprobarlos. ¿Y cuáles serían estas materias?

La espiritualización es indispensable. Procura no perturbar la mente y el corazón con excesos materiales, aquí simbolizados por comer demasiado, beber demasiado, así como no engañarte con las preocupaciones de esta vida en sus interminables y abrumadoras búsquedas materiales porque todas estas cosas son ataduras, trampas que se aferran al mal e impiden continuar en el nuevo mundo. La hora del examen llegará a todos los seres humanos, sin excepción. Para tal certeza, esté con un equipaje ligero, listo, vacío de las cosas del mundo para que la evaluación redunde en una aprobación resultante del predominio de las cosas del Alma sobre los cuidados de la materia y los vicios que de ella resultan.

Mateo, 24, 45-51

45 ¿Quién es, pues, el siervo fiel y prudente, a quien su señor ha confiado la dirección de su casa, para que con el tiempo de sustento para todos?

46 Bienaventurado el siervo a quien el señor, al regresar, lo encuentra cumpliendo con su deber.

47 De cierto os digo que le confiará todos sus bienes.

48 Pero ¿qué tal si ese siervo, siendo malo, dice en su corazón: mi señor se demora,

49 y luego empieza a golpear a sus compañeros, y a comer y beber con los borrachos?

50 El día en que el siervo menos se lo espere y a la hora menos pensada el señor volverá,

51 y lo partirá por la mitad y lo pondrá con los impuros; habrá llanto y crujir de dientes.

Si estás en el mundo, tienes una tarea como siervo fiel: ayudar a todos los que te rodean, velar por la Casa que se te ha confiado de la mejor manera, ya sea como cabeza de familia, como jefe, como gobernante, como funcionario público o como profesional de cualquier trabajo. Entonces, si está en su puesto cumpliendo bien con su deber de administrar el sublime patrimonio a favor de aquellos a quienes sirve y que están bajo su responsabilidad, el Señor se alegrará por su llegada, porque se ha mostrado digno de la confianza que Él le depositó.

Sin embargo, si el siervo de confianza, en cuanto su Señor se ausenta, en lugar de ocuparse bien sus deberes a favor de suplir a sus hermanos, comienza a usar la violencia, la agresividad, la soberbia, para favorecerse a sí mismo, abusando de la confianza que le ha demostrado el verdadero dueño, incurrirá en el grave delito de defraudar la buena fe de su amo. Sorprendido por el regreso de su maestro, quien lo atrapó en la práctica de todo lo que agrada al orgullo y al egoísmo, será cortado por la mitad y colocado con los impuros, en el lugar donde habrá llanto y crujir de dientes. ¿No sería eso una referencia al nuevo mundo al que serán llevados los malos y donde se enfrentarán a sus propios males?

Mateo, 25, 14-30

14 *Porque éste es como un hombre que, al emprender un viaje, llamó a sus siervos y les encomendó sus bienes.*

15 *Y a uno le dio cinco talentos, a otro dos, y a otro uno, a cada uno conforme su capacidad, y luego se fue.*

16 *Y cuando él se marchó, el que había recibido cinco talentos negoció con ellos y ganó otros cinco talentos.*

17 *Asimismo, el que había recibido dos también ganó otros dos.*

18 *Pero el que había recibido uno se fue, cavó en la tierra y escondió el dinero de su señor.*

19 *Y mucho tiempo después, vino el señor de aquellos siervos e hizo cuentas con ellos.*

20 *Entonces se acercó el que había recibido cinco talentos y le trajo otros cinco talentos, diciendo: Señor, me entregaste cinco talentos; he aquí hay otros cinco talentos que obtuve de ellos.*

21 *Y su señor le dijo: Bien, buen siervo y fiel. Has sido fiel sobre poco, te pondré sobre mucho; entra en el gozo de tu señor.*

22 *Y acercándose el que había recibido dos talentos, dijo: Señor, me entregaste dos talentos; he aquí, otros dos más que obtuve con ellos.*

23 *Su señor le dijo: Bien, buen siervo y fiel. Has sido fiel sobre poco, te pondré sobre mucho; entra en el gozo de tu señor.*

24 *Pero acercándose el que había recibido un talento, dijo: Señor, te conocía, que eres hombre duro, que siegas donde no sembraste y recoges donde no esparciste;*

25 *Y atemorizado, escondí tu talento en la tierra; he aquí está lo que es suyo.*

26 *Y respondiendo su señor le dijo: Siervo malo y negligente; ¿Sabías que cosecho donde no sembré y recojo donde no esparcí?*

27 *Entonces debiste haberle dado mi dinero a los banqueros y, cuando yo llegara, recibiría el mío con los intereses.*

28 *Quítenle, pues, su talento y dénselo al que tiene diez talentos.*

29 *Porque al que tiene, se le dará, y tendrá en abundancia; pero el que no tiene hasta lo que tiene, le será quitado.*

30 Echad, pues, al siervo inútil a las tinieblas de afuera; allí habrá llanto y crujir de dientes.

* * *

De nuevo Jesús se refiere a la necesidad de ser útil, para corresponder a la confianza que el Maestro deposita sobre su hombro en el deber de administrar su Casa durante su ausencia. Respetando las diferentes capacidades, el maestro sabe dosificar los valores atribuidos a cada uno, pero, igualmente, sabe darles el mismo premio si realizan las tareas que se les asignan. Sin embargo, el perezoso, el inútil, el ocioso, el indiferente, el falsamente honesto que devuelve la cantidad recibida sin sumar nada a su esfuerzo, este tiene un destino muy diferente al de los anteriores. ¿Y qué valores serían estos? No más monedas materiales. Las riquezas son todos los dones con que están dotadas las criaturas para multiplicar las bendiciones, atendiendo a la voluntad de Dios y a las necesidades humanas. La inteligencia, el conocimiento, los recursos de la cultura y la tecnología, el tiempo, el discernimiento, la salud, la capacidad artística, la voluntad firme, los bienes materiales, el trabajo digno, entre muchos otros, son las expresiones del divino tesoro puesto bajo sus manos.

Multiplicar esos dones, transformándolos en palancas del Bien al servicio de los demás, es producir frutos, reproduciendo beneficios y beneficiarios. Si sabe escribir, enséñele a un hermano analfabeto. Si se graduó de un curso profesional, utilícelo para ayudar a las personas, no solo para ganar dinero. Esté dispuesto a mejorar a los demás, brinde un servicio voluntario con la riqueza de sus conocimientos y logros. Si sabe cocinar, enséñele a las personas interesadas en aprender un plato que les guste en lugar de privar al mundo de las delicias que ya es capaz de producir. Si le teme a la competencia, está demostrando ser un mal alumno de la vida, egoísta y vanidoso, orgulloso de tu conocimiento y poco dispuesto a compartirlo con quienes saben menos que usted. En el mundo de la competitividad, quienes se dejen arrastrar por ella y moldeen su personalidad por esta disputa sin fin, ya tienen garantizado el veredicto sobre su propio destino: ECHAD AL SIERVO A LAS TINIEBLAS EXTERIORES...

Ciertamente, según las palabras de Jesús, tales tinieblas no se encuentran en la Tierra, porque son tinieblas EXTERIORES. Un lugar diferente y doloroso donde habrá llanto y crujir de dientes, donde serán trasladados los malos, los indiferentes, losególatras y egoístas, los perezosos, y los sirvientes inútiles.

* * *

Mateo, 12, 33-37

33 O haced bueno el árbol y bueno su fruto, o haced malo el árbol y malo su fruto; porque por el fruto se conoce al árbol.

34 Raza de víboras, ¿cómo podéis decir cosas buenas siendo malos? - Porque de lo que abunda en el corazón, de eso habla la boca.

35 El hombre bueno toma cosas buenas del buen tesoro de su corazón, y el hombre malo toma cosas malas del tesoro malo.

36 Pero yo os digo que toda palabra ociosa que digan los hombres, de ellas darán cuenta en el día del juicio.

37 Porque por tus palabras serás justificado, y por tus palabras serás condenado.

Cuando nuestra conducta se ve bien a los ojos de los hombres, tal vez sea condenada a los ojos de Dios. Así, los criterios divinos los explica Jesús en esta parábola donde la salvación no depende de las apariencias ni de las palabras, sino de los sentimientos que existen en el interior de las personas que motivan todas sus actitudes. Al recomendar que no pronunciemos palabras ociosas; es decir, palabras que no funcionan, que no logran nada, que no exteriorizan en actividad, el Señor nos advierte para que todo lo que digamos se convierta en actitudes útiles. Promesas que no cumplimos, consejos que ofrecemos, pero que no observamos, opiniones que iluminan a otras criaturas, pero que no nos iluminan, todo esto se tendrá en cuenta en el examen final que, en esta parábola, se ha hecho el llamado DÍA DEL JUICIO, porque nuestras buenas palabras demostrarán que conocíamos la teoría, pero nuestra falta de obras demostrará el ocio que inutilizará lo que sabíamos. Por eso las palabras que pronunciemos nos salvarán - si son buenas y no ociosas - y las mismas palabras nos condenarán - si son malas o, siendo buenas, no se concretan en buenas obras.

* * *

Mateo, 15, 7-20:

7 Hipócritas, bien profetizó de vosotros, diciendo:

8 Este pueblo se me acerca con su boca y honra con sus labios, mas su corazón está lejos de mí.

9 Mas en vano me honran, enseñando doctrinas que son preceptos de hombres.

10 Y llamando la multitud, les dijo: Oíd y entended.

11 Lo que contamina al hombre no es lo que entra por la boca, sino lo que sale de ella, eso es lo que contamina al hombre.

12 Entonces se le acercaron sus discípulos y le dijeron: ¿Sabes que los fariseos al oír estas palabras, se ofendieron?

13 Pero él respondió y dijo: Toda la planta que no plantó mi Padre celestial, será desarraigada.

14 Déjalos; son conductores ciegos. Ahora bien, si un ciego guía a otro ciego, ambos caerán al hoyo.

15 Entonces Pedro, tomando la palabra, le dijo: Explícanos esta parábola.

16 Jesús dijo: "¿Incluso vosotros estáis sin comprender?

17 ¿No entendéis aun que todo lo que entra a la boca desciende hasta el vientre y es echado fuera?

18 Mas lo que sale de la boca, del corazón sale, y eso contamina al hombre.

19 Porque del corazón salen malos pensamientos, muerte, adulterio, prostitución, robos, falsos testimonios y blasfemias.

20 Estas son las cosas que contaminan al hombre; pero comer sin lavarse las manos, eso no lo contamina.

En esta parábola, inicialmente, Jesús demuestra conocer la hipocresía de los falsos alumnos que, aparentemente interesados en la enseñanza, en cuanto el maestro se ausenta, dan la espalda y van en busca de diversión y placeres, en el ejercicio de los vicios que tanto aman.

Por eso la asistencia a la escuela es inocua porque no será en base a la hoja de asistencia o en la asistencia que el alumno logrará aprobar, así como de nada le servirá asistir a las religiones del mundo si eso no le ayuda en el cambio esencial de su conducta.

Observe el contenido de los sentimientos de su corazón donde se arraigan demostraciones de lo que eres y que, más importante de lo que aparenta ser, no deje lugar a dudas sobre sus verdaderos méritos como alumnos. Esto se observa en el contenido de lo que expresamos, nuestra conducta verbal, el patrón de nuestras conversaciones, el contenido de los temas que más nos atraen. Luchar contra la mentira, la calumnia, la traición, el discurso pecaminoso e inmoral significa protegerse del ejercicio de sentimientos perniciosos, que comprometen nuestro futuro. La salvación, como enseña Jesús, está ligada a lo que produce nuestra esencia en las oportunidades de convivencia. Si quiere invertir, durante el poco tiempo que le queda, en el ejercicio más adecuado para cambiar de destino, conviva con la gente, frecuente los ambientes que le parezcan apropiados, pero transforme sus sentimientos, cambie la calidad de las vibraciones, perdone, no guarde rencor, arrepiéntase del mal causado y discúlpese con quien haya ofendido.

Controle tus impulsos y no se esclavice por las exigencias del cuerpo.

No use su boca para la conducta frívola del espíritu, maldiciendo a las personas, criticando sus vidas, haciendo chismes sobre la conducta de los demás, comentando los errores de los demás. Al mejorar lo que existe en su corazón, su boca emitirá signos luminosos del Bien que ya habita en usted. Este es uno de los ejercicios diarios que nunca debemos olvidar. Habla solo del bien, porque el mal no es un tema para quienes realmente quieren mejorar.

Lucas, 9:23-26

23 Y decía a todos: Si alguien quiere venir en pos de mí, niéguese a sí mismo, tome tu cruz cada día y sígame.

24 Porque el que quiera salvar su vida, la perderá, pero el que pierda la vida por mí, la salvará.

25 Pues, ¿de qué le sirve al hombre ganar el mundo entero, perdiéndose o lastimándose?

26 Porque el que se avergüence de mí y de mis palabras, el Hijo del Hombre se avergonzará de él cuando venga en su gloria, y en la del Padre y de los santos ángeles.

¿Desea SALVAR SU VIDA? Note que Jesús se está refiriendo a la necesidad de NEGARSE, tomar su cruz CADA DÍA y seguirlo. Quien hace esto, no puede hacerse rico, no realiza sus sueños, ni obtiene el éxito del mundo material. Por lo tanto, si su interés es salvar su vida, aparecer ante el mundo como un triunfador, como una persona admirada por todos por las riquezas que ha reunido, tenga por seguro que no podrá desarrollar en si mismo los requisitos para la aprobación final en los exámenes de la Tierra. Por lo que perderá la vida.

En cambio, el que aparece como un derrotado a los ojos del mundo porque se dedicó a hacer felices a los que sufren, a amar al prójimo hasta el punto de compartir con ellos sus bienes, sus facilidades, empobreciéndose de cosas para enriquecerse con valores celestiales como Jesús lo había pedido, habrá conquistado los recursos perennes que garantizarán su SALVACIÓN.

✳✳✳

Lucas, 10:25-37.

25 Y he aquí, un doctor de la ley se puso de pie, tentándole y diciendo: Maestro, ¿qué haré para heredar la vida eterna?

26 Y le dijo: ¿Qué está escrito en la ley? ¿Cómo se lee?

27 Y él respondió y dijo: Amarás al Señor tu Dios con todo tu corazón, y con toda tu alma, y con todas tus fuerzas, y con todo tu entendimiento, y a tu prójimo como a ti mismo.

28 Y él le dijo: Bien has respondido; haz eso y vivirás.

29 Pero él, queriendo justificarse a sí mismo, dijo a Jesús: ¿Y quién es mi prójimo?

30 Jesús respondió y dijo: Un hombre de Jerusalén descendía a Jericó y cayó en manos de ladrones, quienes lo despojaron, e hiriéndolo, se retiraron dejándolo medio muerto.

31 Y por casualidad, descendió por el mimo camino un sacerdote; y al verlo, pasó de largo.

32 Y así también un levita llegó a ese lugar, y al verlo, pasó de largo.

33 Pero un samaritano que iba de camino, pasó junto a él, y al verlo, se compadeció;

34 Y acercándose, vendó sus heridas, echándoles aceite y vino; y, montándolo en su caballo, lo llevó a una posada y lo cuidó;

35 Y al partir al día siguiente, sacó dos denarios y dándoselos al hospedador, le dijo: Cuida de él; y todo lo que gastes de más te lo pagaré cuando regrese.

36 ¿Cuál de estos tres crees que fue el siguiente en caer en manos de los ladrones?

37 Y él respondió: El que le mostró misericordia. Entonces Jesús dijo: "Ve y hazlo de la misma manera."

Amar a Dios sobre todas las cosas, con todo el corazón y con todas las fuerzas, representa el compromiso del hijo agradecido en relación al Padre Generoso. Quien ama a Dios de esta manera, no se preocupa por lastimar a sus semejantes, en perjudicarlos en los negocios, en tomar lo que no le pertenece, en cobrar más de lo debido, en actuar de manera clandestina y en secreto en perjuicio de nadie. Eso sería suficiente para iluminar las almas de todos los hijos conscientes y garantizar su salvación. Sin embargo, Jesús agrega que este amor al Padre debe dirigirse al prójimo de la misma manera que nos amamos a nosotros mismos. Y para que no quede ninguna duda en entender quién es nuestro prójimo, el Director de la escuela terrenal compara los diferentes comportamientos ante alguien que sufre. El sacerdote (ministro de la región) y el levita (ministro de leyes) conocían las Escrituras, pero despreciaban los deberes que surgían de ellos, debido a su egoísmo y orgullo. Perdidos por los defectos del mundo, se volvieron ciegos ante el sufrimiento de su hermano, olvidando que al referirse a la palabra "prójimo" - Jesús no estaba demostrando quién necesitaba ayuda, sino quién estaba a condición de ofrecerla.

Ciertamente es fácil observar, en los afligidos, a los más necesitados. Sin embargo, es muy difícil que el que está en condiciones de ofrecer algo se vea a sí mismo como el prójimo del que sufre.

- Esto es un problema para el municipio...

- Yo ya pago mis impuestos, dejemos que el gobierno lo resuelve...

- Llamen a los bomberos, tienen el deber de resolver esto, después de todo, les pagan por hacer estas cosas...

- No soy un médico ni una farmacia para aliviar el dolor o proporcionar medicamentos...

- El problema del hambre en el mundo tiene que ser resuelto por los ricos de la Tierra...

Todas estas son frases que muchas personas dicen porque, huyendo de la condición evangélica de reconocerse como PRÓJIMO de los afligidos, no quieren tener el oficio de amar.

Alguien llama a la puerta pidiendo la ayuda de un plato de comida, después que termine de lavar todos los platos y de poner todo en los armarios... - pase después, ahora no tengo nada...

Alguna persona desafortunada que pide su atención por teléfono para desahogarse...

- ¡Ah! Por el amor de Dios, justo cuando me acosté para descansar un ratito... dile que no estoy...

Algún amigo enfermo esperando su visita en la cama de dolor del hospital:

- Mañana iré... hoy estoy lleno de compromisos... y quién sabe hasta entonces habrá vuelto a casa...

Qué fácil es para una persona reconocer al prójimo que sufre...

Pero qué difícil es aprender la lección de reconocerte a sí mismo como EL PRÓJIMO de aquel que sufre.

***

Mateo, 25: 31-46

31 Y cuando el Hijo del Hombre venga en su gloria, con todos sus ángeles entonces se sentará en el trono de su gloria;

32 Y todas las naciones se reunirán delante de él, y él separará a unos de otros, como el pastor separa las ovejas de las cabras;

33 Y pondrá las ovejas a su derecha, y las cabras a la izquierda.

34 Entonces el Rey dirá a los de su derecha: Venid, benditos de mi Padre, heredad el reino que ha sido preparado para vosotros desde la fundación del mundo;

35 Porque tuve hambre, y me disteis de comer; tuve sed, y me disteis de beber; fui forastero y me acogisteis;

36 Estuve desnudo, y me vestisteis; me enfermé y me visitasteis; estuve en la cárcel y vinisteis a verme.

37 Entonces los justos le responderán diciendo: Señor, ¿cuándo te vimos hambriento y te dimos de comer? ¿O sediento y te dimos de beber?

38 ¿Y cuándo te vimos forastero y te acogimos? ¿O desnudo, y te vestimos?

39 ¿Y cuando te vimos enfermo, o en la cárcel, y te visitamos?

40 Y respondiendo el Rey, les dirá: De cierto os digo que cuando lo hicisteis a uno de estos mis hermanitos, a mí me lo hicisteis.

41 Entonces dirá también a los de su izquierda: Apartaos de mí, malditos, al fuego eterno preparado para el diablo y sus ángeles;

42 Porque tuve hambre y no me disteis de comer; tuve sed y no me disteis de beber;

43 Fui forastero, y no me acogisteis; estuve desnudo, no me vestisteis; enfermo, y en la cárcel, no me visitasteis.

44 Entonces también te responderán diciendo: Señor, ¿cuándo te vimos hambriento, sediento, forastero, desnudo, enfermo, o en la cárcel, y no te servimos?

45 Entonces él les responderá diciendo: De cierto os digo que cuando no lo hicisteis a uno de estos pequeños, tampoco a mí me lo hicisteis.

46 Estos irán al tormento eterno, y los justos a la vida eterna.

Algunos dicen que la salvación no se puede obtener excepto a través de la fe y que no se necesitan obras para conseguirla. Ciertamente, estas personas hacen la vista gorda a la exhortación evangélica donde indudablemente se afirma con meridiana claridad; es decir, que la SALVACIÓN solo se obtiene mediante la práctica del Bien.

Sin esto, no hay forma que uno pueda esperar estar a la derecha si no ha logrado nada en favor de un hermano de la humanidad.

La descripción detallada de estos comportamientos salvadores no deja dudas sobre la adhesión del alma de la criatura a las cosas buenas que hace, mucho más importante que la formalidad del culto al que asiste o las hermosas palabras que pronuncia. Aquí no hay lugar a dudas:

¡PARA LA SALVACIÓN, ES ESENCIAL REALIZAR BUENAS OBRAS SON ESENCIALES!

Observe en su rutina diaria cuántas veces ha hecho estas cosas. No se trata de DAR COSAS, sino, como se ha explicado en capítulos anteriores, de DARSE EN COSAS.

44.- HEREDEROS DEL NUEVO MUNDO

Bajo los auspicios de Bezerra, los amigos espirituales pudieron vislumbrar el panorama doloroso que les espera a los Herederos del Nuevo Mundo, en el orbe inferior donde serán enviados los alumnos reprobados en el examen final de este período de la escuela.

Sin embargo, con las lecciones dejadas por Jesús, debidamente medidas y puestas en práctica, todos podemos aun postularnos para ser Herederos del Nuevo Mundo, en el que la Tierra se está transformando por la modificación de sus habitantes.

Todo este proceso, previsto hace miles de siglos, lo llevan a cabo estrictamente las inteligencias superiores, que tienen la función de ser ayudantes de Dios en el cumplimiento de Su Voluntad.

Tanto es así que, con la claridad del lenguaje moderno, despojado de figuras y parábolas, el Confortador Prometido también llegó a esclarecer sobre este tema tan importante. Por eso, querido lector, medite sobre las enseñanzas espirituales contenidas en el Capítulo XVIII de la obra *La Génesis*, de Allan Kardec, aquí parcialmente transcritas y repetidas aquí como en Despidiéndose de la Tierra, para que su comprensión se pueda ampliar y que, en base a sobre eso sus esfuerzos como trabajador del Bien se multipliquen:

27 -. Para que los hombres sean felices en la Tierra, es necesario que solo la pueblen Espíritus buenos, encarnados y

desencarnados, que solo se dediquen al bien. Cuando llegue el momento, habrá una gran emigración de quienes la habitan: los que practican el mal por mal, no tocados aun por el sentimiento del bien, quienes, ya no dignos del planeta transformado, serán excluidos, porque de lo contrario volverían a causar perturbación y confusión y constituirían un obstáculo para el progreso. Irán a expiar el endurecimiento de sus corazones, unos en mundos inferiores, otros en razas terrestres aun atrasadas, equivalentes a mundos de ese orden, a los que llevarán los conocimientos adquiridos, con la misión de hacerlos avanzar. Mejores espíritus los reemplazarán, que harán reinar en su interior la justicia, la paz y la fraternidad.

La Tierra, según los espíritus, no tendrá que transformarse a través de un cataclismo que aniquile súbitamente a una generación. La actual irá desapareciendo paulatinamente y a la nueva le sucederá de la misma forma, sin que se produzca ningún cambio en el orden natural de las cosas.

Todo, por tanto, sucederá externamente, como solo ocurre, con la única, pero mayor diferencia, que una parte de los espíritus que se encarnaron en la Tierra ya no volverán a encarnar. En todo niño que nace, en lugar de un espíritu atrasado e inclinado al mal, que previamente se encarnaría en él, vendrá un espíritu más avanzado y propenso al bien.

Mucho menos se trata de ser una nueva generación corpórea, que de una nueva generación de espíritus. Sin duda, es en este sentido que Jesús entendió las cosas cuando declaró:

"En verdad os digo que esta generación no pasará hasta que se hayan producido estos hechos." Por lo tanto, quedarán decepcionados aquellos que esperen ver que la transformación se haga realidad mediante los efectos sobrenaturales y maravillosos.

28 -. El tiempo actual es de transición; los elementos de las dos generaciones se confunden. Colocados en el punto medio, vemos la partida de una y la llegada de la otra, cada una ya marcándose, en el mundo, por las características que les son propias.

Tienen ideas y puntos de vista opuestos a las dos generaciones sucesivas. Sin embargo, debido a la naturaleza de las disposiciones morales, especialmente por disposiciones las intuitivas e innatas, es fácil distinguir a cuál de las dos pertenece cada individuo.

Al corresponderle fundar la era del progreso moral, la nueva generación se distingue por la inteligencia y la razón generalmente precoces, junto con el sentimiento innato de bondad y creencias espiritualistas, lo que constituye un signo indudable de cierto grado de avance previo. No estará compuesto exclusivamente por espíritus eminentemente superiores, sino por aquellos que, habiendo progresado ya, están predispuestos a asimilar todas las ideas progresistas y capaces de apoyar el movimiento de regeneración.

Lo que, por el contrario, distingue a los espíritus atrasados es, en primer lugar, la rebelión contra Dios, por negarse a reconocer cualquier poder superior a los poderes humanos; la propensión instintiva a las pasiones degradantes, a los sentimientos anti-fraternos de egoísmo, orgullo, envidia, celos; finalmente su apego a todo lo material: sensualidad, codicia, y avaricia.

Es de estos vicios que la Tierra debe ser purgada, quitando a los obstinados en no enmendarse; porque son incompatibles con el reinado de la fraternidad y porque el contacto con ellos será siempre un sufrimiento para los hombres buenos. Cuando la Tierra esté libre de ellos, los hombres caminarán sin obstáculos hacia el futuro mejor que les está reservado, incluso en este mundo, como recompensa por sus esfuerzos y su perseverancia, mientras esperan una purificación más completa que les permita acceder a los mundos superiores.

29.- No debe entenderse que, a través de esta emigración de Espíritus, todos los Espíritus retrasados son expulsados de la Tierra y relegados a mundos inferiores. Muchos, por el contrario, volverán allí, como muchos lo están porque cedieron ante el arrastre de las circunstancias y del ejemplo. En estos, la corteza es peor que el núcleo. Una vez sustraídos de la influencia de la materia y los daños del mundo corporal, ellos, en su mayoría, verán las cosas de una manera completamente diferente a la que vieron cuando estaban vivos, según los múltiples casos que conocemos. Para ello, cuentan con la ayuda de espíritus benévolos que se interesen por ellos y se apresuran por esclarecerlos y mostrarles lo falso que fue el camino que siguieron. Nosotros mismos, a través de nuestras oraciones y exhortaciones, podemos ayudarlos a mejorar, ya que entre los muertos y los vivos hay una solidaridad perpetua.

La forma en que se produce la transformación es muy sencilla, siendo, como vemos, enteramente de orden moral, sin apartarse de ningún modo de las leyes de la Naturaleza.

(...)

33 -. La regeneración de la humanidad, por tanto, no requiere absolutamente la renovación completa de los espíritus: basta un cambio en sus disposiciones morales. Este cambio se produce en todos aquellos que están predispuestos a ello, siempre y cuando estén alejados de la influencia dañina del mundo. Así, no siempre los que regresan son otros espíritus; a menudo son los mismos, pero piensan y sienten de manera diferente.

Cuando aislada e individual, esta mejora pasa desapercibida y ninguna influencia ostensible en el mundo. El efecto es muy diferente cuando la mejora se produce simultáneamente sobre grandes masas, porque entonces, según las proporciones que asuma, en una generación, puede modificar profundamente las ideas de un pueblo o de una raza.

Esto es lo que se observa casi siempre después de los grandes choques que diezman las poblaciones. Los azotes destructivos solo destruyen los cuerpos, no afectan al espíritu; activan el movimiento recíproco entre los mundos corporal y espiritual y, en consecuencia, el movimiento progresivo de los espíritus encarnados y desencarnados. Cabe señalar que, en todos los períodos de la historia, las grandes crisis sociales fueron seguidas de una era de progreso.

34 -. Actualmente se encuentra en marcha uno de estos movimientos generales, destinado a llevar a cabo una remodelación

de la Humanidad. La multiplicidad de causas de destrucción es un signo característico de los tiempos, ya que acelerarán la aparición de nuevos gérmenes. Son las hojas que caen en otoño y a las que siguen otras hojas llenas de vida, porque la Humanidad tiene sus estaciones, como los individuos tienen sus distintas edades. Las hojas muertas de la humanidad caen golpeadas por ráfagas y soplos de viento; sin embargo, para renacer más vivaces bajo el mismo aliento de vida, que no se extingue, sino que se purifica.

35.- Para los materialistas, los azotes destructivos son calamidades que necesitan compensación, sin resultados aprovechables, ya que, en su opinión, los azotes antes mencionados aniquilan a los seres para siempre. Pero para quien sabe que la muerte solo destruye la envoltura, tales flagelos no acarrean las mismas consecuencias y no le causan el menor pavor; entiende su propósito y no ignora que los hombres no pierden más muriendo juntos que muriendo aislados, dado que, de una forma u otra, eso le ha de llegar a todos.

Los incrédulos se reirán de estas cosas y las llamarán quiméricas; pero, digan lo que digan, no escaparán de la ley común; caerán a su vez, como los demás, y luego ¿qué les pasará? Dicen: ¡Nada! Sin embargo, vivirán a pesar de sí mismos y, algún día, se verán obligados a abrir los ojos.

Como puede ver, todas las fuerzas del Universo trabajan para que la mayoría de los alumnos sepan cómo prepararse adecuadamente para los exámenes finales.

No sea indiferente a todo esto.

Seguramente, es posible que no lo crea. Sin embargo, ¿qué será de usted cuando se dé cuenta que todo esto es realmente un hecho innegable?

No olvide que se están cerrando las puertas del Arca. No olvide que ya hay una estrella diferente en los lentes de los telescopios humanos, filmada y fotografiada a medida que se acerca.

Rápido... ¡acelere sus esfuerzos! Estés donde estés, en cualquier lugar de la Tierra, tu vida puede producir dulces frutos de bondad.

Pero si, por no ser espiritista o creer en la guía espiritual, no se siente inclinado a hacer algo para su propio beneficio, si no desea ayudar a los demás, si no está interesado en practicar la verdadera caridad, si aun no está dispuesto a perdonar o a pedir perdón, confiado que todas estas advertencias son palabras vanas de entidades ilusorias, reflexione sobre la última revelación que le transmitimos, con la que terminamos esta obra y que simboliza un esfuerzo más de quienes lo aman para ayudarlo a despertar de las virtudes que Dios ha puesto dentro de usted.

No fue la Doctrina Espírita ni el fanatismo de los ignorantes quienes inventaron estos conceptos.

Desde lo alto del Monte, alguien nos aconsejó que nos incluyéramos entre los Herederos del Nuevo Mundo, cuando nos dijo:

"BIENAVENTURADOS LOS MANSOS

¡PORQUE HEREDARÁN LA TIERRA!

¡Jesús!"

★ ★ ★

Que tenga oídos para oír, ojos para ver y que, finalmente, como buen alumno de la escuela terrenal,

¡QUE BRILLE VUESTRA LUZ! ¡MUCHA PAZ!

LUCIUS

Grandes Éxitos de Zibia Gasparetto

Con más de 20 millones de títulos vendidos, la autora ha contribuido para el fortalecimiento de la literatura espiritualista en el mercado editorial y para la popularización de la espiritualidad. Conozca más éxitos de la escritora.

Romances Dictados por el Espíritu Lucius

La Fuerza de la Vida

La Verdad de cada uno

La vida sabe lo que hace

Ella confió en la vida

Entre el Amor y la Guerra

Esmeralda

Espinas del Tiempo

Lazos Eternos

Nada es por Casualidad

Nadie es de Nadie

El Abogado de Dios

El Mañana a Dios pertenece

El Amor Venció

Encuentro Inesperado

Al borde del destino

El Astuto

El Morro de las Ilusiones

¿Dónde está Teresa?

Por las puertas del Corazón

Cuando la Vida escoge

Cuando llega la Hora

Cuando es necesario volver

Abriéndose para la Vida

Sin miedo de vivir

Solo el amor lo consigue

Todos Somos Inocentes

Todo tiene su precio

Todo valió la pena

Un amor de verdad

Venciendo el pasado

Otros éxitos de Andrés Luiz Ruiz y Lucius

Trilogía El Amor Jamás te Olvida

La Fuerza de la Bondad

Bajo las Manos de la Misericordia

Despidiéndose de la Tierra

Al Final de la Última Hora

Esculpiendo su Destino

Hay Flores sobre las Piedras

Los Peñascos son de Arena

Otros éxitos de Gilvanize Balbino Pereira

Linternas del Tiempo

Los Ángeles de Jade

El Horizonte de las Alondras

Cetros Partidos

Lágrimas del Sol

Salmos de Redención

El Hombre que había vivido demasiado

Libros de Eliana Machado Coelho y Schellida

Corazones sin Destino

El Brillo de la Verdad

El Derecho de Ser Feliz

El Retorno

En el Silencio de las Pasiones

Fuerza para Recomenzar

La Certeza de la Victoria

La Conquista de la Paz

Lecciones que la Vida Ofrece

Más Fuerte que Nunca

Sin Reglas para Amar

Un Diario en el Tiempo

Un Motivo para Vivir

¡Eliana Machado Coelho y Schellida, Romances que cautivan, enseñan, conmueven y pueden cambiar tu vida!

Romances de Arandi Gomes Texeira y el Conde J.W. Rochester

El Condado de Lancaster

El Poder del Amor

El Proceso

La Pulsera de Cleopatra

La Reencarnación de una Reina

Ustedes son dioses

Libros de Marcelo Cezar y Marco Aurelio

El Amor es para los Fuertes

La Última Oportunidad

Nada es como Parece

Para Siempre Conmigo

Solo Dios lo Sabe

Tú haces el Mañana

Un Soplo de Ternura

Libros de Vera Kryzhanovskaia y JW Rochester

La Venganza del Judío

La Monja de los Casamientos

La Hija del Hechicero

La Flor del Pantano

La Ira Divina

La Leyenda del Castillo de Montignoso

La Muerte del Planeta

La Noche de San Bartolomé

La Venganza del Judío

Bienaventurados los pobres de espíritu

Cobra Capela

Dolores

Trilogía del Reino de las Sombras

De los Cielos a la Tierra

Episodios de la Vida de Tiberius

Hechizo Infernal

Herculanum

En la Frontera

Naema, la Bruja

En el Castillo de Escocia (Trilogía 2)

Nueva Era

El Elixir de la larga vida

El Faraón Mernephtah

Los Legisladores

Los Magos

El Terrible Fantasma

El Paraíso sin Adán
Romance de una Reina
Luminarias Checas
Narraciones Ocultas
La Monja de los Casamientos

Libros de Elisa Masselli
Siempre existe una razón
Nada queda sin respuesta
La vida está hecha de decisiones
La Misión de cada uno
Es necesario algo más
El Pasado no importa
El Destino en sus manos
Dios estaba con él
Cuando el pasado no pasa
Apenas comenzando

**Libros de Vera Lúcia Marinzeck de Carvalho
y Patricia**

Violetas en la Ventana

Viviendo en el Mundo de los Espíritus

La Casa del Escritor

El Vuelo de la Gaviota

**Vera Lúcia Marinzeck de Carvalho
y Antonio Carlos**

Amad a los Enemigos

Esclavo Bernardino

la Roca de los Amantes

Rosa, la tercera víctima fatal

Cautivos y Libertos

Deficiente Mental

Aquellos que Aman

Cabocla

El Ateo

El Difícil camino de las drogas

En Misión de Socorro

La Casa del Acantilado

La Gruta de las Orquídeas

La Última Cena

Morí, ¿y ahora?

Las Flores de María

Nuevamente Juntos

Libros de Mônica de Castro y Leonel

A Pesar de Todo

Con el Amor no se Juega

De Frente con la Verdad

De Todo mi Ser

Deseo

El Precio de Ser Diferente

Gemelas

Giselle, La Amante del Inquisidor

Greta

Hasta que la Vida los Separe

Impulsos del Corazón

Jurema de la Selva

La Actriz

La Fuerza del Destino

Recuerdos que el Viento Trae

Secretos del Alma

Sintiendo en la Propia Piel

World Spiritist Institute

www.ingramcontent.com/pod-product-compliance
Lightning Source LLC
LaVergne TN
LVHW041737060526
838201LV00046B/839